U0453310

儒家政治哲学译丛

圣 境

宋明理学的当代意义

[美] 安靖如／著　吴万伟／译

SAGEHOOD
THE CONTEMPORARY SIGNIFICANCE
OF NEO-CONFUCIAN PHILOSOPHY

中国社会科学出版社

图字号 01-2011-7617

图书在版编目(CIP)数据

圣境：宋明理学的当代意义 /（美）安靖如著；吴万伟译 . —北京：中国社会科学出版社，2017.5（2019.5 重印）

（儒家政治哲学译丛）

原文书名：The Contemporary Significance of Neo-Confucian Philosophy

ISBN 978-7-5203-0901-1

Ⅰ.①圣… Ⅱ.①安…②吴… Ⅲ.①理学—研究—中国—宋代②理学—研究—中国—明代 Ⅳ.①B244.05②B248.05

中国版本图书馆 CIP 数据核字（2017）第 207629 号

Copyright © 2009 by Oxford University Press, Inc.

出 版 人	赵剑英
责任编辑	田 文　徐沐熙
责任校对	石春梅
责任印制	王 超

出　　版	中国社会科学出版社
社　　址	北京鼓楼西大街甲 158 号
邮　　编	100720
网　　址	http://www.csspw.cn
发 行 部	010-84083685
门 市 部	010-84029450
经　　销	新华书店及其他书店

印　　刷	北京君升印刷有限公司
装　　订	廊坊市广阳区广增装订厂
版　　次	2017 年 5 月第 1 版
印　　次	2019 年 5 月第 2 次印刷

开　　本	710×1000　1/16
印　　张	24.75
插　　页	2
字　　数	368 千字
定　　价	98.00 元

凡购买中国社会科学出版社图书，如有质量问题请与本社营销中心联系调换
电话：010-84083683
版权所有　侵权必究

本书的特征

本书是儒家传统的代表与当代西方德性伦理学的代表进行深层对话的开山之作。

评论

"安靖如的著作为促进中西对话做出了重大贡献，不仅会吸引研究中国思想的专家的目光，而且会引起对研究美德、道德修养、幸福等感兴趣的'主流'哲学家的兴趣。"在整本书中，安靖如大量使用了最新的实证性研究成果……该书通俗易懂，不同背景的读者都能理解。没有中国思想背景的哲学家也会发现，书中讨论的许多议题不仅与自己的研究相关，而且非常有趣，有一定的挑战性。此外，我认为本书也非常适合作为成绩优异的本科生的阅读教材。我强烈推荐该书。

——万白安（Bryan W. Van Norden）《圣母大学哲学评论》

谨以此书献给史景迁教授、余英时教授和孟旦教授

致　谢

在写作本书的时候，我得到了很多人的帮助，没有他们就没有本书。家人的爱是我不断工作的动力，德比、萨曼莎和瑞切尔让我的每一天都享受，同样包括我的父母、岳父母、兄弟姐妹及其子女，感谢你们所有人。除此之外，我还要非常感谢卫斯里安大学人文研究中心提供的住校奖学金；伍德罗·威尔逊全国联谊基金会提供的米利森特·麦肯托什奖学金；梅隆基金会提供的一个学期的研究假期；美国国务院提供的富布莱特研究基金等支持。卫斯里安大学欧林图书馆的工作人员和资源（尤其是中国学刊数据库和馆内借阅部工作人员的出色工作）把我的课题研究与外部世界联系起来。北京大学哲学系给予我热情的接待，尤其要感谢赵敦华、张祥龙、张学智、胡军、徐向东、陈亮、叶闯诸位老师。我也非常感谢施普林格出版公司允许我在第六章和第七章使用曾经在《道：比较哲学杂志》发表过的材料。我还要感谢牛津大学出版社彼得·欧林、莫利·瓦格纳、林达·多纳利和约瑟夫·阿尔伯特·安德烈的出色工作。

在过去几年的课堂上和学术会议上，很多人倾听和讨论过这个不断演化的项目的不同部分。非常感谢以下单位的学生和同事的激励及具体建议：巴德学院（纽约）、北京语言大学、北京师范大学、首都师范大学（北京）、加州大学伯克利分校中国研究中心、政治大学（中国台北）、香港中文大学、香港城市大学、华东师范大学（上海）、香港科技大学、华梵大学（中国台北）、岭南大学（中国香港）、清华大学（北京）、中国人民大学（北京）、罗杰斯大学、东吴大学（中国台北）、俄勒冈大学、犹他大学、卫斯理安大学、武汉大学。

卫斯理安大学的许多同事阅读过书稿的不同部分并发表过评论，在这里我要特别感谢通读和评论过整篇书稿的布莱恩·菲。实际上，我和哲学系的每个人都就书中的许多观点进行了富有成效的讨论。我非常幸运地置身于这样一个杰出哲学家的群体，当然还有这个群体把宋明理学当作哲学看的开放态度。东亚研究中心的同事给了我多方面的帮助，我要特别感谢舒衡哲和玛丽·艾丽斯·哈达德。来自其他大学的很多同行也阅读过本书的不同部分，并提出过反馈意见。迈克尔·斯洛特非常慷慨地提出了很多评论和建设性的批评。我要感谢贝淡宁、白诗朗、陈祖为、慈继伟、霍华德·库兹、斯蒂文·基兹、黄勇、乔·豪罗夫、曼尤·意牟、李蕾、马恺之、裴文睿、彭国翔、信广来、梅·西姆、阿龙·史大海、贾斯汀·提沃德、万白安和萧阳。

有些对话者要求更详细的评论。首先是牛津大学出版社的两个匿名审稿人。他们一丝不苟、建设性却充满挑战性地审阅在很多方面帮助了我。其次是我的母亲丽萨·金，她阅读了整本书稿，并从她或读者的角度做了精彩的评论，因为像本书这样的学术著作的作者常常宣称是为那些受过教育的非专业人士而写的。本书因为她的关心和支持而增色颇多。另外一个重要的角色是墨子刻，他是我认识的最有学问和最具挑战性的学人之一。墨子刻在几年前的对话中曾要求我写本书的最后两章，最近几年与他的交往对我的帮助非常大。接下来是艾文贺，他是个对学生尽心尽责的传奇人物，虽然我不是他的学生，却得到了他的很多帮助。他并不赞同本书中有些重要话题的观点，但是他给予我像他的学生一样的待遇。正是在他的关照下本书才变得更好些或更平衡些。

本书封面上的画作"在雪山上"系朱继荣所作。他在康涅狄格州生活、教书和作画很多年，他用中国艺术传统的视角刻画新英格兰的景色，是一个优美的象征，揭示了本书让不同文明传统对话的目标。我曾有幸结识查尔斯和他美丽的夫人贝蒂，遗憾的是他们已经在几个月内先后过世。我感激他们，也感激他们的家人愿意让我使用这幅画作。

最后，我想感谢把我引入中国历史和哲学领域的三位恩师和杰出的大学者：史景迁教授、余英时教授和孟旦教授，我把本书献给他们。耶鲁的史景迁教授激发了我的想象力，也是在耶鲁，余英时教授通过课堂和渊博的学识把我带进宋明理学的研究领域，在密歇根大学研究生院，孟旦教授展现了他作为教师和导师所能给我的支持、挑战和研究的自由。本书的最初源头就是为孟旦教授的课程写的论文。谨以此书表达我对三位杰出学者的感激之情。

年表和书中人物

经典人物和文本

孔子（公元前551—公元前479），《论语》作者，儒家传统创始人。

孟子（约公元前372—公元前289），《孟子》作者，发展了儒学。

荀子（约公元前313—公元前238），《荀子》作者，第三位儒学大师。

早期理学（宋朝：960—1279年，元朝：1279—1368年）

周敦颐（1017—1073年），因提出"太极"的概念而闻名于世。

张载（1020—1077年），发展了以"气"为中心的复杂的宇宙学说，著有道德宣言书《西铭》。

程颢（1032—1085年），程颐的哥哥，强调"仁"的核心地位。

程颐（1033—1107年），程颢的弟弟，以强调"理"和"敬"闻名于世。

朱熹（1130—1200年），理学的集大成者，综合了上述各家的成果。

理学后期（明朝：1368—1644年，清朝：1644—1911年）

王阳明（1472—1529年），明朝理学影响最大的人物，以提出"知行合一"和"良知"闻名于世。

罗钦顺（1465—1547年），是批判性地发展朱熹思想的杰出思想家。

黄宗羲（1610—1695年），最著名的政治思想家和历史学家之一，著有《明夷待访录》。

戴震（1724—1777 年），清朝哲学家，是学界的重要人物，高调批判宋明理学。

20 世纪的人物（中华民国：1912—1949 年，中华人民共和国：1949—　）

梁漱溟（1893—1988 年），受到佛教和儒学的影响，试图提出独特的中国观点，以便为现代世界做贡献。

徐复观（1902—1982 年），"新儒家"代表人物之一，是历史学家和哲学家。

牟宗三（1909—1995 年），"新儒家"的领军人物，以提出道德必须进行"自我坎陷"以便实现其目标并与民主政治兼容而闻名于世。

目 录

绪论 ……………………………………………………… (1)

第一部分 关键词

第一章 圣 …………………………………………… (11)
第一节 儒家传统中的"圣" ……………………………… (12)
    一 历史回顾 ……………………………………… (12)
    二 宋明理学 ……………………………………… (16)
    三 圣人与君子 …………………………………… (23)
第二节 西方理想 ………………………………………… (25)
    一 希腊 …………………………………………… (25)
    二 当代圣徒与英雄 ……………………………… (27)
第三节 有关圣境的担忧 ………………………………… (30)
    一 圣境切实可行吗？ …………………………… (30)
    二 圣境值得追求吗？ …………………………… (33)

第二章 理 …………………………………………… (37)
第一节 最初的步骤 ……………………………………… (37)
第二节 主观与客观 ……………………………………… (41)
    一 性与主观性 …………………………………… (41)
    二 定理与客观性 ………………………………… (43)

第三节　理与气 ………………………………………… (47)
　　　一　本体论地位 ……………………………………… (48)
　　　二　因果性作用 ……………………………………… (52)
　　第四节　一和多 ………………………………………… (56)
　　第五节　常规和结论 …………………………………… (62)

第三章　德 …………………………………………………… (65)
　　第一节　德作为桥梁概念 ……………………………… (65)
　　第二节　初期的"德" …………………………………… (67)
　　第三节　理学家的"德" ………………………………… (70)
　　第四节　最后的思考 …………………………………… (74)

第四章　和 …………………………………………………… (77)
　　第一节　早期经典源头 ………………………………… (77)
　　　一　互补性的差异 …………………………………… (77)
　　　二　自然纹理和创造性 ……………………………… (80)
　　第二节　中庸 …………………………………………… (83)
　　第三节　宋朝理学 ……………………………………… (85)
　　第四节　王阳明：总结和初步参与 …………………… (88)
　　　一　和、理和一体 …………………………………… (88)
　　　二　当代的例子 ……………………………………… (92)
　　　三　政治 ……………………………………………… (94)

第二部分　伦理学与心理学

第五章　伦理学的范围：与斯洛特和梅铎的对话 ……… (99)
　　第一节　斯洛特的以主体为中心的伦理学的平衡与和谐 …… (100)
　　　一　关怀、仁爱和同情 ……………………………… (100)
　　　二　两种平衡 ………………………………………… (102)
　　　三　总体平衡的动机 ………………………………… (105)
　　　四　以主体为中心 …………………………………… (108)

五　敬 …………………………………………………… (109)
　第二节　梅铎论超越的善的重要性 …………………… (112)
　　一　统一性、神秘性和信仰 ……………………………… (112)
　　二　无私 …………………………………………………… (115)
　第三节　结论:伦理学的范围 …………………………… (118)

第六章　挑战和谐:一致性、冲突和现状 ……………… (120)
　第一节　诺斯鲍姆和斯道尔反对"和" …………………… (120)
　第二节　想象力 …………………………………………… (123)
　第三节　最大化 …………………………………………… (128)
　第四节　残余 ……………………………………………… (130)
　　一　画面复杂化 …………………………………………… (130)
　　二　悲伤与后悔 …………………………………………… (132)
　第五节　两难困境的维度 ………………………………… (136)
　第六节　香草的感情? …………………………………… (140)
　　一　迈尔斯的挑战 ………………………………………… (140)
　　二　宋明理学论愤怒 ……………………………………… (142)
　　三　结论 …………………………………………………… (145)

第七章　圣人般的安详和道德知觉 …………………… (148)
　第一节　王阳明论《论语·为政》第四节与
　　　　　"立志"的核心 ……………………………………… (149)
　　一　经典文献中的志 ……………………………………… (149)
　　二　王阳明的立志观 ……………………………………… (151)
　　三　志的加深 ……………………………………………… (153)
　第二节　把志与"知行合一"联系起来 …………………… (155)
　第三节　柯雄文论实现和谐世界的志 …………………… (159)
　　一　积极的道德知觉 ……………………………………… (159)
　　二　再论创造性 …………………………………………… (162)
　第四节　更充分的图画 …………………………………… (164)
　　一　梅铎论婆媳关系 ……………………………………… (165)

· 3 ·

二　自我的闯入 …………………………………………（166）
　　三　"真知引起善行" ……………………………………（168）

第三部分　教育与政治

第八章　学会寻找和谐 ……………………………………（175）
第一节　道德教育的阶段 ………………………………（175）
　　一　小学 ……………………………………………（176）
　　二　立志 ……………………………………………（182）
　　三　熟志 ……………………………………………（184）
第二节　修身实践 ………………………………………（187）
　　一　精神修炼 ………………………………………（187）
　　二　礼仪 ……………………………………………（189）
　　三　读书 ……………………………………………（190）
　　四　关注——第一步 ………………………………（194）
　　五　敬 ………………………………………………（196）
　　六　隐含意义 ………………………………………（200）
　　七　敬与理 …………………………………………（203）
　　八　克己与静坐 ……………………………………（205）
　　九　结论 ……………………………………………（206）

第九章　参与实践 …………………………………………（208）
第一节　志的本质 ………………………………………（210）
第二节　圣人理想的阶段性和可及性 …………………（213）
第三节　关注再探索 ……………………………………（215）
第四节　想象力与幻想 …………………………………（219）
第五节　对话 ……………………………………………（222）
第六节　信仰与信念 ……………………………………（227）

第十章　政治问题 …………………………………………（231）
第一节　圣境的麻烦 ……………………………………（232）

第二节　理学的圣人与政治 ……………………………… (234)
　　一　圣王理想 …………………………………………… (235)
　　二　限制和指南 ………………………………………… (237)
　　三　礼仪 ………………………………………………… (239)
　　四　制度 ………………………………………………… (241)
　　五　过分的野心：自封的圣王 ………………………… (243)
第三节　道德与政治的剥离？ ………………………… (245)
　　一　余英时和徐复观 …………………………………… (245)
　　二　牟宗三 ……………………………………………… (249)

第十一章　圣人与政治：前进之路 ……………………… (254)
第一节　完美性主义和差错主义 ……………………… (254)
第二节　敬与礼 ………………………………………… (258)
第三节　完美主义和制度 ……………………………… (263)
　　一　温和的完美主义 …………………………………… (263)
　　二　儒家的国家完美主义 ……………………………… (265)
　　三　具体性和特别主义 ………………………………… (267)
第四节　参与 …………………………………………… (269)
　　一　三个论证 …………………………………………… (270)
　　二　隐含意义和反对意见 ……………………………… (274)
第五节　作为第二位支持系统的法律和权利 ………… (278)
　　一　法治 ………………………………………………… (278)
　　二　法律与道德 ………………………………………… (279)
　　三　儒家途径 …………………………………………… (281)

结论　当代儒家的未来 …………………………………… (285)

参考书目 …………………………………………………… (290)

索引 ………………………………………………………… (313)

出处索引 …………………………………………（338）

专有名称汉英对照表 ……………………………（342）

译后记 ……………………………………………（377）

绪 论

本书试图回答的问题是：如果我们把理学及其圣境理想当作当代哲学来严肃对待会发生什么情况呢？在绪论中，笔者简要地描述了本书所说的"理学"指什么，解释这个促使"我"认真对待理学的哲学研究途径，并勾画出第一个问题中"我们"所囊括的不同读者的轮廓。

儒家学说明确的源头是在公元前5世纪，虽然孔子及其学生使用的资料和故事还可以追溯到更早的时代。在整个战国时代（公元前475—公元前221年）出现了大量明确标记孔子传承的思想家和著作。古典时期最著名的儒家著作包括据说是孔子本人所作的《论语》、孟子所作的《孟子》以及部分或全部是荀子所作的《荀子》。[①] 战国时期终结后，在公元前221年开始了帝国时代，秦始皇打败最后一个对手创建了秦朝。在后来的世纪里，儒家学说成为国家意识形态的核心内容，尤其是在寿命很长的汉朝时期，但在此过程中，儒学失掉了大部分思想活力。虽然有各种例外情况，我们仍可以把这个阶段的特征总结为"学院派儒家"占主导地位，其焦点集中在对古典著作的评论上。这个时期还见证了佛教传入中国，以及新兴道教的繁荣。

儒家传统的第二个阶段是理学。唐朝（618—907）后期已经有人开始呼吁回归圣人的教导，尤其是孔子的教导，以便明确对抗当时盛

[①] 这些著作的作者和日期有许多争议，虽然许多学者仍然认为后两本书有很大的统一性。我们关心这些文本是因为它们被后世理学家重新解释，他们都认为这三本书从整体上都是由他们假定的作者编纂的，但就本书的目的来讲，这些争议可以忽略不计。

行的佛教和道教的优势地位。正是在宋朝（960—1279）时期，儒学的复兴才开始产生广泛的影响。越来越多的思想家把自己认定为"道学"的追随者，其中"道"指的是孔子之道。"圣人"是所有这些哲学家的核心，一方面是作为理论探索的主题，另一方面作为个人的道德目标。到了12世纪后期，道学运动的领袖人物是朱熹（1130—1200），也是本书中引用最多的人物之一。[1] 朱熹是中国思想史上的一个学术高峰，他把若干前辈的哲学和教学创新糅合在一起，形成实际上可以被定义为道学的权威版本。1314年，他对经典的评论被视为科举考试中对经典的官方解释，而这使得他本来已经影响很大的著作变成此后几个世纪学生背诵和记忆的正统思想。

明朝（1368—1644）时期有朱熹的许多追随者和辩护者，但是这个时期的思想领袖是王阳明（1472—1529）。王阳明是本书引用的另外一个重要历史来源，他是一位有权势的官员和功勋卓著的将军，也是一位有迷人魅力的老师，偶尔会对朱熹提出批评。同时从朱王两人那里汲取营养似乎显得怪异，因为了解历史传统的人都知道多年来人们常说朱熹是"理"学派的领袖[2]而王阳明是"心"学派的主将。但是，"理"和"心"对两人来说都是核心概念，虽然重点有所不同。实际上，明清时期的众多思想家都试图把朱王的学问结合起来，很多现代学者也强调了他们的相似性。

王阳明用多种不同方式批判道学运动，否认自己是其中一员[Wang（1963，215）]。为了找到一个可以涵纳朱和王两者的宽泛词语，我使用"理学"（Neo-Confucianism）指代整个儒学复兴。"宋明理学"内部派别多样，而且常常相互冲突，随着时间的推移，他们的核心理念也在发生变化，"理学"宽泛地指代众多思想家，其中最主要的人物是朱熹和王阳明。

我们要注意的最后历史阶段是过去的一百多年，即从1905年废除科举制度到现在。"新儒家"指的是过去一个世纪里旨在解释和重

---

[1] Tillman（1992）讲述了朱熹崛起的故事。有关道学的更多内容，请参阅 Wilson（1995），有关理学历史意义的详细讨论，请参阅 Bol（2008）。

[2] "理"常常被翻译成"principle"（原则），笔者在第二章中解释了把它翻译成"连贯（coherence）"的理由。

绪 论

新建构儒家学说的一批中国哲学家和历史学家，他们吸收了宋明理学的营养以应对 20 世纪和 21 世纪的新现实。① 其中一些思想家对西方哲学非常熟悉，他们显然很认真地研究了康德、黑格尔的思想。他们中的许多人的重要目标是想表明儒学可以被改造成与科学和民主兼容的思想。在某种程度上本书受到这些新儒家著作的影响，我从中吸收的一个主要观点将在本书政治哲学的章节中出现。

历史事实和哲学建设之间存在着不可避免的紧张关系。前者要求我们做出仔细、客观、准确的解释，而后者则朝向归纳概括性的解释和批判性的修改。不管目标是什么，任何探索思想传统的人都不知不觉地在这两个极端之间寻找平衡。在这个意义上，谁也不是纯粹的"历史学家"或纯粹的"哲学家"。历史学家如果不能真正理解其研究课题所要抓住的思想就没有办法工作，而哲学家则无法让自己用传统中继承的词语表达他们想表达的任何意思：要做出改变就要求在某种程度上参与传统的意义的创建。

哲学建设总是活着的哲学传统的组成部分。当朱、王及其同时代的其他人在解释像《论语》这样的儒家经典时，他们也在从事相当程度的哲学建设。有时候，这种建设是有意识的；有时候这种建设是无意识的，如当变化了的社会环境和思想氛围推动他们用不同于经典时期的个人视角来看问题。艾文贺令人信服地指出，在很多重要方面，像王阳明这样的后世儒家的世界观和孟子等早期儒家的世界观有很大不同，部分是因为佛教思想对后世思想家产生的影响。

活着的哲学传统的另外一个关键就是对批判的开放态度。当然，传统总是包含位于核心深处的某些承诺、价值和概念，无论是否被明确表达出来，它们一般是不受挑战的。事实上，这些立场往往是评价批判和争议所使用的术语。② 鉴于此，我提出把理学当作哲学认真对待的密切相关的两种方式，即"有根的全球哲学"和"建设性地接

---

① Bresciani（2001）描述了新儒家的历史。请参阅 Makeham（2003），Cheng 以及 Bunnin（2002）。

② 展开论述这些观点的重要著作是麦金泰尔的《谁之正义？何种合理性？》MacIntyre（1988）。墨子刻提出了有关中国的相关观点，他称背后的规范是"成功思考的法则"。参阅 Metzger（2005）。

· 3 ·

触参与"。① "有根的全球哲学"意思是在某个活着的哲学传统内工作,因而有根,但同时它对来自其他哲学传统的刺激和深刻见解采取一种开放的态度,因而具有全球性。所以,研究"有根的全球哲学"并不意味着放弃了自己在某个传统或途径中的"家"。阿拉斯代尔·麦金太尔担心近来的全球交流过于依靠"国际化语言",从而使它因脱离了与核心文本和术语的联系而变得中立,因为空洞而容易理解,②但这不是"有根的全球哲学"的视角。相反,它要求我们用别人的术语去理解其他的传统,找到我们能够建设性地接触参与的基础。而且,"有根的全球哲学"的目标并非我们最终能在某些单一哲学真理上汇合,因为人类关心的问题的多样性和一直存在的历史传统差异使我们很难得到这种结果。③ 虽然如此,相互交流和理性辩论的影响④是可能存在的,所以,至少我们可期待某种程度的会合。

正如"全球化"的社会经济变化过程似乎是被最强大的个人、公司和国家"领导"一样,"全球化哲学"是否也会受到那些当今拥有最多文化(和其他)资本的鼓吹者和机构支持者的哲学传统的影响呢?这种担忧是很自然的,也是很合理的。实际上,在谈到现代英美越来越明显的文化霸权和欧洲哲学在全球的影响时,罗伯特·所罗门哀叹说,"伴随着市场自由经济的全球化,似乎出现了哲学全球化的短暂时刻,这对当地文化和人类经验的多样性产生了类似的破坏性影

---

① 感谢夏勇在"全球哲学"前加上"有根的"以便更清楚地表达我的意思,感谢牟博提出"建设性接触参与"这个说法。

② 请参阅 MacIntyre(1988, 373);有关批判性的讨论,请参阅 Angle(2002b)。

③ 对比布莱恩·菲并没有设想超越差异(认为这是无论如何都不可能的事)的多元文化"交互主义"(interactionism)……"(相反)遭遇自我与他人、相似性与差异性的冲突,选择不是选择这个或那个,而是让它们保持动态平衡关系"。布莱恩·菲寻找从各自视角看到的"成长"而不是寻找"共识" Fay(1996, 234 and 245)。在他给1948年东方哲学研讨会提交的论文中,布尔特提出"西方"哲学家走近"东方"哲学的方式,布莱恩·菲无疑要称赞这种精神。"为成长做好准备,通过对东方哲学思考的方式的对比性背景的赞赏性的理解,实际上是唯一的态度,我们可以逐渐地了解到我们当前的标准什么是可靠而合理扎实的,什么不过是西方片面的文化利益的表现"[Burtt(1948, 603)]。

④ 只是要说明"缜密分析推理后的影响",我的意思是经过理性分析推理后产生的影响,理性本身可以呈现很多形式和形态。我并不假设或依靠单一的、具体的、普遍的理性概念。

响"[Solomon（2001，100）]。但正如我想说明的那样，"有根的全球哲学"的目标恰恰是要抗衡单一哲学传统的全球化。①

"有根的全球哲学"的首要焦点集中在可以被称为个人的本地视角之上：发展某个特定的哲学传统。"建设性接触参与"的首要焦点集中在两种活着的哲学传统的支持者之间的对话。"建设性接触参与"的视角强调当代的、活着的哲学传统可相互挑战和学习。在某种方式上，活着的哲学传统面对变化和批判时比死去的传统更脆弱。研究死的传统的唯一方法是通过纯粹的历史调查，根本不可能去询问某个既定概念是否可以用不同方式来构建，或询问某个早就死掉的思想家对某些新情况或新挑战可能会做出什么反应。②"建设性接触参与"要求脆弱性、灵活性以及对活着的传统的更好新答案的开放态度。但是，请注意"建设性接触参与"不是整体批判。"建设性接触参与"意味着参与和其他传统的对话（通过谈话、阅读、写作，甚至通过自己对多样传统的反思）以便在相互开放的过程中学习更多东西。其背后的基础就是相信没有哪个活着的哲学传统能够回答所有问题或不受任何批判的影响。

两种途径的一个重要之处是虽然有时候某个传统为另一个传统的思想家一直在竭力探索的某个问题提供更好的答案，但传统之间的众多差异意味着我们不应该期待相互间的交流总是那么"整齐有序"。更常见的情况是，挑战必须经过一层又一层解释的过滤之后才具有真正的吸引力。比如，我们可以看到传统甲的哲学家关心的一个既定议题如果被更有利于传统乙的术语再次解释后，产生了传统乙从前没有接触到的新议题，后者并没有立刻获得解决该议题的资源，这就导致传统乙的建设性发展。现在，当它被重新引入（不管通过什么样的解释）传统甲后，这种发展或许能够刺激传统甲的进一步发展。"建设性接触参与"强调双向影响的可能性，而"有根的全球哲学"则强

---

① 而且，有人已经指出"全球化"本身有很多不同的影响，创造了新的地方环境和健康的碎片化。请参阅 Pieterse（1994）。

② 一个传统进入休眠期完全是可能的。一段时间里——甚至几个世纪——没有人把它看作能够发生变化的东西，也不觉得它需要修改。接着，因为某些原因，其潜在的相关性（经过适当的重建）被人注意到，这个传统再次复活。感谢阿龙·斯塔尔内克指出这一点。

调从单一传统内看待这个过程是什么样子。虽然如此,但应该清楚的是,这两个视角不仅是兼容的而且都建立在针对开放的、建设性的哲学发展的同样态度之上。

两个视角都意味着批判自身传统中的某些假设,但我相信所有活着的传统无论如何都必须准备好接受这种批判。这就是当代儒家学者郑家栋看到的儒家所面临的局面:

> 作为古老的思想传统,儒家面临比从前遭遇到的更加严峻的挑战。这种考验不能通过高喊几句下个世纪将是"亚洲世纪"或者"儒家世纪"的动人口号就可以解决的。从另外一个角度看,这种考验同时也为当代儒学提供了自我转型和发展的有利机会。机遇和考验共存,既是危机也是转折点:这就是儒家当今必须面对的根本事实[Zheng(2001,519)]。

这很好地表达了"有根的全球哲学"面临的脆弱性和"建设性接触参与"创造的脆弱性。当然,儒家传统不仅仅是我们现在所说的哲学,里面还有重要的文化和宗教维度。但是,我在此想强调的是建设性接触参与为所有哲学传统带来了挑战和机遇。

我已经说过,本书试图回答的问题是"如果我们把理学及其圣人理想当作当代哲学来严肃对待会出现什么情况呢?""有根的全球哲学"和"建设性的接触参与"这两个概念帮助我看出问题中的"我们"的多种意思。一方面,我正在研究的是"有根的全球哲学":我自己研究理学已经很多年,我是在和研究儒家的同行学者说话,或许还包括更广泛的中国读者。让"我们"把儒家看作活着的哲学传统,在面对外来批判时持开放态度,虽然可能显得脆弱但已准备好继续发展。另一方面,我把自己看作美国哲学家,鼓励西方同行对"建设性的接触参与"持开放态度。在此意义上,或许可以说,让"我们"把理学看作"我们的"哲学需要学习的资源和挑战。西方哲学同样可以被视为"有根的全球哲学":在遭遇理学冲击的时候,我们该思考如何继续发展自己的传统。

我希望那些不学哲学或不从事哲学研究的读者也能从本书中学到

一些东西。在所有对中国感兴趣的广大读者看来，本书在各层次上要表达的信息或许是：我们在理解儒学时，不是把它当作已死的意识形态和流传广泛的价值观的古老根源，而是看作一个活着的深刻的哲学传统，有待进一步发展，而且在"建设性的接触参与"中为其他传统做贡献。对因为"圣境"看起来像迷人的理想而阅读本书的读者而言，里面有丰富的和引人入胜的观点等着您去发现。人们不必成为正宗的儒家也可以受到圣人理想的激励，或学习实现这些理想并使之完善的方式。实际上，对许多可以被称为精神的但却是现世的、非神圣的生活方式感兴趣的读者来说，理学的意义或许令人惊讶。佛教和道教在西方都引起人们的关注，而儒家还没有，这或许是因为它被狭隘地看作与中国文化密切相关。不管从前被忽视的原因是什么，我希望本书将有助于显示理学能为当今世人如何生活的当代对话提供很多有益的东西。

面对严肃对待理学的挑战，我的回答是分三个部分逐步展开的。在本书第一部分，"关键词"集中探讨了在我看来位于理学核心的四个术语，对每个术语，我都结合历史背景对其意义进行了初步的哲学探索。首先，我探讨了圣人这个概念。无论在理学的理论上还是实践中，追求圣人境界都非常关键。圣境的重要性远远超过了任何人可能实际达到的可能性，因为理学向每个人提出的永无止境的修身目标应该在结合终极目标也就是成为圣人的情况下来理解。第二章考察了理学的形而上学观：理，我把它翻译为"连贯"（coherence）。在第三章，我揭示了德的含义，确立了随后理学和当代西方德性伦理学对话的基础。最后，在第四章引进"和"的概念。我想表明这个与更抽象的"理"密切相关的理想位于理学道德和政治目标的核心，因此，当我们后来看到它与培养圣人的修身过程密切相关就不会感到吃惊了。

第二部分"道德与心理学"是本书的理论核心。在三章的论述中，我提出了对理学道德哲学新的理解，不仅挑战了当今西方思想家如迈克尔·斯洛特、艾瑞斯·梅铎、马萨·诺斯鲍姆、劳伦斯·布鲁姆，而且也受到了他们的挑战。我们逐渐认识到和的概念进入好人的道德修养和行为过程的多种方式，与此同时形成对"和"的更深层理解，避免对"和"的一些常见的肤浅理解，让理学的理想比人们普遍认为的更加有趣和更加充满活力。我们看到一个竭力成圣的人应该寻求在尊重所有相关价值观的情况下解决道德冲突的充满想象力的办法。另外一个关键主题是圣人有积极的道德认识，即我所说的"寻找和谐"：这解释了圣人知行合一的意义以及圣人的行为轻松自然的原因。

探讨"教育和政治"的四章组成本书的第三部分。理学不仅仅是抽象的理论工程，任何试图考虑其当代含义的努力都必须严肃地看待它追求个人修身和社会改良的实际目标。这些章节在很多方面和前两部分讨论的观点对接，只不过更具体地讨论了人们应该怎么做，以便在成圣的道路上取得进步。虽然理学有关道德教育的许多观点值得称赞，但我对理学的政治探讨有更多批判。以20世纪"新儒家"的某些观点为基础，我提出了当今圣人政治的轮廓不仅吸引人而且具有挑衅性。最后，在本书的简要结论中，我回顾了当今"儒学"的不同意义，指出虽然儒学和理学不仅仅是"哲学"，但我们如果把它们作为哲学来严肃看待反而能得到很多东西。

第一部分
关 键 词

第一章　圣

中国和西方的哲学传统各自独立地发展，经过了多个世纪后形成了自己独特的话题、术语、教学模式和写作风格。当然，所有这一切都不是静止的，因而也使得人们有可能进行跨越传统的哲学探索。无论是抽象的思想家还是具体的道德家都针对不断变化的景况做出了反应，当前的一个重要背景就是中国和西方的学人能够有机会相互学习对方的哲学传统。只要我们愿意做必要的准备工作并相互了解对方的关心，各自历史传统的多样性和当代哲学语言的可塑性使我们很容易进行中西之间的建设性对话。一旦我们开始用各自传统内的术语相互理解对方，就会发现，进行跨越传统的研究机会和挑战是多么激动人心和丰富多彩。

第一部分各章的目标就是要确立后面更深入讨论所必需的基本理解。笔者的第一个话题是"圣境"本身，它显然是整本书的核心。通过回顾该术语的历史，比较东西方的若干相关概念，反思这个理想在我们身上所发挥的作用，笔者要阐明本书其余部分即将讨论的内容：在什么意义上进行圣境问题的探讨？笔者从三个阶段探讨圣人的概念。首先，我们需要理解儒家传统对圣人的认识处于不断变化中，看到该传统中不同人格理想之间的关系。其次，本章简要提到中国之外的传统，为的是给读者提供看待宋明理学有关圣境的典型特征的背景知识。最后，本章指出人们应该关注圣人理想的意义之类更广泛的问题。

第一节 儒家传统中的"圣"

一 历史回顾

最近一些年,中国学者对圣人概念的历史发展表现出了相当的兴趣。综合他们研究的一个有用的框架是把它的历史分成以下五个阶段:孔子以前时期、经典儒家时期、汉唐时期、宋明理学时期、清朝(以及以后的)批评时期。争议性的内容恰恰集中在故事开始的确切地点和圣人的最初含义等问题上。它很可能与倾听有关,但无论如何,多数学者同意,到了西周(公元前 1046—公元前 771 年)之时,圣人的核心意义已经集中在智力和智慧上了。① 圣人并不代表高超的美德,相反,更容易被用在任何"被认为非常聪明能干"的人身上,如圣人曾经被用来指代一个很聪明的孙子 [Chen(2000,414 - 15)]。

一些关键的变化发生在经典时期的儒家作品中。② 因为笔者主要关心的内容是宋明理学后期,所以仅简要回顾经典时期圣人概念的发展阶段问题。笔者只想说,虽然《论语》被认为是我们了解孔子思想的最可靠来源,但我们有很好的证据显示它表达了对圣人观及其具体内容的不同态度。比如,在一篇较早的文章中,圣境与多种技能联系在一起,孔子也需要尽力才能把它与体现道德与地位的君子区分开来。③ 这里笔者暂时不讨论圣人和君子之间的关系问题,不过,我们注意到在《论语》的其他地方(从时间上说是后来阶段),圣境变得

---

① 参见 Wang(1993,6)、Wang(1999,27 - 8)和 Chen(2000,409 - 13)。陈宁明确指出"圣"的意思和向别人展现什么东西无关。

② 也被称为战国时期,指公元前 481 年至公元前 221 年。据说孔子本人生活在公元前 551 年至公元前 479 年。

③ 参见《论语》(9:6)和 Chen(2000,415)。《论语》中篇章的写作日期往往引起争议,有关赞同陈宁观点的非常吸引人的途径,请参阅 Brooks and Brooks(1998,52)和 Passim。

模糊不定、神秘莫测，甚至超过孔子本人的核心美德"仁"。① 圣人的神秘性又因为对它与天的联系的种种评论而进一步增强，而天是大部分中国古代思想家的最终价值来源［Chen（2000，416-17）］。虽然大部分儒家学者坚持认为，圣境人人都可以达到，正如孟子的名言，"圣人与我同类"②，但圣人同时仍保持着一种神秘色彩。

笔者将在本章后面部分讨论圣境的模糊性和可及性之间的张力，这种张力可能是该概念的典型特征。眼下，让我们回到圣人概念在经典时期的发展。除了广泛的技能（甚至无所不能）和某种神秘性外，圣境还与创造性、政治权威、敏锐的洞察力，以及最重要的伦理道德联系在一起。它与创造性的联系部分与早先的智慧含义相关。比如，荀子说早期圣人的高超智慧使他们能看到解决无休止争夺稀缺资源问题的办法，也就是建立礼仪。③ 政治权威与圣境密切相关；大部分被贴上圣人标签的文化英雄都是君王，经典时期还出现了表达个人道德和政治权威持续性的著名口号"内圣外王"。④ 把圣人变成技巧精湛的先知，众多早期思想家都强调，圣境是学者获得可以被称为"超人洞察力"的结果［Csikszentmihalyi（2004，170）］。这些早期观点在理解圣人般的洞察力来自何方上存在分歧，有些人强调圣人对细微线索的敏锐把握，另一些人则强调圣人对宏观模式的超人敏感性［Brown, Miranda, and Bergeton（Uffe 2008）］。我们将在第六章和第七章中看到，理学家们对这些主题进行了各种发展。最后，经典时期以后的圣境从概念上开始与超级伦理道德绑在一起。正如一个学者指出的那样，"儒家把最高程度的道德人格给予圣人，以至于圣人不仅聪明绝

---

① 参见《论语》（6：30），白牧之夫妇认为是后来添加上去的 Brooks and Brooks（1998, 176）。值得注意的是，对白牧之日期说法的挑战是《论语·述而》第二十六节，里面的日期更早些，不过似乎认为圣人是诱人的理想。

② Mencius 6A7, 参见 Mencius（4B：28）。

③ 见《荀子》礼论篇第十九，以及荀子中有关圣人智慧的描述《荀子》解蔽篇第二十一，圣人创造性的另一个范式的主张可以在《礼记》中发现，也可参阅 Wang（1993, 287-8）。

④ 笔者将在第十章详细讨论这个口号，它最初出现于道教的《庄子》。在此背景下，我们应该注意到即使在经典时期圣和王的纽带也是松散的。比如 Mencius（7B：15）描述的"圣人"就不是王。更进一步的讨论，请参阅 Wang（1993, 12），Chen（2000, 419）和 Bol（2008, esp. ch.4）。

顶，而且是人伦和道德完美的化身"［Wang（1999，29）］。该作者还指出，虽然在孔子以前的文献里曾经出现圣和德的联系，但这种联系是在经典时期才变成完整的和完美的德。因此，《孟子》中有一篇文章提到，圣人据说是人伦的"顶点"（"至"）；在另一篇文章中说圣人是"德的顶点（至德）"。荀子也表达了同样的观点，他说，圣人"穷尽"人际关系，意思是圣人彻底精通人际关系（"圣也者，尽伦者也。"《荀子·解蔽》——译注）。① 因此，圣境开始代表人类所能达到的道德完美。②

这种道德完美理想的非常关键之处在于圣人正确行动时的轻松和自然。圣境并不是有意识地遵守规则。有两个著名段落能很清楚地说明这个问题。第一个是《论语·为政》第四节中作者让孔子来描述他自己的道德发展过程：

> 子曰："吾十有五而志于学，三十而立，四十而不惑，五十而知天命，六十而耳顺，七十而从心所欲，不逾矩。"③

笔者将在第七章中使用该段（后来理学家们也讨论了它）作为论证的起点，详细讨论圣人的轻松和自然。这里，笔者只想说轻松和自然已经是早期中国文献的主题了［Slingerland（2003，39－41）］，与经典时期的圣境紧密相关。而且，非常有意思的是，若把《孟子·万章下》的部分和孔子七十岁的画面并列放置就可以充实完善圣人的自然本性。该篇描述了古代三位杰出人物，文中都被贴上圣人的标签，人人都有不同的个性，这影响到他们愿意为哪个诸侯效力。接着孟子描述了孔子自己的态度，那就是"根据具体情景"做决定：

---

① 参见 Mencius 4A；2、Zhou Li，Qi section 和 Xunzi 21。
② 当代西方哲学家看到了把伦理学扎根于个人美德和把圆满的关系作为伦理学核心内容之间的不同；请参阅 Slote（2007，7 and 86）。笔者将在第三章讨论这些观点如何和宋明理学的"德性伦理学"联系起来。
③ 译文选自 Brooks 和 Brooks（1998，110），稍有改动。

第一章 圣

伯夷是圣人中清高的人，伊尹是圣人中肩负重任的人，柳下惠是圣人中随和的人，孔子则是圣人中识时务的人。孔子可以叫作集大成者。"集大成"的意思是指各种乐器齐奏，先敲金钟开始，后击玉磬结束。先敲金钟是条理节奏的开始；用玉磬结束是条理节奏的终结。条理的开始在于智慧，条理的终结在于圣德。我要说，智慧好比技巧，圣德好比气力。犹如在百步以外射箭，能射到是凭你的力量；能射中却不是凭你的力量，而是凭你的技巧。①（"伯夷，圣之清者也；伊尹，圣之任者也；柳下惠，圣之和者也；孔子，圣之时者也。孔子之谓集大成。集大成者也，金声而玉振之也。金声也者，始条理也；玉振之也者，终条理也。始条理者，智之事也；终条理者，圣之事也。智，譬则巧也；圣，譬则力也。由射于百步之外也：其至，尔力也；其中，非尔力也。"）

笔者引用这个段落是要请读者注意圣人的最终目标与音乐上的和谐之间的联系，因为我们将在随后的章节中比较详细地讨论圣人通过在互补性的差异中保持平衡来达到和谐目标（就像金钟和玉磬的和谐）的方法等问题。它谈论气力的部分也很重要，笔者在随后章节中也要提到。我们眼下关注与圣人般轻松自然相关的两点：（1）这里记录的不同种类的反应都是圣人的行为。全都是自发性的、道德的、启迪他人的（正如在本篇其他地方清楚说明的），是个人对背景的特殊视角的适当表现；（2）孔子比其他圣人更好是因为他更灵活、更少受到单一视角的限制。使人在特定情形下获得最佳效果的应时权变（笔者最终将用和谐的术语来定义它）是圣人的标志。②

---

① 译文选自《孟子》（1970，150-1），稍有修改。
② 在最近的一项研究中，齐思敏显示圣人完美的观点——避免窘境或者两难困境的能力——是与"物质美德"的观点一致的。齐思敏用物质美德指美德如何通过生理变化体现出来的种种理论。请参阅 Csikszentmihalyi（2004）。

不断变化的圣境的下一个阶段是从汉朝开始到唐朝结束（公元前206年—公元10世纪）的漫长和多变的阶段。在有些人看来，一方面圣境在此阶段变得高不可攀和神秘莫测，成为多数人可望而不可即的目标，即使在原则上说也是如此。① 另一方面，圣人为人类确立最终的道德标准的观点继续得到强化 [Wang (1993, 14)]。考虑到笔者关注的要点是宋明理学时期的圣境，此阶段最重要的发展不是圣境本身而是其他传统如佛教的繁荣。这极大地影响了理学家们理解圣境和相关观点的方法。非常清楚的是，佛家关于"成佛"能力的教导在唐朝时期给儒家带来了压力，尤其是考虑到当时许多人认为圣境是无法修炼和达到的境界，只是少数天生具有圣人品质的稀世天才的专利。唐朝儒家开始发展出一些支持圣境的先验的、心理学的理论，用来解释何以人人皆可成圣 [Wang (1993, 43)]。

二 宋明理学

圣境在宋朝开始的理学复兴期间获得了理论上的支配地位，而对理学家本人而言，圣境是个人追求的适当目标。竭尽全力更贴近圣人境界成为许多人追求的具体目标。我们可以通过很多方式看到这一点，如随笔和评论、名人语录、各种人生指南，甚至一些可称为精神自传的文件 [Wu (1990, ch.5)]。笔者将从这些文献和当代中国学者的研究中勾画出宋明理学有关圣境的轮廓。

一个核心的观点是圣人的可及性。宋朝初期的思想家如周敦颐和二程兄弟②都明确指出"圣境是可以通过修炼达到的境界"③。常见的是拿孔子的弟子颜回做例子，用来说明一个人只要经过学习就可以在

---

① 有关越来越多的神秘化，请参阅 Wang (1993, 11)。至于不可及性，唐朝一个思想家这样说"圣境是天上之事，不是可以通过修养就能达到的"。转引自 Wang (1999, 31)。有个学者注意到有些人甚至把圣人神化，但这是很不寻常的 [Wang (1993, 24)]。

② 周敦颐、二程兄弟，以及其他理学家在本书开头的年表和剧中人中有简要介绍。

③ See Zhou (1990, 29); Cheng and Cheng (1981, 577); 还可参阅姜广辉的讨论 Jiang (1994, 278–9)。

成圣道路上取得进步，虽然可能永远也达不到目标。① 除了颜回之外，讨论和研究的对象还包括其他人的秉性、品格、成就、缺点等。宋明理学的最主要著作《近思录》的最后一章被称为"观圣贤"②。它引用程颢的话，简要提到了少数人是生而知之者的观点。在孟子看来，这就是早期的圣王如尧和舜；程颢在圣人名单上加上了古代周朝的创立者周文王。其他三位早期杰出人物是禹、汤、武，据说是学而能之者，都达到了圣人的境界。除了这六位外，在本章中，甚至孔子本人也没有被明确称为圣人。③ 当然，孔子在很多方面受到赞美，根本没有人讨论他的缺陷或错误，《近思录》的早期评论者曾明确指出"大师（即孔子）天生就是一个圣人"[Zhu & Lu (1967, 290)]。所以笔者的观点并非孔子不应该被看作圣人，而是说是使用圣人称号时应该非常谨慎。在刚才提到的评论家看来，颜回"在人格上非常接近圣人（孔子），但他不是圣人"。

显然，人们相信通过学习那些曾经接近圣境的人的"气象"，可以获得很多东西，即使此人仍然还有缺点[Jiang (1994)]。《近思录》的很多篇章都包含了这样的描述，同时讨论了所涉及人物的优缺点，其中有两个方面值得我们注意。第一，仅仅"贤人"被详细讨论的事实就告诉我们，我们不仅要向圣人学习，而且可以从走在成圣道路上的人那里学到东西。实际上，在很多方面，跟随贤人学习更容易些，因为在真正的圣人周围总萦绕着神秘的光环，使得人们更难把圣人作为学习的榜样。④ 而且，我们根本不清楚能够直接作为我们学习榜样的圣人到底有多少，但人们能轻易地想象自己的老师或者其他当地名流是自己可以学习的"贤人"。书中对张载和程颢人格反思的

---

① 参见 Kasoff (1984, 26-7) 和 Jiang (1994)，他注意到学生们得到鼓励要向颜回学习，因为孔子本人作为最初的学习榜样有点太高不可攀了。

② 《近思录》是由朱熹和吕祖谦编著的，里面包含了来自早期理学思想家的语录和著作的根据主题编排的语录集。请参阅 Zhu and Lu (1983)，译自 Zhu and Lu (1967)。

③ 有一个提到"圣贤思想"的地方，指的是孔子和孟子。

④ 比如，该文说"孔子没有留下痕迹"[Zhu 和 Lu (1967, 291)]。在第一个例子中，这意味着没有自私意图的迹象，不像还不能放弃所有这些意图的颜回。不过这里的模糊是故意的。

描述都非常详细和充满赞许。他们或许不是圣人，但他们当然都为我们提供了学习的好榜样。① 第二，理学家们指出，我们如何向贤人学习非常重要，因为直接以圣人为学习榜样是糟糕的主意。我们已经看到在《孟子·万章下》中，圣境与"力气"相关的观点。圣人有能力做事——实际上能轻松自如地做事——智慧差些的人做不到，无论他们多么卖力地去做。在特定情境下，尝试了却做不到"圣人做到之事"甚至比把目标定在更低层次上更糟糕些：这里的糟糕不是从后果的角度说的，而是从个人未来的修身角度说的，因为无法达到自己认定的必要标准的连续失败将破坏他继续追求更高目标的动机。②

圣境不仅被理解为可实现的目标，而且是许多宋明理学老师都投身其中并且敦促自己的学生也这么做的清晰目标。我们可以从朱熹有关学习的名言中看出来。比如他说，学生"须先立志。今日所以悠悠者，只是把学问不曾做一件事看"；"圣人和贤人不过是做了一个人应该做的一切。现在，要成为圣贤就是在适当的地方停止前进，不越雷池一步"[Zhu（1990, 104-5）]。我们在宋明理学后期学者高攀龙（1562—1626）的思想自传中可以发现一个更极端和更具个人色彩的声明。高攀龙在流放期间写道，"我深入和彻底地考察了自己。我发现自己对道一窍不通，我的身心也没有得到任何收获。因为很恼火，我对自己说如果我不能在这次行程中彻底解决这个问题，我的人生简直就是白活了"[Wu（1990, 133）]。宋明理学早期人物张载的现代传记作家这样总结张的承诺：

---

① 值得注意的是，虽然程颢据说天生具有圣人本性，但从来没有被贴上圣人的标签，据说"拥有超人的天赋，并且根据道的要求得到培养"[Zhu and Lu（1967, 299）; cf. Zhu and Lu（1983, 335）]。此外，在据我所知的理学家中，张载更接近宣称自己达到圣人境界。他给自己的代表作命名为《正蒙》，心里当然想着《易经》中的段落："在未开化的人中培养正确的认识是圣人的使命。"参见 Discussion in Kasoff（1984, 123-4）。

② 当代哲学家克里斯蒂·斯旺敦认为，笼统地说，我们不应该追求"超越自身能力的美德"，但是也结合完美主义本身是一种美德的方式的精明讨论，也就是说我们应该以间接的方式加强我们的道德修养。我们试图追求超过现有能力的美德。而且，斯旺敦建议在有些情况下，我们应该追求超越自身能力的美德。笔者在本章结束的时候会简要讨论这些观点。请参阅 Swanton（2003, ch. 9）。

第一章 圣

> ……这些段落显示，可能从很早的时候起，张就感受到一种使命感：就像他的同代人那样，他相信自己已经重新找到丢失了大约一千五百年的圣人之道。现在需要他来展示这个道，用以消除佛教教义的恶劣影响，推动"大同"时代的到来 [Kasoff (1984, 121)]。

有时候，这些思想家会经历走向圣境的突然进步（笔者将在第八章中谈论这种"恍然大悟的感受"），但更多的情况是缓慢、艰难和不平衡的进步。很明显，立志成圣是宋明理学的区别性标记。笔者将在第七章到第九章中多次谈到这种"志"的本质。

朱熹说"'圣境'指的是充分展现出来的美德"[Zhu (1987, Pt. 4, 137)]。在其他地方，朱熹注意到，虽然圣人确实有无限的能力（"多能"）（这一点在早期有关圣境的概念中得到特别强调），但这并非圣人最重要的品质。[①] 真正使圣人出类拔萃的是他们的美德[Wang (1993, 284)]。一般来说，圣人的某些品质如智慧、政治领导力、多才多艺在宋明理学的世界可能并没有消失，但集中讨论圣人的道德品质，尤其是圣人与美德的联系，仍然是非常明显的趋势。当然，许多思想家往往使用经典的模式"尊德性"还是"道学问"，在教育和圣境的道德及认知方面寻求平衡，但实际上正如我们在下文即将看到的那样，这个对立概念的后者也往往被高度道德化了。[②] 对早期理学家周敦颐来说，圣境是由个人获得的完整"诚"构成的，除此之外，并不需要任何东西 [Zhou (1990, 14)]。朱熹说，在圣人中，"所有的善都完整地存在"[(Wang (1993, 284)]。无论程颢被认定为圣人还是贤人，《传习录》说，他的"美德天性完整和圆满"

[①] "多能"是引自《论语·子罕》第六节的术语，我们早先简要讨论过了，字面意思是能做很多事或全能，在最初的背景中，它当然没有真正"无限"才能的意思。但到了宋朝，许多人似乎把它等同于"无所不能"。朱熹在使用这些术语的时候就是可以互换的。请参阅 Wang (1999, 32)。

[②] 这成对的术语来自《中庸》第二十七节。姜讨论了二程兄弟说平衡两种学习时使用的相关公式：一种目的在于"天理之正"，一种目的在于"人伦之至"[Jiang (1994, 280)]。有关朱熹努力平衡两者的重要文章请参见余英时 (1986) 相关著作。

("德性充满")[Zhu & Lu（1967，305）]。

到了明朝，王阳明把圣人道德化过程推向极端，他宣称，要成为圣人，最重要的事就是其道德纯洁性。

> 圣人之所以成为圣人就是因为他们的心完全与天理保持一致了（"纯然天理"）而没有不纯洁的自私的人类欲望（"无人欲之杂"）。犹如纯金之所以为纯金，只因为它的成色足而没有铜铅的混杂一样。（"人到纯然天理时才能成为圣人，金到成色饱足时才是纯金。"）

> 但圣人的才力也有大小的差异，就像金子的分量有轻重一样。圣王尧、舜好比一万镒，周文王和孔子好比九千镒，禹、汤、武王好比七八千镒，伯夷和伊尹好比四五千镒。才力和努力不同，但纯然天理的道理相同，所以都可以称为圣人。好比金子的分量虽然不同，但只要成色足，就都可以称为纯金。所以，哪怕是平凡之人，只要肯学，使自己的心纯然天理，就也可以成为圣人。就像一两黄金与一万镒黄金相比，分量上虽然悬殊，但比到成色时，它并不低劣。背后的道理是一样的。所以孟子说"人皆可以为尧舜"。[Wang（1983，119 § 99），译自 Wang（1963，60-1），稍有改动]（"圣人之所以为圣，只是其心纯乎天理，而无人欲之杂。犹精金之所以为精，但以其成色足而无铜铅之杂也。人到纯乎天理方是圣。金到足色方是精。然圣人之才力，亦有大小不同。犹金之分两有轻重。尧舜犹万镒。文王孔子犹九千镒。禹汤武王犹七八千镒。伯夷伊尹犹四五千镒。才力不同，而纯乎天理则同。皆可谓之圣人。犹分两虽不同，而足色则同。皆可谓之精金。以五千镒者而入于万镒之中，其足色同也。以夷、尹而厕之尧、孔之间。其纯乎天理同也。盖所以为精金者，在足色，而不在分两。所以为圣者，在纯乎天理，而不在才力也。故虽凡人，而肯为学，使此心纯乎天理，则亦可为圣人。犹一两之金，比之万镒。分两虽悬绝，而其到足色处，可以无愧。故曰'人皆可以为尧舜'者

以此。")

王阳明也以他"满街都是圣人"的教导而闻名。考虑到这一说法出现的教学背景和"纯金"思想，我们可以看到"满街都是圣人"是强调人人都能认同天理①的另外一种说法。各行各业的人，只要做到这一点就可以被看作圣人。②

在"纯金"段落里，王继续对比了他自己对成圣的理解和包括朱熹在内的早期儒家的圣人观。他说：

> 后人（即经典时期以后的人）不知道做圣人的根本是纯乎天理，想一味地从知识和才能上追求做圣人，他们认为圣人无所不知，无所不能，自己必须把圣人许多知识和才能一一懂得才行，所以，不去努力在天理上下功夫，白白地浪费了精力，在书本上钻研，从名物上考求，在行为上模仿。[Wang 1983, 119 (§99)，译自 Wang 1963, 60-1，稍有改动。]（"后世不知作圣之本是纯乎天理，却专去知识才能上求圣人。以为圣人无所不知，无所不能。我须是将圣人许多知识才能逐一理会始得。故不务去天理上看工夫，徒弊精竭力，从册子上钻研，名物上考索，形迹上比拟。"）

笔者已经在本书绪论中提到朱熹和王阳明之间存在差异的事实，因为处理这些差异正是本书的基本策略之一。下面，我们来看一个具体的差别。③ 首先，差别并不像王指出的那么大。虽然朱没有否认"圣人无所不能"的观点，但他也没有特别强调这一点。也就是说，

---

① "理"的意义是下一章讨论的话题。
② 在王的《传习录祥注集评》中，"满街都是圣人"出现了两次，都是学生说的。显然，他们是在重复老师的教导，在每一种情况下，王都做出回应，加深学生对自己与普通人的根本共同点的理解。参阅 Wang (1983, 357 §313) 和 Wang (1963, 239-40)。
③ 有关王反对圣人全能的观点的进一步讨论，请参阅 Wang (1983, 303-4 §227)。实际上，在他的两封信中，王都清楚地指出圣人并非十全十美。在其中一篇中，王写到"圣人像其他人一样可能犯错误"；在另一篇中，他指出孔子清楚地表明自己不是没有错误的人（Wang 1972, 49 and 76）。

他同意王的观点：圣境的核心在于美德。① 其次，我们必须承认在道德教育途径上确实存在真正的差异。请回顾朱熹编著的《近思录》特别强调观察从前圣贤的人格（"气象"）。王认为"模仿古人的形式和迹象"（连同大部分书本学习）是无用的。他自己的讲授通常集中在"气象"上，但在任何情况下都是指某个人自己的气象。比如，当学生请教"未发之中"的气象是什么时，王回答说"正如哑子吃苦瓜，与你说不得；你要知此苦，还须你自吃"②。我们将在有关道德教育的第八章里看到，个人的实现（诚）对朱来说也很重要，但是朱（以及其他很多人）认为人们有必要在诚和其他技能之间保持平衡。③

理学家有关圣境本质的争论并没有随着王阳明而结束。他的同代人提出了非常不同的观点，甚至复兴了更早时期强调圣人创造礼仪和法律规范的能力（和需要）以便在没有外在价值的世界中创造道德标准。④ 宋明时期有关圣境的很多教导在清朝时期都遭到批评（Wang 1993, 60）。直言不讳的批评家颜元（1635—1704）认为，宋明时期的哲学家已经抛弃了经典大师的简单教导，尤其是他们关于人性的理论。按照一位当代学者的理解，颜元说，"圣境就像一门技能或手艺，是需要通过研究和实践才能获得的东西"⑤。戴震（1723—1777）或

---

① 朱实际上听起来非常类似王，当他说"道如此遥远，连圣人也难以全面地理解它，但是事物背后的理由'理'虽然是隐藏的，看不见的，却能够被理解和遵照执行"（Zhu 1987, Pt. 2, 8）。这个说法是对《中庸》第十二节的评论，它说"在达到道的最高深的境界时，即使圣人也有不能了解奉行的地方"（及其至也，虽圣人亦有所不知焉。）（Ames and Hall 2001, 93）。

② ［Wang（1983, 148 - 9 § 125)］，译自 Wang（1963, 82）。同样的观点可以在王的《传习录》的其他许多篇章中发现，尤其是在（205 §146）中说得很明确，程氏兄弟承认"圣人性情"的讨论受到批评，特别强调了个人实现的必要性。

③ 关于朱和王的圣境的关系的不同观点（虽然承认本质的相似，但更多强调他们的不同），请参阅 Guo（2003）。他们之间的另一个有趣的差别在于他们对孔子本人的理解。简单地说，朱熹（跟随程颐）相信孔子生来就是圣人，不需要进行认真地修身，他描述自己通过了这些修身（尤其是《论语·为政》第三节）只是出于谦虚和激励他人努力的目的。王则相反，相信孔子必须努力以便他的"承诺"逐渐"成熟"，像其他人一样。王的这个观点是第七章的主要话题。关于朱的观点，请参阅 Zhu（1987, Pt. 3, 8）。

④ 王廷相（1474—1544）是这个思潮的著名例子。

⑤ （Ivanhoe 2000, 83）；参见 Wang（1993, 60 - 4）。

许是清朝时期批评朱熹最深刻的批评家之一。他也拥有高度道德化的圣人观，他认为圣人是道德高尚的完人，虽然他把这个思想转变成自己建立在不同先验假设基础上的另一套技术语言。有关圣境的讨论继续存在于20世纪新儒家如冯友兰和牟宗三中。笔者在本书最后的部分章节将讨论牟的某些观点。① 上文罗列的针对理学圣境观的反对意见将激励我创造性地发展宋明理学，虽然我并不打算全面阐述和驳斥每个观点。

三　圣人与君子

请把上文的讨论当作儒家传统中圣境概念的变化轮廓。在继续讨论之前，还需要考虑一个重要问题，即圣人和君子之间的关系。下面三个问题将帮助我们理清这个关系。第一，这些术语在经典儒学和宋明理学的使用方面是否存在不同。第二，这两个理想之间如果存在差异，差异是什么？第三，假设的确有差异，有没有理由把追求目标定位于君子而非圣人？

在经典时期，儒家讨论君子的次数比讨论圣人的次数更多。有些当代阐释者说这种差异反映了两个理想的不同概念化过程。君子被认为是人类更容易实现的、更合适的理想，而追求"人性完美的充分实现是圣人的标志"（DeBary 1991，61）。这样的观点在对君子的解释中得到强调，即"真正的好人"；这似乎是切实可行的理想，虽然可能仍需要付出相当的努力。② 在经典儒家发展的早期，人们认为圣人和君子非常不同，而圣人非我们努力追求的合适目标，这确实是可能的。但到了经典时期的中期，孟子已经明确指出，我们普通人在本质上与圣人一样，君子和圣人逐渐被理解为个人道德修养发展的不同阶段。各个阶段的确切标准可能不同，一个著名的例子是荀子，他说，人的发展是从士到君子再到圣人。有的阶段划分

---

① 学者们在有关圣境是否在广泛的中国文化中具有重要的持久的意义持有不同意见。两个重要的记录，可对比 Gu（2005）和 Metzger（2005）。有关冯友兰的专注日常生活而不是圣境的追求的引人入胜的讨论，请参阅 Chen（2007）。

② 乔尔·考普曼在卫斯理安大学的演讲中使用"真正的好人"，也可参阅 Kupperman（1999），其中也出现了这个术语（虽然不是君子的明确翻译）。

在君子和圣人之间添加了贤人以及其他渐变过程（参阅贾谊："守道者谓之士，乐道者谓之君子。知道者为之明，行道者谓之贤，且明且贤，此谓圣人。"）①

即便君子被认为是成圣道路上的一个阶段，对我们来说，它是否更好的、更切实可行的目标的问题依然存在。当代学者王文亮反对这样的结论，他指出实际上君子就像圣人理想本身一样仍然是高尚的理想，成为君子的可能性与其说是实际的倒不如说是形而上的[Wang（1993，302）]。笔者同意这样的分析，对于常常把二者混淆起来的理学家而言，这种分析更加适当。把圣人作为理想，就像把君子作为理想一样，都意味着提高自身修养，都意味着决心走在成圣之路上。既然走在这条路上，就没有很好的理由在成为君子时停下来，这不仅因为没有实际差别（因为人们还没有达到任何一种状态），而且因为圣人并不比君子更少"人性"理想。② 所有儒家都反对在达到某种程度的道德成就后就躺在功劳簿上吃老本的想法，这就是拥抱"做分外之事"的观点，笔者将在下文论述。朱熹批评同代人看不到修身的早期阶段与最终目标如圣境（无休止的）之间的联系。他说，古人开始时寻求的是士，结果竭力要成为圣人。"这意味着知道如何成为士也就知道如何成为圣人。今天渴望成为士的人很多，但我还没有听说过哪个人试图一直努力要达到圣人境界的。"③ 更明确的是，朱说，"今天，当朋友们不再做任何改善的时候，那是因为他们都拥有了觉得自己已经足够好的态度，所以不再立志成为圣贤了。他们在为自己找借口，不遗余力地排除这个问题。因此，问题依然存在。万一他们真的想提高修养时，会发

---

① 引自 Wang（1993，83 and 301）。还可参阅王阳明对贾谊圣人阶段概念阐述的讨论（Ibid.，149）。

② 有趣的是，余纪元根据自己对《孟子》的阅读，把这两个连续的和先后顺序的目标区分为两个，一个是"道德的自我"，一个是"完美的自我"。只有到了后一个情况，人才算充分实现了作为人的自我："一个充分实现本性的个人不是与社会合二为一，而是与天合二为一，虽然在天道盛行的社会，这两种统一并不存在紧张关系"（Yu 2001，246）。

③ 引自 Wang（1993，146）。

觉根本做不到"①。

第二节 西方理想

一 希腊

如果本书是对比不同文化的最高个人理想的历史的话，现在就到了广泛考察的时候，因为几乎每个哲学或者宗教传统都至少有一种个人理想可以与宋明理学的圣境观做有成效的对比。但笔者的课题不在此，本书感兴趣的不是进行广泛的对比而是目标集中的哲学对话：当宋明理学的圣境观及其附属主张与当代西方哲学接触以后会发生什么？因此，与笔者目标相关的对比非常具体，主要局限在当代西方德性理论探讨中的个人理想。笔者首先要考察两个希腊概念，一个是智者（sage），常常被翻译成圣人；一个是明智者（phronimos），有时候被翻译成"圣人"或者"道德圣人"，也可以被理解为"君子"。随后，笔者将求助于当代西方讨论时使用的一套术语，包括道德英雄和道德圣徒。

希腊的圣境观念常常和神性概念绑在一起，神性是区别于人性的完美领域。只有神是真正有智慧的，虽然人能够和应该追求智慧（sophia），那些这么做的人是爱智慧的人，也就是哲学家。因为这些个人对某些东西的热爱和渴望完全不同于我们有限的人类知识，希腊理论家通常认识到智慧的追求往往需要切断与日常生活的联系。他们认为，人们应该通过更接近可望而不可即的神圣智慧的精神体操来影响自己的生活。对许多思想家来说，最好的人类生活幸福生活（eudaimonia）是冥思生活（theoria）。② 所有这些的结局就是即使通过精神体操③来塑造个人在追求完美过程中的生活能够在理学家的心中（这方面的内容请参阅本书第八章和第九章）引起强烈反响，但人们

---

① 参见 Zhu（1974，199－200）；cf. Zhu（1991，152）。
② 参阅阿多的随笔 Hadot（1995，57、265）。
③ 这是皮埃尔·阿多的术语，参见 Hadot（1995）。笔者将在第八章讨论它与宋明理学观点的关系。

实际上不可能过圣人生活的事实具有重要的后果。① 理学家对圣境的追求并不涉及断绝日常生活；实际上，理学家对佛教徒对手的最能说明问题的批判恰恰是因为后者呼吁断绝日常生活。

当我们把聪明人理想引入这个画面，情况就变得更加有趣。明智者（phronimos）实际上是聪明人〔即具有实践智慧（phronesis）的人〕，他们的思维能力不如实际行动（praxis）出色。亚里士多德的伦理学著作《尼各马科伦理学》的大部分内容主要集中在明智者的美德和实际智慧上，似乎详细描述了他们的幸福生活和八面玲珑的社交能力。这与基于自我满足的最小限度地依靠外物的冥思生活形成鲜明对比。当亚里士多德的著名阐释者把明智者描述为"君子"时〔Rorty（1980，386）〕，人们忍不住认为，在希腊背景下，我们看到君子和圣人是两种不同的理想：一种是明智者的现实的、以人为中心的生活；一种是哲学家的思考的、以神为中心的竭力要成为智者的生活。而在儒家背景下，笔者已经指出君子和圣人从根本上说是相互联结的，很难区分开。有些学者确实这样理解亚里士多德，但很多人试图寻找一种方法把这两种理想生活结合起来，典型的情况是认定冥思生活在某种形式上是现实生活的完美状态。② 考虑到人们对冥思的不完美尝试，考虑到它与人类生活的正常关注相差太远，笔者认为这些解决办法虽然在技术上很聪明，但并不令人满意。③

---

① 不可能性的确切类别取决于具体的希腊思想家。在柏拉图看来，人获得智慧从形而上学角度看是不可能的。亚里士多德在这个问题上的立场显得有些模糊不清。他似乎确实认为获得智慧是可能的，但是这样的生活从人的角度看是怪异的，"无用的"〔Aristotle 1987，422（1141b）。即便如此，在《尼各马科伦理学》的末尾，他还是建议"我们必须尽最大可能让我们不朽，尽一切力量按照我们心中最美好的原则生活"（Ibid.，471，1177b）〕。

② 罗蒂本人提出了这样的论证，另外的例子，请参阅 Dehart（1995）。

③ 在这个问题上把亚里士多德和早期儒家进行对比研究的最新例子，请参阅 Yu（2007，ch. 7）。虽然余纪元在讨论（和翻译）儒家文献的时候使用"神圣""圣徒"等字眼令我感到不舒服，笔者基本上同意他的结论"对亚里士多德来说，现实自我的实现并不导致理论自我的圆满，反过来也一样。这是人类繁荣的两种模式，不能在单一的职业生涯中实现。相反，在孔子看来，关系自我的发展是持续不断的过程，人的美德修养是在不断加深和完善的"（Ibid.，204）。

二 当代圣徒与英雄

现在,让我们转向讨论道德楷模的新术语。1958年,厄姆森发表了他影响很大的文章《圣徒与英雄》,该论文的主要目标是说服哲学家同行接受他在日常思考道德楷模时的新发现,即"必须划出一条线,区分什么是我们能够期待的和要求别人做的,什么只是我们希望的,如果真的得到了会充满感激地接受"[Urmson(1958,213)]。①笔者将在本章将近结束时讨论这个问题,即在我们的义务之外有一个道德行为领域,后来被称为"分外之事"。我们当下的兴趣在于"圣徒"和"英雄"本身。厄姆森没有提供详细的分类标准,其要点在于有这样一类人,他们要么因为忽略自我利益(圣徒)要么因为忽略恐惧(英雄)而进入"更高的道德境界"(Ibid.,215)。被天主教会贴上圣徒标签的个人或许不能被列为现在哲学家所说的那种"道德圣徒"。

如果暂时撇开"英雄"类别,我们就会注意到道德圣徒观点的重要变化。厄姆森的观点是,"道德的更高飞跃"作为我们追求和羡慕的目标是好的,但它是可选择的。有些哲学家则表示反对。梅尔登把圣人的特征归结为"模糊了自己亲人的特殊权利和普遍人权的界限"的人[Melden(1984,75)]。因此,他说,我们应该把圣徒看作"完全不同于芸芸众生"的异类,他甚至暗示,如果考虑到人类特征的话,像精神病患者那样,圣徒拥有不同的地位,是一种"永远也达不到的境界"(Ibid.,79)。换句话说,圣徒与我们的道德地位和渴望根本没有什么关系。苏珊·伍尔夫在经典文章《道德圣徒》中对圣徒进行了范围更广的攻击,她写道"从道德圣贤的意义上来看,道德完美并不是通向个人幸福的模式,人们追求这种目标未必特别理性、特别美好、特别值得向往"[Wolf(1982,419)]。伍尔夫描述了两种圣徒——慈爱圣徒和理性圣徒。前者最大限度地投入道德修养中完全是出于爱,而后者则是出于义务(伍尔夫后来使用这种归纳分别批评了功利主义和康德主义的理想)。她指出,因为圣徒的每个时刻

---

① 对厄姆森的论文的背景和意义的更详细描述,请参阅 Flescher(2003, ch.1)。

每个意念都必须涉及道德，所以他们将无法培养全面发展的人格，很可能变成缺乏敏捷和幽默的乏味之人，也就是说并非我们应该或者愿意效仿的楷模。像梅尔登一样，她反对圣境代表人们渴求的理想的观点，即使我们有权不去追求这个目标。正如她所说，人们可能"绝对善良，但并非完美的道德圣徒"（Ibid.，436）。伍尔夫强调我们应该从她所说的"个人修养完善的角度"而不是从"道德角度"评价一个人的生活，虽然她承认从前者角度看，道德上的善是公认的、值得称道的。

除了简单地提及德兰修女，伍尔夫没有提到任何圣徒的具体例子。她的论证是建立在想象最高级的道德完美是什么样子的基础之上的。① 梅尔登心中想的是圣方济各这样的历史人物，他把这些人与我们实际看到的"道德完美范式"进行对比，在某些情况下，他们的生活可以作为我们的理想。这些后来的个人、"英雄"虽然仍拥有像我们那样的兴趣，但是在对他人权利的敏感性方面表现得"比我们好多了"②。换句话说，在这方面，英雄是特别值得推崇的人，但他的动机仍然被普遍看作我们自己动机的延续。我对别人的权利有些敏感性，但英雄拥有的敏感性更多。英雄不需要具有每个可能的美德，甚至还有一些缺陷。英雄并不需要时时刻刻都尽最大可能地好。一些哲学家已经讨论了英雄模范人物的特征，并试图重新定义"圣徒"这个词的含义。比如，按照劳伦斯·布鲁姆的分类，英雄是那些具有特别"道德工程"的人（就像奥斯卡·辛德勒在集中营中营救犹太人的承诺），他们往往面临巨大风险，而圣徒的道德纯洁性或者无私更消极些，但并不导致遭到梅尔登或伍尔夫

---

① 在本书中也提到了德兰修女（Ibid.，432）。伍尔夫也引用了乔治·奥威尔关于"关于甘地的一些断想"的著名评论"圣境是人类必须避免的东西。它太容易被人认为普通人拒绝它是因为圣人难做，换句话说，普通人是失败的圣徒。我们怀疑这种说法是否真实。许多人真的并不愿意渴望成为圣徒，很可能是有些赢得或者渴望成为圣人的人从来没有感受到成为人的很多的欲望"（Ibid.，436n4）。

② Melden（1984，79）；梅尔登建议他们是"英雄"（不同意厄姆森的圣徒和英雄分类的合并）参见 Ibid.（81n15）。

拒绝的激进或痴迷的极端做法。①

最后，我们需要注意到安德鲁·弗莱彻的《英雄、圣徒和普通道德》，该书可能是最彻底探讨这些话题的书［Flescher（2003）］。弗莱彻吸取了宗教和世俗的伦理传统，仔细考察了杰出人物的传记，刻画了英雄的特征。他的描述在很多方面类似于布鲁姆和其他人。他有关圣徒的描述值得我们在此详细引用：

> 与英雄相反，圣徒不是普通人，也不像英雄遭遇的那样具有可模仿性。圣徒的道德是非常过分的道德，开始于已经大幅度扩张的义务意识，在面对他人时，更进一步变成彻底屈服。圣徒被认为能超越任何强烈的道德要求意识，实际上已经达到他们所能控制的极限。虽然我们在一定程度上能够模仿英雄，但是把过分要求的圣人伦理学作为我们应该遵循的原则是不大可能的。虽然这并不是说圣徒在描述自己的行为时说的道德义务是错误的，但它确实意味着厄姆森想把圣徒的工作看作分外之事是正确的，因为这种评论就是从普通人的角度得出的。与此同时，很重要的是，圣徒提醒我们自己现在还没有达到圣徒境界，这把我们从凡人很容易陷入的自满中唤醒。随着时间的推移，这个消极影响会变成积极影响，促使我们渴望未来提高修养，按照更高的道德标准检查自己。世界上圣徒很少，英雄也很少。这种稀缺性反映在他们对待他人的态度上。虽然英雄在道德要求他们关注和采取行动时表现出相当程度的无私行为，而圣人则是主动地到处寻找可能有这种需要的他人。（Ibid.，219，黑体为原文所加）

弗莱彻把引语所在的这一章命名为"受苦的圣徒"，接下来指出他所说的过分道德的那种意识："考虑到非常接近正在受苦的他人的

---

① 参阅 Blum（1988）。布鲁姆也试用了"梅铎君子"的术语来指代他贴上圣徒标签的人，类似于艾丽斯·梅铎的"最好的人"的概念，笔者将在第七章中讨论这个问题。除了圣徒和英雄，布鲁姆还讨论了跨界的类别"理想主义者"和"应答者"。弗拉纳根在序言中还有一个关于"圣徒"的有趣的讨论（1991）；弗拉纳根的要点是我们没有足够的道德心理学理论来解释这样的典范。

状态，我们只有采用这种过分的、'生猛的'态度才能对付我们面前的需要的艰巨性"（Ibid.，210）。同样，"圣徒就在大部分人都可能屈服于绝望之地加快了为人类同胞服务的步伐"（Ibid.，186）。不屈服于绝望并不意味着不受苦；特别是在写到马丁·路德·金和多萝西·戴伊时，弗莱彻说他们喜欢的过高道德要求"使他们不可救药地焦虑，阻碍他们考虑已经取得的成果，因而难以在人类危机频繁出现的社会环境下舒服地生活，因为他们关注的只有危机"（Ibid.，183）。在弗莱彻看来，圣徒异常敏感，实际上如梅尔登担忧的那样，他们似乎很少区分自我和他者。弗莱彻告诉我们，这种敏感是他们痛苦和力量的根源；用他的术语来说，这就是他们的"过分道德"①。最后，和梅尔登不同，弗莱彻仍然相信圣徒仍然可以用间接的方式教我们如何克服自满。

第三节 有关圣境的担忧

一 圣境切实可行吗？

智者和聪明人，圣人和英雄，这些类别足以引领我们进入本章的最后一节，讨论当代儒家在宋明理学有关圣境的思想基础上试图创建新理论时所遭遇到的主要议题。笔者曾多次依靠历史和当代资源对宋明理学提出挑战，把自己的目标定位于在宋明理学基础上充实和推动当代儒家的发展，这却是第一次。

关键问题是人们真的能成为圣人吗？对圣境可能性的怀疑主义是王文亮有关圣境的中国观点的专著的核心。当代哲学家欧文·弗拉纳根也提出了他所说的"心理现实主义"来挑战"道德完美"的可能性。弗拉纳根对道德完美的理解和宋明理学描述的圣境相距不远，包括了可称道的"道德认识、动机和行动"——虽然我们需要注意"道德的"和"道德性"的不同用法是否正好与宋明理学的分类一

---

① 弗莱彻对"过分"敏感的描述，不仅是痛苦而且是它能带来的巨大道德工作，类似于丽萨·泰斯曼的有关敏感性的"负担"以及多少敏感性是"足够"的困难的深刻评论。参阅 Tessman（2005，ch. 4）。

致。弗拉纳根向自己提出了以下问题：如果我们认识到有人对某种情况做出了完美的反应，即使在相当的外力胁迫下，我们为什么不能想象人们能够一直这么做呢？他有两个相关答案：第一，即使我们能想象在特定场合的道德完美反应，但想象真正的圣人应该具备的道德完美人格就难多了；第二，他怀疑一个人是否能终生保持他或她的"道德警惕"："除了考虑道德因素以外，还有太多东西需要考虑。毕竟，一直保持完美状态是非常累人的。"［Flanagan（1991，29－30）］

当然，弗拉纳根承认，这些考虑中没有一个是完全有说服力的。毕竟，我们看到，圣境的关键是人们能够轻松自然地按照道的要求行动。在接下来的章节中，笔者将比较详细地讨论这意味着什么、可能性如何等。当下的要点在于我们设想的转型并不是人"神"之间的界限所预测了的，这一点与希腊智者不同。不管人们达到圣境的可能性有多小，它还算是形而上的可能性，因为从根本上说圣人是人。当然，圣人是特殊之人，在有时候表现出了普通人似乎无法理解的神秘性。① 但他们毕竟是人，正如我们看到的那样，这正是宋明理学的核心承诺所在。

没有必要坚持许多人是圣人或能够成为圣人。明确被认定为圣人的人只是很早以前的古人，我们现在对他们所知甚少，几乎可以想象承认其圣人地位部分是为了向他们表达敬意。当儒家承认从来没有完整的、百分之百的圣人的可能性时，笔者觉得并不丧失什么。至少，这没有什么危害，只要我们坚持普通人和圣人之间最关键的连续性还存在，只要看到达到圣人境界是阶段性完成的，而且主要是程度差异。人们在"学习成圣"的过程中，从根本上说，沿途通过的种种里程碑均不是圣人理想的最终状态，圣境本身是无法达到的，所以人们可能认为圣境无关紧要，我们更应该关注实际上能够提高自身修养的方法。这正是梅尔登鼓励我们思考"圣人"的方法。人们或许能

---

① Huang（2007，203－4）讨论了程氏兄弟看到的圣人和神之间的联系，这个麻烦的术语意味着"神秘、美好"，"精神"甚至（引起争议的）"神圣"。Huang明确提出了用神对应西方思想中的神圣性或上帝是否合适的问题。他得出结论说这样做是精明的，只有在我们遵循某些基督教修正论神学家质疑神化的极端先验的上帝等传统观点时才行。

够沿着弗莱彻的路线提出观点，圣人的存在是为了让人免于自满①，或者圣境的不寻常特征（如果这样认识，而不是弗莱彻的"受苦的圣人"）可以充当促使我们继续努力的动力［Kasoff（1984，97）］。对宋明理学的认识促使笔者接受圣人和非圣人之间连续性的观点。圣人的最终状态与我们部分达到的其他状态没有根本不同，笔者将在接下来的章节中解释这是怎么运行的，但核心的观点是圣人在自己的世界中轻松自然地找到和谐的能力也是我们可逐步获得的能力。

我们有必要更加详细地讨论圣人是否为"他者"的问题，梅尔登和弗莱彻虽然不同，但他们都认为圣徒是他者。弗莱彻告诉我们，"金的要求确定无疑是道德责任的更严格标准，这得到他对上帝的信仰和他兄弟情谊的大爱承诺的证实"。反过来，对基督徒的兄弟情谊理想金是这样解释的："兄弟情谊意味着承认所有人的生活相互依赖，人人都处在同一个演化过程中，人人都是兄弟。"［Flescher（2003，187）］至少在表面上，笔者上文描述的相互依赖的强烈意识和代表他人的持久的焦虑似乎回荡在儒家和宋明理学家对圣境的理解中。相互依赖性是下一章讨论的特别主题。至于焦虑，或许我们可以在孟子的经典篇章中看到，上面解释了虽然君子没有"一朝一夕的祸患"，但确实有"终身的忧虑"。"他的忧虑是这样的：舜是人，我也是人；舜是天下的楷模，名声传于后世，可我却不过是一个普通人而已。这个才是值得忧虑的事。"②（"乃若所忧则有之：舜，人也；我，亦人也。舜为法于天下，可传于后世。我由未免为乡人也，是则可忧也。忧之如何？如舜而已矣。"）忧虑又怎么办呢？"像舜那样做罢了。"因为这是终身的任务，这样的忧虑是"长期存在的"。

笔者当然不想把圣徒的不寻常或者似乎不寻常的方式最小化。他们针对具体情形做出反应的轻松和自然使他们显得很神秘，这似乎是天生就有的本事。虽然如此，笔者相信他们和普通人的区别与他们和圣徒的区别有很大不同。关键在于人们对宋明理学家提出的"相互依

---

① 史大海准确地提出了经典儒家荀子关于圣境的观点的主张：这种完美理想旨在激励人们讲究美德，避免陷入自满［Stalnaker（2006，191、263）］。

② 引自《孟子·离娄章句下》第二十八节；译自 Mencius（1970，134）。

赖性"的确切理解。这种相互依赖性——我们将在第二章和第四章看到的——扎根于和谐有机体的意识，据此观点，一切都重要，但重要的方式和程度不同。和是有关互补性的差异，而不是普遍的同一。具体到金的情况，圣徒般的"过分"是最大限度地消除痛苦［Flescher（2003，187）］。但圣徒的理想并不是最大限度地投入到某一价值中而是以和谐的相互依赖的方式寻求实现所有相关价值。① 这与儒家承认的价值是广泛的和相互关联的事实有关，当然并不局限于无私地维护他人利益。这种儒家立场和促使弗莱彻的分析的"道德"价值认识，即把"普遍的无私"放在中心位置形成鲜明对比（Ibid., 23-5）。圣人关心的人生和价值是普遍性的，而不是狭隘地集中在某个方面，圣人融合所有这些价值的任务，因而和圣徒的任务完全不同，至少和弗莱彻列举的圣徒的任务不同。②

二 圣境值得追求吗？

这些考虑指向答复苏珊·沃尔夫的批评的方式（参见本章第二节"当代圣徒与英雄"部分），即他们暗示圣人和她担忧的"道德圣徒"有很大不同。即便她认为一门心思投入到（狭隘理解的）道德是自我破坏性的观点是对的，不管是在成为道德更完善的人的能力上，还是在一个人可能对他人产生的积极影响上都是如此。但这对于圣人和寻求圣境的人不成问题，因为他们的理想是扎根于和谐平衡的观点。圣人不会有麻烦，看不出为什么朝某个方向过分倾斜是有问题的。尽管如此，笔者想承认，这么说容易，而要在自己的生活中真正认识到却并非那么容易。请考虑一下有人对20世纪著名知识分子梁漱溟的描述：

> 梁漱溟对自我克制和人格完整的不可遏止的关心是具有传奇色彩的。他的一生是为了实践他感受到的道德使命不断斗争的一

---

① 解释和为这个主张辩护是第六章的重要任务。
② 西方哲学过去几百年里对"道德"的理解太狭隘的观点得到当代西方德性伦理学的普遍认可。伯纳德·威廉斯（1985）是这个观点的著名代表之一，笔者特别喜欢斯旺敦的表述，德"溜进生活的每一个角落"。参阅 Swanton（2003, 68-76）。

生。人生是一件极其严肃的事情,它要时刻同道德懈怠的危险不断斗争。这种道德的强制力使得他形成了非常严肃的个性。他很少笑,甚至很少微笑,也从不开玩笑……众所周知,作为一个贤人,他对人经常躬着身躯,像个大写的 S。1956 年,一个共产党的批评家曾经这样评论梁漱溟:"他常以'天生德于予'的圣人自居,这不是很多人都知道的吗?"① [该段引自艾恺《最后的儒家》(王宗昱、冀建中译),江苏人民出版社 1996 年版,第 4 页。——译注]

简而言之,梁漱溟似乎就像伍尔夫提供的头号展品,如果她要按照起诉圣徒的路线起诉圣人的话。作为回应,笔者提出以下几点:首先,"过度关心自我克制"并非圣人的标志,虽然或许是通向进步的方法。笔者将在第八章和第九章明确探讨道德教育问题。其次,如果有意识地提高自我修养并不对他人产生任何影响,包括在有些时候让他人感到不自在,那么,我们应该怀疑这种努力到底有多么彻底。最后,返回到笔者有关圣人和圣徒差别的基本观点,这里笔者提供儒家经典《礼记》中的段落,其中孔子赞同维持紧张和放松的平衡:

> 子贡去看年终祭祀。孔子问他:"喜欢吗?"子贡回答说:"整个国家似乎都疯狂了,我不喜欢。"孔子说:"经过了上百天的劳动,人们有一天的狂欢。这是你无法理解的东西。一直把弓弦拉得很紧而不松弛一下,这是周文王、周武王也无法办到的;相反,一直松弛而不紧张,那是周文王、周武王也不愿这样做的;只有有时紧张,有时放松,有劳有逸,宽严相济,这才是周文王、周武王治国的办法。"② [子贡观于蜡。孔子曰:"赐也乐乎?"对曰:"一国之人皆若狂,赐未知其乐也!"子曰:"百日

---

① (Alitto 1979,3);关于他年轻时个人修养方面的努力的讨论,请参阅 Ibid.,30。艾恺说"单一思想品质的培养不可避免地具有自满的情绪"。有关梁的父亲的"竭力追求道德完美的生活"的讨论,请参阅 Ibid.,46。

② 参见《礼记·杂记下》,引自 Yu(*Forthcoming*,64)。

之蜡,一日之泽,非尔所知也。张而不弛,文武弗能也;弛而不张,文武弗为也。一张一弛,文武之道也。"(《礼记·杂记下》)]

或许梁漱溟应该把这段话好好记在心里。

梁漱溟的例子提出了一个问题,无论我们是否觉得这适用于梁本人,即人们在试图推动自己变成太好的人,即比自己更好的人时,是否会带来一些坏的结果。接受自己的缺陷不是比试图狂热地消除缺陷更好吗?我们上文看到,朱熹批评那些认为"自己已经足够好"的人。换句话说,没有停止的时候,一切都是重要的,人们永远都不能躺在自己的功劳簿上。所以,宋明理学家不会接受厄姆森等人推崇的"分外之事"的观点,也就是人们有某种受到一定限制的道德义务。做超过这些限制的额外之事即"分外之事"当然好,值得称道,但不是必需的。① 实际上,这种形式的"分外之事"已经遭到一些当代作家的挑战。我发现反对这种"分外之事"的论证之一最有说服力,我相信当代儒家可能也会认可,即伦理模范(无论我们称为英雄还是圣徒或是圣人)通常并不认为他们的反应或行动是"可选择的"。他们一次又一次地描述自己的反应是自动的,他们的选择是必要的。只举一个例子,菲利普·海丽的《免得无辜之人流血:法国利尼翁河畔勒尚邦村拯救犹太人的故事》描述了第二次世界大战中勒尚邦村民在牧师安德烈·特罗克梅的领导下拯救了很多犹太人的故事。海丽一再把他和村民的遭遇与下面的话联系起来:"你怎么能称我们'好人'?我们不过做了应该做的事。别人还有谁能帮助他们?这与善有什么关系?事情必须做,就这么简单,我们碰巧在那里,做了这事。你必须明白,世界上帮助这些人是最自然不过之事。"

---

① 除了厄姆森,这个观点的另一个有影响的说法的人是海德 Heyd (1982),他把分外之事的行为描述为:1. 既不是义务也不是禁止的;2. 道德上善,不仅在于预期的后果而且在于内在的价值;3. 为了别人的利益,自愿做的。这个思想的著名的最有权威的章节(locus classicus)是在《新约全书》"马太福音":耶稣据说告诉有钱人:"你若要进入永生,就得遵守诫命",而且"你若愿意作完人,可以去变卖你所有的,分给穷人",引自 Heyd (1982, 17)。

[Hallie（1979，20-1）]①

在下文中，尤其是第八章中，笔者将详细阐述宋明理学家自己如何提出类似主题。作为本章的结束，同时指出当代东西方哲学家之间对话的成果，请允许笔者最后提一下思考更适合圣境概念的"分外之事"的另外一种方式。最近，克里斯蒂·斯旺敦受到尼采的启发指出，总体上说"我们不应该追求超越自身能力的美德"[Swanton（2003，204-5）]。这个口号里塞进去太多的东西，但最根本的观点是一个人的美德受到"此人的效率、表达自爱的渴望，以及是否有人愿意在他力不能及时替他做事"等限制。斯旺敦补充说，重要的是，这种美德概念必须为个人力量的缓慢增强留下空间，并且指出道德"完美主义"也是必要的。②斯旺敦认为，在此背景下存在"分外之事"的空间：这将是个人努力"做超出自己力量之外的事"。找到方法做一些重要的善事，即使在这么做时，这个人暴露出某种不满或在其他方式上表现得不那么完美或并非发自内心。这些是我们眼下无法深入探讨的复杂问题，需要在更深入地理解宋明理学有关美德、圣人动机等问题之后才能讨论。让我们把这些问题作为未来全球哲学的素材暂时撇开，转而讨论儒家的连贯性观点——理。

---

① 以类似的方式看待现象学的道德"选择"的西方哲学家是艾瑞斯·梅铎，她的观点笔者将在随后的章节中详细讨论。在一篇题目是"完美主义"的文章中，她指出认为我们的意志能在众多的善中做出无条件的选择的观点是错误的。她写道，"我只能在我看到的世界内选择，在道德意义上的'看'意味着清晰的视野是道德想象力和道德努力的结果。人们常常被迫的，几乎是自动地受到人们看到的东西的支配"[Murdoch（1970a，37）]。还可参阅 Colby and Damon（1992，70-6）和 Flescher（2003）对这个主题的深入讨论。

② 她理解在美好的和邪恶的完美主义之间划一条界限是非常棘手的，需要"对个人心理间的关系有高超的理解，具体背景下她的行为的事实，她操作的社会环境，她对待环境的态度"（Ibid.，208）。

第二章 理

本书的英文版中使用的主要中文术语的翻译一般不会产生多大争议。比如"圣"翻译成"Sage","和"翻译成"harmony","德"翻译成"virtue"。这些词都有长长的谱系,在中文的语义学中牢牢地扎下根来。即使在学界没有达成共识,我不得不论证某个具体翻译的合理性时,如把"敬"翻译成"尊敬"(reverence)或者把"志"翻译成"承诺"(commitment)①,我的翻译也不大可能引起学界的质疑。但有一个例外,那就是"理"②,我把它翻译成"连贯"(coherence)。"理"是位于理学哲学思辨核心的一个难解的术语,其复杂性和核心地位意味着任何解释都不可避免地产生某种争议。这种争议不仅与翻译有关,而且与它的意义到底是什么有关,因此也是关乎理学哲学传统整体含义的大问题。如果不确立"理"的意义这个立场,就难以理解理学。幸运的是,在这个争议的所有观点中,我发现有一种论述非常具有说服力。把"理"理解为"连贯"的某一种特殊意义不仅有助于我们理解理学大师的著作,同时还能欣赏其哲学洞察力对当今社会的意义。

第一节 最初的步骤

首先,我们认为把自己置身于理学世界观或许有些帮助,只有这

---

① 关于"敬",请参见第四章;"志"在第七章将被详细讨论。
② 请注意这完全不同于意味着"礼仪"的礼的世界,虽然它们是同义词。有关礼仪的讨论,请参阅第八章。

样我们才可以开始解释具体篇章的意思。第一，抛弃那种认为宇宙是被宇宙之外的东西创造的观点。没有什么东西从外面给旋转的、混乱的、庞大的物体强加上秩序和可理解性。虽然如此，我们显然在这个世界上确实感受到了秩序、模式和可理解性。这是一个不停运动的世界，但我们能感受（看到和感觉到）相似性和差异性，联系和断裂。生命的产生和繁衍——我们的生命、我们亲人的生命，甚至任何生命本身——对我们来说肯定是非常显著和宝贵的。我们对物品、事件和反应的感知不可避免地模式化、系统化和概念化。回顾一下，我们或许能够说这些模式化中某些方面更多是"天然的"，某些方面更多是"文化的"，但我们无法彻底区分两者。最初，我们对世界的经验受到两个维度的影响。不可能把我们自己和我们的反应与这个画面分开，也不能把我们自己放在一边，询问这个世界在我们不参与的情况下看起来"到底"如何。虽然，这并不是说世界就是人们看到和感受到的那个样子。在很多方面，人们的思想或者感知可能是错误的（这种感知再次包括了认知的和情感的两个维度）。

进一步的反思让我们更加接近明确的哲学领域（如下面的问题：我们怎么会犯错误？我们的感知有什么共同点？），所以现在就让我们把理学纳入明确的对话中来。为了谈论世界对我们产生意义的方式，他们采用了一个具有悠久历史的术语"理"[1]。笔者在本章中提出的观点是："理"意味着"把事物结合起来的有价值的、可理解的方式"，这个意思被"连贯"（coherence）这个词很好地表达出来。[2] 朱熹明确指出，理有一种内在的复杂性使其与"连贯"吻合，他告诉我们说"理各有条理界瓣"[3]。这个短句已经指出了理的另外一个关键维度，即存在多种连贯性的思想，我们即将看到，它们可能重叠或隐身于其他理之中，虽然有一个最大的连贯性，即包括万事万物的理

---

[1] "理"并非被早期理学家普遍强调，但是很快被广泛接受作为一个核心的用来解释的概念。有关这个观点的历史，请参阅慈普霖的《即出》，一本对我的思考产生很大影响的著作。也可参阅 Chan（1964）。

[2] 裴德生是第一个明确指出应该把理翻译成"coherence（连贯）"的人 [Peterson 1986]。我的直接灵感来自任博克论述前理学家的"理"的书——Ziporyn《即出》。

[3] "理各有条理界瓣"出自 Zhu（1974, 22）；cf. Zhu（1991, 67）。

第二章　理

（天理）。当然，我承认英语单词"coherence"有很多其他意思，但当我使用它来翻译"理"的时候，我指的是刚刚解释的具体意思。我应该一开始就注意到不同思想家对特定背景下的"把事物结合起来的有价值的、可理解的方式"是什么有不同看法。或许他们同意"理"指的是什么，但对于在特定背景下它的具体内容可能有不同看法。在特定例子中"理"的内容取决于什么最有价值。而且，有些佛教思想家用"理"表达同样的意思，只不过他们不相信有适合特定背景的独特"连贯"。在他们看来，任何"把事物结合起来的方法"都不是唯一的可理解的或有价值的。但是，就理学家而言，具体背景下的"理"的内容是确定无疑的，下面将更详细地讨论这个问题。

　　作为赋予理内容并为这种解释辩护的第一步，我们先来考虑"理"的其他三种翻译"法则"（law）、"原则"（principle）和"模式"（pattern）的不足之处。虽然最近的一些学术著作没有使用法则来翻译"理"，但理和自然法的相似性已经有人注意到了（实际上，下文中将谈到这个问题）。[1] 朱熹说："至于天下之物，则必各有其所以然之故与所当然之则，所谓理也。"[2] 这个定义的两个方面看起来与"法则"的不同含义十分吻合。但是朱熹与所有的理学家一样都很清楚在他们的宇宙中没有"法则制定者"。[3] 而且，我们即将看到，理有一个关键的主观维度，这是科学法则或自然法则的现代概念所缺乏的。

　　"原则"或许是翻译"理"时被最广泛使用的一个词，这部分是因为它似乎很好地抓住了理的规范性维度，朱熹把它描述为"所当然

---

[1] 请参阅 Wood（1995）。"Law"（法律）被 Bruce（1923）用来翻译理，受到李约瑟和葛瑞汉的批评［Graham（1992, 12）］。

[2] 参见 Zhu（2002, vol. 6, 512）。

[3] 过去一个世纪有些儒家哲学家通过康德的"autonomy"（自主性）和"heteronomy"（他律性）作为棱镜来解释儒学，认为在我们心中的东西（或许是道心或许是良知）可以被确立起来，事实上作为自主的道德律的来源。牟宗三是这种观点的最著名推动者，他认为虽然朱熹本人不能避免他律性，其他人（比如王阳明）有更成功的观点。虽然我在这里不参与详细反驳这种解释的活动，但是我觉得这种途径无论从历史上还是从哲学上说都是有问题的。

之则"。我们都很清楚如"孝敬父母"的伦理原则。即使我们能够对理的内容做出众多不同的概括,仍然发现理对上下文的要求非常严格。"把事物结合起来的有价值的、可理解的方式"在每个背景下取决于具体的事物是什么。通常,这个"事物"包括人,而每个人都有不同的情感和生理特征。在下一章,我将阐述理学伦理学是以德性而不是以原则为基础的伦理学;部分论证就在于伦理学基础的"连贯"本身,而不是被理解为"原则"。

最后,我们来看看"模式"(pattern)。虽然把"理"理解为"模式"有一些吸引力,但这种对等的创立者会遭遇下面两种困难:要么"模式"过于模糊无法向我们说明"理"的意思,要么过于具体。有人已经指出模式是比连贯更基本的观点,如我们不能发现某种东西是可理解的,若不注意到它的模式:某种共同性和与我们经验相关的某种联系。① 虽然如此,理不仅仅是被模式化了。它与价值的联系是根本性的,而它与人的可理解性的联系也很关键。尽管可能存在人类没有注意到或不能理解的模式,但理一定是人类可理解的东西。② 从这个角度看,"连贯"更好地表达了"理"的意思,因为它的意思(我已经为了我们的目的规定了它)更丰富也更狭隘。另外,如果我们试图把理等同于某种具体模式,任何事物都有精确的模式,我们将失掉对理非常重要的情景灵活性和对人类主观的敏感性。当代学者任博克已经注意到"模式"和"原则"都隐含着"可重复性、反复叠加或者'同样的东西'在不同场合重复出现;同样的比例、同样的形式、同样的关系等意思"(Ziporyn, *Forthcoming*, 85)。但是,当我们说存在理的时候,谁也不能准确地说哪个模式是普遍存在的。③

最后几段的论证已经引出一些期票,包括一些主张如理是部分主

---

① 在这点上我感谢万白安。
② 我们知道这个因为圣人从原则上说完全吻合所有理。慈普霖写道"解释和评价是无法分开的"[675],虽然他的建议最清楚地体现在王阳明的哲学思辨上,但我要说这对朱熹同样是最基本的内容。
③ 万白安把理解读为"模式"在模式的模糊和具体之间摇摆。他说理是"所有事物中的共同的模式",他也指出某些数字模式(1.2.4.5之类)可以指向"模式"的结构[Van Norden (2004, 107-8)]。但是最后这些指向具体性的努力都被放弃了,因为"语言充分性的局限性",我们只能满足于模糊的模式化观点。

观性的、高度依赖情景的、比仅仅根据具体的特定模式进行模式化更丰富的概念。而且，读者或许感到疑惑某个具体事物怎么能说具有"连贯性"：某个物品的哪些部分是"把事物结合起来的有价值的、可理解的方式"？除此之外，存在一些我还没有提到的"理"的某些特殊困难，如它和构成宇宙的气的关系以及理既可以是一又可以是多的方式。下面将讨论这些问题。

第二节 主观与客观

理的早期含义包括"分割（把土地分割成可耕作的地块）"和"穿戴（把玉和它的纹理协调起来）"（理，治玉也。顺玉之文而剖析之。《说文》），这些用法都不可避免地把人类目的与外部现实结合起来。"可耕作的地块"和峡谷或高原不同，不可能在脱离利益和目标的情况下来理解，正如精心制作的玉器不可能不涉及我们对这些东西的欲望 [Hall and Ames (1995, 212); Ziporyn, *Forthcoming* (79)]。与此同时，无论农田还是玉器都必须遵循当地地形学的客观限制或者玉的具体构造的限制。可耕地不能太深，玉器挂件不能破裂或边缘太过尖利，否则这些东西就不能作为农田或垂饰了。而它们若失掉了对我们的价值，也就失去了意义。因为在此，理作为动词来使用，所以理的早期用法中人类目的的作用得到进一步加强：这是人类做的事。简而言之，我们说理的最初用法是通过求助于目的（主观）和环境（客观）把客观和主观维度结合起来。

一 性与主观性

让我们转向理学家这里，看看他们详细阐述的理的概念是怎样带有主观维度的。人性善恶的根源以及培养通向善的可靠性格的最好手段是多少个世纪的儒家一直关心的问题，这种讨论往往是用"人性"的术语来进行。这个词争议很大，通常被模糊地翻译为"nature"。经典儒家辩论人性是善是恶还是冷漠无情等。大部分理学家赞同的关键观点是首次由张载提出，后来被程颐提炼改进的。他们解决了围绕在人性周围的模糊性，通过区分人的实际"天赋"倾向（如"软弱和松弛"或"坚硬和精力充沛")的一面,和人性的有价值的连贯性(性之理)为另一面[Cheng and Cheng(1981,313)]。我们可以在两种不同的程度上谈论性之理。首先,它是把我们的情感和能力结合起来的有价值的、可理解的方式。比如,我们吃东西的欲望恰当而并不促使我们自私的狼吞虎咽时,或者我们对陌生人的同情或许会起作用但不会造成我们忘掉最近的亲人时,这些就是我们的天性能够获得的理的方面。其次,我们可以把性之理理解为我们与万事万物和谐统一的方式。我们说这是性之理而不仅仅是抽象的理想,因为我们感受到朝向这个理的实际推动力,在这里程颐将提及我们对他人的同情。当然,在第二个意义上,"性之理"从我们的身体延伸出来包括了我们与其他事物的关系。朱熹明确指出理就是这样起作用的,他说船的理就包括了"舟只可行之于水"[Zhu(1997,56)]。船的理不仅是把它的部分(如龙骨、桨等)结合起来的方式,而且包括整条船与环境结合起来的方式。无论我们谈论船与环境的结合还是人与环境的结合,理学家都相信这种结合是客观存在的。总有一些东西合适,有些东西不合适,差别不是由我们自己决定的。与此同时,我们的反应和目的构成了人性与环境的结合。我们与环境结合起来的关键部分是我们在不同程度上关心他人。因为这些主观反应所发挥的作用,可以说理既有客观性也有主观性。

讨论"性之理"的另外一个方式是提到性中具有理的方面,也就是程颐提出的著名口号"性即理"。[①] 如果性被认为是纯粹客观的东西(这得到从前把理翻译为"原则"的鼓励),那么很难看到性的某些方面可能是理。因为理部分是由我们的评价系统构成的,说性和理是一回事更容易说得通。我们的本能反应本身就是"把事物结合起来的有价值的、可理解的方式"的一部分:作为天性一部分的这些反应也是理的一部分。葛瑞汉非常好地指出:

> (理)本身被看作庞大的三维结构,从不同的角度看样子不

---

① 请参阅 Cheng and Cheng(1981,292),葛瑞汉此最著名的分析请参阅 Graham(1992,49-50)。

同。在确立每个事物移动的路线时,它就像道路(道),这些路线独立于我自己的个人欲望,它作为天意(天)加在我身上,从我自己的观点看它作为模式从我最深刻的反应中展开,在我看来就像我的本性(性)。①

理确实是一种模式或相互依存的网络,是一种部分由我自己"最深刻的反应"构成的模式。连贯性——把事物结合起来的有价值的、可理解的方式——是我自己对环境做出的整体反应。因此,程颐(朱熹在他之后)得出结论性即理。

认真的读者可能对葛瑞汉的说法感到困惑。他说:"这些路线独立于我自己的个人欲望,它作为天意(天)加在我身上。"这怎么能和我的理有部分主观性的说法一致起来呢?怎么能与葛瑞汉自己下文说的理扎根于"我自己最深刻的反应"一致起来呢?对这些问题的回答在于理的理解不仅是主观的而且是客观的。实际上,像程颐和朱熹这些理学家并不想过多强调理的主观维度。虽然他们看到理是以人为中心的关键概念,但他们并不想让人产生似乎理可以凭空捏造纯属虚构的印象。无论是物品还是价值都是不可随意操作的。正如并非所有土地都可成为"可耕作的农田"来开垦一样,并非任何一种创造都有同样的理。儒家认为天理中的术语应该被理解为不容争辩的东西:早期圣人已经看到某些美德对广泛的和谐的产生必不可少,这是因为他们对人性弱点的深刻洞察力。②

二 定理与客观性

因此,像程颐和朱熹这样的哲学家强调理的客观性方面,他们说:"整个宇宙中只有定理和常理。我们必须理解这一点,绝不要假装你能操纵理,也不要认为你能改变理。很自然的,无论从前的圣人还是当今圣人的作为就像符木的两半那样正好吻合。(天地之间,自

---

① 参见 Graham (1986, 426);也可参阅 Ziporyn (2007, 65-7) 的讨论。
② 虽然我引用了早先提到的郝大维和安乐哲的著作,但是我相信他们弱化了理及其相关观点的客观维度,过于倾向唯名论者的方向。请参阅慈普霖的评价,他认为这两人"有点过于强调传统的唯名论倾向"[Ziporyn (2007, 76)]。

有一定不易之理,要当见得,不假毫发意思安排。不著毫发意见来杂。自然先圣后圣,如合符节,方是究竟处也。)"① 这里作者特别强调的是人们不能把道德价值变成人们喜欢的任何东西。它们不是一个人当时碰巧渴望的东西,因此,虽然有具体情景的理在某种程度上取决于当事人对此情景的反应的事实,理仍然具有某种客观性,是无可选择的。朱熹把"定理"和经典文本"大学"中的下面一段联系起来:"了解人生归宿,然后才能志向坚定;志向坚定,然后才能思想清静;思想清静,然后才能心情安宁;心情安宁,然后才能思考周密;思考周密,然后才能有收获。(知止而后有定,定而后能静,静而后能安,安而后能虑,虑而后能得。)"② 朱熹评论说"定""静""安"的意思大概都差不多。"定"就是"一个人在静中知道'作君主的,归宿到仁厚;作臣下的,归宿到庄敬'(为人君,止于仁;为人臣,止于敬)"(《礼记·大学》四)。③ 换句话说,当一个人的反应完全符合儒家美德时,他就达到了"定",而这会带来内心的平和与安详。这种态度反过来又与人们行动时的随意自然联系起来。自动的、即刻的、总是可得到的理就是"定"。朱熹在其他地方描述"定"是在冬天时无须笼统地思考就自动知道需要穿棉衣。更笼统地说,当一个人对"天下事事物物,皆知有个定理",他就获得了"定"〔Zhu(1997,247)〕。

一个重要的告诫:"定理"并不意味着存在一个事先可以知晓的适应任何情况的固定法则。程氏兄弟和朱熹都非常清楚地指出,明确的法则——程氏兄弟有时候令人遗憾地称为"定"——未必总是适用。比如,程颐写道,唯一不变的真理是变化,所以任何"定"的东西都不能长久〔Cheng and Cheng(1981,862)〕。因此,"定理"的一个明确例子可以被归类为"明确的标准(经)",它通常情况下都适用,但不一定总能适用(Ibid.,160)。程氏兄弟接着提到了《孟子》中的一篇文章,其中包含男女授受不亲的明确法则,但如看

---

① 参见 Zhu(1974,24);译自 Zhu(1991,68),稍有改动。
② 参见《礼记·大学》。
③ 参见 Zhu(1997,245);单引号来自《礼记·大学》三。

第二章 理

到嫂子掉进井里就要出手相救，在此情况下，这个"经"就可以放弃。（淳于髡曰："男女授受不亲，礼与?"孟子曰"礼也。"曰"嫂溺，则援之以手乎?"曰："嫂溺不援，是豺狼也。男女授受不亲，礼也。嫂溺，援之以手者，权也。"）知道什么时候遵循经的要求，什么时候放弃是变通的做法（用孟子的说法就是"权"），程氏兄弟和朱熹也称为"中"①。"经"或许是不变的，但它并非在任何情况下都适用。"平衡"（中）总是对的，但不能公式化为一套明确的法则。在某种程度上朱熹将程氏兄弟的术语清晰化，他说"平常"比"定"能更好地表达"经"的局限性。在我们把这些美德内化为本能时，他就能保持我们看到的理的"定"。换句话说，朱熹讨论"定理"时，他心中想的是根据情形变通的"平衡"而非明确但脆弱的概念"经"②。

若宽容地解读，朱熹对"定理"的讨论并不否认人的主观性在表达理时发挥的重要作用。朱的后世批评家们并不总是这么宽容，虽然我们必须承认"定"和"不变"确实容易令人从纯粹客观的角度来理解。因此，王阳明明确反对朱熹"事事物物，皆有定理"的观点，他指出这是不适当地把人心（主观性）和理区别开来。王阳明说，这就好比孝顺之理是在亲人身体中一样，他们过世之后，孝顺之理就消失了。③ 相反，王坚持讨论"心之理"，以便突出显示主观性在理中的作用。其实，在令人想起程颐从"性之理"到"性即理"的转变中，王阳明从谈论"心之理"转变到谈论"心即理"。④ 为了避免

---

① 请参阅《孟子·离娄上》第十七节。有关权在各种早期文献中的详细的汉学讨论，请参阅方丽特 Vankeerberghen（2006）。方丽特认为在《孟子》中提到的例子的情况，当事人"放弃了持久的不变的价值的一部分"，即"理的规定"；而且，他建议这是"道理"战胜"感情"的问题（Ibid.，74-5）。我对这种解释感到怀疑，我猜想孟子很可能像理学家一样看到权是对某个特定情景下的要求做出平衡的回应，但是我在这里不愿意提出对孟子的解释。有关朱熹论敬与权的讨论，请参阅 Wei（1986）。

② 在对二程区分"中"（不偏之谓中）和"庸"（不易之谓庸）——等同于经的讨论中，他说"典型"比"确定"更好［Zhu（1997，1324）］。而且，他明确地把"中"或者根据情景的调整放在"经"或"庸"之上。"庸是定理，有中而后有庸"（Ibid.，1327）。

③ 参阅 Wang（1983，§2 and §135）。

④ 在 Wang（1983，§140）中，这两个术语紧接着出现，暗示"心即理"不过是强调"心的理"的重要性。心之理和心即理，请参阅 Wang（1983，§117 and §222）。

夸大王阳明和前辈的差别,我们必须看到王阳明并不是说我们的心按自己的意愿简单地创造了理。他解释说,心对情景和刺激做出的反应可以称为"意",而这样跟你的情景关联起来就等同于一个特殊的"物"。因此,通过人们如何理解和回应情景的方式,物总是有概念和情态意义。王阳明的例子是伺奉父母时的意,在此背景下,伺奉父母就是"物"。不同的人可能用不同的方式参与这种活动,因此产生不同的"物"。但是,王阳明强调说,根据一个人的反应离他的心的"本体"有多远,存在着看待这种情景的好坏之分。① 因此,即使当他说"心外无理"和"心外无物",我们也不应该认为他鼓吹西方哲学家所说的唯心主义。② 相反,他是在强调理的主观性一面,同时没有放弃理的客观性一面。③

朱熹和王阳明走向不同的方向,前者更多强调理的客观一面,后者则更多强调理的主观一面。但是需要强调的是,两位思想家都看到了两个方面。对两位来说,"自私的"欲望和意图能阻碍我们以客观正确的方式看待理。因此,理的主观一面不是对欲望的随意性反应而是根本上以人为中心的。按照理学家的说法,我们即将看到,理的很多决定性来自人类给予生活的必然价值。因此,并非一切东西都有同样的理。任博克通过对比朱熹对理的理学家理解和天台宗佛教徒的观点,使用"可食用性"作为指代我提到的理是"有价值的、可理解的方式"的必要性隐喻,很好地指出这一点:

---

① 这显然需要更进一步地展开论述,且等到第六章和第七章再说。简单来说,人们在接近圣境时,他会越来越开阔地看到一种方法,从情景中看到以前曾经忽略或排斥的各方面之间相关性和联系性。

② 参见 Wang(1983,§6)。陈的翻译包含两个重大错误 [Wang(1963,12-14)]。第一,他把"意"翻译成"will(意志)",添加了意思,这意志是"指向"具体对象的,这是王阳明原文中没有的内容。宋明理学中没有与西方的意志观点密切对应的内容。我在第七章中将更详细地谈论这个问题。第二,不是"脱离心的理"和"脱离心的物",他给我们"心外无理,心外无物",这听起来非常类似唯心主义。任博克对王阳明的精彩讨论也过于偏向唯心主义,他说"心是理的手段,心是在*任何愿意的时候围绕自身创造独特的旋涡的决定性旋涡*"[Ziporyn(2007,669),斜体是作者添加的]。

③ 因此,我必须不同意当代学者赵卫东的观点,他认为王阳明彻底抛弃了客观性 [Zhao(2001,59)]。

第二章 理

对理学和天台宗佛教来说，理必须是可食用的，所以才称为理；必须对具体的人类目标有用。在无限重生和无限多样的菩提修炼框架内的天台宗认为，一切可能的"理"都是证明对此工程有用的材料。朱熹有更谦虚的人类精神消化的概念，认为只有儒家美德是可食用的，即可以转化为人类社会的、政治的、感情的生活所需的能量和活动[Ziporyn, Forthcoming (667-8)]。

儒家和天台宗教徒对什么情景可以被称为理或许意见不一。儒家根据具体背景情况批评某个情景没有理，如对儒家来说，在父母的葬礼上说笑违背理，但佛教徒可能觉得这是符合理的。①

第三节 理与气

在理学家看来，"物"是他们称为"气"的物质能量的动态构成。换句话说，物有形，有变化，有些变化快，就像人的走动，有些变化慢，就像山的消磨。所有这些都是"形而下"，意思是它们都有可看见和触摸到的形式。物或更笼统的气的动态变化反映了根深蒂固的观念，即宇宙变化和生命特征，这反过来帮助解释了为什么理学家看不到"物"和"事"之间的真正差别。相反，理是"形而上"，这意味着就其本身而言，它没有具体的可触摸的实体[Zhu (1997, 2)]。虽然所有理学家都承认气是形而下，理是形而上，但理和气的关系的很多议题是非常恼人和复杂的。我们关心的是两大领域：(1) 理是不是物？它有什么样的本体论地位？(2) 理能否影响气？它的因果关系是什么？简单地说，我想在这里指出，虽然理学家可能会说理不是物，包括朱熹在内的有些人有一种把理具体化的倾向，而该倾向会引起概念上的问题。无论某个特定思想家是否把理具体化，理学家们的一个普遍共识是理在构造现实时确

---

① 即使对理学家来说，也并非这样的情景中不可能存在理。或许笑声是对弟弟的开心的言论的一种回应。但是我们认为这种交流并不适宜纳入理的更大和相关性更高的模式，因此应该受到批判。更进一步的讨论，请参阅本章第五节。

实发挥了非常重要的作用,虽然这不是西方传统赋予形而上的神灵"独立的"创造世界的力量。

一 本体论地位

在英语中,只有在说虽然物可以有理,但理不是物时才能说得通。理是以某种方式组织起来的情景所拥有的性质,但人们不能伸手去触摸它。虽然如此,我们必须记住现在讨论的是理而不是英语中的"连贯性",即使"连贯性"比任何一个英文单词都更接近理的语义场,我们还是应该特别小心,不要匆忙得出建立在我们对"连贯性"的本能理解基础上而不是建立在理学家著作基础上的结论。理的本体论地位问题或许可以被表述成"理如果有实体的话,是什么"。西方哲学家已经创造了很多类似范畴,从柏拉图式的形式到抽象物体到自然属性,而且争论不休。理学家是怎么理解理的呢?

回答这个问题的最好办法是把它分割为五个不同的维度,因为理学家对其中有些维度不是很清楚或存在分歧。这些问题是:

1. 理是实还是虚?
2. 理是具体还是抽象存在?
3. 理在概念上是先于气(因此用来解释气)吗?
4. 在某些意义上,理在时间上先于气吗?
5. 在某种意义上,理是物吗?

在观察了这五个问题后,我们就能得出一个综合性的答案。

第一个问题相对简单,因为理学家的一个重要主题就是它的规范是实,不是他们理解的佛教徒宣称的那种虚。这有点类似西方有关唯实论和唯名论的初步区分。理学家相信理是被发现的不是被创造出来的,程颐说:"天下无实于理者"[Cheng and Cheng(1981,66)]。这种实是"常",如上所述它与理的"定"和客观性密切相关,不是我们可创造的东西。这里麻烦的一点是,理作为"实"的说法如何与我更早时坚持认为的理在某种程度上是我们的主观性的观点保持一致。因为理解唯实论和唯名论差异的常见方法是想象一个无人的世

第二章 理

界。让我们也提出一个类似的方法。按照理学家的说法,在一个无人的世界里,是否存在一个道德秩序或任何的"理"?如果没有了我们尊重生命的事实,不仅是个抽象命题而是通过我们充满关心的反应——理就会是基本上不同的东西了,因为那些充满关心的反应部分构成了人的本质。它们对可辨认出的针对世界的道德立场的可能性至关重要。如果人类(和所有事物)缺乏社会情感,感受不到共鸣,理也将是完全不同的东西。有可能想象它仍将具有某些基本内容,但它与诸如和谐等观点的联系将受到极大削弱。无人的世界会如何呢?像朱熹这样的哲学家说在这样的世界仍存在一种道德秩序,因为他观察到甚至像狼和蜜蜂这样的动物也都有初步的社会反应。因此,朱熹不相信非人类的动物有能力做到这种充分实现,我们或许能够想象完全实现的道是什么样子。[①]

第二个问题是理是具体还是抽象存在?朱熹在下面这个段落中明确指出理只是抽象的存在:

> 气能够收缩和扩张,可以创造。理没有感觉也没有意图,它不能计算也不能创造。气在收缩或扩张的地方,理就在那里。这就像世界上的生物:它们的出生不可能在没有种子的情况下实现。没有种子,就不可能有生命,这个过程都是气。如果只有理,那就只有净洁空阔的世界,没有了任何形式和痕迹。[Zhu (1997, 3)] ["气则能凝结造作,理却无情意、无计度、无造作,只此气凝结处,理便在其中。且如天地人物草木鸟兽,其生也莫不有种,定不会无种子白地生出一个物事。这个都是气。若理则只是个净洁空阔的世界,无形迹,他却不会造作。气能酝酿凝聚生物也。但以此气,则物在其中。"(《朱子语类》一)]

也就是说,理就像"生命"的观点:生命不诞生事物,是种子给予生命。种子和种子生出来的东西都是气。朱熹在本段中确实指出"理便在其中",我们将在本章第四节看到,理在一切事物的"完全

---

① 感谢艾文贺在这些问题上逼迫我。请参阅本章第五节论规范的部分。

存在"。但是，似乎很明显，它的存在是"形而上"或"抽象"的。①

下面接着谈论有关先后的两个议题。我的第三个问题询问概念的先后问题，第四个问题与时间先后有关。朱熹和其他理学家并不总是明确区分这两者，但他们很清楚这个区别。我们或许可以说在时间上，厨师在做菜的时候原料应该先于成品。厨师必须对原料进行操作，做好后才端上来，原料在先。概念上的先后有时候跟随时间上的先后。在原料—成品这个问题上，我们可以说在概念上，原料先于成品，虽然制作某种将要使用的某些原料在概念上不一定优先。毕竟，厨师可以使用不同原料。在本节下一部分中我要指出理在构造气的可能性时发挥了重要的因果作用。也就是说，我们将看到理帮助解释了气是什么，气做了什么。因为理用来解释和限制气的移动，它肯定在概念上先于气。它不可能仅仅是对气的移动模式进行马后炮式的描述或总结。理肯定不仅仅是我们碰巧感觉到某物的连贯性。朱熹的一段话表达了这个观点："阴阳和气的五个阶段都维持它们在相互交往中的秩序，这就是理[一气分做二气，动的是阳，静的是阴，又分做五气（金、木、水、火、土），散为万物，太极只是一个理字]。"[Zhu (1997, 3)] 我相信理学家都认为理在概念上先于气。②

但是，说到时间上的先后就不那么清楚了。正如我们在前面段落中提到的净洁空阔的世界那样，理在某种方式上先于气而来吗？需要强调的第一点是，朱熹在上文引用的段落中没有说"净洁空阔的世界"存在。他只是用了一个比喻来强调如果没有气就不可能有任何具体东西。但从这个比喻直接得出结论理以类似于柏拉图的形式世界的存在就是错误的。毕竟，他也说到以下许多观点："理气本无先后之可言。然必欲推其所从来，则须说先有是理。然理又非别为一物，即

---

① 清代伟大哲学家戴震对朱熹将理归结为"形而上"感到不舒服，请参阅 Dai (1995, VI, 171); cf. Dai (1990, 198)。他觉得朱熹把理变成了一种与我们生活的现实（以及这个词的从前含义）脱离关系的特别的抽象存在。虽然，在这里，我要说戴震对理的理解（如"必然"）和朱熹在理是否"物"的问题上观点不同，而不是在理是否抽象的问题上不同。在后一个问题上，他们的观点其实是一样的。

② 这包括戴震，他写道"如果在有关天、地、人、物、事、行等情景中，人们寻求必要的不能改变的东西，那理就非常清楚了。"参见 Dai (1995, VI, 165) 以及 cf. Dai (1990, 171)。

存乎是气之中。"[Zhu（1997，2）]显然，朱熹这里只是说的概念上的先后。

不幸的是，问题并非这么简单。我刚刚引用的段落接着又说："然理又非别为一物，即存乎是气之中。无是气，则理亦无挂搭处。"虽然他刚刚说理不是独立的东西，但一物"挂搭"另一物的形象仍然非常有意思。让问题变得更复杂的是，朱熹在信中写了以下的话："理和气当然是两个事物（决是二物），但在物中看的时候，两者合为一体，不能分开到各自的地方去，但这不妨碍两者各自成为个体。"（所谓理与气，此决是二物。但在物上看，则二物浑沦不可分开各在一处，然不害二物之各为一物也。）① 也可以发现其他段落至少模糊地暗示理是一种或许在时间上先于气的东西。② 那么，我们该得出什么结论呢？如果气一物在我们面前，在其中是否同时还有一个抽象的理一物呢？

朱熹可能这样认为，虽然证据很混杂，但就我的目的来说，我提出以下的考虑：第一，朱熹相信时间先后和充分的具体化（即让理变成完全的"物"）的证据并不清晰，最多也只是模糊的。第二，他的其他承诺并不要求他将理具体化并优先考虑。相信理不能独立于气存在，而是表达气的结构，这是完全可以了解的，在下文中我将详细阐述。第三，有些理学家确实明确相信这一点，尤其是王阳明的明朝时期伟大的反对派哲学家罗钦顺（1465—1547）提出了一个观点，他对前三个问题的答案与朱熹一样，但是在第四个和第五个问题上与朱熹不同。③ 罗钦顺写道，"理不过是气之理。必须通过气的演化和改变的现象才能观察到"（理只是气之理，当于气之转折处观之）[Luo（1987，173）]。④ 他还注意到朱熹的"太极"（与理相同）观"乃疑

---

① 本篇被朱熹的几个批评者所引用，其中一个是戴震，请参阅 Dai（1995，VI，163）; cf. Dai（1990，168）和罗钦顺的[Luo（1987，61）]著作，正文中有提到这个人。

② 这里有个当代学者金永植，"比如，朱熹说思想的物理器官心有空荡荡的空间，所以能容纳和储存无限的方法和理。他坚决反对佛教的'空'和'无'也强化了这种趋势，因为这让他捍卫的现实性和切实性，这很容易导致理是一个单独存在的隐含意思"[Kim（2000，27）]。

③ 即，罗钦顺解释说朱熹相信理暂时优先，是一个"物"，他不同意这些观点。

④ 请参阅 Luo（1990，68）。

阴阳之变易，类有一物主宰乎其间者，是不然"［Luo（1987，59）］。理就是罗钦顺所说的"不宰之宰"［Luo（1990，5）］。① 我已经解释过，本书不是对任何一个理学家的严格意义上的解释，虽然它主要根据理学家普遍赞同的前提。罗钦顺和朱熹（在这个问题上包括王阳明）确实在核心承诺和意义上有很多共同点，但在理的本体论地位议题上，我认为我们应该离开朱熹，追随罗钦顺。

二 因果性作用

宋明理学的犀利批评家戴震提出了下面的问题："在六部经典作品中，哪里有把理当作一种外在于人性表现的东西呢？它位于人们的感情和欲望之外，并强制之"（六经孔孟之书，岂尝以理为如有物焉，外乎人之性之发为情欲者，而强制之也哉？）［Dai（1995，161）］；［cf. Dai（1990，152）］。戴震当然是正确的，经典中没有这样的观点。当然，他的意图是暗示像朱熹这样的理学家就是在这个意义上理解理的。从这一点开始是因为我想指出，虽然理确实发挥了很重要的因果性作用，但它不是戴震描述和批评的那种外部控制。② 对朱熹的最好解释并不把这种观点强加在他头上，其他理学家也会否认这种说法。

回顾上文提到的葛瑞汉的"理"作为"确定一切事物运行路线的庞大的三维结构"的形象，以及从个人视角看似乎作为"自己最深刻反应的附属模式"向外扩展。任博克指出，我们需要进一步修正和限制这个形象，不是作为"'模式'的平坦映射，而是一个由沟壑和峡谷组成的系统，它们是地球引力的内在核心和可能运动的顶点"［Ziporyn，*Forthcoming*（659）］。这朱熹自己的"太极"观非常吻合，他认为太极就是理本身，是"创造性转化的枢纽（事事物物，皆有

---

① 布鲁姆的精彩翻译在这里出了问题，把"不宰之宰"翻译成"unregulated regularity"（没有规则的规则性）［Luo（1987，59）］。这个翻译的问题是它让理变成了一种规则而不是因果力量，这既不是"宰"的意思，也不是罗钦顺心中想的意思。

② 他的文本中这个部分值得注意的是，戴震引用的宋朝理学的语录是他们与佛教和道教相关的命题。也就是说，他没有引用朱熹说理是外在的，严格控制感情的东西。相反，他更模糊地提及如今"那些当权者"的政策：他们求助于理以便谴责他人。

个极,是道理极至。……总天地万物之理,便是太极"(《语类》卷九十四)。① 我认为,这意味着理以某种确定的方式限制或者塑造了气的转化,正如不容变更的枢纽限制了围绕轴心移动的物体的可能运动。换句话说,理对气产生因果性影响,但这种影响是什么?朱熹在下文中进一步将他的理解具体化:

(有人)问:天地有心思,天地有理。理是道理,心思意味着主宰吗?(问:天地之心,天地之理,理是道理,心是主宰底意否?)

朱熹回答说:心思确实意味着主宰。但是主宰者就是理,不是心外还有一个理,也不是理外还有个心 [Zhu (1997, 3)]。[曰:心固是主宰底意,然所谓主宰者即是理也,不是心外别有个理,理外别有个心。(《语类》卷一)]

所以,理在心内和通过心的反应来实施控制。显然,这里有因果性力量,但是它与心的密切关系成为那些提出理是某种外部控制的观点的挑战。

我相信我们必须从结构的意义上来理解理的因果性作用。从很大程度上来理解,理是气的组合和以连贯的方式互动的依据,并非随意性安排和互动。一个很好的类比是西方的自然法概念,但是必须加上两种解释。②(1)我们通常说自然法似乎是可分开的:这种现象用这种法则解释,那种现象用那种法则解释。但实际上,所有法则都是相互联系在一起的,总是可以应用的,只不过大部分法则与特定情景密切相关而已。(2)李约瑟和葛瑞汉指出,如果没有"立法者","法"不是理解理的最好方式。我们发现自己和世界都是根据理的模式构造

---

① 参阅 Zhou (1990, 3)。朱熹的重大理论革新之一是辨认出最终的理"太极",这词的字面意思是"最高的顶点",来自周敦颐。约瑟夫·阿德尔已经表示"极"必须被理解为"极端",他的意思是在阴阳两个极端之间来来回回的,有秩序的(理)变化 [Adler (2008, 69-73)]。

② 理就像自然法的另外一种说法,请参阅 Wood (1995)。

起来的（我们认为这些理是有价值的、可理解的方式），但同时没有任何权威把它们强加在我们身上。

我们可以通过考虑有关理和道的以下讨论来认识理塑造我们的世界和选择的方式：

有人问："理和道的区别是什么？"朱熹回答说："道就像道路。理是它的有秩序的理，条理。"又问："是否就像木头中的纹理？"朱熹回答说"是的。"（问："道与理如何分？"曰："道便是路，理是那文理。"问："如木理相似？"曰："是。"）

又有人问："这样的话，道和理好像很相似啊。"朱子说"'道'这个字包括面非常大，而理是其中非常多的连贯的脉络。"他还说"道庞大宏伟，理微小细腻"［Zhu（1997，90）］；英译选自 Zhu（1991，67），稍微有些修改。（问："如此却似一般？"曰："'道'字包得大，理是'道'字里面许多理脉。"又曰："'道'字宏大，'理'字精密。"）

道就像道路，是人们能够和应该沿着走的路线，但它不是字面意义上的道路；就像与它密切相关的理一样，道是抽象的，是形而上的东西。理是解释道的东西：找到某个情景下特别"文理"就是看见和感受到了理，因此就可以沿着道前进。

受道的吸引沿着道前进类似于一个人获得了"定"，因而能够在特定情况下自然地做出符合理之事。我即将在下面的章节中详细阐述，圣境意味着依据道的要求认识和行动，而不是站在路上静止不动，它意味着与理形成动态关系：以更符合理的方式做出回应，产生包含更具包容性的理的情景。我们现在需要面对的问题是：理在这个动态平衡中扮演了什么角色？这也是学者及儒家信徒争论了几百年的议题。在某种意义上，它是"积极的"吗？和一些学者不同，我认为，没有证据证明朱熹或王阳明相信理能够以积极的方式限制或操纵气。[①] 朱熹用来解释理

---

① 有关朱熹不相信理是积极的强有力的证据充分的论证，请参阅 Li（2005）。

第二章　理

与气的关系的比喻是把气当作马，把理当作骑手［Zhu（1997，2135）］。如果我们采用这个形象，不应该把骑手看作使用马刺或挽着缰绳，我们最多可以认为马在某种情况下行动，因为它有个骑手（比如不冲撞或不躺下）。① 请让我详细阐述我的意思。关键是回顾理是"把事物结合起来的有价值的、可理解的方式"同时还有早期儒家的深刻见解——人类必须尊重某些内容。这些价值观（如子女爱父母或人们对陌生人的苦难产生的天然同情）就是葛瑞汉所说的"最深刻的反应"。这是我们的性（按照程颐和朱熹）或者心（按照王阳明）等同于理的意思。理的很多方面与我们即刻的反应很少有直接关系，比如从以人为中心的角度看，船可以在水上而不是陆地上行走就是重要的可理解模式，但它不依靠我们以更直接的方式对它做出情感反应。气本身是充满活力的、动态的、持续不断的（有时候可能是缓慢的）变化。理就是这些过程的连贯性。

　　理学家对理做出的最重要概括之一就是把它与赋予生命活动的气密切联系起来。程颢认为"生生不息谓之易。正是在这个赋予生命的活动中，理成为完整的东西"（理具有的生生不已的变化本性，天只是以生为道）②。他的哥哥程颐这样说"生生之理，自然不息"③。朱熹把太极描述成像作物生长树木开花或种子发芽的东西，包含了无休止的赋予生命的活动［Zhu（1997，1733）］。④（太极如一木生。上分而为枝干，又分而生花生叶，生生不穷。到得成果子，里面又有生生

---

　　① 请参阅贝斯朗［Berthrong（2007，10-12）］。受到陈淳对朱熹的解读的影响，贝斯朗得出结论说骑手比我在这里给予他的更加积极的作用。韩国性理学"四端七情之辩"的马—骑手的展开的辩论是非常说明问题的。我觉得奇高峰最终得出的结论和我在这里辩护的立场一致。请参阅 Kalton et al.（1994，173-83），虽然和奇高峰更早的或许问题更多的观点形成对比（Ibid.，115 and 152）。
　　② 参见 Cheng and Cheng（1981，33），英译文是 Huang（2007，196）。
　　③ 参见［Ibid.，167］。黄勇相信对二程兄弟来说，理恰恰就是"生生"的活动，但是他把证据推向极端了。说明问题的是这一小段：他把"生生之理自然不息"翻译为"理是给予生命的活动，是天然的和不停息的"。他类似地宣称当朱熹说"且如这个椅子，有四只脚，可以坐，此椅子之理也"时，朱熹说理是一种活动。见 Huang（2007，196 and 196n20）；提到朱熹的部分在 Zhu（1997，1768）。
　　④ 跟从当代学者张加才，约翰·贝斯朗认为，至少对朱熹的学生陈淳来说，太极就是完全"积极的"理的例子。请参阅 Zhang（2004）和 Berthrong（2007）。

不穷之理，生将出去，又是无限个太极，更无停息。）因为喜欢强调理的主观性一面，王阳明说作为人类最高美德的仁就是这个世界"无休止的赋予生命的活动"的理。仁是理因为它是在我们关爱（与墨子的"兼爱"原则不同）的众多可能对象中表达关心和感激的复杂体系。① 下文中我将详细讨论这个话题，当前我只想说，理学家相信，如果不尊重我们的世界对"生生不息"的深刻依赖的话，无法找到世界重要的理。

总而言之，本节的两部分已经显示理既可以发挥真正的因果性作用，同时又能避免被具体化为独立的"物"。我已经承认朱熹本人对后一个议题闪烁其词，虽然他的批评家戴震的强烈指责是不公平的。无论如何，我在这里提出的观点或许是朱熹在考虑所有因素后的立场：这个立场从他的许多说法中得到暗示，与他的主要信条并无冲突。而且，我们已经看到"没有具体化的因果性作用"得到某些理学家的明确支持。有关这个观点的更令人印象深刻的说法是朱熹北宋时期的前辈张载提出的：

> 因为阴气和阳气交互演化，它们通过融合和分裂而互动。它们相互包含相互制衡。没有代理人造成这个现象，只能被称为人性和命运的理。② （若阴阳之气，则循环迭至，聚散相荡，升降相求，絪缊相揉，盖相兼相制，欲一之而不能，此其所以屈伸无方，运行不息，莫或使之，不曰性命之理，谓之何哉？）

第四节　一和多

对当代解释者造成最大挑战的是理的统一性和多样性的并存。程

---

① 参阅 Wang（1983，114，§93）。
② 参阅 Zhang（1978，12）。这一篇被罗钦顺赞许地引用［Luo（1990，31）］，英译文见 Luo（1987，128-9），稍有改动。我们应该注意到，对张载来说，理并像许多后来的理学家认为的那样发挥重要的理论作用，但是葛艾儒把张载对理的作用的看法过于轻描淡写了，请参阅 Kasoff（1984，52-3）。

第二章 理

颐采用更早时期的佛教的说法，即"理是一，然后分成许多种"（理一分殊），这是描述理的这个特征的标准范式，不仅是对理本身的抽象理解，而且对理学的道德和政治含义都产生了重要的影响。朱熹常常阐述"理一分殊"的重要意义，他说"当我们说天地万物的时候，只有一个理。当我们说到人的时候，每个人都有他自己的理"（理一分殊，合天地万物而言，只是一个理，及在人则又各自有一个理）[Zhu（1997，2）]。他还求助于多个比喻帮助解释一和多的观点。一个常常被引用的段落是这样的：

  一个过路者问："万物各有其理，而所有的理都来自同一个根源，这就是为什么圣人能够毫无困难地从一个理推论出另一个理。"朱熹回答说："近至自身，远至八荒，甚至在草木之中，没有什么东西是没有理的。当四个人坐在一起的时候，每个人都有自己有关道的理，无需在他人那里寻找。虽然每个人都有自己的理，但是每个理都是从单一的理那里分出来的。就好像人们排队拿着盆子舀水：这个人有水，每个人都可以舀水不依靠他人。但是把盆子打破把水集中起来，还是这些水。佛教徒说，'一个月亮映照在所有池塘里，但是在所有池塘里的月亮都是同一个月亮。'佛教徒已经瞥见了道的理。"[Zhu（1997，357）][行夫问"理万物各具一理，而万理同出一源，此所以可推而无不通也。"曰"近而一身之中，远而八荒之外，微而一草一木之众，莫不各具此理。如此四人在坐，各有这个道理，某不用假借于公，公不用求于某。……然虽各自有一个理，又却同出于一个理尔。如排数器水相似：这盂也是这样水，那盂也是这样水，各各满足，不待求假于外。打破放里，却也只是个水。此所以可推而无不通也。所以谓格得多后自能贯通者，只为是一理。释氏云：'一月普现一切水，一切水月一月摄。'这是那释氏也窥见得这些道理。"（《朱子语类》卷十八）]

另一个段落提出了类似观点，他说，在下雨的时候，一方面在每棵树或草的叶子上的水是不同的；但另一方面，它都是水。（同上）

· 57 ·

（恰如天上下雨：木上便有木上水，草上便有草上水。随处各别，只是一般水。）

如果理解这些形象，将有助于我们理解为什么朱熹相信理的统一性如此重要。就在所引用的段落后面，朱熹说了下面的话：

> （让我们考虑这个观点）一个人通过理解事物的理而扩展了知识（格物）（一个可能性是这意味着）在谈到一个事物时，他获得了理的一部分，因此他的知识增加了，在第二个事物时，他获得了理的另一个部分，他的知识再增加一些。一个人穷尽的事物的理越多，他的知识就越丰富。（但事实并非如此）实际上，只有一个理，"当你理解这个问题时，那个问题也就清楚了"。因此，《大学》里说"如果你想扩展某个方面的知识，方法在于理解它的理"，但不说"如果你想扩展某个方面的知识，方法在于理解某个特殊的理。"［Ibid.］（格物所以致知。于这一物上穷得一分之理，即我之知亦知得一分；于物之理穷二分，即我之知亦知得二分；于物之理穷得愈多，则我之知愈广。其实只是一理，'才明彼，即晓此'。所以大学说'致知在格物'，又不说'欲致其知者在格其物'。"《朱子语类》卷十八）

换句话说，人们通过集中注意力在单一"事物"上而接触的理不一定是片面的或扭曲的。一般来讲，我们可以这样说理学的教育建立在遵循集中探索和关注而产生的广泛教学后果的基础上。朱熹和王阳明（包括其他人）以不同形式发展了这种思想，前者强调人们能够从接触任特定事物而学习，后者则强调个人心性对周围事物的反应。如上所述，这些差别反映了他们对理的主观性和客观性的侧重点不同，但理的主客观方面都是存在于两位思想家身上。因此，对他们两位来说，人们在个人修养提高过程中把注意力集中在理上是广泛甚至是普遍适用的。在随后的篇章中，我将探讨理学道德教育的目标和过程。在这里，我们关心的是这种教育途径的基本前提。

当代学者艾文贺在许多著作中都提出了一种解释。他这样总结朱熹有关理的观点：

第二章 理

宇宙的基本结构可以被看作完全存在于每一粒尘埃中。现实的每个方面都被认为反映了其他方面，所以整个世界存在于它的每一部分之中。因为万事万物都有理，至少在理论上，任何事物都内在地具有完美的知识。这种类似于天赋观念（innate ideas）的天赋就是我们基本的天性（性）[Ivanhoe (2000, 46-8)]。

而且，因为人（和其他动物不同）能够完全净化我们的气，我们有独特的能力"从相对无知转向拥有关于世界的完整和全面的知识"（Ibid., 48-9）。艾文贺的解释的一个重要来源是他的理学吸收的中国佛教华严宗的思想。艾文贺特别强调"因陀罗之网"的形象：该网的每一个节点都包含着一个闪闪发光的珠宝，所有珠宝都映照了网上的其他珠宝。① 在艾文贺看来，这个形象告诉我们，每个人都有自己的理（在这个背景下我忍不住把它翻译成"原则"），但实际上所有个别的事物都包含个别的原则。我们也可以说，它们不是个别的原则而是所有原则加起来组成一个大原则。这符合他对朱熹的解读：任何事物都"包含所有的理"，因此，任何一个都被赋予了"类似一整套内在观点的东西"。

艾文贺的解读有两个关键前提：（1）华严宗理解理的特殊方式。（2）理学受到这种理的理解的强大影响，因此采取了类似观点。我相信第二个前提是正确的，但对他有关佛教的看法持不同意见。为了说明我的观点，我们需要考虑选自华严宗的主要理论家（法藏）的两个段落。首先，这是法藏有关金狮子的著名讨论，是我们理解"因陀罗之网"的背景：

> 在狮子的眼睛、耳朵、四肢、关节等任何一处都有一个金狮子。所有狮子都被各个毛发拥抱同时进入单一毛发。因此，在每一根毛发中都存在无数的狮子，除了所有单个的毛发，连同无数的狮子，反过来又进入单一毛发。这样一来，几何级数的增长是

---

① 有关这个形象的讨论，请参阅 Cook (1977, 2 f)。

无穷的，就像天帝"因陀罗之网"的珠宝。（狮子眼耳支节，一一毛处，各有金狮子；一一毛处狮子，同时顿入一毛中。一一毛中，皆有无边狮子；又复一一毛，带此无边狮子，还入一毛中。如是重重无尽，尤天帝网珠，名因陀罗网境界门。）〔Chan (1963, 412)〕

当然，这是令人困惑的段落。在这里我们看到"因陀罗之网"被放入具体背景下的无限连接，我们必须迎接如何理解每根毛发中都有一个金狮子的挑战。如果我们转向任博克对法藏的另一个比喻的解释，情况就变得容易理解了。关键是理解法藏对"互相贯通（interpenetration）和无所不在的特殊性"的理解。也就是说，金狮子在每一根毛发中或者每一个珠宝中有一个珠宝的方式。任博克解释说，在提到房屋和柱子（房屋的一部分）的形象时，法藏是这样推理的：

> 法藏说柱子准确地说就是房子，因为一根柱子单独不成为房子。原因是如果缺了一根柱子，房子就不存在，只要柱子存在，房子就存在。这最后一点取决于"真正的柱子"和一根木头的区分。从法藏的角度看，如果不存在完整的房子，柱子就不是柱子，它不过是一根木头。它不能准确地被称为柱子，除非有整座房子在。同样的推理可以被用来确认柱子等同于房子的其他部分，每一部分都以同样的方式等同于整座房子。因为如果柱子没有了，房子无法存在，没有了房子，墙壁、屋顶等都不再是真正的墙壁或屋顶了，而不过是一堆木头。这意味着相互交织起来的东西并不是我们通常所说的柱子，因为我们平常不了解相互连接的实在性，而认定某一个柱子是房子的可拆开的一个部分。这样的柱子并不存在，有资格称为柱子的唯一柱子是被看见相互交织起来顶着房子的柱子〔Ziporyn, Forthcoming (488–9)〕。

柱子不仅仅是柱子，更不是一段木头：它是房子的柱子。不管是柱子还是房子无论少了哪个，对方也就不存在了。从这个角度看，我们应该理解任何东西都必须从相互依存的角度来理解，它们都是整个宇宙的一部分，也都是整个宇宙。从这个意义上说，任何事物都可以说存在于其他事物之内。

朱熹在一定程度上遵循了这个逻辑，但他没有得出任何事物都存在于其他事物内的结论。相反，当代学者陈来强调："充分存在"于任何事物中的是"理"（或它的对等者如太极）。① 通过说是物的理（即它们的体）是同一的而不是说各个物体本身是同一的，朱熹就能避免物是虚幻东西的隐含意义 ［Chen (1987, 50)］。物是真实的，部分因为虽然所有物中都存在统一的理，但我们仍然可以讨论它们独特的、个别的理。这体现在"理一分殊"的说法中。

当我说朱熹遵循佛教的逻辑时，并不是说他认为万事万物都是同一的。相反，他提出了理最终统一和存在于一切事物中的观点，因为任何事物的个别的理系统地与其他事物中的理交织在一起。对佛教徒法藏来说，一段木头只有在和房子联系起来时才是柱子。我要说，对朱熹来说，船之理——让船成为船而不是雕塑或者储水器——在于它与环境的关系，在于它被认定为交通工具。我们可以在多样层次上理解理的相互依赖性。我们可以从船再往下推进一步谈论桨、帆等。什么使其成为它们现在的样子呢？是它们与船及其背景的连贯性。朱熹的著作中有很多段落支持理就是相互关系，并根据我们当时的兴趣用不同的方式表现出来等观点。比如有人问："只有一个理，但是有五常，这是怎么回事？"朱子曰："你可以称之为一个理，也可以称之为五个理。在覆盖一切的时候，我们说的是一个理，在我们分开谈论某一个时，我们说的是一个理。"（问：既是一理，又谓五常，何也？曰：谓之一理亦可，五理亦可。以一包之则一，分之则五。问分为五之序。曰：浑然不可分。语类卷六）② 朱熹更明确地指出："只有一个理，我们可以把它分为四个部分也可分为八个部分，甚至更细小的部分。"（问：先生以为一分为二，二分为四，四分为八，又细分将去；程子说性中只有仁义礼智四者而已，只分到四便住，何也？曰：

---

① 比如，请参阅朱熹的说法"以理言之则无不全，以气言之则无不偏"［Zhu (1997, 52)］；或者"物物有一太极"（Ibid., 366）。

② 参见 Zhu (1997, 90)。五常是指：仁、义、礼、智、信。

周先生亦止分到五行住。若要细分，则如易样分。）①（同上）最后，当被问到"此生之道，其实也是仁义礼智信？"时，朱熹回答说"只是一个道理，解破看，以一岁言之，有春夏秋冬，以一日言之，有旦昼暮夜"［Zhu（1997, 366）］。根据角度不同，我们有很多方法把一个理分成多个理。

虽然如此，朱熹坚持理存在于任何事物中。考虑到相互依赖性在理的观点中处于核心地位，它怎么能是完整的呢？既然地方之理最终依赖更高地位的理，任何个别的理都依靠其他的理。我们如何知道它是桨的理而不是棍棒或柱子或艺术品的理呢？因为它符合船的理。华严宗从这个论证中得出结论，我们对世界的通常看法是完全错误的，我们渴望的东西是虚幻的，看到没有一"特别"之物比其他事物更宝贵或重要，这是一种启蒙。像朱熹这样的理学家得出了不同的结论，因为他们的观点采取以人为中心的视角，这是佛教徒回避的方式。人类生活的价值以及赋予生命的生产活动本身最终都建立在理学家的"把事物结合起来的有价值的、可理解的方式"的理解之中。理学家的理在一定程度上是由人的主观性构成的。这种主观性的根本在于我们相互之间感到的"同情"，无论它是什么，无论它在程度上或方式上有什么不同。即使我们应该更加关心陌生人或更多关心周围的自然环境，我们仍然应该以不同于关心家人和朋友的方式或在不同的程度上关心他们。我将在有关和的一章中解释，"理一分殊"是理学家在提出自己的观点时所依靠的关键概念资源。任何东西都很重要，但重要程度不同，它们以和谐的方式共存。

第五节　常规和结论

在有关理的一章结束之际，我想简要讨论一下常规，换句话说，理不仅确定物的方式而且规定了它的演化方式吗？朱熹和理学家似乎认为答案是肯定的，但解释者在如何理解理的假设性规范方面意见不

---

① 参见（Ibid.）；一个阐释者认为"四节"或许可以指《孟子·公孙丑上》第六节的"四端"。

第二章 理

一。有人认为，我们只有在看到以有问题的方式把"应然"和"实然"混淆起来的情况下，才能正确解释理学家的观点。我想表明，一旦我们把理理解为连贯，这个问题就迎刃而解了。

我们的起点是观察到理不仅可以适用于看似自然的物如椅子和船只，而且适用于明显赋予道德色彩的情景（在更早的讨论中在技术意义上也称为"物"）如子女和父母的关系上。任何一种情况都有一个相关之理。如果我们把理理解为"原则"，那么我们就说一个物品成为椅子有一个原则，人作为父母的孩子有一个原则。但后者不是生理上或生物学的描述：它涉及道德规范。一把椅子就是一件物品，而人应该用这样或那样的方式孝敬父母。当理被理解为值得尊重的连贯性时，这种差别就消失了：不管我们谈论的理是什么，它总是由人类目的部分构成，比如有很多种理解把木板钉在一起的方法，但只有部分在相关方式上与人类的目的相关。当我们说"物"的理是让人们坐在上面时，我们是在此背景下说连贯性的（价值和可理解性通过看到它是椅子而获得）。① 同样，当我们说某种涉及孩子尊重和照看父母的特殊人际关系之理时，我们是在说连贯性（价值和可理解性）通过看到孝顺的场景而获得：这是最初辨认出"子女"和"父母"情景构成的部分内容。当然有如何最好地表达特定情景中的连贯性的复杂议题，这些我将在第四章有关和的部分详细阐述。现在的关键点是理总是规范性的，总与特定的上下文有关。

如果一个怀疑者如阅读过道家经典《庄子》的人感到纳闷，我们如何知道这个东西是椅子（因此可以如此评价，建立在它如何很好地服务于让人坐的作用），答案可以从人类目的帮助构成世界结构的方式中得来。当然，"这个东西"或许是一件雕塑作品或一件武器，但通常情况下不是。理学家非常严肃地对待不断变化的观点的事实帮助他们避免拥有过分静止的"宇宙观"，其中任何事物都只能扮演一个角色，我们即将看到，有些理学家有时候确实受到这种观点的诱惑。②

---

① 关于椅子的理，请参阅 Zhu（1997，1768）。
② 请对比第四章第四节的"三"部分中讨论的王阳明的政治观和第十一章第四节中我对当代"圣人政治"的发展。

与此同时，理学家拥抱生命和繁衍的观点使得他们区分佛教或道教形而上学很难做出的宇宙多少连贯有序的情况。① 这两个承诺的平衡意味着理学家关心连贯性和我们即将看到的和谐，这不仅是前现代时期人类中心主义世界观的残余。我们不需要把连贯性看作具体化的特别的最终目的，相反，它提供了一种思考相互依赖性的方式，促使我们在更广泛的世界范围内与他人一起共同发展。在接下来有关德与和的两章中，我们开始把这抽象的形而上学的概念拉向地面，这样一来，我们就可以与理学家进行道德和政治哲学的更详细的对话了。

---

① 佛教徒对终结受苦的深刻关怀或许至少被他们的形而上学被表达出来的一些方法破坏了。请参阅本书第二章第二节的"二"部分。

第三章　德

本书的目标是通过与当代西方哲学家的批判性对话，探索理学家的尤其是与圣境有关的道德和政治观点。在书中与理学家对话的大部分西方哲学家都集中在单一的伦理学途径——"德性伦理学"。笔者论述本章的目的是解释为什么西方德性伦理学和理学的很多相似性并非巧合。德性伦理学是一种把人的品格以及美德置于分析核心地位的研究途径。在古希腊，这种观点占主导地位，但在近代西方伦理哲学中，功利主义和康德式道德理解的影响力更大。按照后者的观点，道德的主要目标是提出法则，据此我们可选择"正确的"行动，这和作为德性伦理学基础的广泛的但更分散的好人目标形成对比。西方德性伦理学能与理学沟通决非巧合，因为理学本身就是德性伦理学。

第一节　德作为桥梁概念

把理学贴上德性伦理学的标签，而且把"德"翻译成"virtue"，这和我在本书第一部分讨论的其他翻译有些不同。英语单词"Sage"是"圣"的方便的、并不特别误导人的标签，但是我们真正关心的是"圣"而不是这个英语单词的任何误导人的隐含意义。我比较关心英语单词"coherence"（即连贯性）和汉字"理"的语义场的对应性，因为通过使用"连贯性"帮助我表达了对"理"的含义的特殊解释。虽然如此，我们的兴趣真的在于"理"。至于"德"，情况则有些不同，因为这里我们已经在对比研究中达到了一个关键点：我关心西方哲学家有关 virtue 的说法和理学家有关"德"的说法。因此，我使用 virtue 作为标签,指史大海很有用的"桥梁概念"。桥梁概念是"笼统的观点,因为赋予足够的内容而变得有意义,成为对比研究的指南,同时仍然拥有在特定情况下进行具体化理解的开放性"[Stalnaker(2006, 17)]。桥梁概念不是"有关超越文化的普遍性假设",也不构成对其研究课题的一整套现成的问题(和答案)。若谨慎使用的话,桥梁概念允许我们把两个作者、两个文本或两个传统纳入对话中,但是必须认真"分析每个思想家的用语,确保在对比中双方各自的独特性"(Ibid., 18)。①

史大海使用了诸如"人性"和"人"等桥梁概念以便进行荀子和奥古斯丁的富有成果的对比。本章的主要目标是探索常常被翻译成"virtue"的中国术语德的意义变化和语义场。对希腊术语"*aretê*"(意思是优秀性和美德)以及它在拉丁语和现代西方语言中的历史发展和多样性,我不需要多讲,这部分是因为我可以依赖他人的优秀学术成果。牢记以美德为中心的伦理学的发展变化是以西方哲学传统的众多方式进行的,当代西方德性伦理学家能够在自己的著作中利用这些多样的意义和途径,这一点非常重要。换句话说,德性伦理学没有固定的范式,用以确定理学是否符合德性伦理学的要求。当今有些哲学家追随亚里士多德把他们对德性伦理学的解释建立在好生活或昌盛生活的基础上,亚里士多德称这是幸福(*eudaimonia*),其他哲学家则提出了不同于亚里士多德的另一套观点,把焦点集中在感知能力和实际推理能力上,据说这些才是有德之人或明智者(*phronimos*)的特征。当代德性伦理学的第三个派别则求助于休谟和其他"多情善感论者",在这些哲学家看来,美德可以在令人羡慕的情感中找到。此外,尼采、柏拉图、斯多葛和像阿奎那等中世纪思想家是西方当代德性伦

---

① 或许心中想着麦金太尔对现代语言表面性的批判,认为它不能充分抓住传统道德话语的丰富性,史大海补充说:"桥梁概念不是被理解为或许可能充分在新的第三习语中表达出两套词语的世界语的初级版本,它们不过是在遥远的伦理学立场之间创造可对比的伦理学关系的过程中起帮助作用"(Ibid.)。根据"厚"和"薄"等概念区分来对比西方和中国美德观点的不同途径,请参阅 Van Norden(2007, 15 – 21);我对这个途径提出了一些批判性的看法(*Angle* 已出)。

理学的其他来源。①

"德性伦理学"的多样性与桥梁概念的说法非常吻合,这个概念就是用来作为讨论的笼统框架而不是特定的完全具体化的理解。在某种程度上,所有德性伦理学家都强调某个人在具体背景下做出良好反应是性格发展的表现。这样的性格体现了一种优秀品质,提供了一种建立在遵守法则基础上的道德生活方式。各种不同的法则或许很重要,但是几乎所有美德理论家在某种程度上都同意法则不是根本性的。而且,位于德性伦理学核心的反应性绝不仅仅是自我控制或发挥意志力的问题。② 有德之人的内在品格应该是他或她本能地或自然而然地做出反应。③ 我们将看到理学家对美德的理解也集中在个人在具体背景下做出良好反应的性格发展上。道德修养高的人拥有一种可以对世界做出正确反应的性格,这种说法是很有道理,但法则仍然不是根本性的。而且,这种性格来自平静安详的内在状态而非自我控制的结果,圣人对复杂的道德情景做出反应的轻松自然正是贯穿理学始终的主题。④

第二节 初期的"德"

无论是中国还是美国学者都对德的早期用法进行了广泛研究。人们对德的起源和意思存在一定的分歧⑤,但在后来的主要特征方面

---

① 有关德性伦理学的不同途径的很好资源包括 Crisp and Slote（1997）和 Welchman（2006）。

② 我在这里对德性伦理学的概述受到 Swanton（2003, 19 and 26）的影响。

③ 对多数德性伦理学家来说,论证应该做什么仍然还有空间。有些人（遵循亚里士多德）把理性放在他们理论的核心位置。其他人（遵循休谟）不同,但是这并不意味着道德反应只是简单的粗糙的感情,不受有关哪些因素与适当的反应有关的讨论的影响。有关这些问题的讨论,请参阅 Hutton（2001）。

④ 最近几年一些学者指出我们应该把经典儒家看作德性伦理学家当然是有相关性的。比如,请参阅 Ivanhoe（2002, 2n6）、Hutton（2001）、Van Norden（2007）、Yu（2007）以及 Sim（2007）。

⑤ 一个差别是在商朝的甲骨文和后来周朝使用的德之间存在多大的连续性。请对比几种不同的看法,倪德卫［Nivison（1996a）］认为连续性很强,Chao（2006）看到比倪德卫更多的差异但仍然把它放在德的发展过程的大背景下,Zhang（2006）则认为存在根本差异,可以说和从前的术语完全不同。

逐渐达成共识。人们普遍认为，从周朝或更早时期开始，经过战国时期（我也称为古典时代），德的意思发生了变化。这种演化趋势是随着时间的推移，最初与宗教崇拜和天的紧密联系开始松弛，德越来越多地被理解为内在的、个人的成就。演化的另一个趋势是关注的焦点从最初集中在君主之德转向值得钦佩的普通人之德，虽然君主之德的范式从来没有消失。无论是君主还是普通人，有德之人都对他人产生魅力和影响力。① 德的最初意思和后来意思都和同源词"得"（意思是获得或得到）密切相关。最初我们说，一个人有德是做了某种好事（如行善）和拥有某种态度（如仁慈）的结果，因为这些是上天喜欢的。在此情况下，强调的重点多数是在从上天获得德。② 后来，重点集中在人们从内心获得的德：也就是个人心理变化，如古典时期的一篇文章在谈到任何一种可敬行为时说，"仁行于内谓之德之行；不行于内谓之行"③。换句话说，如果这个行为是受到外来威胁或出于别有用心的动机，即使看起来令人钦佩，也是平常行为，只有产生于内心的行为才能称为德。

　　就本书的目的而言，所有这些的主要问题是成熟的古典观点而不是其古典前的前身。把德理解为"从内心获得"时，同时把它理解为virtue（美德）是说得通的。据我所知，所有学者都同意德被理解为良好的内心状态而不是自我控制下的性格特征，这呼应了我上文在介绍"virtue"这个词时使用的术语。一个有趣的问题是德和具体美德如孟子的"仁、义、礼、智"的关系。亚里士多德明确指出，美德是可以被分析为一套相互关联的但仍各不相同的美德：为了培养德，人们必须养成诸如公正、勇敢等具体美德。而且，虽然在细节上

---

　　① 学者们在如何处理德代表的那种魅力不一定道德的事实上存在分歧。他们都同意德主要和基本上都建立在可敬的行为或者性格基础上，虽然注意到一些例外情况，比如倪德卫［Nivison（1996b, 33）］引用《左传》中的故事，它被用来指一个年轻妇女的性的吸引力，还有《孟子·离娄章上》第十四节的故事，见万白安［Van Norden（2003, 119n14）］的著作。Zhang（2006）温和地批评了 Chen（2002）过于强调德的中立性的程度，张成功地指出德的非道德用法应该被看作其核心意义的有意识的例外。
　　② 请参阅 Nivison（1996a），Ivanhoe（2000, ix – xiv）和 Chao（2006）。
　　③ "五行篇"被晁福林的"先秦时期'德'观念的起源及其发展"［Chao（2006, 180 – 1）和 Chen（2002, 35）］引用和讨论。讨论的五种行为是仁、义、礼、智、圣。

或许遭到挑战，亚里士多德也认为，这些美德更深层次上是联系在一起的，要完全拥有某种美德，你就必须拥有所有美德。从中国角度考察相互关系议题最深入的学者是陈来。陈教授注意到春秋时期（就在战国时期之前）的文本包含很多个人美德的清单。一个清单是"四德"——"智、仁、勇、学"；在另一文本中"四德"是"仁、信、忠、敏"［Chen（2002,34）］。① 陈教授列举了从三德到十二德的总共十三种不同数量的德的清单。这些清单里的德往往被理解为德行的单个类别，相对来说很少关注它们之间有什么联系或共同组成一个更大的整体。但是当我们谈到《论语》或古典时期时，就会发现情况发生了很明显的变化。陈教授认为《论语》的焦点放在"君子"的整体性格特征上，这是引人注目的，因为它没有列举各种美德而是强调单一品德"仁"，陈教授把它归纳为超越个别美德的"完整的德"即"德性"（Ibid.，37）。

《论语》是这样，经典时期的其他多数儒家文本也是这样，它们很少包含列举很多美德的清单。② 大多集中在仁和君子上，"德"本身仍然是很有意义的类别。《论语》中有著名段落（随后在考察朱熹对德的理解时还要再度谈及）的内容是这样的：孔子说："志向在道，根据在德，依靠在仁，并在六艺（礼、乐、射、御、书、数）中涵养自己"。（子曰："志于道，据于德，依于仁，游于艺。"）③ 本段描述的君子的道德进步当然涉及德的培养，但请注意这区别于获得仁的成就。我们将在其他地方也谈到这个问题，儒家经典中的"仁"被学者们广泛理解为有两种意义，既是具体的美德，又是表明获得所有相关美德的笼统说法。人们或许可以把仁翻译成 virtue 即"美德"，把它看作德基础上的更大成就。当代学者余纪元提出一种稍微有些不同的选择，他仍然认为在笼统的意义上，仁应该被理解为"孔子认为

---

① 陈来教授引用的文本是《国语》《逸周书》和《左传》。这些文本和它们的附属部分的日期考证是个恼人的问题，有些学者不像陈教授这么信心十足所有这些例子都真的源自春秋时期，但是现在还无法得出确切的结论。

② 《中庸》（第二十章）说："知、仁、勇三者，天下之达德也。"这个例子被万白安提出过。参阅 Van Norden（2003, 119n15）。

③ 参见《论语·述而》第六节，英译文见 Brooks and Brooks（1998, 40），稍有修改。

人拥有的或应该拥有的德"。换句话说,"孔子的仁论就是他的德论版本"[Yu(2007,32)]。

从所有这些论述中能得出什么结论呢?陈来认为,《论语》中提出的这些理论必须被理解为超越了"狭隘的德性伦理学"范畴,因为它通过仁提供了一个基础性的"原则"而不仅仅是道德性格和行为的简单列表(Ibid.,37)。他说仁不是德的简单形式,因为它可以用法则的方式表现出"己所不欲,勿施于人"①。简单地说,我认为我们应该同意陈教授的观点,即古典儒家不是他说的那种"狭隘的德性伦理学"。虽然如此,我认为把古典儒家看作我上文定义的德性伦理学之一的结论有很好的理由。陈教授自己说,古典儒家强调对优秀的完整的人格的追寻,因而强调道德教育的具体步骤,这就是一种伦理学。在发现某些法则的作用方面,它实际上和亚里士多德并没有实质上的区别,更笼统地说,罗莎琳德·赫斯特豪斯指出,对许多德性伦理学来说,法则能发挥重要的作用,虽然只是附属性的[Hursthouse(1999,ch.1)]。在超越简单地列举美德清单而强调完整人格方面,儒家也和亚里士多德拥有一些共同点,虽然与亚里士多德不同,儒家并没有特别强调"实际智慧"作为综合分析的推手。不管怎样,我在这里提出的观点并不是要强调儒家和亚里士多德的相似性。毕竟,亚里士多德只代表德性伦理学的一种而非整个领域。性格和性向是古典儒家的基础,而法则不是。很快我们将看到这个说法同样适用于理学家。

第三节 理学家的"德"

现在让我们跨越一千年来看看理学家对"德"的讨论。我将谈论朱熹和王阳明,但主要关注前者,因为他的观点比王阳明得到了更详细的阐述。读者或许从前面几章中已经熟悉理学家的主张,即某些道德潜力已经存在于每个人身上,虽然这些潜力往往是隐蔽的,需要付

---

① 出自《论语·颜渊》第二节和《论语·卫灵公》第二十四节,英译文见 Brooks and Brooks(1998,90)。

出相当大的努力才能实现。我们将在随后章节中看到此努力会导致一种人格的确立，即以某种方式看待世界。这里，我确定一个基础，那就是这种人格在成熟时就成了德或 virtue。换句话说，这种关键人格的充分获得或具体体现就是理学家们在提到德时所表达的意思。而且，理学家认为没有明确的法则可以指导我们在特定情境下该做什么，相反，他们的焦点集中在导致人们做出适当反应的品质上。因此，我们得出结论，理学家和当代西方德性伦理学家的进一步对话很可能富有成效，因为理学本身就是德性伦理学。

我已经提到德在古典时期的解释是"得"。在理学家看来，个人获得的观点位于德的重要性核心。个人道德志向（志）是关键，履行道德承诺的个人经历帮助刺激个人进一步提高修养。同样，反思个人阅读的文本对自己的意义帮助他以深刻和持久的方式真正把这些教导变成自己的东西。① 朱熹曾在一个地方明确指出，德是"自得"［Zhu (1997, 779)］。王阳明也说过"是乃根于天命之性，而自然灵昭不昧者也，是故谓之'明德'，德也者，得之于其心也"［Wang (1992, 1168)］。"获得"人的本性意味着实际上就是坚定地实现人格。回到朱熹，"成德"不仅是在某个时期针对德的一个方面的正确反应，而且是获得广泛的、相互联结的自发性人格反应［Zhu (1997, 778)］。朱熹说"今日忠，明日又不忠，是未有得于我，不可谓之德"［《朱子语类》卷三十四（Ibid.）］。相反，当一个人的行为成熟时，他就有了德。他也强调了德并不依靠外在刺激，一个人从内心获得它，所以他现在是出于自发的、可靠的人格动机（Ibid., 864）。②

---

① 这些观点的有说服力的例子，请参阅 Zhu (1990, 103, §2.17; 134 §4.31; 141, §4.47)。除了他常常谈到"自得"外，朱熹还谈到"体认"，有时候还谈到"体认得"，正如上文引用的。

② 在这个议题上朱熹并不彻底地前后一致。早先我提到《论语·述而》第七节写道"子曰'志于道，据于德，依于仁，游于艺。'"在《论语》的上下文中，德是道德魅力，或许缺乏充分的仁，这个说法没有问题。但是考虑到朱熹对德的理解，把仁看作德之外的更进一步的成就是有点风险的。面对这个两难处境，他有时候说实际上德如果没有仁的更深层次的成就是不可靠的，或者如果一个人只有德而没有仁，他的德也会失掉［Zhu (1997, 866, 870)］。当然，德和仁存在差异，我随后将讨论到这一点。但是我认为德不可靠的观点是朱熹的一个错误，因为他立志要尽可能地把经典文献糅合成一个单一的体系。

在被问到人们在有德时从自身获得的德到底是什么时,朱熹回答说:"道之得于心者,谓之德"[Zhou(1990,16)]。道和德的主要区别在于德是我们实现了的自我,我们实际的感受和性向:它描述了的气排列方式,因此被称为"形而下",另外,正如前一章解释的那样,道(像理)超越了身体的自我,是"形而上"。朱熹还花费了相当大的篇幅谈到德与理的关系,这主要是因为学生对他给出的仁的定义感到困惑而提出了很多问题,他需要解答。他说"仁者,心之德,爱之理"[Zhu(1987,Pt.4,1)],但是仁怎么能同时是理,就像确立表达爱的规范那样,同时还体现心对爱的反应性呢?在总结了他的种种评论后,朱熹解释如下:一方面,仁是我们在对他人做出同情和爱的反应时所发现的宝贵的理[Zhu(1997,101)]。人们可以爱太多或太少,从这个角度看仁不是爱本身,而是在特定情景下所导致在此情景下可使用的整体之理的爱的具体反应模式(在随后的章节中我将使用"和"的语言详细阐述理的抽象讨论,帮助作用可能更大些)。另一方面,我们能使用"仁"讨论爱的反应本身,在此意义上,仁是具体美德,朱熹说仁即是爱(Ibid.,413)。因此,把仁作为"心之德"来讨论是强调了实际之爱的反应来源:它来自有德之心——这是辛苦获得的总能做出正确反应的能力(Ibid.,101)。或许可以说这两种意义的仁相互联系的方式与规范或目标和实现该规范的具体能力的联系方式一样。因为明白规范(即作为理的仁)或被它所感动的唯一方法是培养这种能力(即作为德的仁),我们肯定仍然在德性伦理学的范围之内:朱熹的理论和教学焦点就是修身养性。

"仁者,心之德,爱之理"可能产生的第二个困惑是:对世界的适当道德反应的其他维度如义、礼、智等怎么办呢?如果德是美德,它是否也应该有这些维度呢?那样我们将称为个别的"美德",每个德既是具体的理的名称又是针对人类某方面经验实际做出适当反应的性向的名称。实际上,这恰恰是朱熹的观点,只不过因为他(像无论古典时期还是他那个时代的所有儒家一样)使用仁指代包括一切笼统的美德同时又指代更具体的规范和同情心的事实而变得有些复杂了。① 朱熹把美德看作可分析成多样维度的证据来自他赞许地引用一位早期理学家的著名观点：

> 爱的美德被称为仁，做适当的事的美德被称为义，把一切安置妥当的美德被称为礼，穿透真相的美德被称为智，信守承诺的美德被称为忠。一个根据本性随意行动的人就是圣人。（德："爱曰仁，宜曰义，理曰礼，通曰智，守曰信；性焉安焉之谓圣……"②

朱熹明确地评论说："道之得于心者，谓之德，其别有是五者之用。"③ 换句话说，德是真正统一的整体，正如理最终也是统一的包括一切的整体一样。我们在前一章看到的用"特别的"方式谈论理突出显示了某件物品或情景的关键一面（想想"水上行"作为船的理。这只是船的整个理的一个方面，虽然是非常重要的方面）。同样，我们可以把注意力集中在德的某个方面，如"宜曰义"，即使整体的德都参与其中。

此外，我应该在此说明，朱熹在上文中评论德与"性"的联系时，他清楚表明，性是德的本体（体）[Zhou (1990, 16)]。为了理解这一点，让我们回顾一下前一章朱熹把性认同为理，这是因为他努力要阐明人在表达道永久的生生活动的整体之理中所发挥的建设性作用。同样，我们从上文看到对于德的每一个具体方面都存在特别的情感反应（如爱）和规范性的反应之理。配得上"仁"之名的爱是在特定背景下实现当时重要的理或者我下文中更愿意使用的词"和"

---

① 这解释了为什么朱熹能一方面否认"义"是"心之德"（Ibid., 414），同时又确认义（连同礼和智）是我们"心之德"的一方面（Ibid., 418）。他在后来的篇章中清楚地说明，关键在于仁本身就可以包括所有这一切。

② 摘自周敦颐的《通书·诚几德第三》，它看起来非常接近朱熹与他人合著的影响很大的《近思录》的开头，英译文见 Zhu and Lu (1967, 8)，稍有修改。

③ 参见 [Zhou (1990, 16)]。谈到最后一句，请注意圣人在做出可敬的行为时的轻松自然是本书的一个主要话题，第七章中更直接地谈论。值得指出的最后一点是至少有一次，朱熹使用德来指代笼统的美德，或者特定品质的杰出，他说"眼之德能见、耳之德能听、心之德能仁"[Zhu (1997, 104)]。

时兑现了承诺的爱,这就是我们"本性"的展现。正如早先已经强调过的那样,不管是性还是理都不能被狭隘地划定界限:理的力量的关键就是它根据更大背景重新表达出来的能力。我们可以询问单一事件之理或一系列相互联系的事件之理,甚至可以定义整个宇宙相互联系的事件的"情景"。在此意义上,朱熹能够把他对德和道的观念一直延伸到宇宙范围,因此很乐意求助于古典《易经》的"系辞",宣称"天地之大德曰生"[Zhu (1997, 78)]。[1]

第四节 最后的思考

现在,总结和评论一下理学家有关德的观点是如何适用我在本章早些时候概述的桥梁概念的。我认为,我们能够把德描绘成一个优秀的性格;其中包括成熟的对个人所处的情景做出得体反应的志向。当这样的概念位于道德理论化的核心时,遵循法则就不是道德生活的根本内容。最后,一个人的反应性不应该是自我控制问题或意志力的发挥,相反,有德之人的内在品质应该是他或她做出自发的或自动的反应。在很多方面,毫无疑问,上节谈论的德的观点与这种特征描述一一吻合,所以我们把美德看作(理解为)桥梁概念是有坚实基础的。

---

[1] 当代学者黄勇指出理学家(他的焦点是二程兄弟,但同样适用于朱熹等人)的德性伦理学是"本体论德性伦理学",建立在德性身份认同基础上,这种德性的基础避免了影响西方的德性与人的实际心理及其名誉地位的联系的标准讨论的关键问题。这里我不考虑黄勇对康德和功利主义对价值和事实之间的关系的描述的批判,但他对我反思他对理学家建立在德性基础上的积极描述的目的是有相关性的。黄勇主张的一个关键是对二程兄弟来说,人性的事实就是"充满价值",因为人性本身是美德,因此,理学家可以从人"是"什么推演出人"应该是"什么,而无须犯下自然性谬论。最后,"在程氏兄弟看来,我们认为人性善是因为我们拥有的价值观,我们拥有这种价值观是因为人性善的事实。所以两者之间不是非此即彼的关系,而是反思性的中"[Huang (2003, 463-4)]。我同意黄勇的大部分叙述,包括我们的性"充满价值"的观点。但是,我相信黄勇确定我们价值观和性善论的关系的方式是有问题的。他描述的方式不是"反思性的中""reflective equilibrium"——一个用在很多不同场合的概念——而是恶性循环。挽救黄勇的洞察力的一个方法是记住性和理的同一性,然后强调人类评价在表现理中发挥的建设性作用,正如前一章讨论的那样。我们自然地适用、有助于和提高宇宙的理(和),这个宝贵的、可理解的把事物结合起来的方式(请回顾我对理的具体解释)就构成了给予生命的活动的尊重和参与。反过来,我们就是通过集体被称为德的回应性的秉性才做到这一点。

它让我们能够开展理学家和西方德性伦理学家的更深入对话，虽然他们对德的具体内容可能有细节上的分歧。

两个议题可能令读者对这种乐观的结论感到不舒服。首先，与西方德性伦理学家不同，理学家通常不谈论"甲之德"与"乙之德"的对比，德更多是有众多独特方面或维度的统一的整体美德。根据具体情景不同，适当的反应或许主要涉及爱心、秩序、遵守承诺：对应每个情景，德的某个方面（仁、礼、信等）是其反应的主要维度。我们即将在第六章中看到，儒家对道德冲突的讨论告诉我们情景很少是单一纬度，所以德的最好反应将涉及德的不同方面，或借用西方的术语，多样的美德。我们能够没有任何尴尬地说，德是"对世界的要求做出很好反应的倾向"[Swanton（2003, 21）]，而这正是当代德性伦理学家克里斯蒂·斯旺敦的话。斯旺敦有关美德的观点的最大力量实际上是她强调德性反应的多样性：看似简单的情景也激发出带有复杂"轮廓"的反应[Swanton（2003, 22）and *passim.*]。在阅读朱熹时，我觉得他肯定会毫不迟疑地赞同这个观点。

其次，可能的担忧是"理"在多大程度上可充当管理我们反应的规范。在上一节中，我说到德可以被看作实现在特定环境下能使用的整体之理的具体性向。这是否把优先权放在了"理的整体"观上以至偏离了德性伦理学呢？我的答案是否定的，因为除了靠有美德的认识和反应过程所得到的那些认识之外，我们没有掌握当前的理完全独立的机会。如果和西方德性伦理学历史上结构相似的情形对比一下或许能有助于阐明我要表达的意思。弗朗西斯·哈奇森（1694—1746）是德性伦理学感伤主义途径的先驱，但他也被看作功利主义的重要前辈。哈奇森相信美德促使人们做出判断，"那个行为最好，因为它为最大多数人带来最大幸福"[Hutcheson（2006, 74）]。后来许多思想家逐渐认为"最大幸福"可以在独立于美德反应的情况下衡量，这个正确原则的运用越来越多地被视为比美德培养更为符合伦理学要求的核心。[①] 但这不适用于理学家的理，也不适用于不那么抽象的中间概念"和"。无论如何，理与和迄今为止都抗拒被当作决定什么行为

---

① 请参阅 Darwall（1995）和 Schneewind（1990）。

最好的法则式算计的基础的命运。虽然这样说，面对被指控为既吃了蛋糕又拥有蛋糕的一厢情愿风险，我相信认识到个人的美德反应的目标在于实现和谐还是有用的。有些德性伦理学家相信，我们除了说"做一个有德之人愿意做的事"之外，我们很难再提供其他行为指南了。相反，如果我们能说"目标在于实现和谐"，就不仅能提供更好的指导而且同时认可了在复杂和恼人的情境下对应该做什么做出某些推理的可能性。在第八章和第九章谈论道德教育问题时，我将重新探讨和谐对学习如何做的新手的指导作用。①

朱熹和弗朗西斯·哈奇森的具体差异并不意味着我用美德作为桥梁概念把理学家和当代西方伦理学家联系起来进行对话就没有希望了。相反，这个有关决定正确行动的议题的初步涉猎已经暗示了相互激励的或富有成效的对话的基础。我相信，这种可能性是最强有力的辩护，我们应该使用桥梁概念促成对话和比较而不采取强调观念差异性的方法。有些哲学家已经探讨了儒家和西方德性伦理学，并得出结论说两者差别太大很难以对方为参照说出什么。儒家的"角色道德"或独特的"法则与美德的统一"伦理学和西方途径形成鲜明的对比。② 我相信，在某种程度上，这些途径是建立在错误前提基础上的，如把西方德性伦理学全部归结为亚里士多德（而且对亚里士多德的阅读也非常狭隘），或相信有关法则的差异多于实际差异。③ 或许更基本的差异是我们是否应该寻求桥梁概念以便进行能相互挑战的、不预设结果如何的哲学对话。本书就是试图证明采取这样一个途径是值得的论证。

---

① 现在有很多论述决定适当行动的德性伦理学途径的文献。在该段中我在拙著 *Angle*（即将出版第二部）中展开论述这个观点，我注意到斯旺顿对被称为"限制性融合"的推理过程的描述与我在论述的理学家的笼统立场非常吻合。

② Ames and Rosemont (2009) 和 Liu (2004) 是这种途径的例子。

③ 规则，尤其是管理众多活动的礼仪规则当然是儒家日常活动的重要内容。但是我们不应该被误导，认为规则在地位上等同于具体的、高尚的、建立在认识基础上的反应。正是后者提供了理学伦理学的最终内容，即使在相对罕见的情况下需要明确地求助于这些非规则的判断。这种主张的大部分论证需要通过后面的章节来论述，但核心内容是即使一个人简单地遵循似乎明显的规则的使用（用儒家的术语就是经），在背后的是对要求不寻常的偏离规则（权）的情景的认识。西方德性伦理学最近做了很多工作来阐释规则在我们的道德生活中虽然不是根本性的，但发挥重要作用的方式，请参阅 Hursthouse (1999)。

第四章 和

"和"在中国是古老的价值观,也是理学哲学的核心概念。本章的目标是确立它的一些谱系,探索它与第二章谈论的"理"的关系。最后探讨和与理的非常紧密的联系。在随后的章节里,笔者将通过解释和扩展理学道德和政治哲学来探讨这种联系。这里只是比较迅速地回顾古典源泉,特别关注和在儒家典籍《中庸》里的作用,因为该文对后代思想家影响巨大。为了平衡,笔者在本章中也将讨论理学思想家如何解释经典文献中的"和"以及如何详细提出自己的独特观点。

第一节 早期经典源头

一 互补性的差异

先前"和"往往出现在烹调或音乐等上下文中或至少是在这种框架下的比喻性阐述。① 这个词的最早使用之一出现在下面的抒情诗中,引自《诗经·商颂》:

> 啊,烈烈先祖神在上,不断降下大福祥。
> 无穷无尽多赐赏,到达时君这地方。
> 先祖神前设清酒,赐我太平长安康。

---

① 有关"和"及其相关术语的更早期用法的更详尽分析,请参阅 Guo Qi (2000)。

还有五味汤（和），陈设齐备又适当（平）。

[嗟嗟烈祖！有秩斯祜。申锡无疆，及尔斯所。既载清酤，赉我思成。亦有和羹，既戒既平。（译者参考了网上的译文：http://www.quanxue.cn/CT_RuJia/ShiJing/ShiJing302.html）]①

好汤（和羹）是指各种佐料和谐搭配的汤，没有哪一种盖过其他味道。这里和包含着克制和均衡，但是克制的程度似乎就是它必须适合于这个场合，因为下一篇具有非常不同的口吻：

多么美好多堂皇，拨浪鼓儿安堂上。
鼓儿敲起咚咚响，娱乐先祖心欢畅。
汤孙奏乐来祭告，赐我太平大福祥。
拨浪鼓儿响咚咚，箫管声声多清亮。
音节调谐（平）又和畅（和），玉馨配合更悠扬。
啊，汤孙英名真显赫，歌声美妙绕屋梁。

[猗与那与！置我鞉鼓。奏鼓简简，衎我烈祖。汤孙奏假，绥我思成。鞉鼓渊渊，嘒嘒管声。既和且平，依我磬声。（译者参考了网上的译文：http://www.quanxue.cn/CT_RuJia/ShiJing/ShiJing301.html）]②

不同的乐器相互协调演奏出和谐的音乐。在与此文不同的早期文章中同样强调了多样性因素的必要性，他是这样说的："只是一种声音就没有听头，只是一种颜色就没有文采，只是一种味道就不成其为美味，只是一种事物就无法进行衡量比较。"（声一无听，物一无文，味一无果，物一不讲。）③ 在《诗经》的两首诗中，和显然都是好东

---

① 参见《诗经·商颂·烈祖》，英译文见 DeWoskin（1982，159）。
② 参见《诗经·商颂·那》，英译文见 Waley（1960，225），稍有修改。平的词源学解释，请参阅 Cook（1995，76n140）。
③ 参见《国语·郑语》，引自 Tan（2004，76）。

第四章 和

西，是一种表达对光荣先祖的崇敬。① 对和的这种积极评价也明确表现在《论语》的观点中"实施礼，要以和顺适中为贵（礼之用，和为贵）。"② 在这里，我们设想把完全不同的礼结合起来形成和谐。

我们在《左传》中对比"和"与"同"的一篇重要文章中对和谐了解很多。③ 晏子对他的主公齐侯谈到和与同的差异：

> 和就像做肉羹，用水、火、醋、酱、盐、梅来烹调鱼和肉，用柴火烧煮。厨工调配味道，使各种味道恰到好处；味道不够就增加调料，味道太重就减少调料。君子吃了这种肉羹，用来平和心性。国君和臣下的关系也是这样。国君认为可以的，其中也包含了不可以，臣下进言指出不可以的，使可以的更加完备；国君认为不可以的，其中也包含了可以的，臣下进言指出其中可以的，去掉不可以的。因此。政事平和而不违背礼丁，百姓没有争斗之心。所以《诗·商颂·烈祖》中说："还有调和的好羹汤，五味备又适中。敬献神明来享用，上下和睦不争斗。"先王使五味相互调和，使五声和谐动听，用来平和心性，成就政事。音乐的道理也像味道一样，由一气、二体、三类、四物、五声、六律、七音、八风、九歌各方面相配合而成，由清浊、小大、短长、疾徐、哀乐、刚柔、迟速、高下、出入、周疏各方面相调节而成。君子听了这样的音乐，可以平和心性。心性平和，德行就协调。所以，《诗·豳风·狼跋》说："美好音乐没瑕疵。"现在梁丘不是这样。国君认为可以的，他也说可以；国君认为不可

---

① 《诗经》第二首诗热情洋溢的语调显示德沃金下面的说法需要严肃地修改"艺术中的平衡，就像人类感情中的平衡也是克制和最小化的问题。祭祀用的汤很清淡，礼仪音乐很克制"[Dewoskin (1982, 160)]。但是在我们阅读《论语》的时候，有时候非常热烈的场景是合适的，因而也是和谐的："孔子说'实行礼，与其铺张浪费，不如朴素俭约；办丧事，与其讲究表面仪式，不如内心悲哀。'（子曰'礼，与其奢也，宁俭；丧，与其易也，宁戚。'）"《论语·八佾》第四节。也可参阅第四章第四节对王阳明说婴儿整日啼哭也不伤喉咙是"和之至"的观点的讨论。

② 参见《论语·学而》第十二节。

③ 《左传》篇章的写作日期争议性很大。本节据说描述了公元前522年的事件。有些学者调查了和谐观的发展，认为它代表了标准的春秋时期末期的观点[Guo Qi (2000)]。

的，他也说不可以。如果用水来调和水，谁能吃下去？如果用琴瑟老弹一个音调，谁听得下去？不应当相同的道理，就像这样。"（公曰："和与同，异乎？"对曰："异。和如羹焉，水、火、醯、醢、盐、梅，以烹鱼肉，燀执以薪。宰夫和之，齐之以味，济其不及，以泄其过；君子食之，以平其心。君臣亦然。君所谓可，而有否焉，臣献其否，以成其可；君所谓否，而有可焉，臣献其可，以去其否。是以政平而不干，民无争心。故《诗》曰：'亦有和羹，既戒且平。鬷嘏无言，时靡有争。'先王之济五味、和五声也，以平其心、成其政也。声亦如味，一气、二体、三类、四物、五声、六律、七音、八风、九歌，以相成也；清浊、大小、短长、疾徐、哀乐、刚柔、迟速、高下、出入、周疏，以相济也。君子听之，以平其心，心平德和。故《诗》曰：'德音不瑕。'今据不然，君所谓可，据亦曰可；君所谓否，据亦曰否。若以水济水，谁能食之？若琴瑟之专一，谁能听之？同之不可也，如是。"）①

引文中有几个重要的主题。相互之间适当的平衡的差异对和谐来说是必不可少的，只有这时每个因素才能为特定场合做出适当贡献，完美（成）才能实现。平衡的管理意味着没有人愿意反对君主。"对什么都点头称是的人"是糟糕的大臣，因为他们没有能扮演矫正君主错误的关键角色，君主容易以片面的或自私的方式治理国家。这个同样的主题也更清晰地表现在《论语》的名言"君子和而不同。小人同而不和"②。

二 自然纹理和创造性

那种认为如果达到和谐就能实现完美（成）的观点指出了潜藏在我们刚刚看到的《左传》文章背景后的重要观点，即自然纹理观。在当时那样的农业社会，观察自然界当然非常重要。他们研制出日晷

---

① 参见《左传·晏婴论和与同》。
② 参见《论语·子路》。

之类的设备来测量一天的长度。音乐领域也同样臣服于自然纹理，如在音调之间的某些间隔似乎天生令人愉悦，甚至烹调也被这样认为。①如果我们的世界有自然纹理，如果我们能用正确的方式，即和的方式适应、回应所处的背景，结果就是完美或彻底的（成），这种看法当然有道理。没有自然纹理的观点，就很难理解成合理性，即终局性意识，一切安排妥当，各就各位的认识。

但是，这里有两点需要修正。第一，和谐不应该被理解为静止的或消极的，相反，它是动态的和富有生命的。《左传》中，史伯在文章中说："因为和谐诞生万物，而一致性（同）并不带来力量。不同的事物互相结合才能产生百物，如果同上加同，不仅不能产生新的事物，而且世界的一切也就变得平淡无味，没有生气了。"（和实生物，同则不继，以他平他谓之和，故能丰长而物归之，以同裨同，尽乃弃矣。）这里引人注目的是和"生物"，而不是完成或者使其完美（成）。当代学者顾史考评论，史伯的建议是和谐与生殖的原则紧密联系在一起：对立统一，就像男女结合生育孩子。实际上，这也适用于音乐："音乐的平衡和谐不是静止的而是像它模仿的自然界一样，通过一系列的固定变化而前进。"Cook（1995，82）因此，使用"终极性"时必须非常谨慎，和谐是一直进行中的创造过程。更保险的说法或许是一切安排妥当。

需要修正的第二点是和谐能带来或激发出的创造性。"自然纹理"对我们的限制有多大？安乐哲和郝大维在一系列重要著作中已经指出，古代中国世界观需要被理解为表述一直进行中的过程，一个没有外部的像神一样的力量在后面主导的演变过程。他们认为，这是世界的"审美秩序"创造而不是"逻辑秩序"发现。他们写道"审美秩序是通过创造新模式来实现的"［Hall and Ames（1987，16）］。他们把"权力"与"创造性"对比，写道"权力被理解为外部因果律决定的预想后果的产生。而真正的创造性则隐含着新颖性的自发性创

---

① 这四句主要引自 Cook（1995，77）。顾史考注意到"新石器时代的陶瓷罐一直被显示工艺先进，我们或许有意识地假设是严格的数学比例的维度。"参见（Ibid.，77n141）第63—71、241页上的注释。

造，它是无法用因果律的分析来简化的。创造性总是深思熟虑的，是'自我'的实现。"因为在不断进步的世界中的自我总是社会性的，创造性总是依靠上下文的、相互作用的和多维度的［Hall and Ames (2003, 17)］。

提到"新模式的创造"和"新颖性的自发创造"听起来或许不同于纠正自然纹理。如果我们要缩小这个鸿沟，关键是要抓住安乐哲和郝大维在提到"社会性的""依靠上下文的"和"相互作用的"等词时是什么意思。他们的观点是，我们是谁、我们做什么等在很大程度上取决于我们的背景：与我们有各种关系的人、机构和自然环境等。了解这个背景涉及学习构成背景的结构模式。在此背景下行动得体就意味着对它提供的机会做出良好反应。德沃金对中国早期美学的研究是这样描述的：

（中国）理论把美学过程概述为双向的，艺术发源于思想和自然的亲密共振。自然不产生思想，缪斯不是进入和"激发灵感"。《乐经》清楚指出，构成音乐的声音始终就存在着。听到它们就是有了音乐，这要求认真地、有技巧地倾听。或许对因果关系的解释因为使用了诸如"感"等术语的理论文本而遭到破坏［Dewoskin (1982, 183)］。

自然纹理——无论是声音还是人们的好恶——对和谐状态的产生都非常关键，但是我们一定不能仅仅满足于发现一些原则然后遵循这些原则，我们需要对自己的处境做出回应，这种回应方式应该与确定特定的独特情景的所有模式形成共振（不管是主动还是被动）。

总之，按照史伯的观点，和谐意味着"以他平他谓之和"，顾史考称为"一组矛盾互补的对立体"［Cook (1995, 78)］。和谐不是在差异中发现冲突和竞争，而涉及在上下文中与相关的天然模式做出回应的相称的平衡。而且，还可以说和谐的创造性体现在两个方面。第一，如果说到这个时刻之后发生的事，它是富有成效的。第二，和谐可能是新颖的。我们通过发挥想象力可以看到和获得新的平衡点。这种创造性非常重要，在第六章谈论"道德想象力"时，我会再次提到这个问题。虽然如此，我们必须谨慎使用"创造性"，因为它很容易遭到误解。因此，我更愿意使用"articulate（表达）"这个词。我们表达新的解决办法而不是创造它们。新的解决办法（常常是旧观点应用在不断变化的新情景）导致满意的"正确"意识，我们把它描述为"审美的"，但它也有一种必要性的感觉。或许把这和另外一种"平衡"意识对比，在这种平衡里，人们使用一种工具来测量并决定它们是否达到了客观平衡。我们不能用这样的客观主义者的形象来发现和谐，而是用从众多因素中找到和谐的厨师、音乐大师或治国能臣的术语。即使它基本上是对自然纹理的回应，但和谐从来不是简单应用外部标准的结果：它是对特定情景做出回应的独立成就。

第二节　中庸

除了到现在为止我们讨论过的文本之外，在继续讨论之前还必须考察另外一个经典文本。因为该文本不仅本身有趣，而且可能成为后来理学家们眼中有关和的观点中影响力最大的文本。《中庸》是被广泛视为古典时期对人在宇宙中的地位所持的最深刻观点之一的著作。宋朝时，朱熹把它选为"四书"的一部分，该书是构成理学教育基础的典籍。《中庸》著名的第一章的末尾是这样几行，其清晰地表明了和谐的重要性：

> 喜怒哀乐在没有表现出来的时候，叫作"中"（指虚静适中的状态）；表现出来以后能符合节度，叫作"和"（和顺而不乖戾）。"中"是天下最重要的根本，"和"是天下贯通的大路。能达到"中和"的最高境界，天地便能各在其位，万物便能生长化育。（喜怒哀乐之未发，谓之中；发而皆中节，谓之和。中也者，天下之大本也；和也者，天下之达道也。致中和，天地位焉，万物育焉。）[①]

[①] 参见《中庸》一。

本段中需要注意的第一点是它同时拥抱了个人心理和宇宙理想。和谐不仅是个人的成就,因为它在推动世界的适当方式中的作用,而且对万事万物都有最重大的意义。"致中和"超越了任何个人,虽然清晰的隐含意义是每个人都可为它做贡献,帮助形成最终的集体成就。

如何把《中庸》与我们刚刚考虑过的材料对比呢?把和谐应用于心理和宇宙领域是新颖的,但是核心观点是人们熟悉的内容。和与中的关联以及用"中节"的术语进行解释使人们想起从前讨论过的相称的平衡。充分和谐导致天地各就各位的说法完全呼应了我们对自然纹理的作用的反思。如果阅读《中庸》的其他部分,我们将发现这些形形色色的联系都得到了加强。《中庸》第二十五章对比了幸福的家庭"如鼓瑟琴":两者都不是简单的统一而是依靠差异互补。① 晏子用选择和而不是同表达出来的适当差异的必要性表现在第十章,"故君子和而不流"。当代学者李晨阳指出"儒家和谐建立在君子对过程的积极和正面的贡献基础上,决不是随波逐流"[Li(2004,185)]。

按《中庸》的说法,感情产生前的时刻可以被理解为"中"是一个包含着可能性的命题,这些可能性正是被更加细腻的形而上学理论武装起来的后代思想家所探索的东西。《中庸》本身的焦点似乎在于情感被激发之后发生的事。安乐哲和郝大维说得好,"正是把世界变成有意义的中心的人类参与和维持这种平等的人类贡献确立了人类作为充分的合作者的地位,它连同其他力量营造了自然的、社会的和文化的环境"(2001,86)。人类是为总体繁荣做出独特和有助于和谐的贡献的合作者的观点体现在《中庸》第三十章:

> 孔子继承效法尧舜,又把周文王和武王作为典范;向上遵守自然季节的运行,向下顺从水土的规律。好像天地一样,没有什么事物不扶持负载,没有什么事物不覆盖笼罩;又好像四季一

---

① 也可参阅李晨阳对这个篇章的讨论[Li(2004,184)],比较笼统的讨论请参阅 Li(2008)。

样，轮换运行，又好像日月一样，交替照亮世界。万物同时化育，彼此不相妨害；天道与地道同时施行，彼此不相违背。它的小德使万物像江河一样奔流不息，它的大德使世界敦厚融洽，这便是天地之所以伟大的表现。(仲尼祖述尧舜，宪章文武；上律天时，下袭水土。辟如天地之无不持载，无不覆帱，辟如四时之错行，如日月之代明。万物并育而不相害，道并行而不相悖，小德川流，大德敦化，此天地之所以为大也。)①

像孔子这样的圣人是效法祖先，遵从自然纹理的榜样。无论哪种情况，他都不是简单地模仿，如上所述，他在为实现和谐做出积极的正面的贡献。读过本书第二章的人不会觉得奇怪，理学家将在这个教导中发现"理"的强有力来源，因为理就是把事物结合起来的有价值的可理解的方式。

第三节　宋朝理学

在早先的章节中，我已经提到，从古典时期的儒家到11世纪之后的理学家发生的巨大变化。作为对重大思想和社会变革——其中就有佛教在中国社会中发挥的作用——的众多回应的方式，理学复兴的领袖们对形而上学、认识论、心理学、道德修养等都具有不同于古典时期祖先的理解。有些典籍获得了在古典时期所没有享受到的崇高地位，这部分是因为这些文本更容易和理学家提出的形而上学观或其他观点结合起来。《中庸》就是这样一种文本。我们即将看到它成为理学家对和谐观点进行理论化的主要依据。通过他们对《中庸》术语的讨论，我们可以很容易地看到理学家是如何把和谐与他们最独特的创造性观点联系在一起的。

这种联系的一个绝佳例子可以在朱熹的著名追随者陈淳的著作中找到。陈淳的《北溪字义》写于13世纪初期，是对朱熹观点的全面系统的探索。在书中，陈淳使用《中庸》对和谐的讨论这样写道：

---

① 请参阅 Ames and Hall (2001, 111-12)，稍有改动。

当"情感"被激发起来，每种情感都获得适当的规模和程度，它们就可以被称为和谐。和谐意味着不对立。当内部的理被呈现出来时，在应该有愉悦的时候人们感觉到愉悦，在应该愤怒的时候感觉到愤怒，不在任何方式上与理矛盾。这就是获得了适当的规模和程度。获得了适当的规模和程度仅仅是获得了事物的理，没有任何多余或者不足，与理不冲突。这就是为什么称为和谐［Chen（1986，123），稍有改动。］（及发出来皆中节，方谓之和。和是无所乖戾，只里面道理发出来，当喜而喜，当怒而怒，无所乖戾于理，便是中节。中节亦只是得其当然之理，无些过，无些不及，与是理不相拂戾，故名之曰和耳。）

按照陈淳的说法，当人们获得"当然之理"后，就实现了和。正如在第二章对"理"的讨论，"理"是理学家的核心术语，让人想起我使用"关联性"翻译理，更具体地说是"把事物结合起来的有价值的可理解的方式"。理学家用不同的方式阐述了这个常态，具体情况取决于其视角，但核心观点是一个和谐有机的整体。任何事物都是不同的，正如胳膊和腿不同，但它们都是身体的一部分。和谐意味着看到各个因素在时间的任何一点都获得应有的重量。有机性是在另一个意义上对和谐的概括。理学家看到他们的宇宙是关键的、赋予生命的、不断变化的。构成宇宙的元素是"气"，而气本身是动态的、交互的，总是表现出互补性力量之间的动态平衡。最笼统的表述就是阴阳交互作用。

所以，和是理的实现，但我们如何理解这种说法包含的内容呢？更具体地说，实现理意味着什么？换句话说，当理学家谈到实现把事物结合起来的有价值的可理解的方式时，他们心中想的是什么？在这里，许多理学家将求助于最早的理学家之一张载（1020—1077）的一篇名文。张载的《西铭》一开始就阐述理与和涉及的相互联系。它的第一行充满激情：

天是父亲，地是母亲。即使我发现的小生物也都有各自的位置。因此，充塞宇宙中的东西我认为是我的身体，指导宇宙前进的我认为是我的本性。所有人都是我的兄弟姐妹，万事万物都是我的同伴。伟大的国君（皇帝）是父母（天地）的长子，伟大的大臣是它的管家。尊重上年纪的人，这是上年纪的人应该得到的尊重，关心孤儿和弱小，是因为小孩应该得到关照。圣人把自己的性格等同于天地，贤人认同最杰出的人。即使那些疲惫不堪者、年迈体弱者、残疾者、病人、无兄弟子女者、无妻子无丈夫者、陷入困境中的无助者也都是我的兄弟姐妹［Chan（1963，497）］。（乾称父，坤称母。予兹藐焉，乃混然中处。故天地之塞，吾其体。天地之帅，吾其性。民，吾同胞，物，吾与也。大君者，吾父母宗子，其大臣，宗子之家相也。尊高年，所以长其长。慈孤弱，所以幼其幼。圣，其合德，贤，其秀也。凡天下疲癃残疾，惸独鳏寡，皆吾兄弟之颠连而无告者也。）

张载在文章的剩余部分继续扩展孝心的主题，他写道："乐天知名，故不忧，这是最纯粹、最真诚的孝心。"（乐且不忧，纯乎孝者也）他还提到古代道德英雄的若干例子，每个人都以不同形式表现出对父母的爱。这些例子中的差异非常重要，因为张载的文章不是单一原则的普遍运用：它表达了有机整体的和谐理想，其中每个人都相互关心，都与环境吻合。① 张载的确带有规范意味的术语是"尊老爱幼"。在更高的抽象层次上，张载表现出另外一个差别：他认为所有人都是兄弟姐妹，万事万物都是同伴。

后来的理学家称赞张载的文章精彩地表达了程颐所说的"理一分殊"，这确实是理的核心特征。我要说的是虽然程颐没有在口号中使用"和谐"这个词，但"和谐"很好地抓住了他追求的差异性和统一性的结合。程颐写到把差异性和统一性包括进来非常重要，正如张载在《西铭》中做的那样，因为若不这样将面临两难的局面："只认识到许多差异性的缺点是自私将占上风，仁就将消失。另一方面，认

---

① 用"单一原则"，我心中想的是类似于后果主义的法则"做能够带来最大化的好后果的东西"。也就是说一个"原则"是能被表达出来并可以使用的东西。

识不到差异性的毛病将是无差别的爱,这就破坏了义"(《西铭》明理一而分殊,墨氏则二本而无分。分殊之蔽,私胜而失仁;无分之罪,兼爱而无义)。① 这个最后的评论在某些不熟悉儒家的读者看来或许令人吃惊,但它类似于当代许多哲学家坚持的"agent-relative"(与行动者相关)的考虑应该成为道德内容的一部分。因为现实和理论方面的理由,儒家坚持认为关心家人比关心外人更多是合适的,但正如程颐所说,理的"统一性"维度确保关注自己亲属的自私考虑不占主导地位。实际上,张载已经清楚表明了应该对陌生人表现出尊重和关心,甚至隐含着一种对非人类的东西抱有的"同行者"情感,他说"民吾同胞,物吾与也"。随后,我们将更详细地讨论这个话题。

第四节 王阳明:总结和初步参与

所以,和是理的实现,理的实现意味着把充塞宇宙的东西看作人的身体。而把万物视为人体就是要通过我刚才讨论的差异性和统一性的结合来理解。许多后来的理学家讨论了同样的段落和观点。② 对张载的主题进行最引人注目、最全面发展的阐述来自王阳明。在本节中,我将求助于王的若干篇章来阐述理学家的和谐理想的力量和问题。

一 和、理和一体

让我们首先看两个段落,它们合起来表达了从个人心理角度看待的和对构成与个人情景相关的理做出反应的方式。在第一篇中,王阳明回应学生的提问,学生说在收到儿子患重病的信件后,经历了难以忍受的痛苦。王阳明说:

---

① 参见二程集:程颐《答杨时论西铭书》[Cheng and Cheng (1981, vol. 1, 609)];也可参阅 Chan (1963, 550)。

② 我在第七章论述了程颢影响很大的"与万物结为一体"理论的形成。我也谈到了它与"仁"的观点的关系。朱熹对《西铭》的评论很多,扩展了程颐的观点,张的观点可以通过"理一分殊"的棱镜来理解[Zhu (1997, 2269-70)]。

第四章 和

这种时候，正应该用功，如果放过这时，平时学习还有什么用处呢？人就是要在这种时候磨炼自己。父亲爱儿子本来是人间最真切的情感，但是，天理也有一个中和之处，过分就是私意。人在这种境遇下，一般都认为依天理就该觉得悲伤，于是就一直忧愁，不知已经是"有所忧患，不得其正"了。一般来说，七情感发，大多已经有点过分，较少不及的。只要一过分，就不是心的本体了，必须调整适中才行。①（此时正宜用功，若此时放过，闲时讲学何用？人正要在此等时磨炼。父之爱子，自是至情。然天理亦自有个中和处，过即是私意，人于此处多认做天理当忧，则一向忧苦，不知已是"有所忧患，不得其正"。大抵七情所感，多只是过，少不及者。才过便非心之本体，必须调停适中始得。《传习录·陆澄录》第五篇）

这里重要的是不要误解王的立场。他并不是说对儿子的痛苦感到悲伤是自私的放任，也不是说圣人对这样的困境会无动于衷。学生的困难是严峻的，他在承受"难以承受的焦虑和忧愁"（心其忧闷不能堪）（Ibid.）。王的目标是帮助他看到和的矢量，其中他的生活的所有关心和现在的情况形成"连贯的"整体，所以他还可以向前走。从我们早先的讨论来看，我们或许可以说王的目标是让学生明白他自己的反应的理，看到表达不同于自己从前沉溺的反应的新机会，从而达到更有成效的内心和外在状态，使其在反应中认识到主观的调停适中。在第六章中，我将展开论述王阳明的核心观点之一，即连贯的、和谐的反应能包含强烈的负面情感如悲伤，但仍然感到是适当的。

因为他相信"大抵七情所感，多只是过"，王有关如何达到和的教导常常涉及努力克制自己的情感。在随后的章节中我将探索修身方面的具体策略，这里的重点是注意到王非常赞同根据具体情况做出适当反应的灵活性。在给另外一个学生的信中，王写道："悲伤中也有和。这指的是完全出于真诚，没有任何矫揉造作。情感的过分表达不

---

① 参见 Wang (1983, 82, §44)。

圣境：宋明理学的当代意义·第一部分　关键词

是和。气的单纯运动不是和。沉溺于自私的欲望和顽固不化不是和。婴儿整天哭也不会伤害喉咙，这就是和的极致。"①（哀亦有和焉，发于至诚，而无所乘戾之谓也。夫过情，非和也；动气，非和也；有意必于其间，非和也。孺子终日啼而不嗌，和之至也。）换句话说，这是完全真诚的悲伤，彻底表现出与情景一体的悲伤：这种悲伤可能是极端的，但仍然是和谐的。②

现在，再看另外一篇帮助我思考不同种类的反应尤其是理学家的和谐理想的庞大范围的合适性。王写道：

> 伟大的人把天地万物视为一体不是因为他有意为此，而是因为他的心的天然人性。就连小人的心也没有什么不同，只不过他自己使之变小了。因此，当他看到一个孩子掉进井里，他忍不住要感到惊恐和怜悯。③ 这显示他的人性和孩子成为一体。有人可能反驳说孩子属于同一个物种。再次，当他观察到小鸟或动物在即将被宰杀时发出的哀鸣和恐怖症状，他也忍不住"难以忍受它们的痛苦"④，这说明他的人性与小鸟和动物成为一体。或许有人反驳说鸟和动物是和他一样有感知能力的生命。但当他看到植物被折断或者被破坏，他仍然感到遗憾。这说明他的人性和植物

---

① 参见 Wang（1984，juan27，13a）；王阳明全集静心录之五续编二（2）与陆清伯书——译注。秦家懿说"孺子终日啼而不嗌，和之至也"的例子来自《道德经》五十五。

② 王阳明用稍微不同的方式提出了同样的观点，当问到在因父母去世后痛哭时，这种本体的快乐还存在时，王说："这就必须大哭了一番以后才会快乐，如果不哭就不会快乐了。即使在哭，只要内心得以安慰，也是一种快乐，快乐的本体没有变化。"（"须是大哭了一番方乐，不哭便不乐矣。虽哭，此心安处即是乐也。本体未尝有动。"）[Wang（1983，343，§292）]

③ 有人提到《孟子·公孙丑上》第六章，万白安注意到王阳明引用错了，或至少对孟子最初的话做了修改[Van Norden（2007，255）]。这些变化与孟子和王阳明之间的重大差别有关，万白安简要谈到这点，更详细的讨论请参阅 Ivanhoe（2002）。

④ 同样来自《孟子·公孙丑上》第六章，也可参阅《孟子·梁惠王上》第七章，齐宣王见有人牵牛而过堂下准备宰杀用以祭钟时，表现出了同样的感情。而且《孟子·尽心上》第四十五节的部分可以和王阳明对比："君子对于万物，爱惜它，却不对它讲仁德；对于百姓，用仁德对待他，却不亲爱他。君子之于物也，爱之而弗仁。于民也，仁之而弗亲。"孟子与王阳明的主要差别是王阳明强调的连续性的意识，因为他辨认出所有感情都是"仁"的不同方面，这在孟子中是非常微弱的。

成为一体。或许可以说植物和他一样是有生命的。但即使他看到砖瓦石头破裂、粉碎，他也忍不住感到遗憾。这说明他的人性和砖瓦石头成为一体。这说明小人的心也可以与万物成为一体。①（大人者，以天地万物为一体者也……非意之也，其心之仁本若是其与天地万物而为一也。岂惟大人，虽小人之心，亦莫不然。彼顾自小之耳。是故见孺子之入井，而必有怵惕恻隐之心焉。是其仁与孺子而为一体也。孺子犹同类者也。见鸟兽之哀鸣觳觫，而必有不忍之心焉，是其仁之与鸟兽而为一体也。鸟兽犹有知觉者也，见草木之摧折，而必有悯恤之心焉，是其仁之与草木而为一体也。见瓦石之毁坏，而必有顾惜之心焉，是其仁之与瓦石而为一体也。是其一体之仁也，虽小人之心，亦必有之。《大学·问一》）

这个段落包含两个重要观点。第一，所有人都已经与万物成为"一体"，在这个意义上，我们自然地、自发地感受到王阳明描述的情感，即使我们多数人不一定可靠地经历所有这些情感。第二，这些情感的不同取决于我们与这些事物的关系。换句话说，王阳明的视野拥抱了和谐的标志性特征：统一性和差异性。

我们如何从最初据说人人都有的粗糙情感转向圣人才会做出的充分发展的反应，这当然是人们想知道的。这些话题是随后章节关心的内容，这里暂不详说。与我现在的关心——即和谐理想的本质——比较相关的是这个理想令人吃惊的范围。张载提到把万物当作"同伴"就变得更具体了。王阳明说，看到屋顶的瓦碎了，我们也感到"顾惜"，这可信吗？② 或许，人们勉强承认有时候确实会感到顾惜，但这难道不是把人的关心投射到情景的问题吗？按照这种思路，我们的顾惜不一定是针对瓦片本身，或许是同情生活在屋顶漏雨环境中的人

---

① 参见 Wang（1985, vol. 26, 2a）。
② 迈克尔·斯洛特已经注意到（在对话中）王阳明与"简单的"万物结为一体的观点超越了当代心理学家理解的"移情"观。有关这个内容，请参阅 Hoffman（2000）。王阳明的说法如何吻合或者受到挑战或者挑战当代心理学的观点的问题是我现在无法探讨的重要问题，但是请参阅拙作 Angle（2009）了解这个方向的初步尝试。

或可能造成的翻修，或那些被劣质砖瓦销售者欺骗而上当的购买者。或许，这砖瓦是曾经骄傲但已经破损的标志，在此情况下，我们顾惜的最终仍然是我们自己的贬损状态。①

反对王阳明的宽广视野的观点的核心是我们不愿意把自己看作所在世界的一部分。反对者因此感受到我们只能以把自己的兴趣"投射"到他们身上的方式对砖瓦做出反应，这被看作和我们对无辜孩子面临威胁时的反应或有感觉的生物近在眼前的痛苦的反应完全不同。王阳明的回应是坚持认为我们感到遗憾时，并不是把任何东西"投射"到砖瓦上，根本不是出于上面提到的理由。砖瓦不能独立于生活在屋顶下的人或出售它的人等。每个人、每个动物、植物、砖瓦都有自身的理，它们共存于相互联系的网络中，这种关系构成宇宙。在某些情况下，人们更容易看到在某些特殊方式下理遭到破坏，世界失去了平衡。王阳明根据《孟子》已经提供的例子，试图说明这些令我们感到与世界为一体自我显示的范式特征的情景。② 促使理学家追求和的本能的表达方式之一是"一切都重要"③。为了看到事物的重要性，我们有时候必须更仔细地观察，或从不同角度观察，或认识到从前没有看到的关系和可能性。

二 当代的例子

那些在成圣道路上走了一段距离的人当然比我们其他人看到更多

---

① 我要感谢在2005年秋天的"圣境"讨论课上的学生，他们用典型的热情和活力推动了这个反对意见。

② 理学家中讨论很多的另一个类似的主张是早期理学家周敦颐为什么不割掉窗前的青草的解释："春意盎然，万物发育，合于天理，合于人心。与自家意思一般。"参见 Zhu & Lü（1983, 340）。

③ 从当代元伦理学的角度看，至少有两种方法得出"一切都重要"的观点。一是现实主义者的客观主义者的画面，其中任何事物都有确定的价值。或许上帝就是这样创造世界的。另一个画面是实用主义者的，按照这种观点，人们辨认出他们所处的动态世界的价值，他们连同其他任何事物都是一直在进行中的共同创造者。这两种观点都抗拒了人类建造或者创造价值的反现实主义者观点。这里能说的东西还有很多，包括现在讨论的问题如何与环境伦理学的现有辩论联系起来。就当前的目的来说，我只想说我不相信在刚才提及的意义上，我们被迫把王阳明作为现实主义者而不是实用主义者来阅读。

不和谐的例子并做出反应。① 这里有一个还是与屋顶有关的例子或许帮助我们看到，认识相互关系如何令我们对无生命的物体的困难做出强烈反应。保罗·法默是曾经赢得麦克阿瑟奖学金的医生和人类学家，一生都投身于帮助世界上最贫困的人与传染病做斗争的事业中。他在多个层次上工作，从治疗个别病人到实施广泛的公共卫生项目，再到反对那些在他看来是造成病人痛苦的根本原因——贫困和极端的不平等。多年来，他努力的中心是在海地的康格，他每年都要在这里生活一段时间，这是特雷西·基德尔描述法默第一次来到康格的情景：

> 很多房屋都是粗糙的木头单坡屋顶，泥土地面，正如他的一个朋友后来所说，这房子在建造时似乎没有多大的信心。法默特别注意到这些小木屋的屋顶是用香蕉皮茅草和绑起来的破布条做成的，肯定会漏雨。而在米尔巴莱，生锈的薄的金属"马口铁"屋顶似乎在他看来就是贫困的象征。他说"但是在康格没有马口铁喊叫着贫困"[Kidder (2003, 77)]。

法默对康格的糟糕屋顶的反应比"遗憾"要强烈得多：屋顶对他"喊叫"因为它们告诉他的就是我们世界的一角。法默听见屋顶这么强烈的声音的重要原因之一是他清晰的联系意识。其中一个联系是认识到屋顶和病人之间的关系。在很多方面，屋顶表现出来的贫困和无望与生活在屋顶下的人承受的许多疾病痛苦联系在一起，其因果关系是双向的。

另外一个同样重要的相互联系是生活在康格的人和生活在如波士顿的人的联系。法默每年都要花时间在波士顿布莱根妇女医院工作。基德尔写道："他当年在医学院求学时，从康格到波士顿的转换总是令他感到不快。他会离开挤满了营养不良的孩子的农舍而来到迈阿密机场，听衣冠楚楚的人谈论如何减肥。"（Ibid., 261）法默逐渐认识到更平静地做出这种转变，但他仍然充满激情地教导人们认识到我们

---

① 我以"看到并做出反应"让读者想到知行合一，详细的讨论请参阅第七章。

之间的关系是多么近，比我们想象的更近。在波士顿罗根国际机场登上飞机，7个小时后你就站在康格的地面上。认识到这点和相互关系的其他表现——世界变得越来越小的其他方式——是法默如此清晰地听见康格这种地方的屋顶倾诉的关键背景。法默的旅行和他在康格和波士顿的工作证明了海地离我们多么近。①

三 政治

我们还必须考虑理学家的和的最后一个维度，即社会政治维度。人类世界的相互关系当然是任何企图把和谐理想从内在的心理向外扩展的尝试的重要组成部分。实际上，前文我们已经看到社会政治领域是讨论和谐的最初背景之一。教训之一是大臣一定不能对他们辅佐的君主"唯唯诺诺"。虽然这在现代人听起来似乎很吸引人，但理学家的社会政治和谐观并不是在任何方面听起来都是积极的。这里是王阳明的另外一段话，其中他谈到了自己对古代教育方法的理解：

> 学校就是以培养道德为目的，但学生的能力各不相同。有人擅长礼乐，有人爱好管理和教育，还有人善于治理水土、播植农艺。因此，就在道德育成的基础上，让他在学校里对自己的专长精益求精。等到根据德行来任职以后，就让他们终身干这种工作而不改变。任命他们的人，只要求他们同心同德地共同安定天下的百姓。如果胜任，就是终身干烦劳的工作而不以为苦，安于卑下繁琐而不以为低贱。在这种时候，天下人都乐乐陶陶②心满意足，亲如一家。[Wang（1983，195，§142）；英译文见 Wang（1963，119-20）]（学校之中，惟以成德为事。而才能之异，或有长于礼乐，长于政教，长于水土播植者，则就其成德，而因

---

① 在其他地方，基德尔写到法默看见"巴黎和纽约闪亮光鲜的公司办公楼和海地偏远地方茅草屋的土地板上躺着的独腿人之间亲密的、无法逃避的联系"[Kidder（2003，218）]。

② 这里汉语中的词不是"和"而是熙熙。这里有人可能认为熙熙应该被翻译成"和平的"。虽然如此，陈的"和谐的"选择仍然是很有道理的，我随后将详细分析，这篇文章背后的理想是和，这一点没有任何问题。

第四章 和

使益精其能于学校之中。迨夫举德而任，则使之终身居其职而不易。用之者惟知同心一德，以共安天下之民，视才之称否，而不以崇卑为轻重，劳逸为美恶。当是之时，天下之人熙熙皞皞，皆相视如一家之亲。《传习录》，第108页——译文注。）

在古代圣王的领导下，人们安于各自的角色，"各勤其业以相生相养"，王阳明相信这与各自的能力吻合，这是和的另外一个更具体的表现。王阳明说，这就像一个大家庭。在本节的结尾，他继续写道"因此他们精神顺畅，志气通达，没有你我的区别、物我的隔阂。这就好比一个人的身体，眼睛看，耳朵听，手拿而脚行，用以协调全身的作用。眼睛不会因为听不见声音而感到委屈，而耳朵在听时，眼睛也会参与"（Ibid., 121）。（故其精神流贯，志气通达，而无有乎人己之分，物我之间。譬只一人之身，目视、耳听、手持、足行，以济一身之用。目不耻其无聪，而耳之所涉，目必营焉。）

当王阳明说自己与他人"无有乎人己之分"时，他的意思显然是没有根本差异：每一个人都有其重要性。在此意义上，眼睛和耳朵没有高低贵贱之分。一般来说，王阳明在这里描绘的景象隐含很多东西，与我们从前讨论的和谐非常相似。无论我们谈论的是眼睛和耳朵协同工作，还是农民和官员各自做出独特的贡献，差异都是相互补充和共同提高的。从事不同工作的人相互合作，连同更广泛的环境创造一个人人兴旺发达的宇宙。每个人都感受一种主观上的满足感或义，王称之为"皞皞"（安）。在很多方面，这个画面是建立在对天然模式的回应性基础上的，包括人的能力"差异"。毫无疑问，王阳明在描述他的乌托邦时严重依赖这种和谐观。

但是，从现代的观点看，毫无疑问他的画面拥有令人警惕的政治隐含意义。绝非巧合的是，20世纪儒学理论家遭遇的最大困难就是民主问题。当代一位分析家指出，从儒家的观点看，民主似乎有个受到严格限制的人性前提，其基因学或许可以追溯到最初的原罪概念［Zheng（2001, 11）］。这飘扬在主流儒家之上，他们坚信人人内心都有善，每个人都能提高修养以体现这种善。那么，我们该如何把儒家学说及其圣境的核心观念与当今时代具有合法性的政治体制结合起来呢？这个大问题是本书最后一章的话题，这里我不详说，但确实有一点值得谈谈，那就是王阳明或许没有能充分利用和谐理想所拥有的资源，特别在于他的画面是整洁和静止的，每个人被分配到终生从事的单一角色。如果理解正确的话，理学家的和谐是动态的理想，对特定场景的新鲜的、充满想象力的解决办法发挥着关键作用。正如张载所说，想象这个理想能够被充分制度化的方法当然是个挑战，制度化的儒家道德往往过于专制（Ibid., 20-1）。但是，如果我们接受儒家学说能够为全球哲学对话做贡献，并从中获得好处的活着的哲学传统，就不应该预先判定这种对话会产生什么结果。

第二部分

伦理学与心理学

第五章　伦理学的范围：与斯洛特和梅铎的对话

　　本书第一部分的目标是介绍理学传统的背景和关键术语，尤其是圣境观点的演化。现在到了在此基础上建房的时候了。从现在起，我的途径是历史性少了，对话多了，虽然理学传统的根基仍然很重要。在接下来的几章中，本书副标题中的"当代意义"的双重含义变得非常明显。让理学家与当代哲学家对话意味着同时开启挑战和发展的大门。本章继续确定"和"的意义和角色，理学哲学传统与德和德性伦理学的关系，以及促使一个人追求善良和上进的动机。这些话题合起来构成有关伦理学范围和重要性的广泛观点。通过对话的形式探讨这些问题，我不仅吸收当代西方德性伦理学支持者的长处，也暴露他们的弱点。本章特别谈到了迈克尔·斯洛特和已经过世的艾瑞斯·梅铎女爵士的著作。两者都处在与理学家进行建设性对话的很好地位，虽然各自的灵感来源和辩论风格有很大差异。对话的要点包括以下内容：（1）使用斯洛特的智慧，儒家能够区分特殊的和集体的关怀，这可以解决一个长期存在的问题。（2）利用儒家的智慧，斯洛特可以通过承认对理学家所指出的对天理的尊敬的必要性，确立"平衡关怀"的更好的基础。（3）经过若干修改后，梅铎能帮助我们（和斯洛特）看到尊敬天理可发挥急需的用以辩解的和动机性作用。（4）梅铎对善的形而上学观的呼吁需要得到严肃修改或彻底抛弃。（5）斯洛特和梅铎能从理学家那里学到我们尊重自己的适当方式。

第一节　斯洛特的以主体为中心的
伦理学的平衡与和谐

一　关怀、仁爱和同情

迈克尔·斯洛特的《源自动机的道德》是一本野心勃勃的著作，要阐述和捍卫他所说的纯粹"以主体为中心（agent – centered）"的德性伦理学途径。① 这种描述的核心是 caring（关怀）的观点，他后来进一步阐述这个观点，尤其是在最近的《关怀和通感伦理学》中把它和 empathy（通感）的观点结合起来。随后我们将看到斯洛特有关"平衡的关怀"的洞察力激发的与理学家展开的富有成效的对话。在此，我们必须停下来首先思考理学家对仁的理解。仁与爱、关心、照顾等基本情感密切相关，但是如果这些情感不与看待自己生活和经历的特别知觉方式联系起来，他就不能拥有仁本身，我在第三章讨论过，美德要求这些情感与确定的人格联系起来。当时提到，朱熹说仁是"爱之理"，即将爱视为把（相关）事物结合起来的有价值的可理解的方式的一部分。另外一种解释方式是，如果一个人意识到和拥抱自己的生活和回应性并把它们作为更大整体的一部分，他就拥有了仁。早期理学家程颢在一篇影响非凡的文章中这样描述仁：

在医书中，手脚麻痹被称为不仁，这是对这种情况的最好说明。有仁德之人认为万物都是一体，没有什么东西不是他的一部分。既然他认为万物都是他的一部分，他的感情会延伸到哪里呢？如果他不把万物看作他的一部分，他为什么要关心它们呢？这就像手脚麻痹，因为生命力（气）已经不通畅，所以手脚已经不属于自己。因此，广泛施舍和帮助众人就是圣人的使命了。② ［医书言手足痿痹为"不仁"，此言最善名状。仁者以天地万物为一体，莫非己也。认得为己，何所不至？若不有诸己，自不与己相干，如手

---

① 有关"以人为本"的伦理学的观点，请参阅第五章第一节。
② 参见 Cheng and Cheng（1981, Vol. 1, 15），英译文见 Ivanhoe（2002, 28），稍有修改。

足不仁，气已不贯，皆不属己。如手足不仁，气已不贯，皆不属己。故博施济众，乃圣之功用。(《二程遗书》二先生语 二七)]

充分发展的仁不仅仅是关怀和同情，而是以一种有机方式延伸到人的所有相关背景或有联系的各个方面的温暖的、充满爱的关怀。[1] 理学家强调这种关怀是人的关怀，最初诞生于亲密的家人，然后再向外扩展。这不是对万物的中立的、平等的爱，而是表现出人类感受到的与周围环境各个方面相互依赖的关系。

我刚才引用程颢的话是要说明人们对他人的关心是因为他们被看作自己的一部分。迈克尔·斯洛特最近注意到这个观点（以及后来被王阳明扩展的说法）成为中国哲学比西方哲学更早讨论当代哲学和心理学中被称为"通感"的东西的明确证据［Slote(2009)］。通感出现在一个人设身处地想象他人之时：常见的情况是感受别人的疼痛。一些当代心理学家和哲学家已经开始强调通感在我们的道德经验中所处的核心地位。[2] 理学家与当代理论家的观点有很多相似之处，这里我想强调两个有重要意义的差别。第一，虽然仁（像理一样）是人类中心主义的，因为它来自人的价值观（部分由人的价值观构成），但它的范围包括了一切，不仅有其他人或动物，而且包括植物、砖瓦和山脉。这和多数人描述的通感差别很大，因为它主要强调的是其他生物。第二，仁包括了一个人对自己的关心，但通感通常都被看作是关于他人的。就斯洛特而言，通感的这个特征促使他得出"道德"是我们对待他人的"情感"态度的结论，而我们对待自己的态度受到"理性的自我关怀"的控制［Slote(2007, 113)］。下面我们将看到这种分叉对一个人如何看待自己会产生什么样的严重后果。就目前来说，注意到程颢的描述和现代人对通感的描述或许已经足够，其实，情感反应只有一个来源，不管这个痛苦是自己的还是他人的。也就是说，当一个人感受到他人的痛苦就像自己的痛苦时，他自己也就

---

[1] 朱熹在 Zhu(1997, 100-1) 中详细讨论了这个话题。他把仁与"温暖的、和谐的"意图、爱和同情的感情、生活、出生以及春天万物复苏等内容联系起来。

[2] 心理学家马丁·霍夫曼的著作特别具有创造性，请参阅 Hoffman(2000)。斯洛特是最近哲学界关注移情问题的前沿学者之一，虽然他注意到休谟的"同情"概念和我们现在称为"通感"的概念非常相似［Slote(2007)］。

感觉到痛苦了。同样，如果一个人被某个东西弄痛了，他自己就感受到痛苦。应该承认，这些例子中存在一些差异，但后者（向自我的）做某事的动机与前面的例子（向他人的）中做某事的动机似乎仍然有连续性。其实，这恰恰是程颢推理的要点。果真如此，把通感看作区别于向自我的关怀的基础就变得不那么坚固了。

二 两种平衡

让我们现在更直接地看看斯洛特如何梳理"平衡的关怀"的结构，我们可以拿它来对比作为爱之理的仁。他用两个互补的案例开始讨论平衡。在每个案例中，我们都要设想一个父亲有"两个二十多岁的儿子，一个事业成功，生活独立，另一个身有残疾，不能自立"。在第一个案例中，我们假设父亲对这个残疾孩子真的无能为力，而在第二个案例中，我们设想"这个父亲或许能够为不幸的孩子做很多事，条件好的孩子可以自己过得很好（没有怨恨）"（Ibid.，67）。斯洛特讨论的关键是，他宣称如果父亲同样爱两个孩子，"他肯定会从两个孩子的角度做出努力，并且关怀两个孩子"。在第一个案例中，他的努力或许传达很少，但是对第二个孩子，正义的后果论者的考虑或许要求他花费所有时间来照顾残疾孩子。但是充满爱的父亲不会同时做给两个孩子带来最大好处的事，他将"在对两个孩子的关心和爱护上保持某种平衡，这意味着他至少花费一些时间帮助或关注条件好的孩子，即使他把主要精力花在照料残疾孩子身上"（Ibid.，68）。

斯洛特强调，平衡不是指导父亲行为的明确的道德原则。"任何需要使用某种包括一切的原则或法则以便按照'平衡'方法对待自己孩子的人都被人怀疑，他可能被看作缺乏爱心的父亲，或至少不是以同样充满爱的态度对待孩子的人。"[1] 斯洛特的意图是从心理学的

---

[1] 为了预先了解第七章中对圣人道德知觉的讨论，我们可以多考虑斯洛特的言论，在表达平衡的关心时我们不是在遵循"道德原则"。在一个很简单的例子中，比如，他没有更好地对待比较像自己的孩子，而是正确地看待情景，我们能把爱的机制留给它自己——它自动地做出平衡的反应。但是在更难的例子中，我们需要更好地观察（更少自私地看）而不是没有感觉地遵循原则。斯洛特花费相当多的时间论证好人不应该被良心（conscientiousness）驱使。"担心自己的行动的道德性的人应该被认为是更少直接卷入他人或者更少（纯粹的）仁慈，如果和只是忙于或专注于帮助他人的人相比的话"（Ibid.，46）。正如我们即将看到的，大部分理学家当然会同意这个观点。

第五章　伦理学的范围：与斯洛特和梅铎的对话

本质来看，关心孩子"往往促使一个人以某种平衡的方式分配努力和关注"。他指出，"平衡"是个具体的而非技术性的观点，它和平等不一样；在此意义上，两种考虑得到了平衡，任何一方都不贬低另一方。两者的关系不是"不成比例的或倾斜的"。而且，斯洛特说把这些初步的想法应用到不止两个需要平衡的关心的情景中很容易。

我们在前面一章中看到，平衡的隐喻是儒家在阐述和的观点时提出的。我认为，我们应该遵循他们把和看作比简单的平衡更广泛的、更普遍的概念。原因有二，第一，虽然我同意斯洛特的笼统途径可以扩展到两种关心以上的场合，但是当情形变得复杂时，我们将失去理解如何保持平衡的能力。在此情况下要抓住平衡的观点，我担心可能越来越多地需要用准算术术语来思考。第二，我对平衡的担心，它很可能被纳入算术术语中，因为两个数量获得平衡的最基本方法是它们平等。与此相反，和明确提出差异间的互补性关系。即使在最简单的情况下（如斯洛特的父亲和两个孩子），人们也很难接受待遇上的显著差别被视为"平衡"。柯普和索贝尔就在书评文章中提出质疑：

> 如果把一个孩子养大成人实际上需要的关注使得父亲没有或很少时间来照顾另一个孩子，人们可能好奇同时爱两个孩子的父亲该怎么做。在此情况下，斯洛特的平衡关照观无法给我们提供多少指导。显然，父亲将挽救生命受到最大威胁的孩子。为了解释这一切，斯洛特必须这样解释平衡关照，即父亲把以不平衡的方式关照孩子也看作平衡关照孩子的表现（2004，522）。

柯普和索贝尔从这个结论引申出众多后果，这成为斯洛特的难题。这里想象的极端情形真的不同于斯洛特明确指出的那种情形，即父亲"至少花费一些时间帮助或关注条件好的孩子，即使他把主要精力花在照料残疾孩子身上"吗？柯普和索贝尔已经试图把情形推到一个不大可能出现的极端，但在这么做的时候他们错过了斯洛特的基本点：这与特定的情景有关，只要仍然有方法让父亲对健康孩子的爱有表达出来的机会，即使非常不同的待遇也不是"倾斜的"①。我认为，把柯普和索贝尔带入歧途的重要内容是把不同待遇仍然看作平衡的困难。虽然我们能扩展"平衡"的意义以便包括这样的案例，但我相信更好的办法是遵循儒家观点，即和谐观。

现在让我们转向斯洛特讨论的另一种平衡，即平衡我们对亲人的关怀和对陌生人或对人类整体的关怀。注意到当代众多批评家指控儒家在谈到对陌生人的责任时存在的问题很重要。②考虑到焦点在于责任和角色的纽带（如父对子的责任，反过来子对父的责任），人们可能认为如何对那些与我们没有具体关系的人采取行动，儒家能给我们的指导很少［Ci（1999）；deBary et al.（1994）］。从古典时期以来，儒家就反对我们应该同等程度爱人的观点，部分因为他们觉得这种态度在心理学上根本不可能。虽然如此，在他们把君主描述为"民众的父母"时，似乎承认把父母之爱推广开来不可避免。③

我相信斯洛特关心人类整体的言论能帮助我们解决这个困难。他认为，虽然对特别的已知的个人充满爱的关心往往不是以"整体的"而是以"平衡的"方式分配的，但人类的关心确实是以整体的方式运行的。斯洛特解释说，

> 比如，一个人或许希望孟加拉人生活好，甚至为了改善他们的生活进行慈善捐款，但不知道这个国家具体的个人，更不要说对具体的个人有爱的关心了。这种人性关怀和人道主义态度往往服从或体现功利主义般的排除了爱的集体思维。考虑到这样的态度，人们对不认识的孟加拉人的道德关心（名字或许碰巧听说过）是可替代的，它在人们对孟加拉人或孟加拉国整体的更大的

---

① 如果情景非常极端，未来挽救最糟糕的孩子，父亲必须完全放弃健康的孩子，招致健康孩子的生活的灾难，那么我们就陷入（假设的）道德两难的境地，关于这个问题，我将在第七章中讨论。

② 令人印象深刻的是，当代受女权主义影响的"关心伦理学"的一些支持者也担心他们的理论不能容纳对陌生人的义务。请参阅 Slote（2001，64）。

③ 第十章讨论了理学家通过推动相对非个人的机构来回答这些担忧的一些努力。但是正如我们即将看到的，这些努力最终来说是不够的。

人道主义关怀之内……当这种关怀是更大关怀中的可替代品后，对总体功利或好处的考虑适用在他们身上，这意味着当一个人按照人道主义要求行动时，他不是充满爱地感受到帮助一个具体的人的需要而是考虑总体的或客观的善（2001，69）。

斯洛特的以关系为基础的爱和笼统的关怀相结合似乎是解决儒家两难困境的现成办法。①

三 总体平衡的动机

但是，斯洛特的方法若要起作用，就需要能解释关爱亲人与人道主义关怀如何联系起来。他的办法是再次求助于平衡思想。虽然这次"平衡不再是有德之人对任何一个确定的亲人的关心和她对陌生人的关心之间的平衡，而是她对作为整体来考虑的亲人和作为整体的他人的关心之间的平衡"（Ibid.，70）。其观点是一个好人或许以不同方式维持这种平衡，常常带着这种平衡，我们为最爱的人做的事最多，虽然我们可以为人类整体做得更多。我们如何平衡恰恰取决于诚实意识（斯洛特用诚实表达赋予我们生活的整体性和整体感）。② 斯洛特说"如果一个人的诚实意识，他的最深刻的身份认同是非常狭隘和自私的，那么平衡关爱的道德就会认为它是不可接受的"（Ibid.，73）。

说人或许会过于狭隘似乎是正确的，儒家马上要说到斯洛特指出的是自私，但是在此，我们需要做些工作以便发现这种批判的合理性

---

① 有关我从斯洛特引用的解决办法的预测，请参阅 Chan（1993）和 Tao（2000）。两者都区分了"关系之爱"和"笼统之爱"作为经典儒家理论的仁的方面。陈倩仪很有帮助地提出了"参与性视角"比说"个人视角"更好的观点，因为只有前者抓住了体现个人关心的关系内部的批判性方面。虽然，有关这两种爱如何相互联系的问题，陈倩仪没有多少话可说［Chan（1993，4 and 336）］。陶黎宝华提出了一些很有前景的初步看法，但是我相信我在下一节提出的观点会更深入。最后陈倩仪和陶黎宝华都简单地提到两种爱（或两个视角）的紧张关系的可能性。他们的观点部分预测了我在第六章中的论证，尤其是当陶提到儒家圣人有时候会觉得"遗憾"［Tao（2000，236）］。

② 斯洛特认为它是其理论的一个优点，该理论的要求似乎位于辛格的极端高要求的后果主义和威廉姆斯的极端松散的道德诚实理论之间［Slote（2001，73）］。

所在。为什么"平衡"这么重要呢？谁来决定平衡已经被打破？让我们首先回到亲人之爱的例子。在谈到对一个孩子过于关照可能不公平之后，斯洛特说这种不公平不是最终建立在道德原则基础上而是建立在"我们对爱是什么的理解以及我们对爱的道德价值的本能认识"之上（Ibid.，68n6）。当我们反思与亲人的正常的、健康的关系时，看到我们很自然地以斯洛特描述的平衡方式分配我们的爱。人类是以这种方式关爱亲人的动物，换句话说，爱对人类这种动物来说就是用平衡的方式关心亲人。①

我认为我们应该对这种为平衡来了解亲人之爱的辩护感到满意。这个观点可以推广到需要在关心亲友和对人类整体的集体的人道主义关怀之间保持平衡吗？斯洛特似乎这样认为："促使我们关心亲友（整体）福祉的力量和对他人的指向笼统的人道主义关怀的冲动没有本质不同，这种爱来自深刻认识到我们共同的人性（共同的根源和命运）和人类苦难的广泛性和世界范围的人类问题。"② 我觉得，说这种力量"没有本质不同"意味着我们仍然在讨论拥有关怀和爱的物种：我们没有进入有意识地坚持某些外来强加的义务的领域。因此，斯洛特的说法呼应了孟子的名言，道德只有一个根源而不是两个根源，这个根源就是人心。③ 虽然如此，亲人和陌生人之间似乎存在关键的差别。我们不需要努力称赞孩子做的事来爱他们，但在斯洛特的模式中，人道主义关怀的冲动"产生于深刻认识到共同的人性"。为了产生促使人们做出人道主义关怀的独特之爱，我们需要拥有一些并非自动拥有的东西。

斯洛特对这种需要漠不关心："我不肯定这里被认识到的是客观事实还是接近联想或情感意义的东西（或两者兼而有之）。这是我们不需

---

① 比如，斯洛特说"深爱两个孩子的父亲通过爱是什么的心理学，往往会以比较平衡的方式分配其关心、努力、关注、金钱给两个孩子"（Ibid.，89）。他接着说父亲的感情"不是从天上一下子掉下来的。它反映了父亲对作为父母意味着什么的认识"。

② 参见（Ibid. 90）。他还提供了辩护"平衡的关心"的第二个独特的论证，即它比"反向关心法则"更有道理，即那种认为我们应该对更远的人关心更少，按照某种数学公式（Ibid.，74）。我认为平衡的关心打败了这种高度不可靠的法则（斯洛特也称其为"整体的偏袒"），但是这本身很少能论证平衡的关心优先于狭隘的关心亲人的合理性。

③ 请参阅《孟子·滕文公上》第五节。

第五章 伦理学的范围：与斯洛特和梅铎的对话

要深入探讨的元伦理学问题"（Ibid., 90）。为了说明平衡关照的合理性，他需要能够说得更多些。当我们说他或她没有深刻认识到我们共同的人性时，过分狭隘的人缺乏的东西是什么呢？这个问题有两个方面：态度（深刻认识到）及其对象（共同的人性）。本着对话的精神，我想提供理学家的答案，看看这会为斯洛特带来什么帮助。我想说的是，斯洛特对平衡的讨论（用和的术语重新表述）能为当代儒家提供很多东西，儒家的观点同样可以很好地服务于斯洛特。①

如果我们问理学家过分狭隘的人丧失了对什么东西的什么态度时，即刻的反应就是对理的敬重。正如第二章谈论过的那样，理的概念囊括了宇宙万物的共同性，因为把个别事物结合起来的宝贵的和可理解的独特方式同时可以被纳入可能性和共同繁荣的更大模式中。认识到和孟加拉国不认识的居民的共同人性当然是对理的适当态度的一部分；认识到自己和印度洋中游泳的鱼或和邻近城镇上不了解的屋顶面板的共同性，也是应该拥有的适当态度的一部分。当然，共同性不是身份认同，儒家说的"万物"合起来构成宇宙的潜在繁荣，但它们并非以同样的方式做贡献。儒家也没有求助于转世概念：如我们是鱼托生的等议题。因此，正如我们在前面章节中谈到王阳明"与万物一体"的观点，不同的反应对不同事物来说是合适的。

鉴于斯洛特在亲人和陌生人之间做出的区分，我们现在可以补充说，这些程度各异的态度可以应用在熟悉的事物上，也可以集体的方式应用在从来没有"见过"的鱼或屋顶面板上。当王阳明说看到"砖瓦破碎"而感到"顾惜"时，他心中想的是与具体砖瓦的特别遭遇，但我们可以补充一种更笼统的顾惜，如看到孟加拉国遭遇洪灾时房屋被冲毁。我们关心的物体类型与是否存在和那个物体的具体关系是两个不同维度，两者合起来构成在特定时刻涉及的关心。实际上，我们可以把这个思想变得更微妙。在"亲人"和人道主义关怀所体现的更广泛的模糊的他人之间存在很大的中间地带。斯洛特实际上注

---

① 根据他最新著作的方向，我怀疑斯洛特现在可能会说一个"充分发展了的通感"的人是以渴望的方式（或至少充分发展了的通感是必要条件）深刻认识到我们共同的人性的人［Slote (2007, 34–5 and 99)］。因为"充分发展了的通感"的意思到底是什么仍然不是很清楚，这个观点在为平衡的关心辩护时是否取得成功，我暂时不做评论。

意到关怀的道德或许需要对付他考虑的两个极端间的"过渡空间"（Ibid.，65）。或许描述这个中间地带的最好方法是：那些自己不是很熟悉但仍然是具体的个人，这包括了"陌生人"（这里指的是具体的陌生人）。我要说非聚合性平衡（或和谐）适用于这个群体，虽然可能比亲人群体更微弱。简而言之，不仅是与我们熟悉的亲人，而且我们与万物一直到包括整个宇宙的多样的不同联系为我们提供了爱和同情需要保持平衡与和谐的完整背景。

四 以主体为中心

到现在为止，我们一直忽略了斯洛特途径的一个独特方面。他认为德性伦理学的所有理论都是"以人为本"的，因为评价主要依靠我们所评价的人的品质（考虑"美德"）而不是其行为是否符合某个法则（考虑"道义"）。斯洛特的途径是他贴上"以主体为中心的"标签的这个广泛类别的特殊附属类别。德性伦理学的人本途径把行为的道德和伦理地位看作是从独立的根本的美德及动机、性格特征或个人的伦理学特征中*派生出来*的东西［Slote（2001，5），斜体是笔者所加］。他说以人为本途径比德性伦理学更常见途径更纯粹：比如，柏拉图特别看重一个人对至善理想（the form of the good）的适当领会和所受教导，这是行为者的身外之物。[①] 考虑到儒家传统特别强调诸如仁的人性特征的重要性，儒家的人本特征似乎很清楚。遵循礼法的讨论有很多，但从传统的早期开始，非常清楚的是各种规范只提供了背景，我们可以在此背景下具体表现出仁和义等美德而不简单地遵守外部法则。

理学家对观察理和遵循理的重视，尤其是在理被翻译成"原则"的时候听起来更像义务论途径。我曾指出用 principle（原则）来翻译"理"是有问题的，原因就在于此。其实，理不仅仅是可以用在具体情景中的法则，相反，理是在特定情境下把事物结合起来的有价值的可理解的方式。因为我们总是所在环境的一部分，我们自己的反应也

---

① 有关亚里士多德的其他解释的讨论，请参阅 Slote（2001，7-8）及 Ibid.（5-7）。这些解释没有把亚里士多德变成相信纯粹以主体为中心的伦理学家。

第五章　伦理学的范围：与斯洛特和梅铎的对话

成为这个情景之理的一部分。理不是完全先验的外部理想，所以我相信我们应该认为理学是以主体为中心的。① 为了支持这个观点，让我们看看斯洛特的观点，它听起来与理学家的观点非常相似："如果某些在个人和更大群体间保持平衡关心的模式是道德上最好的个人动机的话，那么道德上最好的个人就是以这种动机来行动的人"（Ibid.，101）。我们还可以回顾斯洛特对这种共同性的概括，人们必须把它作为"客观事实或与我们联想的/感情的（或两个都）本性有关的东西来欣赏它"。在理学看来，理是客观的：我们不能简单地自己决定在某个特定情景下哪种模式与各种互动的因素最吻合。与此同时，理与我们的情感本性密切相关，至少在有些情况下（如我们看透情景的时候），我们受到情感反应的指导。不管大部分理学家多么强调跟从老师和经典文本学习的重要性，理从来不能被简化为可以简单地拿来就用的具体法则。个别有德之人在特定情境下根据他的认识和反应所做出的贡献也成为理的组成部分。毕竟，"与万物一体"的想法的不可避免的后果之一是每个人都成为共同"体"的一部分：这就意味着我们的认识和反应是不断变化的心理和物质材料"气"的一部分，而气是构成宇宙的材料，气的连贯作用就是理。斯洛特认为亚里士多德不应该被认为是人本论者，因为至少在初期阅读时，一个有德之人需要认识到的善似乎独立于或先于这个好人的认识本身（Ibid.，5）。相反，在我刻画的理学家的画面中，善（或理）绝不是独立于或先于这个好人与特定环境的互动，虽然这个好人的反应在很多方面受到情景的客观因素限制是事实。因此，可以大胆地得出结论：我的理学家画面符合斯洛特的人本伦理观。

五　敬

现在让我们转向对待理的态度问题。我相信这种态度在刺激我们对和谐（即斯洛特认为的亲人和陌生人之间的平衡）的整体承诺并

---

① 实际上，理学家敦促我们应该建立的与理的关系（我们随后详细讨论这个内容）类似于上帝在基督教博爱伦理学中的作用。斯洛特承认爱是内在状态，这种版本的基督教伦理学或许可以说是以主体为基础的。究竟如何取决于一些细节，而这不是我们现在关心的问题。请参阅 Slote（2001，8—9）。

· 109 ·

证明其合理性的过程中发挥了关键作用。我将进一步指出理学家的"敬"能够比斯洛特的有点模糊的说法 deep appreciation（深刻的认识）更能发挥重要功能。"敬"比"深刻的认识"更得体，是因为后者的局限性太大——我可能忍不住说其隐含的世界观带有绝对的经验主义色彩。在理学家看来，普遍的理指向完美的真正的可能性，宇宙万物的完美和谐。这个美妙的理想吸引我们去追求，虽然与此同时我们总是能非常谦恭地认识到自身的不完美。天理的实现是这个世界的理想，也是我们的理想。它不能通过再生的循环或者天国拯救者的需要与我们分开，它也不仅仅存在于纯粹的观念领域。保罗·伍德拉夫最近写了一篇有深刻见解的关于敬的论文，谈到古典时期儒家学说中的敬，他的很多观点与理学家的观点形成强烈共鸣。伍德拉夫强调，我们感受到对某些超越自身的东西的敬，这构成了敬畏、尊重和羞耻等适当的经验。他写道：

> 敬开始于人们对人类局限性的深刻理解，从这里产生了对那些处于自己控制之外的东西如神、真理、正义、自然，甚至死亡等表达敬畏的能力。随着敬畏的能力不断增长，逐渐产生了尊重人类同胞、瑕疵和万事万物的能力。这反过来促成了我们感到羞耻的能力，如果表现出超越正常的人类分配额的道德缺陷的话（2001，3）。

谈到敬的对象，保罗·伍德拉夫具体指出，人们"必须相信存在一个东西能够至少满足下面的条件之一：它不能被人类手段所改变或控制，不能被人类专家所充分理解，不是被人类创造出来，具有超越性质"（Ibid., 118）。

伍德拉夫的讨论帮助阐明了敬理的动机和合理性，虽然他说的话不一定完全符合理学家的观点。我一直在强调个人在决定理的过程中所发挥的作用：它不完全是超越性的，不完全属于某种不同的本体论领域。①即便如此，理显然比我们更大，不受我们的控制。按照《中

---

① 我讨论了形而上学和敬的关系，尤其是它适用于中国经典思想，见拙著 *Angle*（2005）。

第五章　伦理学的范围：与斯洛特和梅铎的对话

庸》的说法，"甚至试图穿透'道'的最远边界的圣人也不能完全认识道"[Ames and Hall（2001,93）]。（及其至也，虽圣人亦有所不知焉。）朱熹评论说"道很遥远，甚至圣人都不能完全了解，但作为事物理由的理虽然隐藏起来我们看不见，仍然可以被知道和遵循"[Zhu（1987, Pt.2,8）]。（君子之道，远而至于圣人天地之所不能尽，其大无外，其小无内，可谓费矣。然其理之所以然，则隐而莫之见也。盖可知可能者，道中之一事，及其至而圣人不知不能。则举全体而言，圣人固有所不能尽也。）我们在心中发现的东西是张载、王阳明和其他人都非常动人地描述过的爱和同情。这些情感指引我们朝外，指向我们与外在事物的关系。① 这种相互依赖的宇宙总是处于我们完全理解或完全控制的能力之外，而正是超越我们控制的意识赋予它神秘性和魔力，正是这种超人意识令我们感到敬畏。

敬畏是一种强烈认识到存在某种超越自身控制的重要力量的感觉，它促使我们做出道德行动，并为道德行动辩护。我的论证是对理学家和斯洛特（至少我们曾经把他的"深刻的认识"变成了"敬"）来说，敬的"敬畏"一面帮助我们从和或平衡的角度看待事物。从这种角度看待事物会促使我们（若用斯洛特的语言）不至于听任我们对亲人的关怀远远超过对陌生人的关怀。关怀不应该是"倾斜的"。考虑到世界的复杂性，我更愿意遵循儒家有关和的观点而不是斯洛特简单的平衡观，但这两个隐喻实际上是相容的。"敬畏"就足以刺激我们行动吗？倪德卫在有关王阳明的一篇思想深刻的文章中写道，"人们不会完全按照王阳明及其信徒做的那样重新定位自己的生活，除非他受到某种东西的强烈吸引。他的善于思考的读者逐渐认识到成'圣'的目标状态是类似宗教概念里的在'天国'获得救赎的状态，吸引力非常大"[Nivison（1996c,219）]。我相信倪德卫这里处于正确的轨道，但是到底有没有一个促使我们敬畏的"东西"，我们还是应该谨慎一些。我们也应该认识到，人们无须即刻或自动地感

---

① 这即使对王阳明也是真实的，虽然他强调在心中发现理，因为王阳明指导我们关注的"物"是关系性的。正如他说的，"一个人的意图不管在哪里，都是指向物。比如，注意于侍奉父母，那么侍奉父母就是物。意之所在便是物。如意在于事亲，即事亲便是一物"[Wang（1983, 37, §6）]。

受到敬畏的全部力量，敬是一种需要花费时间和努力来实行的实践。理学家的道德教育的观点——我将在第八章和第九章更充分地讨论——认识到我们对他人的天生的关怀是不够的，单靠它无法让我们走向修身之路。而与梅铎的对话将帮助我们进一步理解促使我们成为好人的动机。

第二节 梅铎论超越的善的重要性

一 统一性、神秘性和信仰

迈克尔·斯洛特不是唯一探讨对类似理学家的理之类东西表达敬意因而为和谐找到核心地位的当代哲学家。艾瑞斯·梅铎写道，我们"爱的关注"的终极对象有时候与上文讨论过的内容形成强烈共鸣。但是，梅铎的超越论假设与理学家和斯洛特的观点差别很大。从柏拉图那里引申出的强烈的超越论观点充斥在她的著作中，但是我想指出，她的观点与我对理学家的解读比外表看来更吻合。这个论点很重要，因为它帮我确立了本章以及随后章节的不少内容。因为我希望吸收梅铎的营养，包括她对相信终极之和的重要性的强有力的描述。在本节对话的结尾，我们转向讨论爱自己的问题。在此问题上，梅铎显然错了，而斯洛特的观点往最好处说也是模糊不清。

梅铎认为，通过求助于非常类似于柏拉图的善的观点，她可以把我们的注意力吸引到道德生活中能够做出最好解释的某些方面。该观点追踪考察了西方传统赋予上帝的某些特征，这使得它结合了该传统对"没有上帝的世界"的某些深刻见解［Murdoch (1970b, 55)］。梅铎愿意承认生活中的本体上的同一性并不明显。一切都受到"死亡和偶然性"的制约。但是，她接着说，道德拥有一种表现统一的方法。最初可能没有，但是在越来越熟悉美德时，我们会遭遇到其中的各种关系和等级性。"勇气最初似乎是独立的实体，是精神的一种专有胆量，但现在被看作智慧和爱的具体表现。我们逐渐区分自作主张的凶猛和能够让人冷静地宁愿选择劳改营而不轻易屈服于暴君的那种勇气"［Murdoch (1970c, 95)］。梅铎把这与柏拉图的从启蒙阶段逐渐提高的人的描述结合起来，"逐渐发现在每个阶段它当作现实来对待的东

第五章 伦理学的范围：与斯洛特和梅铎的对话

西不过是另外一些更真实的东西的阴影或形象"。在柏拉图的画面中，"彻底的统一性只有在人们到达顶点后才能看到，但道德进步伴随着误导性越来越小的对统一性的本能认识"（Ibid.，94-5）。

梅铎也强调了"统一性梦想"（Ibid.，94）激励我们前进的方式。她写道，"一切必须说得通"的观念或"这里肯定有个最好的决策"等防止我们陷入绝望［Murdoch（1970b，57）］。但是，她马上补充说："困难在于如何享有这个在某种程度上并不虚假的安慰人的观念。"她的答案似乎在于强调善的视角的距离或者不可理解性。也就是说，完美和统一性实际上是我们无法达到的目标，但它们仍然有意义，因而能帮助我们免于绝望。梅铎再次求助于柏拉图的隐喻，她谈到我们与真正善之间的障碍："好生活存在于障碍的两边，我们可以把对完美之善的渴望和在我们所能取得的现实成就结合起来"［Murdoch（1970c，93）］。她说统一性的"梦想"和善的部分经验在道德生活中发挥了重要作用，尤其是在缺乏宗教的情况下。"说道德背景具有某种神秘性是适当的，如果这意味着偶尔与个人经验结合起来的对善的现实的非教条性和非公式化的信仰"［Murdoch（1970b，74）］。

反对梅铎的画面的一种意见是宽泛的尼采式观点：这难道不是安慰弱者的温馨画面吗？他们能"梦想"所渴望的统一性等，但这并不能让它变成现实，或许我们应该感到绝望才对。实际上，梅铎自己就很清楚这样的反应，费了相当多的精力猛烈抨击人类天生容易受到给人"安慰"的"幻想"和"虚假"的吸引的方式。[1] 我们即将看到，理学家表达了类似的观点。梅铎和理学家都坚持认为，我们有充分的能力认识到善（或天理）的迹象，这些迹象足以提供道德教育实践的基础和世人进行道德修炼的坚定努力。梅铎特别关注艺术所能发挥的作用，以及"关注"的情感/认知潜能。理学家提出了自己的一套实践，这些我们将在接下来的章节中谈到。从本质上看，朱熹和王阳明与梅铎的共同之处在于，承认我们能看到天道和世道的征兆，所以我们应该培养自己的能力以便更敏锐和更可靠地践行天道。

---

[1] 请看一个例子："人的心理不断寻求安慰，或许通过想象的自我膨胀或者通过神学性质的虚幻。"［Murdoch（1970c，79）］

梅铎有关道德的相互关联性在我们更深入了解后自动展现的方式的言论似乎是真实的，同时也呼应了理学家的观点。我们在第三章看到，"德"最终是朱熹和其他人的整体观，虽然它有众多不同方面。考虑到我们后来对和的概念的探索，用和似乎比用统一性更好些。统一性暗示联系和同一性，而和包含联系和差异性。谈论同一性意味着我们道德生活的任何方面都整齐划一，这里"道德"一词的意思非常广泛，与我的"一切都重要"的口号一致。在此框架下，"这里有最好的决策"就意味着，如果理解适当和深刻的话，所有的承诺、判断、高尚的反应和道德情感都指向同一方向。但是，对我们的道德生活做这样概括是错误的。不管我们发现自己不知不觉走上道德发展的哪条道路，我们经常要面对不断变化的、多方面的考虑。相对来说，缺乏道德教育的人在不同方向的拉扯中会感觉不知所措，而那些更接近圣境的人则更加悠然自得，因为他们看到复杂性中的和，虽然复杂性从来没有消失。正如理学家所说，理总是一个，但同时可分为很多特殊类别（理一而分殊）。①

善的观点或和的本能可发挥的动机性作用似乎也很重要，虽然我忍不住要对梅铎用信仰的术语来表示该观点加以修正。她的"神秘性"被解释为"偶尔与个人经验结合起来的对善的现实的非教条性和非公式化的信仰"非常接近我一直在阐述的"敬"的观点。敬基本上与神秘性观点有关。理的完整意义永远藏匿在神秘性之中。有关圣人掌握理的能力，连理学传统中最强大的观点也笼罩在神秘语言和难以交流的经验中。② 与此同时，"信仰"暗示着存在一种跳跃的而不是建立在情感和自我理解基础上经过理性或修养而改善的态度。理学家的敬不是"偶尔与个人经验结合起来"，而是完全建立在经验之上。③

我已经在不同方式上表达了对梅铎的深刻见解的有保留的认可，保留里面暗示过对她有关善的言论的反应的另一面。我之所以想反对

---

① 假设的道德两难的问题会在下一章讨论。
② 相关讨论，请参阅第八章。
③ 如果读者觉得这种抛弃"信仰"的做法过于迅速，请参阅第九章，里面包含了信仰、信念、精神以及它们与当今君子的生活的关系的讨论。

第五章 伦理学的范围：与斯洛特和梅铎的对话

她的柏拉图隐喻背后的超越论，不仅因为它和理学家的观点不怎么吻合，而且因为我觉得超越论的复杂化是有问题的，不必要的。有时候，梅铎以非形而上的方式谈论超越性，我是完全可以接受的："'善是超越的现实'意味着德是穿透自私的意识障碍，加入到真实世界的尝试"［Murdoch（1970c，93）］。而且，她的作为超越性标志的许多东西——神秘性、完美、不可毁灭性——若用来评论理都十分恰当，但是理学家对宇宙的理解并不需要为理确立一个单独的形而上领域。即使（我们在第二章看到）朱熹有时候也过于偏向把理具体化的方向，理学家中存在一个把理简单地看作"气之理"的持久派别。现在如果"超越性"只意味着我们与宇宙的某些互动超越我们自身，也就是说，推动我们看到与永远也无法了解其动力学的"整体"的多种联系，那么这种超越性就没有问题。如果在我们认识到这些联系时部分辨认出来的东西被具体化为一个独立的领域或实体，那么超越性讨论就超越了必要的限度，因为我们本来是用它说明敬、和谐和讲道德的动机的。

二 无私

为了说明这种超越性讨论牵涉的问题的重要性，我想突出强调拥抱理学家的理与和的理想而不是梅铎的"超越的善的非教条性信仰"的最重要后果之一。遵循柏拉图和基督教思想家的悠久传统，梅铎的途径导致人们否认自我。相反，虽然儒家非常关心根除自私，但他们认为自我及其合理的利益作为天理的一部分应该永远得到承认。[①] 梅铎的言论与此形成对立："因为认为自己什么也不是，谦恭的人能够看到其他东西的真实情况"（Ibid.，104）。请让我说得更明白些。梅铎运用深刻的洞察力写出了她称为战胜自我的技巧，"去除自我"的技巧。理学家乐于认可她的主张"道德完美的主要敌人是个人幻觉：一系列自我吹捧和安慰的愿望阻止一个人看到自身之外东西的梦想"［Murdoch（1970b，59）］。在随后的章节中我将探索这些观点，作为

---

① 应该承认，这是理学家维持的有时候很困难的区分。请参阅拙著 *Angle*（2002a，ch. 4）。

扩展理学家有关修身教导的方式。受到她对善作为我们人类世界之外——超越人类世界的——东西的理解的驱使，梅铎走得太远了，这种过分产生了现实的后果。把自我看得一钱不值是错误的。①

与梅铎不同，斯洛特不肯定自我关心有没有重要性，他暗示这或许是不同的文化前提问题，部分因为他似乎赞美维多利亚时代的自我牺牲理想。他相信他的理论能对付支持或反对自我关怀的途径［Slote（2001, 77-8）］。我觉得那种在追求平衡或和谐时要求我们排除自我不予考虑的观点是严重违反本能的，用斯洛特自己的术语就是造成"倾斜"，过分关心他人却忽略了与自己最亲密的人（自我）的不平衡。② 我怀疑，这种排斥自我最终建立在如柏拉图、梅铎或斯洛特的维多利亚时期人的超越论观点之上。让我们想想克拉文斯基的例子吧，他把自己在房地产生意中赚取的数百万资产几乎全部捐出去了，而且为一个陌生人捐出了肾脏，但仍然觉得非常痛苦，因为他没有能力做得更多（他的社会不愿意让他做得更多）［Parker（2004）］。③ 在采访中，他说"我渴望的是道德狂喜。Ex Stasis（站在自我之外），我可以摆脱给我带来沉重负担的自我。在我看来，自我不堪重负"［Ibid.］。克拉文斯基当然值得尊重，但是，他的渴望听起来更接近第一章中讨论的苏珊·伍尔夫无私的"道德圣徒"而不是理学家的圣人。④ 理学家想让我们在认识到的相互联系基础上提高修养，而不

---

① 这种错误被卡罗尔·吉利根进行了影响很大的探索。在她的里程碑式的著作《不同的声音》里，她写道"虽然从某个角度看，关怀个人自己的需要是自私的，但从不同的视角看他不仅诚实而且公平。这就是朝向善的新概念的转型的本质，它向内承认自我，接受选择的责任"［Gilligan（1993, 85）］。按照吉利根的发展途径，后一种视角更成熟，"代表了对自我和他者之间的关系的更复杂的理解"（Ibid., 105）。这不是说吉利根的观点，或者笼统的女权主义者的"关怀伦理学"等同于理学。探索这些差别的一个很好的开端是陶黎宝华的见解深刻的论文，其中分析了经典儒家和女权主义在关怀的概念上的差别。请参阅 Tao（2000）。

② 在斯洛特最新的著作中，他把通感理解为道德和其他导向的核心，这强化了一种把个人排除在考虑之外成为"道德"认识的可能性［Slote（2007, ch.7）］。但是，正如第五章第一节注意到的，在人们拥有的感情（肯定和人们对自己的那些感情的顺序一样）中，让通感的局限性和对他人的道德关怀非常成问题。

③ Tessman（2005）非常细腻地讨论了对全球痛苦高度敏感所带来的痛苦。

④ 克拉文斯基对数字比例的依赖性的舒服——与人际关系的复杂性不同——让他在房地产金融中取得成功，并对道德问题采取非常功利主义的途径。

是脱离与自我的关系。理学家没有一个会像克拉文斯基那样说"我不明白为了让我的孩子活下来，就应该让其他两个孩子死掉"。我不想夸大克拉文斯基和理学家的差异，理学家确实也讨论了很多去掉自私的内容。实际上，虽然强调家庭，但我相信理学家们都赞同克拉文斯基的观点，"对家庭神圣不可侵犯的承诺是对很多形式的贪婪和自私的合理化。没有人会说'我为烟草公司工作是因为我喜欢金钱'。他们说，'啊，你知道，我讨厌它，但我要赚钱养活孩子'。这样，一切就都可得到原谅了。但在我看来，这是胡说八道"。用斯洛特的话，宣称家庭"神圣不可侵犯"表达了情感意识的不平衡；在理学家那里，它表明没有真正尊敬理，因此也没有追求和。无论斯洛特从"道德狂喜"中得到什么，我们可以肯定理学家会对这种想法皱眉头的。

对前一章已经介绍过的人道主义者和医生保罗·法默来说，也有类似问题。他女儿出生后一个月，他曾经尝试但没有能挽救这个足月的婴儿，因为她母亲患上了惊厥。婴儿生下来就死掉，他彻底崩溃了，伤心地冲出大门。在回顾什么令他如此痛苦时，他认识到这与得知他女儿还活着的一种释然有关，这使他自言自语："所以，你爱自己的孩子胜过爱这些孩子。我认为我是通感之王，爱这些可怜的孩子，但如果我是通感之王，为什么因为我的女儿就会发生这么巨大的转变？这是通感的失败，无法像爱自己的孩子那样去爱别的孩子。"[Kidder（2003，213）]当法默把此情景讲给特雷西·基德尔听时，基德尔追问他"有人可能说，'哪里促使你认为自己与任何人不同，能像爱自己的孩子那样爱别人的孩子？'"法默回答说："你看，世界上所有伟大的宗教传统都说要像爱自己那样爱邻居。我的回答是，对不起，我做不到，但我要继续为此努力。"

理学家认为，爱你自己或你的孩子与爱你的邻居一样多——或更糟糕的——爱你自己更少——是个错误，是最终建立在超越论基础上的错误。在一个重要的意义上，法默通过拒绝放弃与康格人直接的生活联系而拥抱了理学家的立场。他竭尽全力帮助任何人，但如果从克拉文斯基的角度看，如果他不是在康格生活很长时间而成为纯粹的国际公共卫生官员的话，他大概能够做得更多。但是，这样做将打破他的生活平衡，很可能破坏他的动机和满足感的重要部分。基德尔写道

"拥抱持续性和不排除任何人的相互联系似乎像法默的特别自由的另外一个。当然，它的到来伴随着很多负担，但也让他摆脱了很多麻烦，许多人竭力摆脱过去，并把自己与大部分同胞区分开来"（Ibid.，219）。① 和克拉文斯基等人的对比非常说明问题：克拉文斯基似乎把自己的亲人看作阻碍他尽可能多做好事的负担，而他帮助的人在几乎所有情况下都是完全的陌生人。结果，他的生活似乎很少快乐。在一个朋友担心他总是好像很悲伤时，他回应说"我觉得它不是什么令人开心之事，不是启蒙，而是道德生活的开始"［Parker（2004）］。

如何看待这些问题的最后一种观点来自柯普和索贝尔对斯洛特的反驳。斯洛特认为反思我们对可敬人格的本能反应将促使我们认可他的平衡关怀观。柯普和索贝尔写道："说到可敬性，在我们看来，关心陌生人比关心自己的孩子或朋友等更亲近的人更可敬。但不关心自己孩子幸福的人反而令人恐惧，毕竟这种关怀在意料之中，虽然并不特别值得敬佩。"［Copp & Sobel（2004，520）］这个说法貌似有理就在于它没有关注细节和质量问题。成为好父母、好兄弟姐妹、好孩子、好朋友等绝不像柯普和索贝尔说的那么简单。我们确实钦佩那些好父母，试图向他们学习。我们羡慕那些很好照顾自己的人，竭力想模仿他们。在这两种情况下，心中想着平衡与和谐都非常关键。如果一个人在照顾自己时竟然到了几乎不停地节食和锻炼的地步，到了排斥与他人（无论亲人还是陌生人）接触的任何机会的地步，我们肯定会说"肯定有比这更好的方法"。

第三节 结论：伦理学的范围

道德（指向他人）和谨慎（指向自我）的区分深深地纠缠在西方伦理学思考的发展过程中。除了提供无私观产生的友好基础外，该区分还令人很难认识到我们与亲人关系的独特重要性。"德性伦理

---

① 肩负重担和快乐的感受结合起来的类似情绪，请参阅朱熹对《孟子·公孙丑下》第十三节的解读，在第六章注释31中讨论的内容。

第五章 伦理学的范围：与斯洛特和梅铎的对话

学"被称为伦理学而不是"道德"的原因之一是要像最初希腊人那样承认道德和谨慎并不存在显著差异。当今许多理论家仍然在谈论"道德美德"以对应"非道德美德"。仁慈或许是前者的例子，而智慧常常被看作后者的例子。一旦做出这种区分，我们就必须回答这两种不同美德的相互关系如何，如果冲突了该怎么办，以及道德美德是否总是战胜或大于非道德美德等问题。而且，正如我们在第一章中看到苏珊·伍尔夫指出的那样，从不那么狭隘的视角看，担心"道德圣徒"或许表现出糟糕的生活状态是可能的。

这样的问题在儒家传统中基本不存在，很大程度上是因为这里不存在道德和谨慎的区分。相反，一切都重要。一个人行动的风格和形式很重要，虽然不是以与我们所处情景的其他方面割裂开来的方式。当然，理学家也强调避免自私行为，但当一切都重要时，我们也被包括进来：我们关怀自我是合适的，虽然必须小心不能过于专注自己的利益，以一种扭曲的方式看待一切。同样的逻辑也适用于我们的亲友。正如迈克尔·斯洛特帮助我表达的那样，他们对我有特殊的重要性，但仍然是道的整体和谐的一部分。事情的重要性不一定在于它与你有特殊关系。

重要的不仅是人，无论是亲人还是陌生人。理学家追求的天理还包括了一切，如山、树、船、砖瓦等。理学家提供了以人为中心的环境伦理学。这个观点不是说万事万物都存在预先设定的角色，儒家形而上学中"变化"的核心地位让这种观点站不住脚。相反，我们对动态的情景了解得越深入，就越能看透事物重要性的方式。梅铎强有力地表达了统一性本能对我们的吸引力，但在理学家那里，这些成为和谐的一瞥。随后两章通过更多细节说明我们是如何看到这些和谐的可能性并做出反应，虽然世界存在很多复杂因素。

第六章 挑战和谐：一致性、冲突和现状

我们现在看到，和是核心价值观，不仅对历史上的儒家传统而且对发展当代儒家哲学的努力来说都是如此。本章探索若干反对赋予和这么一种核心地位的挑战。对和的承诺隐含着在个人生活和人际关系中追求一致性和统一性的不健康欲望吗？依照类似的线索，对和的承诺是否与道德冲突的存在合拍呢？最后，这种承诺是否推动一个人进入不对现状提出任何重大挑战的"感情的香草"状态呢？为回应这些挑战，我阐明和发展了理学家的观点，指出想象力和各种情感在道德决策过程中所发挥的作用。最后的结果是更细腻的和谐与圣境画面，不仅拥有用来反驳这些挑战的资源，而且成为东西方哲学家都可以从中受益的、魅力无穷的当代思想灯塔。

第一节 诺斯鲍姆和斯道尔反对"和"

当代哲学家马萨·诺斯鲍姆已经指出，道德决策发生在多元的、无法通约的价值观世界中。她的很多内容呼应了我在本章和下面章节中展开的对圣人视野和行为的理解。但是，她的画面中有些方面似乎与我的当代理学观不怎么吻合。诺斯鲍姆认为，要寻求"持久的和"就像与"满心恐惧的孩子"而不是成熟的成年人讲道理。她是通过作家詹姆斯的小说《金碗》的主人公之一麦琪·佛沃的转型提出这一观点的。在小说的第一部分，诺斯鲍姆说：

第六章 挑战和谐：一致性、冲突和现状

麦琪很强调把对她提出的所有要求都了解为沿着单一量化维度的同质性内容。伦理学价值的金融形象一直非常突出，表达了这种简单化策略。即使在她不使用这个策略时，她继续用不同的方式显示出她坚决不承认存在着相互冲突的义务，决不偏离"理想的一致性"一步，因为她的道德慰藉几乎全部建立在这种一致性之上。这一再涉及她对自己关心的价值观的重新解释，以便确保它们和谐一致，是圆形而非尖角。一个要求只有在其内容符合得到公认的其他要求时，才能得到她的认可，但是对麦琪来说，每个要求的独特本质在相当程度上已经被忽略了［Nussbaum（1990a, 89）］。

相反，到了小说的结尾，诺斯鲍姆看到麦琪用诺斯鲍姆更喜欢的区别对待的方式应付复杂的道德情景。"麦琪显示出，她已经认识到笼统的和谐一致以及特别的通约性并非成年女性理性思考的好目标。她听任自己充分探索每个相关要求的独特本质，深入探讨它到底是什么，不仅用思考而且用感觉去证明它的合理性"。

在开始对诺斯鲍姆做出回应之前，提出另外一个例子或许非常有用。卡琳·斯道尔最近指出，许多当代德性伦理学家认同她所说的"和谐主题"，即"道德高尚的行为者的感觉应该与她的道德判断和谐一致"，所以"她应该发现道德高尚的行动很容易而且令人愉快"［Stohr（2003, 339）］。斯道尔认为，和谐主题的应用实际上受到很大限制，所以不能成为笼统概括的美德的一部分："和谐主题的用途仅限于真正的善不存在冲突之处。但是，生活拥有一个令人沮丧的趋向，常常让我们遭遇不得不违背所珍视的原则的情形。在发现这种情景令人痛苦不堪时，我们就简单地证明自己的世界观是正确的"（Ibid., 363）。斯道尔反对和谐主题的论证的核心是这种直觉：在遭遇真正的善的冲突时，若选择这个方案而不是其他方案，我们应该感到困难和痛苦。卡琳·斯道尔用一个小企业主的例子说明了这个问题：

她有一些雇员，个个都可靠和能干，都为她工作了很多年。

因为公司很小，她对自己的员工都非常熟悉，也表现出对他们的真诚喜欢和关怀。因为最近经济不景气，产品的需求减少，公司陷入金融困境。在对账目进行令人痛苦的思考后，老板认定，除了裁员没有其他选择。她已经采取了节约开支的一切可能措施，这是最后的选择。如果她不裁员，公司的经营肯定继续恶化，到最后每个员工都丢掉工作（Ibid.，342-43）。

斯道尔接着描述了企业主在选择裁减对象时要公平，要用尽可能柔和的方式告诉大家这个消息等。我们甚至可以进一步想象企业主对员工的同情使她"在得知自己给员工带来痛苦和忧虑时所感到的痛苦"。也就是说，因为同情使她更难以采取正确的行动。与和谐主题相反，斯道尔说在此情况下，"有德之人似乎应该感觉到美德的要求很难实现"。

诺斯鲍姆和斯道尔的论证建立在这样一个观点基础上，即存在着不能简单地还原为单一总体价值观的真正价值的多样性。诺斯鲍姆看到，麦琪的早期困难就是她不成熟的信仰的表现，以为所有价值都以"和谐一致的"方式排列起来；到了后来，更成熟的世界观认识到我们有时候"不得不抛弃某些真正的价值"［Nussbaum（1990a，63）］。诺斯鲍姆说，当一个人处于这样的情景时，选择采取什么行动往往不是我们最担心的，更大的挑战是情景反应的其他维度，无论是后悔的表示、补偿性的努力，还是缺陷感（Ibid.，62-63）。斯道尔提出了相关的观点，在此情景下有德之人的部分表现可能是不情愿地做出某种正确的行动，并为此感到痛苦不堪。

以和为核心价值观的当代儒家在遭遇这两个案例的挑战时，会做出怎样的反应呢？当然，没有哪个儒家会认为把价值观简化为单一的数学刻度表。[1] 因此，很可能的情况是，我们讨论的和与此处受到挑

---

[1] 因此，理学家的圣人和 R. M. 黑尔的"超级天使"（archangel）完全不同。诺斯鲍姆把这种天使看作体现麦琪最初想尝试的经历所有道德问题的方式的人物。虽然我不同意她对黑尔的每个评论点，但她的笼统论证被很好地接受，她指的是甚至阿奎那也相信天使是"在这个世界上的行动的蹩脚指南，无论他们在天上多么好"。请参阅 Nussbaum（1990a，66）和 Hare（1981，44-5）。

第六章 挑战和谐：一致性、冲突和现状

战的观点稍微有些不同。我们即将看到，经典儒家对道德冲突的处理很少说或根本不说行动者的复杂感情或困难，这一点应该承认，但是，理学家对早期经典的讨论为我们提供了材料，可以用来详细地和令人满意地阐述理学家对和的承诺与诺斯鲍姆和斯道尔的洞察力如何互相协调。

第二节 想象力

一个很好的开端是无论经典段落还是后来理学家在讨论某个情景时都特别强调想象力的重要性，以避免做出非此即彼的选择。① 请考虑下面一段，孟子讨论圣王舜如何对待他凶恶的继兄弟象。

> 万章问："象每天把谋杀舜作为他的大事，舜做了天子却仅仅流放他，这是为什么呢？"

> 孟子说："舜还封象做了诸侯，有人说是流放罢了。"

> "舜把（众多恶棍）都流放了，象是最不仁德的人，却把他封到有庳国，有庳国的百姓又有什么罪过呢？难道仁德的人本该这样处理问题，对别人便惩罚，对弟弟便封赏吗？"

> 孟子说："仁德的人对于弟弟，不把愤怒藏在心中，不把怨恨长久记住，而是亲近他，爱护他。亲他，就想要使他尊贵，爱他，就想要使他富裕。把有庳国封给他，正是使他又富又贵。本身做了天子，弟弟却是一个老百姓，能说是亲爱吗？"

---

① 齐思敏提供了这个观点的重要的背景，圣人可以避免非此即彼的选择困境，见 Csikszentmihalyi (2004)。他引用了面对两难困境没有找到好的解决办法的个人的早期例子；关于这些故事的早期评论使用的术语"进退维谷"（Ibid., 4）。但是，齐思敏的书的主题是综合（用我自己的话）或者和谐各种相关美德的完美圣人的观点的出现。他的焦点在于这个或其他发展支持的身体与心理的"物化德性"。

万章说:"我请问,为什么有人说是流放呢?"

"象不能在他国土上为所欲为,由天子派了官吏治理他的封国,缴纳贡税,所以有人说是流放。象难道能够暴虐地对待他的百姓吗?"[*Mencius* (5A:3); Mencius (1970, 140-41),稍有改动](万章问曰:"象日以杀舜为事,立为天子,则放之,何也?"孟子曰:"封之也,或曰放焉。"……又曰:"象至不仁,封之有庳。有庳之人奚罪焉?仁人固如是乎?在他人则诛之,在弟则封之。"曰:"仁人之于弟也,不藏怒焉,不宿怨焉,亲爱之而已矣。亲之,欲其贵也,爱之,欲其富也。封之有庳,富贵之也。身为天子,弟为匹夫,可谓亲爱之乎?""敢问或曰放者,何谓也?"曰:"象不得有为于其国,天子使吏治其国,而纳其贡税焉,故谓之放,岂得暴彼民哉?")

在这里我们看到一个似乎充斥着矛盾冲突的情景。该文至少涉及三种价值:爱自己的弟弟、笼统地爱有庳国的百姓、公正和平等地惩罚罪犯。舜的解决办法当然不是按单一刻度排列每个问题的重要性顺序,并据此行动。民众的福祉不会被舜拿来交换他对弟弟的爱。相反,他看到了一个和谐的解决办法,一个尊重这一特定情景所有相关方面的办法。我们也应该认识到,在对付万章抱怨解决办法不公平时舜采取的方式。舜显然不认可"一视同仁"原则的适用性,因为情况不同:我们与亲人的关系与我们与其他人的关系不同。这个例子似乎表示一个初看起来不可调和的冲突被充满想象力地解决了,没有遗憾,也没有抛弃任何一个真正的价值。

具有教育意义的是把这个圣人案例与涉及普通人的另一案例进行对比。在《孟子》最著名的一篇文章中,齐宣王问孟子有关美德的事,作为部分回应,孟子提到了他听说的该国王的故事:

大王坐在殿堂上,有人牵着牛从殿堂下走过,大王看到了,便问:"牵着牛往哪里去呢?"那人答道:"准备宰了用血祭钟。"大王说"放了它吧,我不忍心看它那哆嗦可怜的样子,它毫无罪

第六章 挑战和谐：一致性、冲突和现状

过，却走向死亡的屠场。""既然这样，是否废除祭钟仪式呢？"大王又说："怎么可以废除呢？用羊替换它吧！"

（孟子评论）"凭这种善心就完全可以实行王道了。老百姓都以为大王是吝啬，我早就知道大王是心中不忍。"

（孟子继续说）"没有什么妨害。这种思想是实行仁政的基础。因为大王亲眼看见了那头牛，却没有看见那只羊。君子对于禽兽，看见它们活着，便不忍心看到它们死去；听到它们的悲哀叫声，便不忍心吃它们的肉。所以，君子把厨房设在远离自己的地方"[*Mencius*（1A：7）；Mencius（1970，54－55），稍有改动]。（"王坐于堂上，有牵牛而过堂下者。王见之，曰：'牛何之？'对曰：'将以衅钟。'王曰：'舍之！吾不忍其觳觫，若无罪而就死地。'对曰：'然则废衅钟与？'曰：何可废也？以羊易之！'""是心足以王矣。百姓皆以王为爱也，臣固知王之不忍也。"……曰："无伤也，是乃仁术也，见牛未见羊也。君子之于禽兽也，见其生，不忍见其死；闻其声，不忍食其肉。是以君子远庖厨也。"）

在这里，冲突的价值观是对牛的同情和牺牲动物的必要仪式。大王的国民错误地把他的同情当作吝啬，实际上，大王自己也不清楚自己的感情是怎么回事。告诉孟子说"有这种事。我连自己也不懂是什么心理了"（是诚何心哉？）。与舜的情况不同，国王经历了一些不安和困惑。虽然他的想象力的跳跃使他用看不见的羊替代可怜的牛，从而解决了冲突，但这个办法的混乱局面似乎留下一些遗留问题。

在思考齐宣王的案例时，朱熹写道"在世界的很多事中，人们往往发现自己遇到难处，在此情况下，人们必须有巧[①]的办法（道理）成功地解决"[Zhu（1997，1092）]（天下事有难处处，须着有个巧底道理始得——《朱子语类》卷五十一）。朱熹提出了在同情牛和对

[①] "巧"往往含有某种否定的隐含意义，但是朱熹明确地指出他心中有积极的想法。对朱熹的解释的不同解读，请参阅 Shun（1997，64－5）。

祭钟仪式的承诺之间的潜在冲突，说如果必须找到"处理这个问题的办法（措置）"，国王就必须压制他的同情反应（牺牲牛），因为这可能影响其培养仁德之心的更大目标（当齐王见牛之时，恻隐之心已发乎中。又见衅钟事大似住不得，只得以所不见者而易之，乃是他既用旋得那事，又不抑遏了这不忍之心，此心乃得流行。若当时无个措置，便抑遏了这不忍之心，遂不得而流行矣。此乃所谓术也）。① 我把朱熹有关巧的谈话和找到处理难题的方法直接与创造性和想象力联系起来。② 因为情景是独特的，我们不能依靠千篇一律的模式解决所有问题。遭遇冲突时，一个人的反应绝不应该是简单地衡量对立的价值观的轻重，然后选择一个更重要的，而是让想象力带领你找到尊重所有价值观的和的解决办法。③ 值得再次强调的是，齐宣王远非圣人，这或许解释了他明显的尴尬处境，朱熹描述为"难处"。实际上，在讨论舜避免冲突情景的另一个案例时，朱熹评论说"学者察此而有得焉，则不待较计论量，而天下无难处之事矣"（《四书章句集注·尽心章句上》）[Zhu（1987，Pt. 4，190）]。就齐宣王这个事件来说，我们应该想象在他思考和感觉到陷入困境时犹豫不决，最后，他找到了处理困境的好方法。但如果他一开始就清楚地看到一切，就不会遭遇困难了，这难道不是更好吗？朱熹暗示说，这正是舜这种圣人做出的反应。④

在继续讨论之前，还有另外一个问题。该怎么理解孟子的挑衅性评论"是以君子远庖厨也"？怎么能把故意限制个人与被屠杀的动物接触与广泛的想象力的讨论联系起来呢？更不要说理学家强调万物一

---

① 其他地方，朱熹说这是"养是心而广为仁"的方法的例子[Zhu（1987，Pt. 4，9）]。

② 关于"创造性"，请参阅第四章第一节。

③ 在随后的章节中我将探讨我们被允许做的事情。相关主题的一个精彩处理，虽然没有依靠中国传统，是 Rorty（2004）。另一个著作与理学家形成共鸣的最近的理论家是斯旺顿。在她的描述中，"践行"一个情景的相关价值观只是一个有德之人应该行动的"道德承认"的形式之一。她的解决伦理问题的"条件综合"观点因此涉及价值的众多维度和关系。请参阅 Swanton（2003）。

④ 完美的圣人般的反应和不完美的反应之间的关键差别或许不是即刻显示的。自发的反应当然比刻意做出的反应好，正如流畅的平滑的反应似乎比蹩脚的犹豫不决的反应更好一样，但是如果重要的细节不清楚，我认为圣人不应该被看作拥有超人的能力可以立刻消除这些问题上的歧义。请参阅下一章有关圣人的"轻松自如"。

第六章 挑战和谐：一致性、冲突和现状

体的观念了。首先看看孟子和笼统的经典儒家学说，我们会发现他们有对人类可塑性的限制的相对清醒认识。在另外一篇中，孟子赞美了古代"易之而教之"的做法，因为事物的"势"，如果父亲试图充当老师的话，老师纠正学生错误的需要将破坏父子之间的爱［4A：18；Mencius（1970，125）］（君子之不教子，何也？孟子曰"势不行也。教者必以正。以正不行，继之以怒"——译注）。类似的情感表现在《荀子》对礼仪的改造功能的看法：举行葬礼前，我们要装饰尸体，并保持与它的距离，因为如果我们不这样做，它们就会变得"恶"，我们就感觉不到悲痛了［Xunzi（1988-94，65）］（不饰则恶，恶则不哀——《礼论》19：12）。简而言之，我们的制度和教育目标的设计必须牢记各种自然情景对人的思想产生的影响。在此背景下，保持与厨房的距离似乎并非权宜之计。顺着类似的思维，孟子在其他地方也担忧某些职业自然会让人的心肠变得冷酷起来。①

像朱熹和王阳明这样特别强调与万物结为一体的理学家会怎么办呢？这里要记住的关键一点是，王阳明虽然肯定相信我们的情感确实和应该推广到万物上，但他坚决维持事物间的区别。他甚至在随后将详细讨论的一篇文章中说，我们可以容忍屠夫宰杀动物来做宗教祭祀：对动物的感情并不让这种选择难以忍受。②这等于接受我们作为动物的本性，其生活必须受到来自传统礼仪的塑造。与此同时，我们对万物的感情确保我们充满想象力地思考推行礼仪的最好办法，我们要确保动物不受不必要的痛苦。那么，君子远庖厨不能被解释是为自满辩护。这种方式在随后的讨论中还会有更详细的论述，在当今世界，即使最和谐的解决办法仍然留下很多令人感到悲伤的东西，圣人

---

① 请参阅《孟子·公孙丑上》第七节，上面说"造箭的人难道比造铠甲的人不仁吗？造箭的人只怕箭不能伤人，造铠甲的人却只怕人受伤。可见一个人选择谋生的职业不可不谨慎。"（矢人岂不仁于函人哉？矢人唯恐不伤人，函人唯恐伤人。故术不可不慎也）［Mencius（1970，83）］。非常有趣的是，在讨论企业主必须告诉即将被辞退的员工消息的案例中，斯道尔补充说，对那些必须定期发布这种消息的人来说，某种程度的冷漠或许不是缺点［Stohr（2003，344n12）］。孟子可能不同意，我猜想理学家也会不同意。在下一段落中，我将探讨这个问题。我要感谢桑雅如激发了相关问题的讨论，请参阅 Sanderovitch（2007）。

② 请参阅 Wang（1963，222-3，§276）。

（以及我们其他人）应该把这种悲伤作为对我们发挥想象力的激励，鞭策我们去改造世界，若考虑到世界的现状，悲伤或许是可以忍受的东西。

第三节 最大化

我们已经非常清楚地看到，无论古典儒家还是理学家都没有把道德决策看作将某一单个价值观最大化的努力。若从不同的角度来理解，"最大化"可以作为思考如何为看似冲突的情景找到和谐解决办法的有效手段。朱熹在分析舜把弟弟象封为诸侯的例子中显示，我们应该按照与特定情景有关的价值观的所有维度做最好之事。回顾一下《孟子·万章上》的说法，舜通过封赏表达了他对弟弟的爱，赋予他人对象名义上的百姓的实际控制权约束象。朱熹说这个办法是"仁之至"和"义之尽"[Zhu（1997, 1213）]。换句话说，多亏了舜在仁和义冲突的情况下找到充满想象力的解决办法，这两个价值观都得到最大的实现。沃伦·弗里西纳在对王阳明的研究中提出了类似观点，他说按照王阳明的说法，圣人"在任何特定情境下都会把和的可能性最大化"[Frisina（2002, 85）]。① 不过，我们必须小心，警惕最大化的讨论误导人的两个方法。第一，仁的最大化并不意味着放弃任何限制，放纵自己的欲望。我们非常熟悉爱他人而丧失自己根本立场的故事。实际上，朱熹引用了从前一个皇帝过分喜爱小弟弟的故事为例，说因为皇帝走得太远了，他的感情不能被称为"仁"[Zhu（1997, 1213）]。虽然仁根源于爱和同情，但如果这些情感失去了平衡就不能再被称为仁了。第二，我们不应该从仁和义的并置得出和是在不损害义的情况下将仁最大化的结论，也就是说，和不是这两个竞争的价值观之间的交易妥协。朱熹在评论一个常见的说法"仁与义相拗"时说得很清楚，只有当不存在偏爱一方时才可能出现朱熹说的"仁之

---

① 沃伦·弗里西纳这样论述王阳明在这段中的解释："有仁德的人把天地万物视为一体。如果有任何一个东西被剥夺其位置，意味着我的仁还没有表现出充分的程度。（仁人之心，以天地万物为一体，欣合和畅，原无间隔。）"[Wang（1963, 56, §93）]

第六章 挑战和谐：一致性、冲突和现状

至"和"义之尽"，而且他补充说"仁之至"和"义之尽"是相互独立的，意味着各自都是由整个情景定义的而不是与其他价值妥协的结果（Ibid.）。①

如果回顾最初产生和的概念时使用的烹调和音乐隐喻的话，就可以清楚说明这个观点。一个厨师在决定往汤里加多少盐时当然需要考虑辣椒和肉汤的量等，他的目标是咸度合适，对总体的和谐做出最佳的贡献而不是在其他调料不受影响的情况下把盐的数量最大化。我们就不会说，厨师为了确保辣椒的适当数量牺牲了点盐。

诺斯鲍姆担忧在冲突的情境下我们可能被迫放弃某些真正的价值。显然，汤不是这样的情况，这并非因为存在一个总体价值（或许味道），其他价值都处于次要地位。认为盐和辣椒是无法通约不同的价值是完全令人信服的，追求它们的和谐或平衡是有道理的。同样，朱熹在分析舜对待象的做法时说，任何一个价值都没有被抛弃。仁没有被义替换掉，相反，每个价值都在情景许可的范围内得到完美的（最大的）发挥。朱熹和后来的理学家当然用"理"来描述"情景所提供的可能性"。认识到理是把事物结合起来的重要的可理解的方式，所以，在讨论《论语》中有人做了错事时"父为子隐，子为父隐，直在其中矣"（13：18），朱熹说"父子相隐，天理人情之至也"〔Zhu（1987，Pt.3，98）〕。背景的不同具体化总是能为人们谈论价值的"完美"或者"极致"（最大化）提供一个框架。实际上，余锦波已经指出，即使只提到一个价值时，判断一个人是否走得太远、中途停下或完美地适当表达这个价值的决定权总是隐含着与其他（至少一

---

① 在两篇见解深刻的文章中，余锦波在经典和汉朝文本中找到证据，其观点非常类似我在这里提出的观点。比如，他注意到按照《论语·雍也篇》第六节，"知之者不如好之者，好之者不如乐之者""一个价值的缺失不能通过另一个价值的额外质量而得到补偿"（Yu 即出，63）。在评论《论语》的这个段落时，朱熹说"只有当学生减少过多的东西，补充不足的东西，他们才能获得完整的德"（学者当损有余而补不足，至于成德）〔Zhu（1987，Pt.3，40）〕，如果任何一种价值"谓之胜，则理必不足"〔Zhu（1997，727）〕。更令人印象深刻的是，余锦波在《逸周书》中发现一个段落明确指出我们应该追求的目标——综合和谐：人有中，曰参，无中曰两，两争曰弱，参和曰强。（卷三武顺解第三十二——译者注）余锦波补充说："三不是再加一个与二竞争，而是对二的综合。"〔Yu（2009，17）〕

种）价值的关系。①

第四节　残余

一　画面复杂化

到现在为止，我展开的描述看起来像这种情况：至少从圣人来看，冲突的情况总是表面上的。只要有充分的道德想象力，人们就能看到实现把所有相关价值最大化的方法。听起来好像儒家在否认诺斯鲍姆和斯道尔的观点，即常常存在真正的价值被抛弃的价值观冲突场景，即使做出了最好的选择我们仍然感到沮丧。做出选择后，有必要努力做出补偿（从表现后悔开始，但或许走得更远）。实际上，儒家画面非常不同于诺斯鲍姆和斯道尔的画面，但在本节中，为了帮助解释诺斯鲍姆和斯道尔的观点中最具有说服力的方面，我对儒家观点做了两个方面的修改。第一，无论经典描述还是理学家的评论有时候都忽略或删除了其对象在回应冲突场景时的重要方面。第二，至少王阳明表现出对这个缺陷的某种认识，另外，理学家有现成的材料来对这些表面冲突的遗留问题进行更加令人满意的描述。

《孟子·尽心上》猜测如果舜的父亲杀人的话，他会怎么做。孟子说，法官皋陶把舜的父亲（瞽瞍）逮捕就是了。舜不应该干涉皋陶，因为他在履行正确的职责，虽然孟子没有明确指出皋陶逮捕瞽瞍是否"义"。但孟子接着说了下面的话："舜应该像抛弃破鞋一样把天下抛弃，然后偷偷地背着父亲逃走，沿着海边住下来，一辈子快快乐乐，彻底忘掉曾经做过天子的事。"[Mencius（1970，190）]（桃应问曰："舜为天子，皋陶为士，瞽瞍杀人，则如之何？"孟子曰："执之而已矣。""然则舜不禁与？"曰："夫舜恶得而禁之？夫有所受之也。""然则舜如之何？"桃应问也。曰："舜视弃天下，犹弃敝蹝也。窃负而逃，遵海滨而处，终身欣然，乐而忘天下。"）在对这篇文章的评论中，朱熹强调了舜不会认为他抛弃了某些价值，说舜不过是

---

① 参见 Yu（61）；余锦波的论证是建立在古典和汉朝文本基础上而不是理学家的著作的基础上，但是他的推理和例子仍然与我们讨论的内容密切相关。

第六章　挑战和谐：一致性、冲突和现状

"但知有父，而不知天下之为大"。相反，皋陶在作为法官时"但知有法，而不知天子父之为尊。舜和皋陶的反应都表现出'天理之极'和'人伦之至'"，从中我们可以得出结论，在朱熹看来，仁和义都得到了充分的实现。[Zhu（1987, Pt. 4, 190）]（为士者，但知有法，而不知天子父之为尊；为子者，但知有父，而不知天下之为大。盖其所以为心者，莫非天理之极，人伦之至。）

孟子提出而朱熹认可的解决办法当然很聪明。它满足了我们已经看到了的标准：找到一个能够最大化相关价值并化解冲突的富有想象力的方法。根本没有提到遗憾或者其他遗留问题，但是让我们思考一下孟子留下的问题。假设舜的父亲杀人了，因为我们被告知瞽叟理应遭到逮捕，没有理由认为这个凶手是在自卫或可以减轻罪过的其他情况。看到自己所爱的人犯下这样的罪行，他难道不该觉得难受吗？而且，舜怎么能轻易地抛弃对天下臣民所肩负的责任呢？他勤政爱民的感情哪里去了？怎么能一下子完全消失了呢？实际上，果真如此，我们难道不该纳闷舜的承诺和感情从一开始就是不真诚的？朱熹暗示仁和义都得到了充分的实现，仁是舜实现的，义是皋陶实现的。但这只有在我们看待故事中的人物扮演单一角色时才能说得通。舜是儿子，他的行为体现了仁。皋陶是法官，他的行为体现了义，但儒家角色伦理学的天才之处在于我们每个人都扮演了多种角色：从典籍上说，父子、君臣、夫妇、兄弟、朋友。除了暗示舜对他的臣民的感情马上烟消云散了之外，无论孟子还是朱熹都没有提到其他关系中的任何一个。这现实吗？这是值得向往的吗？

中国传统中至少有一位哲学家支持这个观点，一个人的感情应该顺利转移，随时与他遭遇的环境保持一致，这就是伟大的经典道家庄子。对背景灵活做出反应的主题一再出现在《庄子》中，最著名的是描述庄子的妻子去世后的场景，当熟人发现庄子在唱歌时，就说他这种反应不得体。庄子承认妻子去世之初他感到伤心，但在想到她已经参加到宇宙转换的永恒过程中后，他得出结论："如果我跟随她哭泣和嚎啕，这可能与命运不协调，所以我停下来了"[Zhuangzi（1994, 169）]（人且偃然寝于巨室，而我噭噭然随而哭之，自以为不通乎命，故止也）。在短暂的悲伤之后，庄子的感情灵活地适应了

新情景，似乎不剩下什么东西。① 不过，虽然有人认为理学家或许从《庄子》那里学到了一些东西，但我们可以肯定他们在悲伤问题上绝对与庄子格格不入。《论语》记录孔子说过"办丧事，与其讲究表面仪式，不如内心悲哀"[Brooks & Brooks (1998, 80; 3: 4)]（丧，与其易也，宁戚）。朱熹评论说悲伤的感情是葬礼的核心内容，虽然这个核心内容和作为礼仪的"模式（文）"是需要的，但感情当然最重要[Zhu (1987, Pt. 3, 14)]（在丧礼，则节文习熟，而无哀痛惨怛之实者也。戚则一于哀，而文不足耳。礼贵得中，奢易则过于文，俭戚则不及而质，二者皆未合礼。然凡物之理，必先有质而后有文，则质乃礼之本也）。② 这并不是说放纵自己的感情。朱熹的评论具体指出个人感情应该与天理之和一致。读者或许能回忆起在第四章第四节引用的王阳明信中强调的同一点。在给经历了儿子生病而难以忍受的悲痛的学生的建议中，王说："一般来说，七情感发，大多已经有点过分，较少不及的。只要一过分，就不是心的本体了，必须调整适中才行。"③［大抵七情所感，多只是过，少不及者。才过便非心之本体，必须调停适中始得（《传习录·陆澄录》第五篇）。］感受到适度的悲痛或伤心是理学家世界观的核心。应该承认，王阳明警惕不要过分放任感情，但王并不是建议学生应该像庄子那样一跃而变成庆祝孩子在万物大变革中的作用。

二 悲伤与后悔

回到舜和他的父亲，我想说孟子和朱熹都错误地把悲伤排除在画面之外。④ 悲伤是人类基本的情感，对圣人合适对我们所有人也合

---

① 类似信息的另外一个名篇是在《庄子·内篇·大宗师第六》，两个朋友在听说第三个朋友的死讯后高兴地唱歌。见 Zhuangzi (1994, 60)。对这种态度的引人注目的召唤和分析，请参阅 Yearley (1983, esp. 135)。

② 朱熹多次表达了这个基本意思，比如他说悲伤是葬礼的"根本"[Zhu (1987, Pt. 3, 20)]。

③ 参见 Wang (1983, 82, §44)，英译文见 Wang (1963, pp. 38-9)，稍有改动。

④ 在对话中，儒学的当代中国著名阐释者之一，武汉大学教授郭齐勇认为孟子说的"整个情景"实际上比孟子告诉我们的更加复杂。郭教授认为不是说孟子"错误地"漏掉了某些东西，我们应该说在他特别的对话（教学）背景下，孟子强调了某些方面而没有强调其他方面。就本文的目的来说，这种解释的立场是非常协调一致的，因为它留下了当代进一步发展的空间。

第六章 挑战和谐：一致性、冲突和现状

适。① 感受悲伤并不是让舜把他的情景反应变成在冲突的价值观中寻找妥协，它不过是众多总体的合适反应的一部分。感受悲伤就是因为有人或有事遭遇苦难或者死亡而感到痛苦。当苦难或死亡不可避免时，或至少是个人无法控制时，悲伤是最纯粹的，它不夹杂后悔或羞耻等情感。因此，悲伤与我们的局限性有关，与敬畏和尊重有关。悲伤总是我们要逐渐克服的东西：如果一个人的悲伤过快地消失，说明我们没有表现出充分的尊敬，甚至怀疑我们在发生变故前对这个人或事的感情到底有多真诚。因为即使对圣人来说，悲伤和我们对影响世界的能力有限的观念密切联系在一起，正如先前文章中王阳明建议的那样，悲伤很可怕，可能有吞没我们的危险。古典儒家和理学家都拥抱像用葬礼这样的仪式和三年守孝期作为适当方式来表达和克服悲伤。②

王阳明在一篇同样体现明显冲突情景的重要文章中指出了悲伤背后的动态变化：

（一学生问）："既然伟大的人与物同为一体，为什么《大学》又说什么'所厚者薄，所薄者厚'呢？"

先生说："只因为道理本来就有厚薄。拿身体为例，它是一个有机的整体。用手臂去捍卫头和眼睛，难道是有意地轻视手脚吗？道理本该如此。禽兽与草木同是可爱的，却拿草木去喂禽兽，又于心何忍呢？人和禽兽同是可爱的，却杀禽兽去供养父母、祭祀和招待宾客，于心却能忍？最亲近的人和过路人同是可爱的，但如果得到一箪食和一豆羹，吃了就活，不吃就死，不能两全，就宁可救最亲近的人而不救过路人，于心却能忍？这是因为道理本该如此。说到我们的身体和最亲近的人，更不能分别彼此厚薄，大约'仁民爱物'之心都是从这里发生出来的。这里都

---

① 按照《中庸》，"哀"是自然的感情，在人们表现出来这种感情，并能符合节度，它就是和的反应的一部分（和顺而不乖戾）。
② 这与礼的联系是哀与敬密切联系的另一种方式。请参阅 Woodruff（2001），尤其是论述敬的第六章。

· 133 ·

能忍心，就没有什么不能忍的了"［Wang（1983，332，§276），英译文见 Wang（1963，222 - 23），修改很多］。（问："大人与物同体，如何大学又说个厚薄？"先生曰："惟是道理自有厚薄。比如身是一体，把手足捍头目，岂是偏要薄手足？其道理合如此。禽兽与草木同是爱的，把草木去养禽兽又忍得。人与禽兽同是爱的，宰禽兽以养亲与供祭祀，燕宾客，心又忍得。至亲与路人同是爱的，如箪食豆羹，得则生不得则死，不能两全，宁救至亲不救路人，心又忍得。这是道理合该如此。及至吾身与至亲，更不得分别彼此厚薄。盖以仁民爱物皆从此出，此处可忍，更无所不忍矣。"）

这是一篇非常重要的文章，因为虽然它没有明确提到悲伤，但它帮助我们看到王阳明认识到我们遭遇的许多情景所表现出的感情的复杂性。王阳明的说法的背景是《孟子》的两个著名段落：第一篇是"人皆有不忍之心"，第二篇是"人皆有所不忍，达之于其所忍，仁也"。① 其基本观点是我们应该把感情从简单和清晰的情景扩展到更遥远和复杂的情景中去，后者是我们通常能够但不应该忍受他人的痛苦，因为我们还没有仔细关照他们。但是，王阳明没有建议把孟子的推广仁爱的看法用在他考虑的情景上。不忍"宁救至亲不救路人"并不更加仁。在此情况下，正如在类似的种种情况一样，宇宙构成的纹理就是这样的：我们应该和必须忍受选择父母先于陌生人，选择祭品先于动物，等等。

通过使用"忍"这个词，王阳明表达了这种选择伴随着痛苦和悲伤。以最简单的例子，用手臂去捍卫头和眼睛是痛苦的，但这是正确的做法，我们可以忍受这种痛苦。这样做是手臂的功能之一。② 同样的道理可用在其他任何一种情景中。当然，在陌生人饿死的时候我们感到悲痛：这是我们对王阳明描述的情景做出自然和适当的部分反

---

① 分别在《孟子·公孙丑上》第六节和《孟子·尽心下》第三十一节。
② 对比王阳明［Wang（1983，319，§254）］，其中王阳明讨论了案例，我们"忍"不应该忍受的东西，因而"害理"。

应。摆脱这种痛苦或许需要我们花费一些时间，从痛苦中解脱的过程或许涉及我们加倍努力为消除世界饥饿而奋斗，或与死者的家庭建立一种关系。我们当然希望情况是另外的样子，但我相信王阳明会坚持认为虽然悲伤是合适的，但遗憾不合适。我用"遗憾"的意思是因为人没有对特定情景做出另外一种反应而感到很糟糕。非圣人应该常常感到遗憾，这反映了如果他们是更好的人或修养更高而更能看到和谐的解决办法，问题就会以不同的方式得到解决。当朱熹在上文谈到的段落中说与非圣人不同，圣人不会遭遇"难处"，他的意思是说圣人的反应从来不会导致出现遗憾的情况。① 当然，假设一个人能成为圣人，他很可能在成为圣人之前做过一些令他感到遗憾之事。② 虽然如此，圣人会认为自己在某种意义上是与曾经做出遗憾之事的自我不同的人。他或她或许有从前不承认的需要克服的痛苦，但是在他或她的心理上，遗憾应该不再发挥任何向前看的作用。③

　　再次回到舜和他父亲的案例，我相信舜应该感到悲伤。孟子故事中的隐含意义"他们一辈子快快乐乐"过于牵强，完全忽略了情景

---

① 信广来和万白安提出了一个相关的观点，他们说圣人不是"两个心"在两个行动中摇摆不定。相反，圣人以"动机和谐"（motivational harmony）为特征。令人印象深刻的是信广来定义"动机和谐"几乎是与卡琳·斯道尔定义"和谐主题"（harmony thesis）的用语一样。信广来说：一个表现出动机和谐的人是当他的"倾向与他的道德判断一致，因而他的道德行动不是违背桀骜不驯的倾向"［Shun（1986, 42）］。作为对比，斯道尔的"和谐主题"是"有德性的行动者的感情应该与她对自己应该做的事的判断是一致的"，所以"她应该发现有德性的行动是轻松愉快的"［Stohr（2003, 339）］。按照我在这里的讨论，我们可以看看斯道尔与信广来的关键差别在于斯道尔以为"和"意味着有德性的行动是"轻松愉快的"。请参阅万白安的相关讨论 Van Norden（1997, 249）。

② 在与贝淡宁的讨论中，他提出了对圣人不应该感到遗憾的观点的挑战："一个圣人或许觉得疲劳而午休一下，让孩子在通常很安全的条件下玩耍，但是如果孩子发生了不幸的事情，而如果圣人不午休，可能就会避免这种灾难的发生，那么遗憾应该是经历的一种合适的感情反应。"我相信认为一个真正的圣人，他的选择——包括导致他感到疲劳的选择已经表现了天理，当然会对这种不幸的事件感到悲哀，但是不一定是我用这个词时所指的那种"遗憾"。贝淡宁也建议说"相信他在未来不犯错误，如果不是错误的，至少有些傲慢"。我的回答是没有人会把他当成圣人，那是谦恭的失败。圣人在任何一个特定情况下都应该有信心和得体的强大，但不应该有贝淡宁描述的那种傲慢。

③ 我要感谢埃里斯·斯普林格讨论这些晦涩难解的问题。有趣的是，与这些问题有关的是史大海讨论荀子和奥古斯丁的差异，关于我们过去的罪过是否有如此大的影响力以至于我们从来不能真正克服它的影响［Stalnaker（2006, 135）］。

的复杂性。① 我将在下一节讨论，古典儒家和理学家对和谐的承诺与他们痛苦地承认我们这个世界中存在缺陷和痛苦是连在一起的。有些读者或许会更自然地说，我们对这个世界的不完美状况感到"遗憾"，有时候对我们在特定情况下做出的哪怕最好的反应所涉及的痛苦感到"遗憾"。只要这是我们感到悲哀或伤心的另外一种说法，我们把这第二种遗憾意识和我之前一直说的遗憾区别开来，那么，以这种方式谈论的"遗憾"就是完全可以接受的。② 如果回顾诺斯鲍姆和斯道尔，我们现在可以看到理学家的反应是坚持和谐，同时清楚说明和谐并不要求不同价值观之间的交换和妥协而是尊重所有价值观，承认在很多情况下，圣人的部分反应是真诚的悲伤。斯道尔的企业主感到伤心是正确的。如果她是圣人，她不会听任自己陷入自我谴责中，而是会继续过自己的生活，以某种方式表达她和现在的员工、从前的员工以及其家庭保持联系，最终与世界万事万物在某种程度上保持联系。③

第五节　两难困境的维度

到此为止，我一直谈及我们在思考表面的或初看起来有冲突的情景。我回避了更常见的说法"道德两难困境"，因为它对不同人意味着太多不同的东西。在进入本章最后一个话题的讨论之前，我们简要

---

① 相反，《孟子·万章上》第一节认识到多样的价值观产生的复杂性。舜哭泣是因为他不能让父母高兴，但是他没有沉溺在悲哀中。我的学生 Ben Brewer 注意到《孟子·万章上》第三节（上面讨论过的，象同时被封侯和惩罚）和《孟子·尽心上》第三十五节（舜与父亲一起逃走）的引人入胜的平行。难道我们不能考虑后一个例子涉及瞽叟（舜的父亲）的流放？舜给予瞽叟做儿子的爱和关照，但与此同时让他远离社会。我们一般看到离开社会是保护瞽叟免于被捕的方法，但是它是否也包含了保护他人免于被瞽叟伤害的呢？对《孟子·尽心上》第三十五节的这种解读帮助它更好地融合所有相关的价值观。

② 在这点上我要感谢艾文贺的帮助。也可参阅下一节中对圣人的混合的感情和世界状况的悲惨等的讨论。

③ 从非常不同的前提中，Swedene（2005）得出了与我的结论非常有趣的类似结论；他认为我们的道德教育实践应该设计得在对假设的道德困境做出回应时，"负面的自我评价的感情应该受到打击，支持悲痛和伤心等情感，这些虽然也是负面的和自我意识到的，但是并非自我评价"。

第六章 挑战和谐：一致性、冲突和现状

地看看我描述的理学家议题如何与最近有关"两难困境"的讨论一致起来。我发现罗莎琳德·赫斯特豪斯对两难困境的分类特别清楚。她一方面区分了能解决的和不能解决的，另一方面区分了悲剧的和非悲剧的。一个无法解决的两难困境是没有一个道德基础来支持一个选择而不是另一个［Hursthouse（1999，63）］。悲剧的两难困境或许无法解决或许可以解决，但无论如何，"即使有德之人也不可能从这样的背景中出来而不受任何伤害"（Ibid.，74）。她详细阐述说"一个真正的悲剧性两难困境是一个有德之人引起的，那是他做了一件可怕的事引起的，这种事通常是一个邪恶之人、不公不义之人或笼统的坏人才做的事如杀人、听任他人死亡无动于衷、背叛、侵犯他人权利等。因此，不能说他的行为良好"。

理学家对两难困境的观点会说些什么呢？首先，许多情景都被理解为冲突性的，更别提潜在的无法解决的困境只不过是因为想象力的缺乏，这一点非常清楚。① 而且，朱熹说修养到了一定程度的人不会遭遇"难处"，这可以被解读为否认圣人会遭遇无法解决的两难困境。但如果这是他的意思，我相信他不应该做出这么笼统的说法。"无法解决的"再次只意味着没有一个具有明显优越性的选项。就这么着吧，为什么我们坚持必须总有一个更好的选择呢？儒家是对的，坚持认为通常存在比我们看到的更好选择，但为什么某个选项一定要好于其他任何选项呢？如果两个选项同样好，我们就简单地"专投"其中一个的票。②

倪德卫回顾了体现这种情况的王阳明的动人传说："朝廷上的敌人试图刺杀他，他藏了起来，但被警告说敌人的怒火可能会发泄在他父亲身上。在这种极端情况下，王阳明不得不求助于占卜术，算卦者劝他不要赴任而是回到父亲那里。"这里，传说描述王阳明觉得义务的冲突是无法解决的难题，他的解决方案是萨特式的"bad faith"（自欺）范式。他通过寻求神谕来摆脱困境，因此把决定权委托给上

---

① 赫斯特豪斯本人呼应了这个观点，她写道"过于乐意相信'我只能做这可怕的事，任何别的事情我都不能做'是罪恶的一种标志"［Hursthouse（1999，87n23）］。
② Blackburn（1996）认为这样的情景是很常见的，提供了"专投"的有用讨论，在有些情况下或许是轻松愉快的，在有些情况下是沉重的和非常隆重的。

天［Nivison（1996c，245）］。倪德卫是在一篇反思王阳明是否"存在主义者"的文章中做出这种评论的。他继续说王阳明生活在"充满天使的世界"，如果人们学会不阻碍或抗拒它，那是"对正确的（真正正确的）决策友好的地方。西方存在主义者生活在一个对个人决策的'义'完全无动于衷的外部世界，和正是做出这些决定的内心世界"。我们不能肯定地知道王阳明是否把占卜看作在面对无法解决的两难困境时找到正确答案或做出选择的手段，我们也不一定认为王阳明是圣人。即便如此，这个传说确实提出了儒家对付无法解决的两难困境的方法之一。

悲剧性两难困境是另一个问题。赫斯特豪斯说这些是一个人在特定情况下（或许是"无法解决的"或许不是）尽最大努力，但确实做了"可怕的"事，结果是他的生活遭到"毁灭"。想想王阳明的例子，把食物给父母而不是路人，结果路人死了。在某种意义上，这当然是可怕的事。如果一个人轻易地这么做，他是感觉不到悲伤，或没有看到现有的更好办法，无论如何，他做了糟糕的事。他有理由感到深深的遗憾，显然这不是圣人所为。但是假若一个圣人看到这是应该做的正确之事，用适当的沉重心情做了，感到适当的悲伤，并以合适的方式摆脱了这种悲伤，他的生活是否遭到"毁灭"呢？我们或许乐意承认，如果没有出现这种事，这个人的生活可能会更好些，虽然有关这件事的任何决策都必须考虑实际情况的具体细节（如他不在现场提供食物的话，他的父母和路人是否都可能死掉？）很难看到我们应该得出圣人本身如何或者为什么受到毁灭等结论。[①] 圣人对这样的经验或许产生强烈的感情反应，除了悲伤之外可能还有愤怒。本章的下一节将讨论这种强烈的感情反应问题，但圣人不会沉溺于对从前假设的后悔，不再关心他人（因为这样做实在太伤人了）或任何其他遭受该事件的残余痛苦的方式。早期理学家程颐的说法直接谈到了这个情形：

---

① 我要感谢凯利·索仁森，他告诉我两者的差别。一是受到玷污的生活（生活在发生这样的事实在太糟糕了），二是受到玷污的人。

第六章 挑战和谐：一致性、冲突和现状

君子处于穷困艰难境遇之际，如果用尽全部力量也不能摆脱这种境遇，那只能是命运如此了。君子此时应该正视命运，勇往直前，以成就自己的志向。知道命运有其必然性，那么，一切外在的穷困、患难就不能动摇自己的志向，就能够一如既往地依据道义行动。倘若不了解命运的必然性，在艰难险阻面前就会恐惧，在困厄穷苦面前就会灰心，这样，应该守住的本心已不复存在，怎么谈得上成就自己为善的志向呢？①［君子当困穷之时，既尽其防虑之道而不得免，则命也，当推致其命以遂其志。知命之当然也，则穷塞祸患不以动其心，行吾义而已。苟不知命，则恐惧于险难，陨获于穷厄，所守亡矣，安能遂其为善之志乎？（《近思录》第七章第十三节）］

"命"是世界上发生的超越个人控制之事，它具有类似于西方哲学传统的"道德运气"观念。说一个人"穷塞祸患不以动其心"并不意味着一个人对自己或他人的痛苦无动于衷，我已经指出，人们或许感受到广泛的负面情感。因此，程颐应该被理解为圣人不会受到损害，即使他们遭遇这种危机或感情。对圣人来说，没有悲剧性的两难困境。②再次回到斯道尔的必须裁员的企业主，我们现在看到这常常是很重要的，在表现圣人情感的复杂平衡时，要表现出这种复杂性，"轻松自然"或许不一定总是以不关心的、不感兴趣的或平静的方式

---

① 参见 Zhu & Lü（1983, 207）；也可参阅同一章第二十三节，"人之于患难，只有一个处置，尽人谋之后，却须泰然处之。"
② 体现这一点的另外一个经典文章是《孟子·公孙丑下》第十三章，尤其是朱熹的解释。孟子没有能说服君主行道而离开齐国。他显得很伤心，一个学生就问他君子是否应该有这样的反应。这似乎和孟子著名的关于"不动心"的话语矛盾。孟子的回答非常神秘令人费解，天显然不希望这时候有王者兴，他为什么要不高兴呢？朱熹的评论有深刻见解，无论他的解读是否正确，但很清楚地反映了他自己的思想。"这里我们可以看到圣人的志向没有冲突地多重存在，从世界的角度担忧，对天感到高兴的完全的真诚。"（"盖圣贤忧世之志，乐天之诚，有并行而不悖者，于此见矣。"）参见《孟子·公孙丑下》［Zhu（1987, Pt. 4, 58）］。担忧或关心或悲伤可以与快乐共存于圣人的胸中。在我的技术含义上孟子没有"遗憾"。有关这个篇章深刻的、有突破性的讨论，请参阅艾文贺［Ivanhoe（1988）］相关著作。

公开表现出来。反应的公共面孔是我们向他人交流道德责任的重要方式。① 但是，与斯道尔的论证相反，圣人的行动来自美德而不是节制。不是圣人看到了外来的义务强迫自己适应，而是他们简单地看到境遇的要求并做出反应。②

第六节 香草的感情？

一 迈尔斯的挑战

本章的大部分内容是有关价值观遇到冲突时对和谐和圣境理想的挑战。在这最后一节中，我转向不同的挑战，虽然这挑战类似于指控圣境与和谐的主张过于笼统，错过了道德世界的重要内容即复杂感情问题。有些女权主义哲学家认为，像愤怒这种强烈的感情可以发挥关键的道德功能［Tessman（2005, 116-25）］。这里我集中思考该论点的一个特别有趣的版本，戴安娜·迈尔斯认为"怨恨的情感态度"在认识不公正或压迫方面比安详、信任、亲切友好等情感更有效。在简述了迈尔斯的论证后，我将考察理学家有关圣人和愤怒的观点，以便作为我自己的反应起点。

迈尔斯相信我们的认识受到她所说的"感情态度"的重要影响：即"一个人用来面对世界并影响其人际关系遭遇的感情立场"［Meyers（1997, 197）］。③ 她遵循诺斯鲍姆等人的观点指出，开放性和积极对待他人的同情心是可靠的道德认识的基础。因为"不愉快的主观状态将把一个人的注意力从他人身上移开，从而妨碍其道德认识"。她认为，最合适的感情态度是"香草的感情"（emotional vanilla），清淡但不空洞的香草的感情"安详、信任、友好"，"似乎体现了有助

---

① 埃里斯·斯普林格提出了对既考虑道德责任又把它传递给对此问题有更深入研究的他人是个复杂的过程，有洞察力的见解。对此，我从她正在进行的研究"批评与道德考虑"中学到很多东西。

② 迈克尔·斯洛特对"尽责（conscientiousness）的批判"非常有研究，请参阅Slote（2001, 51-8）。

③ 迈尔斯讨论了感情态度、偶尔发生的感情和经常性的感情的相似性和差异性。感情态度似乎与性情和性格密切相关，因此理清这些关系还有很大的空间。在考虑到理学家的"与万物一体"的教导中，我们或许想扩展迈尔斯的"人际遭遇"定义。

第六章 挑战和谐：一致性、冲突和现状

于产生深刻道德认识的慷慨精神和个人安全感"（Ibid.，202）。

在迈尔斯看来，问题是"香草的感情"若与我们从文化中继承的道德认识的种种偏见结合起来就"创建了一种道德世界观，使得道德认识对文化上不承认但普遍存在的种种不公正和压迫视而不见，充耳不闻"。"香草的感情"构成一种独立存在的趋势，不承认一个人的受害者情结，所以在道德认识看来拥有理想情感态度的人实际上"发现几乎不可能觉得雇主、老师、或者学校或工作同伴在压迫他们"（Ibid.，203）。迈尔斯认识到，某些哲学家明白传统的道德观念必须受到批判性的审视，但回应说诺斯鲍姆用公民之爱和同情等术语做出解释的努力"规定了一种感情态度，期待人们在社会群体间利益竞争激烈和历史仇恨根深蒂固的世界采取这样的态度根本就不切实际"（Ibid.，204）。

迈尔斯的解决办法是支持她说的如超级敏感、偏执狂、愤怒、仇恨等"怨恨的感情态度"的用途。迈尔斯和我都关注愤怒，我把她提到的其他态度是否有建设性作用的问题搁置一边。重要的是记住迈尔斯在讨论"感情态度"而不是正发生的情感。我们将看到，迈尔斯和理学家之间的议题不是一个人是否应该感到愤怒，而是他是否应该在先前的感情动荡或感情平衡状态下对情景做出回应。迈尔斯的范式案例是诗人奥德·罗德，曾称自己的慢性愤怒是"我内心的炽热的池塘"，"编织成每个情感花毯的电线，而我就生活在这上面"（Ibid.，208）。虽然迈尔斯和罗德本人都承认这种慢性愤怒可能是危险的和破坏性的，但迈尔斯认为，当这样的感情态度是对"遭受的破坏性的不公正（或系列的不公正）或毁灭性的系统压迫"的反应时，它可以让当事人对"不公正的做法和压迫预先敏感起来"，而这正是"香草的感情"最可能错过的东西。"咖喱的感情"（Emotional vindaloo）可以用两种不同的方式揭示冤屈。有些人或许在人生的大部分时间生活在"香草的感情"中，但当他们在某些可能产生问题的情境下转向"咖喱的感情"。另外，"咖喱的感情"能帮助人们揭露新情景中的冤屈，如果他一直处在这样的状态或至少碰巧遭遇这种从前没有认识到（在一个人的道德社会中）的冤屈情景（Ibid.，210－11）。

迈尔斯文章的结论不是我们应该在任何时候都竭力保持愤怒。通常最好的途径是在情景需要时转向怨恨模式。迈尔斯也承认"香草的感情"常常是道德认识的最好基础，偶尔对系统性压迫的深刻认识也是如此（Ibid.，213-14）。她的总体观点可以这样总结：(1)没有单一的道德世界观可确保在任何情况下的深刻道德认识。(2)怨恨的感情态度在辨识压迫性场景时可以比道德香草做得更好。(3)"充满怨恨的个人的存在是个事实，有些人先于其香草同伴。如果他们遭到排斥，他们有先见之明的深刻认识将受到压制"（Ibid.，213）。(4)我们应该承认和尊重深刻道德认识不止一种感情基础，不仅因为途径的多样性能更好地为我们服务，而且因为这是一种"更平等的"，对众多附属社会群体成员来说更"容易获得"的有深刻见解的道德认识概念。

应该清楚的是，迈尔斯对和谐和圣境的理想提出了若干挑战。怨恨的感情态度完全不同于理学家相信的体现圣人特征的情感和谐。如果圣人被准确地描述为感情"香草"，他们事实上是蹩脚的道德认知者，至少在某些方面比那些拥有冲天怨恨的人低劣吗？圣人会系统地对道德上认可的但具有压迫性的情景视而不见吗？如果感情更平等，尤其是拥抱极端怨恨的感情，我们在道德教育和个人修养提高方面的努力会更成功吗？

二 宋明理学论愤怒

回答这些挑战的第一步是考虑理学家对愤怒说了些什么。朱熹和王阳明这样的理学家对古典传统留下的三篇有关愤怒的文章印象特别深刻。一篇是《论语·雍也篇》第二章，其中孔子据说在评论他最喜欢的学生颜回时说他"不迁怒"。朱熹解释起初的观点是，一个人不会因为别人做的事而生气，支持早期理学家更抽象的解释"颜子之怒，在物不在己，故不迁"①。换句话说，颜回不是进入笼统的愤怒状态，那种愤怒可能不是集中在应该感到愤怒的对象上而是迁移到人身上。这等同于认可颜回是不受奥德·罗德的慢性愤怒约束的人。

第二篇呼应了《论语》中可适用于愤怒的建议。我在第四章讨论

---

① 参见 Zhu（1987, Pt. 3, 35），引自程颐的论述。

第六章 挑战和谐：一致性、冲突和现状

过的《中庸》著名的开头一段说得很清楚，喜怒哀乐只要表现出来符合节度就是和（和顺而不乖戾），但理学家很快把这与强调表现和困难的第三篇并排讨论。《大学》说当心思受到"愤怒、恐惧、喜好、忧愁就不会端正"[①]（身有所忿懥，则不得其正；有所恐惧，则不得其正；有所好乐，则不得其正；有所忧患，则不得其正）。下面两节选自王阳明的《传习录》，帮助我们理解愤怒在什么时候合适，如何表现合适。在第二百一十八节，王阳明在回答一个担心文书诉讼的事太繁杂而不能专心跟从王阳明做学问的官员说：

> 你既然忙于官司的事，就在官司这事上做学问。这才是真正的格物。比如在审案时，不能因为对方的应答无礼就发怒；不能因为对方的言语圆滑就喜悦；不能因为厌恶有人嘱托，就有意整治他；也不能因为他的请求而无原则地听从他；不能因为自己的事务繁忙，就随意乱断；不能因为别人的诬陷和罗织罪名而顺从别人的意思处置疑犯。这种种表现，都只是私的表现，只有你自己知道。应该精细地省察自己，控制自己，惟恐心中有一丝一毫的偏颇，从而影响了判断别人的是非 [Wang（1963，197-98），稍有改动]。（尔既有官司之事，便从官司的事上为学，才是真格物。如问一词讼，不可因其应对无状，起个怒心；不可因他言语圆转，生个喜心；不可恶其嘱托，加意治之；不可因其请求，屈意从之；不可因自己事务烦冗，随意苟且断之；不可因旁人谮毁罗织，随人意思处之。这许多意思皆私，只尔自知，须精细省察克治，惟恐此心有一毫偏倚，杜人是非。）

我们可以把这个什么时候不应该愤怒的例子和下面对不适当愤怒和适当愤怒的讨论放在一起观察：

> 我问"有所忿懥"一条。

[①]《大学》第七节。忿懥和通常使用的怒几乎是同义词，但是理学家用它显然是要作为错误的愤怒的专业术语。怒是中性词，根据表现的方式和时间判断，或许合适或许不合适。

先生说：" 忿懥等几种情感，人心怎么会没有呢？只是不该有而已。"① 一般人在忿懥时，加上个人想法，就会愤怒得过分，不再是廓然大公的本体了。所以说，有了忿懥就不能得其中正。现在对忿懥的事，只是顺应它，不要夹杂个人想法，心体就廓然大公，得到本体的中正了。就像在外面看见有人打架，不对的一方，我的心里也会生气，但虽然生气，自己的心里却坦坦荡荡，不会太动气。现在对人生气，也应该如此，这才是正确的。[（Ibid., 204-5，改动较大），见 Wang（1983, 308-9, §235）]。（忿懥几件，人心怎能无得？只是不可有耳。凡人忿懥，著了一分意思，便怒的过当，非廓然大公之体了。故有所忿懥，便不得其正也。如今于凡忿懥等件，只是个物来顺应，不要著一分意思，便心体廓然大公，得其本体之正了。且如出外见人相斗，其不是的，我心亦怒。然虽怒，却此心廓然，不曾动些子气。如今怒人亦得如此，方才是正。）

愤怒来自对情景不适当的个人化。在第一篇中，官员的角色是公正无私地辨明诉讼当事人的是非，他不应该陷入要求尊敬的旋涡，正如他不应该奖励谄媚。同样，他自己私事的紧迫性不应该卷入到公正的裁决中。在有关打架的第二篇中，一个人对其中一方感到生气是错误的，仅仅因为他让人想起小时候某个欺负人的家伙，那是忿懥。王说，适当的愤怒是廓然大公的，是对道遭到明显冒犯的反应，即对明显不和谐的情景做出的反应。朱熹同意圣人能够和应该感到愤怒，而且应该在脸上表现出愤怒。在此情况下，面带微笑是错误的［Zhu（1997, 2197）］。

王阳明认为适当的愤怒，即"我心亦怒。然虽怒，却此心廓然，不曾动些子气"的观点令人印象深刻，值得评论一番。关键是要记得，虽然我常常把"心"翻译成"mind"，但"心"在中国思想家眼

---

① 王阳明在称赞"人心"和"道心"的著名区分：前者代表了我们自私的情感，后者代表我们包括一切的反应（虽然不是自我否认）。

里是认知和感情意识之所在，是思想和感情反应的源头。因此，在王阳明的例子中，我们的确"感受"愤怒并通过干涉、呼救或任何适当的做法做出反应。我们的反应来自最初的"香草"状态而不是对恶霸的愤愤不平；我们的反应本身是集中的、克制的。像颜回，我们不迁怒。这个结果是虽然圣人能够和应该对愤怒做出反应，但他们的愤怒和我们通常了解的愤怒不同。圣人寻找和谐而不是报复或发泄沮丧情绪的机会。王阳明觉得很多时候我们对某个情景做出愤怒的反应，仿佛都能听到王说的话，至少涉及一些忿愾。如果我们的反应能少一些个人色彩，就会更好些，这种反应可能产生更和谐的结果。

三　结论

有些读者或许对此做出反应——"看到没有？迈尔斯是正确的。圣人寻找安静的妥协而不是爆炸性的对抗，这种温和反应从来不能成功地辨认出更不要说根除根深蒂固的压迫了。"对此反应，我们先区分认识和行动。如果说没有理学家明显排斥的慢性的个人化愤怒，我们就无法认识冤屈是一回事，建议只有爆炸性的愤怒——用王阳明的术语就是忿愾——的反应将产生反对压迫的任何牵引是另外一回事。迈尔斯会承认第一个说法过于牵强了。在文章的倒数第二段，她写道：

> 我不是说任何一个刻意认真的、善于思考的人都不可能辨别出超级敏感性、偏执狂、愤怒、仇恨等揭露的种种冤屈。[①] 诺斯鲍姆讨论了"敏锐认识到和充分负责的"小说人物（若呼应诺斯鲍姆对亨利·詹姆斯术语的修饰），他们能够有成效地使用小说中的种种道德概念。实际上，我自己在其他地方也指出，个人的道德世界观可能通过对他人的通感而丰富起来。虽然我认为养育孩子和教育实践应该被设计成有助于培养个人敏感性的能力，我也认为，认识到这种敏感性是多么罕见，也是我们义不容辞的

---

① 正如在前面章节和下一章要讨论的内容，要记住圣人不是"刻意认真的"，他们对不和谐的认识和对其做出的反应都是自发性的。

责任［Meyers（1997，213－14）］。

王阳明和其他理学家通过人与万物结为一体的观念特别强调通感的作用。① 同样令人印象深刻的是，就教育来说，迈尔斯赞同理学家学习成圣的方法（在随后的章节中谈到）。没有人会质疑接近充分的圣人般认识能力是非常罕见的。简而言之，虽然迈尔斯明确否认存在"确保在各种情景下的深刻道德认识的理想道德世界观"（Ibid.，211），但是她的最后言论对圣境理想还是比较友好的。

至于行动，仍然存在两个问题。第一，指向和谐的反应比指向愤怒的反应更少建设性吗？当然，迈尔斯甚至没有试图得出这个结论，我也认为这非常不可靠。它的所有说服性来自过于狭隘的理解和可能带来的后果，但和肯定不意味着把船摇翻。我们从论和谐的最早文献中可以看出，儒家区分了和与同（即完全同意君主的话语）的差异。如果它被置于严重否认我们成为一体的背景下，以和为目标的干预可能非常强大。② 第二，即使迈尔斯没有像有时候听起来那么强烈反对圣境，她确实想坚持怨恨的非圣人可做出重要贡献。考虑到圣人和接近圣人的人十分罕见，我们或许不得不依靠像奥德·罗德这样拥有慢性愤怒的诗人的贡献。③ 我认为理学家大概会同意这个观点。我们不

---

① 有关我们是否能够与"单单事物"通感的不同观点，请参阅第五章第一节。这里相关的还有克拉克的论证，建立在梅铎的与理学家很相似的看法基础上，有德之人将能够辨别出歧视和压迫的模式。请参阅 Clarke（2003，esp. ch. 4）。

② 我对这个观点进行展开论述，关注在立志追求和谐的人坚决维护自己权利的可能性，见拙著 Angle（2008，88）。与此同时，必须承认的是，儒家往往看待直接的对抗不如更间接的批评那么有用。在讨论舜最终以恶的方式带领兄弟去改革时所使用的渐变的间接的手段时，王阳明说："如果要指责他（恶人）的是非，反而是去刺激他的恶性。当初舜使得象要杀自己，也是出于要象变好的心太急切，这也就是舜的过错。事过后，才知道功夫只在自己身上，不去指责别人，所以最终能够和谐。"若要指摘他是非，反去激炽恶性。舜初时致得象要杀己，亦是要象好的心太急，此就是舜之过处。经过来，乃知功夫只在自己，不去责人，所以致得"克谐"参见《传习录》226 页［Wang（1983，345，§296）］。

③ 怨恨态度的一个引人注目的儒家例子来自郑家栋对20世纪新儒家如牟宗三的描述。郑家栋写道，这些人"坚信此理想、历史与人道、人性一样具有普遍而永恒的价值，却又苦于红尘滚滚的现实中应者寥寥，使理想得不到现实的滋养和印证，这是他们种种苦闷与焦虑的根源。由此我们也就不难理解何以熊、牟等新儒家一改传统儒家的平和中庸——他们愤世嫉俗，孤傲尖刻，怒气冲冲，动辄骂人。他们是现实的抗争者、批判者，却还很难说是真正意义上的建设者"。参见郑家栋的《孤独·疏离·悬置——牟宗三与儒家的当代境遇》［Zheng（2005，85）］。

第六章 挑战和谐：一致性、冲突和现状

应该追求怨恨的目标，但我们应该乐意强调相互学习的作用，不同的人和不同的角度可以在我们实际的凡人生活的复杂道德环境中发挥作用。事实上，这恰恰是圣人所做之事。

本章的主要动机是为理学家强调和与圣境辩护，驳斥若干针对它的挑战。结果不仅是辩护而且是进一步阐述了理学家的伦理学。想象力、种种情感与和谐所发挥的作用变得更为明显。这帮助我们更好地理解理学家的哲学本身，也能帮助我们对跨越传统的哲学建设的认识。本章用绪论中介绍的术语，在诺斯鲍姆、斯道尔、迈尔斯等被描述为"根深蒂固的全球哲学"的挑战中阐明了理学家的伦理学。采用理学家的独特立场，使用他们来挑战西方哲学家时，我们是在进行"建设性的参与"。在下一章中，我将继续采用这两种战略，探讨道德认识和圣人行为的"轻松自然"等议题。

第七章　圣人般的安详和道德知觉

在中国哲学中可能被认为是对圣人最著名的描述中，《论语》告诉我们，孔子到了 70 岁能够"从心所欲不逾矩"(《论语·为政》第四节)。孔子似乎能不费力地做出得体的行动。一般来说，至少在有些时候，行动得体对我们多数人来说都很容易。在不面对艰难选择或诱惑时，我们或许都能表现良好。可是，《论语》提出了一个强烈的主张。我们假设，孔子确实不知不觉面临艰难的选择或诱惑，但他仍然能够从心所欲。隐含的意思不是说孔子很幸运没有遭遇任何挑战，而是说他轻松自如地成功应对各种挑战。我们可以想想传说中的圣王舜，在《孟子》中他被描述为即使在面对试图杀他的父亲时也能行为得体，感受到真正的孝心(《孟子·万章上》第一至第三节)。显然，即使在艰难的时刻，圣人行为得体也很容易。① 这是怎么回事？

在第三章里，我们看到在儒家传统和西方传统中，"美德"都与个人在遭遇的情景中做出适当反应的品质有关。这种反应被认为是自动的而非强迫的，虽然不同的传统也提供了深思熟虑或犹豫不决所发挥的不同作用。第一章已经介绍了从儒家传统初期开始圣人就有独特的认知能力，本章的焦点是这些早期观点是如何被理学家用积极的、入世的认知参与来发展的。这将帮助我们厘清美德所需要的性向。简而言之，本章的观点是圣人的安详是圣人知觉的结果，而圣人知觉来自把世界看作受和谐观影响的不断成熟的志向。本章以王阳明对《论语·为政》第四

---

① 经典对圣人安详的描述包括《荀子·儒效篇》第八节，请参阅 Stalnaker (2006, 190) 和《中庸》第二十节。

· 148 ·

节具有深刻洞察力的解读开始，使用王阳明的观点贯穿本章始终，虽然我的观点在朱熹著作中也产生强烈的回响。①

第一节 王阳明论《论语·为政》第四节与"立志"的核心

让我们转向王阳明对《论语·为政》第四节的评论。有人记录了王阳明与学生进行了如下对话：

> 唐诩问："立志就是要时常心存善念，就是要为善去恶吗？"
>
> 先生说"心存善念时就是天理。这个念头就像树的根芽。所谓立志就是长期持守这个善念而已。孔子的'从心所欲不逾矩'的境界，就是守志到了形成习惯时。"② [唐诩问："立志是常存个善念要为善去恶否"？曰："善念存时，即是天理。此念如树之根芽。立志者长立此善念而已。'从心所欲。不踰矩'，只是志到熟处。"（《传习录》第39页）]

王对《论语·为政》第四节的理解的核心是"志"，我把志理解为承诺的意思，在进一步探讨王阳明如何让我们理解圣人的行为前，让我们先花点时间看看志是什么。

一 经典文献中的志

常常被引用的对"志"的经典定义是"心指向的地方"③。它有

---

① 许多联系是明显的，比如朱熹的言论 Zhu（1997, ch 9）。Sarkissian（2007）被认为是理解《论语·为政》第四节的发人深省的努力，在某种程度上与我的描述形成呼应和共鸣。虽然他的经典儒家文本和我的理学家文本有差异，但是哈高普·萨基辛得出结论是"看透心思"的能力实在太完美了。
② 参见 Wang（1983, 89, §53）。
③ 程颢对这个定义的修改，请参阅 Graham（1992, 61）。关于定义本身，请参阅 Xu（1981, 502a）。

时候被翻译成 intention "意图"或 will "意志",但是我想表明这些翻译让志有了比实际更多的临时性。志有持续性,而且个人参与的程度有差异,所以用 commitment "承诺"来解释可能更好些。我们可以对比《论语》初期的两篇文章即可说明这些。

《论语·里仁》第四节中,孔子说:"如果立志实行仁,就不会有仇恨。"(子曰:"苟志于仁矣,无恶也。")

《论语·里仁》第九节中,孔子说:"如果士子立志向道,但又以自己吃粗粮、穿粗衣为耻辱,就不值得同他商讨大事了。"(子曰:"士志于道,而耻恶衣恶食者,未足与议也。")

两个段落的对比非常鲜明:《论语·里仁》第四节描述了一个道德模范,而《论语·里仁》第九节描述了口头上立志而实际上显然无法按要求做的人,因此决不可能是模范。我们看到志的不同层次或不同类别。《论语·里仁》第四节显示真诚的、完全的志,或者(借用王阳明的术语)成熟的志,《论语·里仁》第九节中的士子缺乏这些,虽然他在某种意义上可以说有"志"。①

在其他方面,《论语》也支持志的深度和影响方面各有不同的观点。在《论语·为政》第四节中,我们被告知孔子的道德发展其实开始于志,"吾十有五而志于学",这距他70岁的最终成就显然有漫长的路程。其他篇章暗示一个人的志可以比这更深思熟虑。在《论语·公冶长》第二十六节和《论语·先进》第二十六节中都有学生向孔子说明自己志向的内容。一个学生大胆地告诉孔子"千乘之国,摄乎大国之间,加之以师旅,因之以饥馑;由也为之,比及三年,可

---

① 在私下的交流中,李晨阳主张清楚区分"志"的第一阶段和第二阶段,第一阶段他翻译成"把心思放在……",而第二阶段是人们努力按照志向实际去做。但是《论语·里仁》第四节和第九节暗示两个阶段必须按连续性去理解,因此,"志"不能被理解为"意志"。

使有勇，且知方也"①。

二　王阳明的立志观

让我们回到王阳明。② 回顾他解释孔子70岁时说当人的志成熟后，他就"从心所欲不逾矩"。说志成熟显然是说在人立志后，该志向随着时间的推移可以加深或成熟。③ 因此，志是人心所具备的特征。随后我将谈到，人立志意味着他知道善—发展—善，或者知道恶—阻止—恶，④ 我用连字符的意思是强调一个人立志的程度越深，知道和发展（或阻止）越是单一过程的组成部分。我们即将看到，王阳明在他著名的原则"知行合一"中强调这个过程两个方面的密切关系。

立志就是试图发展某个东西，即"知道和发展"善的性向"知道和阻止"恶的性向。这令我们回到在《论语》中看到的志的两个意义。一方面是没有行动支持的性向，是言语上的志；另一方面是充分发展的性向。如果说王阳明是在这个意义上谈论志，首先径直进入艾文贺的得到普遍支持的观点，虽然谈论"发展"对古典儒家如孟子的修身模式是合适的，该模式认为，我们刚开始的道德倾向很粗糙，要在道德上进步的话就必须进一步完善和发展。但王阳明对修身的理解非常不同，王阳明集中在对早已存在的道德潜能也就是我们的"良知"的"发现"上，艾文贺把它翻译为"pure knowing"（纯粹的知识），这种潜能无须发展，它来自已经完全成形的东西，虽然我们必须在内心找到它，扫清让它发挥作用的各种障碍。⑤ 实际上，我讨

---

① 《孟子》和《荀子》中对志的讨论非常吻合我这里提出的论证，请分别参阅 Van Norden（1992）和 Stalnaker（2006）。

② 朱熹的观点并没有实质上的不同。Qian（1989, Vol. 2, 364–78）是对朱熹的志的经典研究。钱穆强调说朱熹认为的志与敬之间的连续性是综合程颐和陆象山的见解的方法。最近的一篇研究朱熹的志的观点的视角与我的讨论非常吻合，见 Marchal（2007, esp. 10–11）。

③ 也可参阅 Wang（1972, 63），其中王阳明求助于《孟子·告子上》第十九节的成熟形象（夫仁，亦在乎熟之而已矣）。

④ 这里我提到王阳明在《传习录》第七十一节中的评论。

⑤ 请参阅 Ivanhoe（2002, ch. 5）与 Ivanhoe（2000）。艾文贺描述朱熹的修身途径是"recovery"（恢复），万白安认为朱熹结合了"发现"模式和"发展"和"改造"模式的因素［Van Norden（2007）］。这两种都与他们在王阳明著作中看到的纯粹的"发现"模式形成对比。我在这里指出王阳明也必须被看作混合模式。

论的性向和志比初看起来更吻合艾文贺的模式，因为恰恰是通过巩固我们的志向才能使良知在道德生活中发挥适当的作用。

与孟子不同，艾文贺令人信服地指出，道德感情的增长并没有出现在王阳明对人性或修身的理解中。艾文贺指出王阳明使用的比喻就像被云彩遮住的太阳，纯金可能被污染，完美的镜子可能蒙上灰尘，所有这些都暗示完全形成的道德潜能存在于每个人心中，虽然这个潜能实际发挥作用的水平因人而异［Ivanhoe（2002，48-50）］。王阳明的《传习录》第三十篇提出了对艾文贺解释的挑战。该篇这样写道：

>"立志用功，就像种树，一开始是只有根和芽，还没有树干，后来有了树干，但还没有枝，长了枝后再长叶，长了叶后再开花、结果。开始种下根时，只管培栽灌溉，不要空想枝，不要空想叶，不要空想花，不要空想果。空想有什么用？只要不忘栽培的功夫，还怕没有枝、叶、花、实？"①（立志用功，如种树然。方其根芽，犹未有干；及其有干，尚未有枝；枝而后叶，叶而后花实。初种根时，只管栽培灌溉，勿作枝想，勿作叶想，勿作花想，勿作实想。悬想何益！但不忘栽培之功，怕没有枝叶花实？）

显然，这描述了一个发展过程，但艾文贺提出这里使用的比喻掩盖了王阳明和孟子的关键差异。艾文贺认为，孟子的"发展"模式和王阳明的"发现"模式的对比意味着我们在解读王阳明使用种树的比喻时必须非常小心。"对王阳明来说，良知的发展是一个人对已经拥有的知识的运用，在此过程中人们没有寻求或得到什么；目标是丢掉自己的幻觉。对孟子来说，我们内心的道德倾向不像树芽，它们就是树芽"。

如果道德知识不是增长发展的东西，艾文贺发现自己不明白王阳明求助于树的比喻是要说明什么。他写道：

>"立志"如何像种树呢？王阳明不相信道德树芽的增长。从

---

① 参见 Wang（1983，68，§30）。

他的描述中，"立志"就像点燃导火索或点火。孟子有些时刻坚持认为，我们必须让自己遵循某种行动路线，但王阳明的整个工程似乎就是对意志（will）的再三重复（Ibid., 105）。

艾文贺对王的比喻所能做的最好之事就是把它看作要去除阻碍人们认识到自己良知的自私干扰需要花费很多时间和努力。他引用王阳明的另外一篇文章说："树初生时，便抽繁枝，亦须刊落。然后根干能大。初学时亦然。故立志贵专一。"① 艾文贺强调说，王阳明讨论树的要点集中在修剪管理而不是生长上，因为他认为，通过坚定的行为消除自私欲望是王阳明修身的完整内容："这是他唯一可用的反应，他并不相信道德意识的增长，所以他并不能指望其他任何方面的进步。"

三 志的加深

我同意艾文贺对王阳明的解读的很多方面，但是他的结论即王阳明"并不指望任何其他方面的进步"弱化了王阳明画面中非常重要的方面。艾文贺认为与修身相关的唯一增长方式是我们道德意识的发展，但是王阳明也看到了志的加深和成熟。② 树长大和成熟，我们的志也是如此。王阳明讨论志的很多篇章都清楚指出它是承认程度的东西，随着时间的推移逐步加深。当然，王阳明在寻求一种与孟子不同的东西：艾文贺说王阳明的修身模式中存在一个"发现"绝对是正确的。请看下面的段落：

> 我就关于立志发问。先生说"只要念念不忘存天理就是立志。对此能够不忘记，时间长了，心自然就凝聚到一点上了，犹如道教所谓'结圣胎'。这种天理的意念常存于心，顺而发展到孟子所言的'美、大、圣、神'，也只是从这一念存养扩充而来

---

① 参见 Wang（1983, 136, §115）。
② 朱熹做出了类似的评论，说我们的行为成熟后，我们就有了"德"[Zhu（1997, 778）]。请参阅其第三章第三节的讨论。

罢了。"(问立志。先生曰:"只念念要存天理,即是立志。能不忘乎此,久则自然心中凝聚,犹道家所谓结圣胎也。此天理之念常存,顺至于美大圣神,亦只从此一念存养扩充去耳。")①

换句话说,需要增长的东西是我们"念念要存天理"的坚持:这种坚持的性向就是志。天理本身和发现天理的能力——随后讨论——并不增长。我们必须在自己身上发现表达天理的能力,因而最终找到理本身。志的加深过程当然与良知不断增加的纯度有关。而且,立志有两个积极的方面,在我看来是一枚硬币的两面。一面是艾文贺集中讨论的否定性,即消除自私欲望,但我觉得他错过了积极的一面,那就是把整个过程结合起来的东西(并使之更可信)。②

消除自私欲望的对立面就是积极寻找宇宙中的和谐。我需要花费一些时间才能充分说明这个主张,解释它如何与王阳明观点中的其他方面联系起来。作为第一步,让我们认识到和谐对王阳明有多么重要。比如,有人要求王阳明评论早期儒家的观点,即一个人应该"在人情事变上下工夫",王阳明赞同这个观点,他注意到事变亦在人情里,因此说"重要的是达到中和,而达到中和主要取决于在独处时留心观察自我"③(其要只在致中和,致中和只在谨独)。王阳明在对话中多次提到中与和,并使用经典文本《中庸》中的术语。基本上,和指的是与事变吻合的情感表现,这个观点的最佳表现或许是第四章和第六章讨论过的那篇,其中王阳明对得知儿子患大病而经历极度悲伤的学生说:"父之爱子,自是至情。然天理亦自有个中和处,过即是私意。"④ 这非常好地表达了找到和与避免私意是连在一起的。

继续讨论前,我们或许应该看到,虽然王阳明对和的讨论集中在

---

① 参见 Wang(1983,57,§16),英译文见 Wang(1963,25),稍有改动。关于"所谓结圣胎也",请参阅 Wang(1983,58)。"美大圣神"的说法来自《孟子·尽心下》第二十五节。
② 王阳明在《传习录》第六十五节中强调了道德发展的渐变过程,请参阅 Wang(1983,95-6)。
③ 参见 Wang(1983,73,§37)。
④ 参见 Wang(1983,82,§44)。

人情与事变的和上，王阳明赞同《中庸》的和具有深远后果的观点。在回应学生有关一个人是应该集中在内心修养还是制度改革时，王阳明选择了前者，但得出结论说："致中和，天地位焉，万物育焉。此乃天性的充分发展和天命的实现。"[①] 也就是说，我们自己的和与更广泛的和即体现天理的适当秩序密切相关。

第二节 把志与"知行合一"联系起来

我们现在转向王阳明的教导，知行能够也应该合一；我们将看到正是志让统一成为可能。这反过来让我们通过把王阳明的教导和西方道德知觉的哲学传统结合起来进一步理解圣人行为的轻松自然（如《论语·为政》第四节显示的那样）。志的观点不仅让我们很好地理解王阳明的论证，而且使具有明显跨文化趣味的议题一下子变得清晰起来。

让我们从一个文本开始。在有关这个话题的最重要讨论中，一个学生不理解知行如何合一的问题请教王阳明。该学生给王阳明下面这个例子："现在有人完全知道对父亲应该孝，对哥哥应该悌的道理，但却不能去实践孝和悌，由此可见知和行分明是两件事。"（如今人尽有知得父当孝，兄当弟者，却不能孝，不能弟。便是知与行分明是两件。）王回应说：

> 这种人的知、行已经被私欲所隔断，但这并不是知、行的本体。没有知而不行者，知而不行，还不是真知。圣贤教人知行，就是要回复到那本体去，不是要你具体地知什么行什么就算完。（此已被私欲隔断，不是知行的本体了。未有而不行者。知而不行，只是未知。圣贤教人知行，正是要复那本体，不是着你只恁地便罢。）

---

① 参见 Wang（1983, 151, §127）。这里，王阳明的第一句指的是《中庸》第一章的末尾。请让我补充一点，王阳明并不完全贬低制度改革，他只是说不应该成为"本旨"。

这里暂停一下，看看最后一句话。王阳明在强调修养的目标不是简单地一次一次正确行动，而是要改造自我，成为 70 岁的孔子，这样就可以永远行为正确。王阳明继续说：

> 所以《大学》指出真的知与行给人看，像"如好好色"，"如恶恶臭"，懂得美好之色是知，爱好美好之色是行。只要看到美色时，心中就已经爱好了，并不是看见后又立个心去爱好。①（故《大学》指个真知行与人看，说"如好好色"，"如恶恶臭"。见好色属知，好好色属行。只见那好色时，已自好了。不是见了后，又立个心去好。）

真知和真行②密切联系在一起就像喜欢美色一样。"好"这里意味着对美色即刻的积极反应，虽然他或许衡量一番来决定它是不是自己的新车或房子的适当颜色。

换句话说，这个观点是一看到美色，我们就喜欢上了，但我们可以更进一步。王不仅仅是做出描述性的预测，即那些看到美色的人可能会喜欢上它们。他的说法是我们应该喜欢美色：成为美色的一方面是当喜欢的合适对象。实际上，"喜欢美色"的合适性在古代汉语更明显，因为《大学》文本中使用的表达"美色"的词"好色"还可以被理解成"可爱的颜色"。"爱美色"也就是好"好色"。王阳明常常使用镜子的形象来抓住我们应该对情景做出反应的方式。只要镜子不被蒙上自私欲望的灰尘，我们就可以准确地反射这个情景。现在，我们看到的不仅是认识反应而且是情感反应。如果有人同意某种颜色漂亮，但并不喜欢它，我们或许要纳闷这样的人是否与我们的"漂

---

① 参见 Wang（1983，33，§5）。王阳明提到《大学》第七节的开头："所谓诚其意者，毋自欺也。如恶恶臭，如好好色。"《大学》文本因此与王阳明一致，听任自己欺骗自己就类似于不能喜爱漂亮的美人。

② 王阳明从来没有使用"真行"的说法，但是似乎区分两种行为是很自然的，如区分两种知识的界限。肤浅的、非真的行为可能包括随意性的活动或者人们不知道自己在做什么的场合。王阳明提到"任意去做"的人时，即在这方面几乎做出了区分［Wang（1983，11，§5）］。

第七章 圣人般的安详和道德知觉

亮"观念一致。

另一个可能的情况是，有人不同意我们有关某个颜色漂亮因而可爱的观点，但是他承认许多颜色漂亮而且喜欢它们。这里确实有两个不同的议题。一方面，我们可以想象一种情形，其中争论的一方声称拥有更好的敏感性和判断力：他或她是审美专家，驳斥某个颜色漂亮的常见观点。另一方面，或许争论者陷入哪些颜色漂亮的整体分歧中，每个人辨认（喜欢）的颜色之间只有随意性的交叉重叠。王阳明会否认第二种情况代表了真正的冲突，他不是相对主义者，所以大概会得出的结论是争论者相互存在误会，他们用的"漂亮"可能表达不同意思。对第一种情况，高深专业知识的说法似乎完全可能。①

最后，想象一个把看见和喜欢分开的人，即王阳明最后一句所否认的情况。一个人"见了后，又立个心去好"，这真的可能吗？这里，我们再次需要区分两种情形。或许某个人最初不清楚某种颜色是否漂亮，光线很糟糕，或他需要把这些颜色并排放在一起更仔细地看，接着他做出决定，看出它确实漂亮，因此喜欢它了。我觉得，王阳明应该承认这种情形的可能性。② 王阳明否认的是其他犹豫不决的可能性，如一个人刚开始看到这个颜色漂亮，随后决定是否喜欢它。让我们考虑下面的例子，帮助我们理解王阳明所否认的情况。难道我会讨厌美人吗？王阳明的回答应该是肯定的，但是请注意这个"讨

---

① 前面讨论过，对王阳明来说，高级专业知识——至少在道德问题上，需要来自克服自私障碍实现良知，而不是来自更加敏感的感情发展。对孟子中发现的不同专业知识模式的讨论，请参阅 Hutton (2002)。有趣的是，胡顿认为，孟子的道德鉴赏家观点"基本上是本能的鉴赏，包括加深个人对自发冲动的敏感性，清除本性上'真正想要'的东西"（Ibid., 175）。

② 人们什么时候和为什么要停下来反思或回顾的问题非常复杂，部分取决于此人接近圣境的程度。朱熹在一定程度上批评那种总是涉及衡量成本和利益的深思熟虑，倾向于直接行动。另外，他承认暂停一下有时候是适宜的，虽然我们不清楚他是以此承认情景的重要性，还是需要特别的谨慎以防止犯错误。请参阅 Zhu (1997, 211)、Zhu (1990, 188) 以及 Tillman (1982, 149)。我对圣人或许参与对话的不同理由的讨论也是非常有相关性的，请参阅第九章。而且，对这个问题的充分考虑应该包括斯旺顿对不同时期的差异的讨论，如适合对问题的自动处理的时候，或需要批评性反思的时候等。她说专家不废除后者，实际上他们在遭遇新的或者棘手问题时比新手更系统地利用它 [Swanton (2003, 259)]。斯旺顿的"批评性反思"的说法可以很有用地对比当代模范有时候经历的深思熟虑中感受到的"暂停"，见 Parks Daloz et al. (1996, 133)。

厌"是考虑了所有情况后做出的判断,该判断包括外貌之外的东西。只要觉得这个妇女漂亮,这种认识或判断肯定存在喜欢的因素,随后我会更详细地探讨这个问题,道德判断依赖于看到漂亮外貌之外的更广泛内容。但是,无论我们的视野狭隘还是宽阔,都无法区分看见和反应。

爱美色的讨论只是对主要话题也就是道德上的知行关系的比喻。在讨论了"如好好色""如恶恶臭"之后,王阳明继续说:

> 再如,大家称赞某人知孝,某人知悌,那一定是这人行过孝,行过悌了,才能称他知孝知悌的。莫非只是晓得说此孝悌的话语,就可以称知孝悌的?又比如,知痛,必须是自己已经痛过,才叫"知痛"。①(就如称某人知孝,某人知弟。必是其人已曾行孝行弟,方可称他知孝知弟。不成只是晓得说些孝弟的话,便可称为知孝弟。又如知痛,必已自痛了,方知痛。)

对熟悉当代西方哲学的读者来说,这个段落尤其是有关疼痛的部分听起来就像王阳明在强调所谓"qualia"(感受性):人们只有感觉到疼痛才能知道疼痛是什么,但这不是王阳明想表达的意思,他有关美的说法也不是只有知道美色多么漂亮才能真正知道美是什么。相反,他认为人们对美做出的反应肯定是喜欢,同样,对痛做出的反应肯定是躲避(其他也一样)。② 不做出这种反应就是没有抓住疼痛的常规。再次,王阳明不仅是在描述性地预测人们对某种刺激做出的反应,他的重点是在"疼痛"和"美"的意义的概念上。

我们或许想得出结论,在美色和孝心例子之间的类比存在重大缺陷。在前者,王明阳说知道某个东西漂亮是"喜欢(好)它",我理解为对它有一种积极的态度。而对于孝心,王阳明说只有我们

---

① 参见 Wang (1983, 33, §5)。
② 二程兄弟和朱熹引用的老虎的故事非常清楚地说明了这一点。程颐说"真知与常知异。常见一田夫,曾被虎伤,有人说虎伤人,众莫不惊,独田夫色动异于众。若虎能伤人,虽三尺童子莫不知之,然未尝真知。真知须如田夫乃是。故人知不善而犹为不善,是亦未尝真知,若真知,决不为矣。"参见《二程遗书》卷二上 [Graham (1992, 80)]。

实际上实行了孝,才能说我们知道它。行似乎不仅仅是感觉,那么,王怎么认为这两个例子有可比性呢?要么这个类比是危险的、误导人的,要么王阳明的"好"必须不仅仅是积极的态度,以及或者王阳明的"行"不能被理解为现在所理解的那种充分的含义。

第三节　柯雄文论实现和谐世界的志

一　积极的道德知觉

当今西方哲学现在对道德知觉本质的思考有很多,其中大部分建立在亚里士多德观点的基础上。[①] 这个文献与我们现在考虑的观点密切相关,当代哲学家马萨·诺斯鲍姆在下面这个引语显示,它可以扩展我们已经拥有的观点:

> 知觉不仅仅得到情感的帮助而且是由适当的反应所组成。好的知觉是对现实处境的完全承认或证实;完整的人格看到现实的真实样子。一个人看到朋友遇到麻烦或亲人去世,却不能对这些事实做出同情和悲伤等适当反应的话,显然就是缺乏亚里士多德所讲的美德。而且似乎可以这样说,他缺乏某种辨别力和知觉,这个人对发生的事没有真正的或充分的认识。我们想说,只是说了"他需要我的帮助"或"死了"的话,但并没有充分知道这些,因为缺乏知觉的情感部分 [Nussbaum (1990a, 79)]。

王阳明显然同意知的一部分是由适当的反应所构成。诺斯鲍姆提到的只是说了某个词而没有情感反应非常类似王阳明的"不成只是晓得说些孝悌的话,便可称为知孝悌"。我们或许在诺斯鲍姆提到"承认"时,发现需要进一步发展的迹象,不管是她的描述还是王阳明的

[①] Wiggins (1980) 是本书文献的一个重要来源。威金斯强调,对亚里士多德来说,切实可行的深思熟虑是"理想的未完成的或举棋不定的性质"所部分决定的,这导致他强调"情景因素" (Ibid., 233-4)。请参阅下面的资料: McDowell (1979), Sherman (1989), Nussbaum (1990a), 和 Blum (1991)。Murdoch (1970a and b) 也很重要,虽然更多使用了柏拉图而不是亚里士多德的思想。

描述，即一个行为者若想不仅是"知"而且是"承认"某个情景，他就必须做出积极的贡献。也就是说，王阳明和诺斯鲍姆讨论的内容已经超出了认知理解的标准模式，但如果像王阳明那样谈论"良知"或者像诺斯鲍姆那样把"知道"改成斜体字那还不足以标识这个区别。我们需要更完整的描述。

我相信我们可以从柯雄文对王阳明思想中的知觉和立志的处理中吸取营养，以便更好地理解王阳明和诺斯鲍姆等人提出的问题。柯雄文在这个话题上的著作深奥难解，但值得我们深入挖掘。下面是一个关键的主张：

> 作为行中的心者（mind-in-action），道德反思是一种自我意识。它是在行为者的重要感指导下对某个情景特征的选择性关注。对一个偶发情景的评价预设了一种评价性判断。因为道德反思是对于受到作为有机整体的理所指的，同时也认识到了情景的格式塔。按照威廉·马特森的说法，我们或许可以说它是总觉的活动，有机整体的独有特征"不仅被感知，而且被统一到和同化进已经拥有的众多想法之中来理解和解释"。在对仁的承诺的前提下，用理的角度思考首先就是建立在道德基础上的总觉。①

这个段落中包含了太多的内容，我随后会详细探索。其中特别重要的是，道德知觉考虑整体情景的自我意识，而且这是因为"道德反思指向的是作为有机整体的理"，而这种反思本身依靠"对仁的承诺"。

我们在前面的章节中对理和仁已经谈论了很多。回顾一下，理学家用理来指代把事物结合起来的有价值的、可理解的方式。当一个人看到和感受到美色，这就是在那个背景下被看作宝贵的东西。从小处看，他是在认识理。理不仅指向单独的个体而且指向它们的关系，最根本的观点就是和谐统一的整体。每个事物都不相同，如胳膊和腿不

---

① 参见 Cua（1998，133）。同一篇文章也出现在 Cua（1982，64）。柯雄文提到 Matson（1976，151）。

同，但它们都是整体的一部分。和谐涉及每个元素在每个时刻都得到适当的权重。"有机的"是刻画另一个意义的和谐的很好词汇：理学家认为宇宙是根本的、赋予生命的、不断变动的。用来构成宇宙的东西是"气"，而气是动态的、相互作用的，总表现出互补性力量的不断平衡，而在最笼统的层次上就是阴和阳。①

所以，把宇宙看作有活力和反应性的东西并不太牵强。当一个人把个人生活和反应性作为这个更大整体的一部分来看待和接受时，他就可以说"仁"。正如本书第五章第一节解释的那样，仁是温暖的、充满爱的关怀，它以一种有机的方式扩展个人背景的所有相关联系。这种关怀是首先在亲密的家庭关系内形成然后在向外扩展的人性关心，它不是对万物平等的、中立的爱，而是表达了对环境所有方面的人际观系。虽然如此，若回顾第四章第一节，我们知道王阳明"与万物一体"的乌托邦理想并不意味着要同等对待一切。他谈到的恻隐之心、不忍之心、悯恤之心、顾惜之心等是不同的，分别指向不同的对象。万物的不同类似于人体各个部分的不对等。感受到仁爱就会关怀一切（或对任何东西都不会"无动于衷"），虽然反应方式和关怀的程度各异，而所有这些方式和程度究竟如何则必须取决于总体背景。

我们回到柯雄文的观点，即道德知觉：考虑到整个背景，因为对仁的承诺，道德知觉指向作为有机整体的理。王阳明相信，在一定程度上，我们不可避免地经历仁或认识理，这里与第四章第一节讨论的与万物结为一体的段落再次有了相关性。但除非我们有志于仁，否则我们无法实现，也就是说我们的知觉一定不能是被动的而是竭力实现和谐。立志成仁肯定要尊重理，因而也就是立志于和。柯雄文写道：

> 把仁作为人生理想并不意味着对要实现的理想有确定无疑的认识，而是采取一种态度和决心，全心全意地把万事万物看作和谐整体的一部分，而这个整体并非受个人遭遇自然界变化的经验而被事先具体化的。因此，采取这种理想态度就是用道德完美的

---

① 请参阅第二章第三节。Huang（2003, 458-9）在论述程氏兄弟论道和理是"生生活动"的研究非常恰当。

形式看待人生，这样的生活拥有连贯性（coherence），其中显然冲突的元素处于可实现和谐的秩序中。从生活经验来看，冲突元素的存在是必须得到承认的事实。承认冲突就意味着达成妥协的任务。因为人们渴望的道德秩序之连贯性没有被作为先验真理（a priori）说清楚，经验中冲突因素的和谐化基本上成为儒家道德理论家和行动者的创造性使命［Cua（1998，124-25）］。

我发现柯雄文对道德认识的积极本质的观点非常有说服力。我们需要做的不仅仅是消极地注意到道德特征：我们必须承诺于竭力看到"这样的生活拥有连贯性，其中显然冲突的元素处于可实现和谐的秩序中"。这个观点当然需要阐述清楚，而且头脑中马上已经出现了一些反对的声音（如这是否意味着天真地关爱每个人）。但是，我相信它站得住脚，相信它提供了把王阳明的视野中完全不同的方面结合起来的前景，更好地概括了圣人般道德行为的观点。

二 再论创造性

柯雄文提出的重要观点之一是对解决表面冲突的理想的坚持。其立场的第二个重要方面是这些解决办法不是"清楚说明的先验真理"，因此他得出和谐化基本上是"创造性活动"的结论。这两个话题在前面的章节中都详细讨论过了，为了更具体地考察柯雄文的想法，我们回顾一下第二章讨论过的王阳明的段落。王阳明谈到古代圣王舜同意娶圣王尧的女儿，但事先没有征得父母的同意，因为父母更希望看到舜的小弟弟而不是舜飞黄腾达，因而肯定会反对这门婚事。

> 至于舜不禀告父母而娶亲，难道是在他之前已经有过不禀告而娶亲的标准，所以舜得以考察什么法则，或者是请教过某人，才去这么做的吗？还是舜求助于自己心中一念的良知，权衡适宜的轻重，不得已而为之的呢？①［夫舜之不告而娶，岂舜之前已

---

① 参见 Wang（1983，182，§139），英译文见 Wang（1963，109-10），稍有改动。该故事的前面部分，请参阅《孟子·万章下》第二节。

有不告而娶者为之准则，故舜得以考之何典，问诸何人，而为此邪？抑亦求诸其心一念之真知，权轻重之宜，不得已而为此邪？（《传习录》，第100页）]

这个段落的结论——经过权衡所有因素后，舜"不得已而为此"当然与理解王阳明的"知行合一"观相关。这里，我们感兴趣的是王阳明明确指出，在舜遭遇冲突时，任何先验真理都无法提供解决办法。舜是应该征得父母同意还是应该为了传宗接代而结婚？王阳明坚持认为，根本不存在先验的文本或榜样来帮助回答舜的问题。

那么，他该如何处理这个情景呢？柯雄文的解释是因为舜立志遵从理的理想，他必须找到一个方法把情景中的冲突因素看作可创造和谐整体的东西。他权衡了各种因素，找到了解决办法，并采取了行动。简单地认为舜相信在任何情况下争取传宗接代的机会比征求父母对自己婚姻的认可更好是错误的。这种法则很容易成为孩子们违抗父母之命的方便借口。王阳明避免了对此解决方法的公式化解读，他说："假如舜的心不是诚挚地担心没有后嗣，那么他不禀告父母就结婚就是极大的不孝。"（使舜之心而非诚于无后，则其不告而娶乃不孝之大者。）虽然王阳明没有提到，更重要的或许是舜和他父母的情况并不仅仅是单一的、孤立的决定。理是有关时间和空间的纹理，所以我们应该期待和谐的解决方案更像一个过程而非单个行动。实际上，它应该捡起早已存在的趋势和历史事件并与之融合，同时关注未来的衍生后果。[1] 通常，正是靠考察情景的这些更广泛维度才使我们看到和谐的解决办法的可能性。

简而言之，我同意柯雄文的观点，从道德上看待一个情景至少有

---

[1] 马萨·诺斯鲍姆对创造性反应和即兴的而非算计或规范为基础的行动表现的相似性讨论非常有帮助。她对创造性反应的了解与我描述的内容很相似。"根据剧本的行为和即兴的行动之间的显著差异是并非更少而是更多关注情景中其他参与者给出的东西。""她必须让自己的选择符合不断变化的故事，它有自己的形式和连续性。"正如在爵士乐中的即兴表演，诺斯鲍姆继续说："在道德上即兴做事的感知者有双重责任：对承诺的历史负责，对构成其背景的一直在变化的结构负责；对这些的责任尤其体现在她的承诺在每个情景中都是最新构成的，在她自己的历史和情景的要求之间的积极的、智慧的碰撞。"[Nussbaum (1990a, 94)]

时候是在参与创造性的行动。不是遵循现有法则，人们看到了并非由任何法则描述的实现和谐的可能性。这并不是说法则没有帮助，我们每个人在大部分时间都依靠各种各样的法则。① 即使在把某个情景看作不靠现有法则而实现和谐的情况时，其中的创造性也不是"什么都行"的无限制选择。评论艺术家的创造性是否有限制已经超出了笔者讨论的范围，但正在讨论的道德创造性从来不是那样的。相反，无论如何，人们都感觉似乎只有一种选择，即在前文引述的段落中，舜"不得已而为此"②。这回到了我们在第四章第一节的结论，当时我说更安全的说法是我们表达新的解决办法而不是创造它们。

第四节　更充分的图画

让我们盘点一下所讨论的内容。从《论语》中对圣人行为的轻松自然的经典描述开始，我们探索了王阳明的立志和熟志，有机的和谐的理和普遍的仁，以及可以笼统地称为知识/知觉和感觉/行动的统一性（知行合一）。概括地说，观点是实现和谐的熟志意味着用饱含和谐的价值观积极观察世界，这样观察世界就可以与世界互动。

该总结的两个方面需要更好地解释和辩护，这就是最后一节的任务。第一，熟志到底是什么意思？难道我们不是回到了通过意志的行为清除"自我"所有痕迹的严酷画面？第二，为什么观察和互动是一回事？劳伦斯·布鲁姆注意到，"从道德角度观察一个情景并不意味着看待自己在该情景下应有的道德能动性（moral agency）。人们常常认为某种情景是错误的，但并不认为自己有道德义务去做什么"〔Blum（1991，708n9）〕。这与我早先留下的悬而未决的问题有关，即王阳明的"好好色"例子是否真的是非推论（non-sequitur），因为它涉及的感觉似乎和对话者询问的实践（孝）有重要差别。

---

① 请对比第二章中有关法则的讨论。而且，有关亚里士多德的实践理性的很多文献都与此相关。

② 有关道德视野的"必要性"的感觉，请参阅 Murdoch（1970a，40）。

一　梅铎论婆媳关系

如果我们反思哲学家和小说家梅铎的一个著名例子，就会发现这两个议题豁然开朗了。她写道：

> 一个婆婆对儿媳充满敌意。婆婆发现儿媳是个好心肠的姑娘，但是缺乏端庄的举止和优雅的言谈，有些虽不低劣但显然粗俗的行为。儿媳更喜欢直言不讳、不拘礼节、态度生硬无礼，有时候故意粗暴，总是做出一些令人厌倦的幼稚举动。婆婆不喜欢儿媳的口音和打扮，觉得儿子娶了一个不般配的媳妇。为了讨论方便，让我们假设这个婆婆是行为得体的人，对待这个姑娘的方式无可挑剔，决不以任何形式表露出她的真实看法。

> 这是婆婆对儿媳的最初看法。随着时间的推移，婆婆对儿媳的不满和成见有可能会进一步加剧，被一句老生常谈（或许我用了引起争议的词）禁锢起来：我那可怜的儿子娶了个愚蠢而粗俗的姑娘。但这个婆婆是个有智慧的好心人，能够自我批评，能认真地、公正地关注她遭遇的对象。婆婆对自己说："我是个老派的、因循守旧的人，或许有偏见，心胸狭隘。或许有些势利，当然也有些嫉妒。让我再好好审视一番。"我们假设婆婆观察儿媳，或至少有意识地、设身处地考虑儿媳的情况，最后逐渐改变了对儿媳的看法。后来她发现儿媳不是庸俗而是给人新鲜感的单纯，不是举止粗鲁而是天真率直，不是叽叽喳喳而是欢快活泼，不是令人厌倦的幼稚做派而是令人高兴的充满活力等。正如我所说的"根据假定"，婆婆一直以来很得体的外表举止没有任何改变 [Murdoch (1970a, 17-18)]。

初看起来，这或许与我们现在讨论的问题没有关系。梅铎强调"婆婆一直以来很得体的外表举止没有任何改变"，但是难道我们不担心无正确行为伴随的正确感知吗？我想指出的是，梅铎的例子可以被描述为（最初）没有正确感知的正确行为，实际上和没有行为的感情的例子有非常重要的相似之处，这两个问题的解决办法都在于志的成熟，梅铎的例子能帮助我们理解这一点。

人们可能很想知道婆婆在并没有真正看到儿媳理应得到善待的情况下是否真的能达到梅铎的完美行为标准？会不会出现一些情况：她的"正确"意识没有能指导她做出得体的行为？然而，梅铎举这个例子是要强调她那个时代的道德哲学家对清晰可见的行为之外的东西关注得太少了。我的主张是，梅铎描述的婆婆对待儿媳的态度（非行为）需要改变的理由以及婆婆如何改变自我描述正好呼应和说明了王阳明有时显得神秘的知行合一观。

婆婆的问题是，她的行为缺乏圣人的轻松自如。在某种程度上，她能够做到得体地对待儿媳，但并非没有付出心理上的代价。她通过"认真公正地关注"儿媳，以及反思自己的秉性和期待竭力消除这种紧张关系。后来在文章中，梅铎写道"我刚刚用了一个词 attention'注意'，这是我从西蒙娜·韦伊借来的，要表达针对单一个体的公正的、充满爱的凝视。我相信这是积极道德行为者的特征和适当标志"（Ibid., 34）。从结构上说，这非常类似我早先描述的儒家画面，但在细节上差别很大。用"特征和适当标志"等词语就是说它应该是持续进行的行为，或者说，一个人对作为积极道德行为者的承诺。实际上，我一直在描述的儒家观点认为，寻找和谐恰恰是立志成为道德行为者的活动。充满爱的凝视非常接近仁，尤其是因为梅铎的语言（针对单一个体）容许了爱可以针对非人的物体（如王阳明的碎砖瓦）的可能性。当然，也应该注意到两者的显著差异。首先，"公正的"凝视不同于寻找和谐。基于正义或和谐的意思，读者可以感觉到这个比那个听起来更合适，或哪个都不怎么吸引人。其次，梅铎的"单一个体"的焦点与儒家关注的整个情形相互联系的模式也相去甚远。

二　自我的闯入

梅铎的分析和王阳明的分析还有另外一个重要的相似性：遇到并非理想的状况，两人都把主要的诊断重点放在"自我"的闯入上面。这种相似性或许不是十分明显，因为在王阳明那里，从我们考察的段

第七章　圣人般的安详和道德知觉

落看一直是完全抽象的讨论，而梅铎对婆婆的讨论则十分具体。王阳明说肤浅的知识和行为"已被私欲隔断，不是知行的本体了"，而梅铎告诉我们婆婆在反思自我："我是个老派的因循守旧的人，或许有偏见，心胸狭隘。或许有些势利，当然也有些嫉妒。"在思考婆婆列举的种种性格特征时，我们能看到王阳明和梅铎类似的思考路线。如果人有成见、心胸狭隘、势利、嫉妒，他就不能以公正、客观、平衡的方式看待世界。她的"知识"被自私的狭隘想法所扭曲。说婆婆嫉妒儿媳就是承认儿媳在婆婆看来比实际情况更糟糕，因为婆婆对儿子关注儿媳感到恼火，虽然他的关注从母亲转向妻子是自然和适当的。梅铎在另外一篇文章中指出，"道德卓越的主要敌人是个人幻想：那些阻止人们看到真相的自我吹捧和给人安慰的希望和梦想"［Murdoch（1970b，59）］。

同样，王阳明也关心自我的闯入会打破客观性，从而阻碍我们正确观察世界并做出反应。他说："喜怒哀乐本体自是中和的，才自家着些意思，便过不及，便是私。"① 他在另外一篇文章中详细阐述了把个人观点附加在自发反应上的问题：

  国君端身拱手，清静肃穆，六卿各当其职，天下才会大治。心统摄五官，也应该这样。假如眼睛要看东西，心就追求美色。耳朵要听声音，心就追求美声。这好比国君要选官时，自己就去坐在吏部，要调军队，自己就去坐在兵部一样。像这样的话，岂止失掉国君的体统，就是六卿也都不能处理自己的职能。②（人君端拱清穆，六卿分职，天下乃治。心统五官，亦要如此。今眼要视时，心便逐在色上。耳要听时，心便逐在声上。如人君要选官时，便自去坐在吏部。要调军时，便自去坐在兵部。如此，岂惟失却君体？六卿亦皆不得其职。）

换句话说，王阳明相信心的自私欲望可能干扰刺激与反应的天然

---

① 参见 Wang（1983，92，§58）。
② 参见 Wang（1983，100，§70）。

统一体。这或许就像找到不去做某事的借口：忽略真正的情景是因为此刻忽略更容易或更方便。人们常常说服自己不去看世界的真相。或者，更相关的一点是个人背景的某些方面可能不知不觉地闯进来。回到梅铎笔下的婆婆，因循守旧不一定就是坏事，但是，如果她的老派偏好令人错误地、不仁慈地看待他人，就可以被视为偏见或心胸狭隘了。婆婆给自己确定的任务不一定是丢掉她传统的做法成为嬉皮士，而是公正地看待儿媳。在婆媳关系这个例子中，到底该如何做，梅铎给我们的指导很少。回顾一下她说的话"我们假设婆婆观察儿媳，或至少有意识地设身处地考虑儿媳的情况，最后逐渐改变了对儿媳的看法"①。实际上，梅铎称为"unselfing"（非我）的东西，无论在她的哲学著作还是在小说里都有很多阐述。在下面两章中，我使用她的部分内容来描述理学家的道德教育和道德治疗。②

三 "真知引起善行"

现在，让我们先把应该如何去掉自私的问题放在一边，专心考虑我们一直在追踪的前一个问题：知觉、感知、行为真的像王阳明说的那样密切联系在一起吗？梅铎相信正确观察对正确感知非常重要，因此对轻松自如的行动也很重要。一旦婆婆看待儿媳的方法正确，她就无须劳心费神地思考怎么对待儿媳了，因为她"知道"该怎么做。至少在她生活中的小领域，她已经获得真正的善行，因为梅铎说善就是"欲望的完美"——这个观点不由得让人想到 70 岁的孔子。③ 但是，梅铎还有个比王阳明更容易理解的例子。说某个已经做了正确之事的人可以更乐意做这件事是一回事，这应该被看作道德进步，如果她能改变看待世界的方式的话。更激进的说法是，正确看待世界本身

---

① 当我在 2008 年春讲到这个段落时，"理学"课程的学生提出了一个很好的反对意见。我们如何知道婆婆的动机不是简单地减少家中的不和呢？她对儿媳的乐观看法的这种坚定不移的转变，若从伦理学的角度看不是同样有问题吗？我的观点是梅铎的文章没有暗示这是发生的情况，但是没有哪个判断是终局性的。我们对承诺和自我修养的改善的努力是开放性的，也可能出现错误。

② 有关这个主题的发人深省的讨论，请参阅 Antonaccio（2000，ch. 5）和 Gordon（1995，ch. 2）。

③ 参见 Murdoch（1992，344），引自 Antonaccio（2000，142）。

第七章 圣人般的安详和道德知觉

就足以让人产生正确的感知和行动。这就是说适当的感知（王阳明的知）本身足以产生善行，即使并非总是必要的（正如婆婆显示的那样，甚至在重新考察儿媳之前就能行动正确）。①

虽然婆婆的例子没有说明这个更强烈的主张，但梅铎确实支持它，因为她说"真知引起善行"[Murdoch（1970b, 66）]。我认为我们应该把婆婆看作特殊例子，来说明逐渐观察到正确的情景意味着我们将轻松自如地正确行动的普遍情况。正确地观察或许是通过寻找和谐，或许是通过充满爱的公正的关注。不管怎样，我想强调的是在刚才讨论的意义上，这种观察或关注的积极的和充满想象力的本质。它不仅是消极的感知，而且这种差异对理解它与行动的关系非常重要。当代有关道德感知的重要理论家劳伦斯·布鲁姆提供的例子就很能说明问题：

> 一个白人男子提姆在火车站等待出租车。站在他旁边的是一个黑人妇女和她的女儿。一辆出租车开过来了，经过黑人母女径直停在他面前。提姆松了一口气，上了车。
>
> 提姆上了出租车的踏实感或许阻碍他充分认识到司机是绕过黑人母女而选中他的。提姆的知觉中最显著的部分或许只是出租车来了。
>
> 但是，假若上了车之后，提姆悠闲地回顾刚才的情景，把各个画面集中起来考虑，现在意识到了不同的情况（回顾起来），他意识到司机有意绕过了这对母女。假设他推测司机这么做是出于种族主义思想作祟。提姆的这个推理是否正确不如是否似乎有理重要，我假设这似乎有理。这种种族主义认识成为他在此情景上的"立场"。现在，他看到了情景中刚才没有看到的不公正。在提姆或许采取任何行动之前，他认识种族不公正当然比他没有

---

① 如上所述，正确的观察和感受——梅铎的"欲望的完美"或许是最好的行动或表现道德价值所需要的。

认识到在道德上更好（如果其他条件不变 ceteris paribus）[Blum (1991, 706-7)]。

布鲁姆接着在注释中添加了以下的话，虽然知觉很重要，但它与行为的联系仍然没有被很好地理解：

> 用道德范畴来看一个情景并不意味着看到这个情景涉及的道德能动性（moral agency）。人们常常看到一个不公正的情形却不认为自己有道德义务去做任何事。比如，即使提姆认识到发生了不公正之事，但他或许认为不公正已经过去，他无须为此再做些什么。什么让有德之人认识到自己的道德责任与情景有关以及知觉在该过程中的角色等议题值得更深入地探讨，但限于篇幅笔者就此打住[Blum (1991, 708n9)]。

简而言之，虽然婆婆的例子显示人们即使没有70岁的孔子那样的从心所欲也能够做正确之事，但提姆的例子显示一个人虽然能用道德范畴看待一个情景却仍然不采取任何行动。

这里值得更详细地讨论提姆的感觉。他或许经过了长途旅行已经太疲劳了，根本无法弄清促使他行动的义愤；或许他感到恼火，但实在不知道究竟该怎么做才好；或许因为害羞而没有干预。另外，他或许认为这个情景虽然有些冤屈，但根本不是他的问题。或许他觉得世界上本来充满了不公平，而且没有改善的希望，或许虽然他不是这么悲观，但仍觉得这些是"他人"的问题。

就在我阅读它时，王阳明说通向圣人般的随心所欲的道路是在个人世界寻找和谐的志向逐渐成熟起来。很容易把这个口号看作与我刚刚探讨的提姆的不同心理状态有关，但是可能性的复杂范围特别指出"熟志"绝非简单的或单一的过程。对儒家（或梅铎的）自我修养的完整描述就必须考虑这种复杂性。在接下来探讨理学家的修身观点的两章中，我们将不得不考虑这些值得注意之处。

这里我想强调的是，虽然提姆在集中精力关注他的情景以便用道德视角看问题方面取得了进步，但他仍然离王阳明说的"熟志"还

第七章　圣人般的安详和道德知觉

差得很远。这个志向意味着不仅在认知方面，而且在"行"的意义上实现和谐的积极努力：看到它如何出现在人、关系等现有构造中，包括一个人在构成这个情景的事件和关系网络中的位置，通过确定个人的动态位置，指向实现内在和谐的可能性。当这样的志向成熟后，人们就具有渴望实现和谐的坚定秉性，这涉及（还有其他）看到个人"道德代入感"能为实现和谐所做的贡献。当然，这种坚定的秉性恰恰是第三章中朱熹和王阳明描写的"德"。至于"行"，"看到个人所能做的贡献"把王的知行结合起来。也就是说，拥有成熟的志向不仅是注意到世界可以从道德视角来观察，积极地看待世界，而且寻找事件获得解决的合适组合。因为这种观察是积极的，我们已经回答了本节的中心挑战，即我们已经看到知行能按照王（和梅铎）宣称的那样结合起来。

在具体情境下要实现和谐所需要采取的进一步行动到底是什么取决于情景的具体细节。如果我们想象提姆拥有70岁孔子那样圣人般的从心所欲和志向，可能出现不同的情景。圣人提姆或许出差之后非常疲劳，但他在走上围栏边时肯定看见等车的母女，这种看见肯定不仅是注意到而且是认可。我们都在这里等车，他的笑容将说明一切。或许他会上前逗弄一下她漂亮的女儿，在此情景中这是得体的行为。接着出租车开了过来，绕过黑人妇女，停在提姆面前。提姆与司机说话，并对司机的行为做出善意的解释，在此情境下"教导"或许最可能产生效果①——然后招呼她俩坐上人家本该就坐的位置。在挥手与离开的母女道别后，提姆后退几步，等待下一辆出租车，反思这个社会需要改进的空间还很大。

这就是圣人的从心所欲，② 它来自熟志。这种志向并不仅仅涉及通过意志行动清除"自我"的痕迹，不仅因为"自我"没有消失，个人仍然保存自己的独特性和个人利益，而且因为消除自私并非无支撑的。在王阳明的画面中，从积极角度看，志就是仁慈地追求和谐，

---

① 请参阅王阳明在《传习录》中对舜的讨论（§296）。
② 结合我在第六章中对伴随着圣人的"轻松自如"的感情复杂性的讨论，请注意提姆的反思，他的社会需要改善多少才能带有悲哀或伤心的痕迹，这并不改变圣人提姆对情景做出反应时的轻松自如。

而消除自私的视角是这枚硬币的消极一面，寻找和谐是积极一面。我们没有被要求做出无意志强迫的行动是因为存在一个我们可增强做这两种事的能力的过程，修身的两面是相互强化的。显然，有关这个过程还有很多东西可讲，研究王阳明和朱熹以及其他模式的差异也可以学到很多。在本书的第三部分，我将在更大的政治背景下谈到这些道德教育问题。

第三部分
教育与政治

第三部分

银行经营管理

第八章 学会寻找和谐

道德教育是两个主要理学家朱熹和王阳明产生最明显分歧的领域之一。正如在前面的章节中所说，我的目标不仅仅是阐述他们的某个立场，而是在与当代学者的对话中提出一种能够强力干预当今世界的综合立场。虽然我需要避免用相互矛盾的形式把朱熹和王阳明结合起来，但是我想展示他们对人们该如何寻找和谐的深刻见解和洞察力是一致的、富有成效的。在本章中，我将集中讨论理学家的观点来源，在下一章中，批判性地评论这些主题。本章分为两部分，第一部分集中在人们渴望经历的种种"阶段"的观点，然后返回到理学家推荐的具体实践。

第一节 道德教育的阶段

通常情况下，理学家们认定道德教育和道德发展是通过一系列阶段完成的。有时候他们提到具体的实践，如朱熹对阅读经典著作的渐进阶段的讨论，有时候这些阶段更笼统一些，如人们经常说的先有针对小孩子的"小学"，然后才是针对成人的"大学"。而且，前一章看到，王阳明等人认识到立志成圣的必要性以及志向逐渐加深和成熟的必要性。阶段观点非常重要，因为它提供了把学习者和圣人的崇高理想结合起来的方法。朱熹一再强调，一个人在确立这样一个艰难和漫长的目标后，必须知道"入头处"［Zhu（1990，103）］。

一 小学

在《大学》的简短前言中,朱熹解释了经典中存在的两个层次,至少他是这么认为的:

> 八岁的孩子,则自王公、大官以下到平民百姓子弟都进入小学学习。小学的教育内容是:打扫院子卫生、待人接物的礼节、礼乐、算术等文化知识和骑马射箭等体育锻炼。待孩子长到十五岁,则自君王的可继位的太子其他儿子,以及王公大臣和官员之正妻所生的儿子,与老百姓中的优秀子弟都进入大学。教学的内容是格物穷理,使受教者正心、修己,并掌握治人之道。这就是学校教育,大学、小学的教学内容和目的因此被分得清楚明白[Zhu(1990,88-89),稍有改动]。[人生八岁,则自王公以下,至于庶人之子弟,皆入小学,而教之以洒扫、应对、进退之节,礼乐、射御、书数之文;及其十有五年,则天子之元子、众子,以至公、卿、大夫、元士之适子,与凡民之俊秀,皆入大学,而教之以穷理、正心、修己、治人之道。此又学校之教、大小之节所以分也。(朱熹《大学章句序》)]

像其他理学家一样,朱熹强烈批评他那个时代的大部分教育做法。长期以来,朱熹一直被看作支持以文本为中心的学习,认同直到1905年才被废除的科举制度,无数儿童的教育就是在为科举做准备。① 我们即将看到,朱熹确实相信读书在个人修养中占据重要地位。但是,他也担心"可惜举业坏了多少人"(Ibid., 191)。太多学生只是学会在纸上表达圣人的观点,而不是让这些观点成为"自家身己些子事"(Ibid.)。朱熹相信为考试做准备可以同时发生在立志修身上,

---

① 从1314年开始,也就是朱熹去世后的114年之后,他的注释成为科举考试中对许多经典的权威论述[Liu(1986,526)]。

第八章　学会寻找和谐

只要一个人修身养性的志向占据努力的一大部分。① 在实践中，这意味着开发集中在个人秉性、志向和理解的教育课程，而不是让学生死记硬背一些篇章和没完没了的事实。朱熹说："古人只去心上理会，至去治天下，皆自心中流出。今人只去事上理会。"（Ibid.，89）

从本节中介绍的段落可以看出，朱熹相信古人正确地理解了教育必须分阶段进行。小学教导学生做一些活动，从洒扫清除到礼仪规矩，到古代贵族文化中的"六艺"。在某种程度上，这些东西本身是很重要的，但它们的真正意义在于更广泛过程中的作用。朱熹说："小学是直接理解给定的事务。大学是调查给定的理——即为什么事物是这个样子。"（小学是直理会那事；大学是穷究那理，因甚恁地。小学者，学其事；大学者，学其小学所学之事之所以。）（Ibid.，90）还有类似的说法，他说："小学是事，如事君，事父，事兄，处友等事，只是教他依此规矩做去。大学是发明此事之理。"（Ibid.，93）

这两个段落都很能说明问题，而且互相补充。一个人首先学习适当的礼仪，如何进行礼貌的谈话、打扫院子、听从明确的指导。人们通常是笨拙和刻板的，只知道遵从别人给出的明确指示，如果遇到稍微新鲜的情景时往往不知道该怎么做。父亲文章撒落在书桌上，你会整理一下并掸去灰尘吗？母亲的同事在饭桌上提出一些私人问题，你必须回答吗？渐渐地，人们就养成一种对活动的"直理会"以便开始更灵活地行动。朱熹说"古人小学教之以事，便自养得他心，不知不觉自好了"（《朱子语类》卷七学一）（Ibid.，93）。

但是，这些段落提出了两个重要问题。第一，正在进行的是什么样的教育：学生真的是通过小学教育才能变好吗？这听起来和从前章节中讨论的观点有很大不同。按照王阳明的说法（或朱熹），我们的本性和道德感已经充分完成了无须发展。在这些段落里，实际上，朱熹听起来更像亚里士多德，强调年轻人需要养成合适的习惯以便为美德奠定适当的基础。第二，大学添加了什么内容。朱熹谈到

---

① 朱熹说70%的精力用于自我修养的改善，30%的精力用于考试应该是合适的，虽然他接着说："考察以往圣贤之所以教人，无非是让人们探求明白做人的道理，进行自我修身，然后推己及人。"参见《白鹿洞书院揭示》[Zhu（1990，191）]。

"发明此事之理"使之听起来似乎大学产生理论性认识,在此基础上,修养得到充分发展的个人能做出如何行动的正确判断。但这难道不是与我们前一章刚刚讨论的道德知觉的画面和圣人的从心所欲大相径庭吗?

我将把第二个问题推迟到直接讨论大学的本章的第二、三节再来讨论。至于在小学发生的那种进步和发展,让我们从人性充分形成和全面的认识开始。我们在前一章看到,王阳明相信,我们拥有的良知意味着总可以辨认出或受到对某个情景做出适当反应以及追求和谐的令人满足的动机,正如我们能适当地对待这个情况,清除正确看到该情景的自私障碍等。人们或许需要特别的智慧知识以便适当理解所看到内容的意义。我们在对某个典型情景的自发反应中看到"良知"的迹象,如孟子的看到小孩可能要掉进井里而产生恻隐之心的著名例子。在王阳明这样的理学家看来,这些不是需要提高和改进的初步反应而是良知的窗口。我们需要养成寻找和谐的秉性而不是培养辨别和谐的能力和对和谐感到满意的能力。

这里不评价孟子或理学家的人性观哪个更优越。相反,请注意王阳明的途径与亚里士多德途径更加鲜明的对比。在亚里士多德看来,儿童教育对我们的道德发展至关重要,因为我们是在儿童时期养成以正确的形式从正确的事中得到快乐的习惯,养成对高贵事物的喜爱。麦尔斯·布伊特令人信服地指出,在亚里士多德看来,正是通过习惯,我们逐渐了解(第一次)什么是高贵和正义[Burnyeat(1980)]。我们获得亚里士多德所说的"那东西"构成我们第二本性的个人理解和基本秉性。在这第二本性基础上,我们可以继续探索那"原因",即探索善的思想基础。这个探索是哲学性的,通过它我们能获得理性思考能力。但亚里士多德相信,如果没有首先养成适当的第二本性,这种能力就会消失。

我不想夸大亚里士多德和王阳明的差异。亚里士多德相信人性与我们在适当训练后养成的第二本性之间存在天然的契合。我们可以从高尚中得到快乐是因为高尚的确令人愉快。布伊特写道,在亚里士多德看来,你需要"在行为上得到指导,这样在做事时,若有人告诉你它是高尚和正义的,你将发现所得到的教导是真实的。从信任开始你逐渐自己认识到。此时还不是知道它为什么是真实的，而是已经让判断成为你自己的判断，成为你的第二本性，在此意义上，它是真实的"（Ibid.，74）。一个亚里士多德似的学生能够从做正确之事上得到快乐，如果得到适当指导的话。但他或她并没有一开始就从做正确之事中得到快乐（或只是在分散的、随意性的方式上得到快乐）。遵循理学家对早期儒家洞察力的发展，王阳明认为，我们不需要学习从做正确之事上得到快乐。相反，我们需要以适当的方式关注周围环境和我们自己，这样早已存在的道德感（良知）就会前来指导我们行动。

这个差异意味着为人类与社会和自然环境的适当互动内容的元伦理学辩护，将因他是亚里士多德信徒还是理学家而有所不同。而且，即使存在很多相似性，道德教育的内容和初期阶段分割点也有所不同。至少在第五章或更早时，我已经开始讨论这些问题中的第一个问题了，这里我将继续讨论小学问题：如果小学不是像亚里士多德说的那样将"第二本性"习惯化，那它要干什么？

小学有几个相关功能。第一，它提供一个结构框架，在其帮助下我们可以看到我们的自然反应，而通常情况下我们不会充分关注它。这里，礼仪训练特别有用，随后我将详细讨论这个问题。对当代西方许多哲学家来说，伦理学建立在自然的情感反应基础上的观点让人想起休谟。在像小学这样的实践背景下，实际上存在一个更好的当代西方类比：心理学家马丁·霍夫曼有关道德发展的观点与某些理学家的观点形成强烈共鸣。霍夫曼指出他称为"教导"的实践价值，即强化了通感在个人的心理经济中发挥的作用。① 霍夫曼认为在造成别人不幸后，通感本身常常不足以刺激人们的亲社会反应。与"旁观者"的例子不同，"犯罪"案中的孩子往往需要成年人的干预，霍夫曼的关键论点之一是父母的"教导"，其中父母"突出显示别人的视角，指出别人的不幸，清楚说明这是孩子的行为引起的"，这些是最具有建设性的、最重要的训诫［Hoffman（2000，143）］。霍夫曼认为，通常情况下，教导将产生比他认为的其他训诫类型如"power assertion"

---

① 关于关怀、仁爱和通感的关系的讨论，请参阅第五章第一节。

（授权）或"love withdrawal"（爱的撤退）更好的长期后果。教导能够创造内心的"剧本"，从犯罪到教导到设身处地考虑他人困境和后悔再到赔偿。建立在孩子经历通感基础上的这些剧本一旦形成，孩子们就逐渐能够在没有父母干预的情况下激活这种剧本。一旦发生这种感受的内在化，孩子们就有更好的动机去避免犯罪，或至少在做了坏事后会感到后悔并做出赔偿。

把像霍夫曼这样的发展心理学家的观点与理学家有关小学（以及更广泛的道德教育）的教导并置起来能够提供很多对话机会。其中一点是，理学家将促使霍夫曼更认真地思考礼仪作为一种"纪律"所发挥的建设性作用，到现在为止他似乎忽略了这一点。而就霍夫曼来说，他的建立在实证研究基础上的心理学发展的详细描述将给理学家以挑战，要求他们进一步论证良知不需要发展（虽然公平地说，他们认为我们适当观照世界的承诺是需要成熟的）的观点的合理性。我希望未来参与这方面的研究。

第二，现在，让我们回到理学家的小学。它的第二个功能是让我们保持离"道德危险"之处的距离。小学不仅把我们放在积极的背景下，而且阻止我们接触消极内容，毕竟，自私行为的诱惑随处可见。

第三，小学中介绍的行为让我们开始进入（实际上帮助重新创立了）社会，这帮助维持道德教育，我们通过参与其中来帮助表达这些社会的确切形状和特征。

第四，小学开始于约束身体和情感自我的过程。从经典时期的儒家开始，儒家学者都把身体、思想和心灵看作连续的整体。理学家通过"气"来讨论所有这些领域。我们都是由气组成，其中部分可能更"纯洁"。这里需要特别注意的关键点是气的理论最好不要被理解为确立好思想（灵魂）和坏身体的两分法，而是思想——心是被体现出来，身体既有良好反应（良知），至少在个人修养的初期还有坏的或不好的反应。[①] 朱熹说："只有教他们把敬作为核心，训练其身心，

---

① 理学内部有关这限额议题的最深入的讨论来自著名的韩国"四七之辩"。请参阅 Kalton（1994）。

他们才能做出适当的努力。"[Zhu（1990，93）]（如今全失了小学功夫，只得教人且把敬为主，收敛身心，却方可下功夫。）

第五，我们赋予小学的功能是激发修身的意图。王阳明非常清楚地强调了这一点。他有关小学的观点与朱熹的观点互补，提出了礼仪作用的类似观点，但补充了培养天然动机的深刻见解：

> 用唱歌咏诗来诱导孩子，不只是让他们激发意志而已，也是疏导他们的叫跳呼喊到唱歌咏歌上，将他们的郁闷和压抑宣泄到音乐节拍上。用练习礼仪来引导，也不只是要他们举止端庄，还可以活动血脉强健筋骨。用读书来熏陶他们，也不只是启发知觉，还可以在反复思索中存养其心，开阔视野［Wang（1963，182-83，§195），稍有修改］。[培涵养之方，则宜诱之歌诗以发其志意，导之习礼以肃其威仪，讽之读书以开其知觉。故凡诱之歌诗者，非但发其志意而已，亦以泄其跳号呼啸于泳歌，宣其幽抑结滞于音节也；导之习礼者，非但肃其威仪而已，亦所以周旋揖让而动荡其血脉，拜起屈伸而固束其筋骸也；讽之读书者，非但开其知觉而已，亦所以沈潜反复而存其心，抑扬讽诵以宣其志也。（《传习录》第176页。）]

简而言之，王阳明说通过小学，孩子们"入于中和而不知其故"（Ibid.）。

有关小学的最后一句是朱熹和王阳明未必认为它必须是位于被称为"大学"之前的独特阶段。他们的有些评论和小学中的某些内容表现出某种重叠，尤其是在有关敬的问题上。敬是"大学"的关键内容，但敬的逐渐发展在小学中也发挥重要作用。因此，朱熹说在没有明确的小学教导的黑暗时期，"得教人且把敬为主，收敛身心，却方可下工夫"［Zhu（1990，93）]。王阳明对小学应该如何进行的讨论充满了这种论述，比如应该教会孩子养成严肃、尊敬、精力集中、举止得体等习惯，所有这些都被看作敬的内在性情的外部训练［Wang（1963，184-85，§§196-99）]。

二 立志

朱熹讲的方法是人们从小学毕业然后开始"大学"的过程:"大学者,学其小学所学之事之所以——此事之理"[Zhu(1990,90)]。换句话说,与小学相比,大学是更明确的、理论化更强的内容。我将大学分为两个阶段,首先是"立志",其次是"熟志"。我们已经在第七章看到"熟志"是王阳明对圣境的解释,熟志就是孔子在70岁时的志向。在立志的框架下,我讨论一个人在开始有意识地修身养性时所采取的明确步骤。而"熟志"将是我讨论更高一级的修养,以及个人是如何转向实际圣境的不同观点空间的。

朱熹和王阳明都一再强调学生立志的重要性。朱熹说:

> 学生必须立志。"志"的意思并不是用自己的观点压服别人接受。而不过是学习尧舜的欲望。要立志,学生必须下定决心,不断进步。学生最大的失败是他们取得进步的志向不充分。①
> [可学学者大要立志。所谓志者,不道将这些意气去盖他人,只是直截要学尧舜。学者立志,须教勇猛,自当有进。志不足以有为,此学者之大病。(《朱子语类》卷八学二)]

与此类似,王阳明解释了那些没有"诚有求为圣人之志"的人和没有"从事于惟精惟一之学"的人一辈子都可能是困惑不解的,根本不知道原因是什么。② 相反,"学者既立有必为圣人之志,只消就自己良知明觉处,朴实头致了去,自然循循日有所至。无许多门面摺数也"(Ibid., 94)。

把立志作为道德教育的第二阶段是合适的,因为在关键的方面它已经超越小学,虽然小学建立了基础。志向是明确的,是经过挑选的。一个人并不一定真的理解小学中的理,虽然他可能按照理的要求去做。当我们开始意识到自己是修身养性的主人时,大学就开始了。

---

① 参见 Zhu(1990, 104–5)。
② 参见 Wang(1972, 102)。

第八章 学会寻找和谐

虽然如此，理学家理解的道德教育从来不是简单的个人工程。共同的礼仪，与父母老师和其他角色榜样的共同关系，沉浸在共同的文化传统中，与同学一起学习等都能帮助人们逐渐加深巩固自己的志向。

在一个人开始接受传统观点和教导的正规教育时需先立志，理学家的观点或许让人想起佛家的"顿悟时刻"或菩提心（bodhicitta）。按照大乘佛教的各种教导，一个人达到能产生无私决心的时刻，可以采取菩萨的本愿。尤其是在考虑到中国佛教与宋明理学之间的相互关系时，这种并列关系非常有趣，但我想强调的是，我们不应该把这个类比推得太远。一方面，志向在儒家的修养方面发挥重要作用的观点可以径直追溯到《论语·为政》第四节，据说孔子说 15 岁志于学。另一方面，两种志的本质差异很大。我要说，理学家绝不会主张人们应该"无私"。最后，据我们所知，没有具体的仪式或誓言来关注儒家的志。相反，志是人们在日常生活以及在正规道德教育时企图践行的东西。①

接下来我将讨论在教育阶段个人修养提高的实践。这里可以概括地说一点"功夫"的重要性［Zhu（1990, 102 f）］。学习——包括道德发展在内的宽泛用法——是必须严肃对待的事，不能随随便便，甚至还有献身的含义。这里，"功夫"的意思是在一个框架内工作，以便知道"入头处"并且在没有困惑的情况下前进。它也意味着自我驱动，程颢的著名说法是"学要鞭辟近里着己。"② 下苦功夫的部分动机来自内心，如果回顾王阳明强调的方式，小学激发人改善自我的意志和欲望，但是没有人假设学生自然拥有足够强烈的动机，完全依靠自己来提高修养。所需动机的其他部分来自他人，朱熹的很多言论似乎主要就是刺激学生（如"不要等待"）（Ibid., 106）。在很多方面，受人爱戴和尊重的模范都可以感动我们更努力地工作以便达到他们认可的目标。

在进入熟志阶段之前，我们暂停一下，思考立志观可能遇到的问题。程颐提出的观点是有目的的"功夫"是有问题的，而这听起来

---

① "志"的更进一步的对比和讨论，请参阅第九章第一节。
② 引自 Wang（1972, 6; 7n5）。

正是朱熹和王阳明推荐的内容，程颐说：

> 人们说我们必须力行，但是这种说法很肤浅。如果一个人真的知道应该做一件事，他看到任何事都应该做，并不需要等到有了意图再去做。只要他产生了做的意图，这就意味着有了私心。这样的精神怎么能长久？[Zhu and Lu (1967, 63)] [人谓要力行，亦只是浅近语。人既能知，见一切事皆所当为，不必待著意，才著意，便是有个私心。这一点意气，能得几时了？(《近思录》卷二·为学)]

朱熹也注意到颜回（孔子最喜欢的学生）和孔子本人的唯一区别是颜回有意图或目的 [Zhu and Lu (1967, 291)]。

因此，有目的的或被迫的道德行动存在两个令人担忧之处。第一，程颐提到它只是暂时性的。① 第二，它可能导致自私。因为害怕受罚或伤害自己的名誉而做某事或仅仅因为想成为圣人而做某事（如颜回），这强调了自我，却牺牲了宇宙的其他一切。这是自私，理学家往往指责佛教徒自私，因为佛教徒逃避社会中去寻求自己的启蒙。对这两个挑战的回答是理学家确认个人立志成圣随着时间的推移而逐渐成熟，因为个人的志向越成熟，他付诸实践时就越轻松自如。在某种程度上，程颐的批评是不公正的。力行的观点来自《中庸》第二十章，据说它"近乎仁"。换句话说，即使在经典文本中，它也是被理解为做出个人意识到的努力是初级阶段。只要适当的行为导致最终变成自动的承诺，即有意的立志变成自发的秉性，我们就无须担心它的临时性或自私性。

三 熟志

所有理学家都同意道德教育是漫长和渐进的过程。人人都同意圣境至少在原则上是道德教育可达到的状态。在此共识之下，传统的不

---

① 对程颐段落的反思的后人评论家也强调了临时起意是不可靠的 [Chan (1967, 63)]。

第八章　学会寻找和谐

同派别朝向不同的方向。对有些人来说，圣境或熟志或诚是靠突然的飞跃而实现的。但在其他人看来，或许会出现豁然开朗的突然瞬间（悟），但这并不代表意识的某种新的持久状态的到来。另外一个重要差别在于内省和"静坐"是导致产生神秘的、先验的洞察力还是在更世俗化的过程中发挥作用。这些差别反过来与强调个人行为的两个同音异义字有关：静和敬。

我这里提出的观点主要来自朱熹和王阳明，其理论基础是传统中把道德发展的这个阶段看作不断前进的开放性过程的那些方面。这是理学内的主流观点。在某种程度上，"悟"的经验出现或静坐产生作用，但是它们代表了更漫长过程的一部分而不是终点本身。就我更喜欢的观点来说，在本章第二节和第九章将会讨论的关键问题包括：我们如何从推动自己追求和逐渐转变为从心所欲地这么做？"自我"在比较成熟的学生身上发挥了什么作用？我们自己如何达到那个境界？一个关键的观点是这种实践必须是非圣人也可以做的，同时还是继续修身养性过程的一部分。第七章强调，这种结合之所以可能是因为我们辨别和与理的能力不需要发展。需要逐步成熟的是我们寻求和的秉性，好好注意到某情景时，我们看到和的能力本来就一直存在。

在我们思考熟志时，朱熹是特别有趣或应该说特别复杂的思想来源。在他的早年，老师李侗（1088—1158）给他讲授静止和静坐可以揭示一个人"未发"的思想中的天理。① 朱熹并没有完全相信这种直接本能是可能的，最终他反对这个观点，更喜欢后面将要讨论的"敬"的实践。静坐仍然是他个人实践和教学法的一部分，不过只是他更广泛的格物和"主敬"教学法的补充成分。② 我们还要记住的要点是虽然朱熹强调熟志是渐进和漫长的过程，但他愿意承认实际上没

---

① 心的运行的"未发"和"已发"阶段是理学家心理学理论的重要方面。请参阅 Metzger（1977），Wittenborn 的讨论 Zhu（1991）与 Angle（1998）。

② 朱熹认识到李侗的途径是难以维持的，他对严重依赖程颐的另一种选择的展开论述成为很多人研究的话题。在著名的《与湖南诸公论中和第一书》中他宣称他的新观点 [Chan（1963, 600-2）]。有关静坐的内容 [Taylor（1990, 79-80）] 很有帮助。更笼统的讨论，请参阅 [Liu（1988）]。

有人真的完成这个过程,虽然他确实曾写到等同于完成该过程的经历。① 毕竟,圣境是一种真正的可能性。

与他的老师李侗相比,朱熹已经不再强调静坐的实践。王阳明更进一步远离它,不承认它发挥核心作用。他担心集中在沉思默想上会导致学生养成"喜静厌动"的习惯。(若靠那宁静,不惟渐有喜静厌动之弊,中间许多病痛只在潜伏着,终不能绝去,遇事依旧滋长。)〔Wang(1963,217)〕因此,他的教导强调活动的作用,正是通过活动我们才能养成王描述为熟志的寻找和谐的秉性。② 王的著作中有很多迹象显示,道德发展是漫长和渐进的过程,一个他自己也看不到尽头的过程。在一封信中,他写道:"仆之意以为有分寸之知,即欲同此分寸之知于人。"(悟是一点一滴逐步到来的,不是一下子到来的。)〔Wang(1972,20)〕

这些论述朱熹和王阳明的简短段落只是偶尔涉及理学家对待志的渐进成熟过程的表面。许多思想家提到具体的顿悟经验。一个人无论从认知还是从意动的角度异常清晰和有力地认识到万物和谐统一的豁然开朗之时。对这种经验的最常见的(最有理的)解释是王阳明提到的"有点顿悟"。这种清晰或许逐渐褪去,让人向更好处转变,有了更强烈的方向和志向意识。这种经验的最著名讨论之一来自明朝思想家高攀龙(1562—1626)。就我们的目的而言,下面的段落很能说明问题。"我的天赋非常有限,也缺少长期的、严格的饮食起居规范。即使我产生了某些深刻见解,有什么用呢?幸运的是,自从真我暴露出来,每次试图激励自己的时候,我都能回到正确的轨道"。〔学者

---

① 一个很好的例子是他对《大学》添加的评论:"在内省长时间后,就会有个时刻他清晰地穿透一切。无论隐藏的还是展现的,无论微妙的还是清晰的,他什么都能看透了。整个物质和心的庞大运行都廓然清晰。这就是'格物',这就是'知之至'。"(至于用力之久,而一旦豁然贯通焉,则众物之表里精粗无不到,而吾心之全体大用无不明矣。此谓物格,此谓知之至也。)〔Zhu(1987,Pt.1,6)〕

② 在论述理学修身的有益的文章中,罗尼·泰勒描述王阳明集中在活动上是追求"个人的先验本性的存在性确认"〔Taylor(1990,83)〕。我相信这部分是正确的,但是它忽略了我一直在强调的渐进成熟的过程。其中一个可能的原因是泰勒在那篇文章中的明确目标是找到一个方法来把"突然/渐进"范式用在理学中,他的文章的适当结论是这样的模式对理解理学没有多大帮助。请参阅 Taylor(1990,83)。

神短气浮，须数十年静力，方得厚聚深培。而最受病处，在自幼无小学之教，浸染世俗，故俗根难拔。必埋头读书，使义理浃洽，变易其俗肠俗骨，澄神默坐，使尘妄消散，坚凝其正心正气，乃可耳。余以最劣之质，即有豁然之见，而缺此一大段工夫，其何济焉！所幸呈露面目以来，才一提策，便是原物。（高攀龙，《高子遗书》卷三·困学记），引自［Wu（1990，140）］。这个真我的暴露对高攀龙来说不是修身过程的终结而是继续进步的标志，接下来有更艰巨的任务。因此，我发现理学家通常都同意当代学者刘述先的观点，他说"成圣的修炼是一个没有尽头的过程"［Liu（1988，269）］。[①]

第二节 修身实践

现在到了更直接讨论人在刚才论及的阶段应该做什么的时候了。理学家向学生讲授了很多旨在支持或引导学生努力方向的实践。在本节中我们将分三类进行考察：礼仪、读书和关注。对大部分理学家来说礼仪和读书都有各自的作用，虽然它们的确切重要性在传统内部往往受到挑战。"关注"是一个广泛的关键范畴，包括了理学家的若干最独特的修身途径，我们也将看到关注范畴提供了与我们寻找和谐的能力因而走向圣境的最直接联系。

一 精神修炼

为了奠定我们反思当今这些实践的意义的基础（即将在下一章讨论），在转向理学家本人的实践之前，我想首先讨论西方伦理哲学的重要发展。在过去的20年，西方一些思想家提出了古希腊的训练（*askesis*）实践，这个术语影响最大的翻译是"精神修炼"。最近对精神修炼的兴趣来自几个相关问题。现代道德理论似乎"切断了自己与实际道德楷模的生活经验的联系"，以至于"伦理学研究常常被简化为笼统法则和原则或行为准则的分析，忽略了在特定道德背景下人的

[①] 刘述先这里呼应了他的老师牟宗三的观点，请参阅 Mou（1991，127）。有关高攀龙的更多内容，请参阅 Taylor（1990）。

形成"〔Antonaccio（1998，72）〕。这些担忧当然与激发人们对德性伦理学的更广泛兴趣有关。即使对古代精神训练关注很少的德性伦理学家也表达了对更好理解美德的实际发展和更好支持这种发展的方法的兴趣〔Slote（1992，260-61）〕。在此背景下，古代西方哲学家觉得修身实践就比辩论这些实践所依靠的理论更重要，也吸引了更广泛的关注。

一个开创性的学者是皮埃尔·阿多。他总结希腊的哲学观是"作为生活方式的哲学"，描述精神修炼是一种实践，"个人提升自己到客观精神的生活，也就是说，他从整体视角重新审视自己的位置"〔Hadot（1995，82）〕。在最近有关荀子和奥古斯丁的精神修炼的比较研究中，史大海对阿多的使用给出了以下解释："阿多意味着涉及思想、想象力和情感的系统性活动，具有重要的伦理学内容，最终目标是视野的更广泛转变、完整人格的变异"〔Stalnaker（2006，40）〕。史大海显然同情阿多的观点，这种实践对当今具有真正重要的意义，虽然他批判阿多过于轻松地建议当代人可实践古代的精神修炼，简单地扔掉为其辩护的理论观点（Ibid.，34）。若干其他学者充满同情地描述了精神修炼，同时表达了对它们在当今时代难以复兴的担忧。①

在下一章中我将返回到具体的早期实践对当今的意义。当然，我们这些把儒家和理学家传统当作当代哲学来严肃对待的人可以从古希腊（以及后来）"精神修炼"的讨论中受益，因为儒家实践体现了很多相似性。我们将看到，像西方的精神修炼一样，理学家的修身实践与被广泛理解的哲学理论密切相关。理学家的实践旨在改变我们看待世界的方式，正如前面的章节让我们期待的东西那样。正如西方同行做的一样，他们旨在影响我们的欲望和动机。最后，他们把完美作为最终目标，这和古希腊的精神修炼也一样。但是，在我们走进中国实践本身时，不应该不注意到他们与阿多等人的显著差异。阿多强调古希腊精神修炼涉及普遍的理性限制，甚至消除激情，而理学家的实践

---

① Kline（2007）担心史大海本人对他讨论的古代实践对当今时代的相关性过于乐观。Antonaccio（1998）认为当代这三种努力（阿多、福柯、诺斯鲍姆）的复兴存在困难，于是提出了精神修炼的建立在梅铎的观点基础上另外一种途径，她相信这种途径可以避免这些困难。

以不同的机制推进，并不试图消除所有情感甚至不试图消除欲望。①前面章节讨论过，不同传统中的完美观也存在重要差异。阿多和奥古斯丁的主体追求一种最终是超越其能力之外的"神圣性"，而对理学家来说，圣境是人类可以实现的目标，至少从原则上说是如此。②与之相关，"精神"这个词本身与中国背景的相关性就令人怀疑。因此，我选择使用理学家的"修身实践"而不是精神修炼。③

二 礼仪

在本章的第一节，我们看到各种不同的礼仪实践是个人总体人格发展的"小学"阶段的重要内容。对任何时代的儒家来说，礼仪都是他们理解的影响人们行为和性格的重要内容，对有些儒家学者来说，礼仪是绝对的核心。史大海在描述荀子的精神修炼时指出，礼仪和与之相关的音乐表演是荀子"人格形成的三大主要技巧"中的两个 [Stalnaker (2006, 179)]。在荀子看来，礼仪不仅帮助我们远离道德危险，而且如上所述在塑造人格方面发挥重要作用，使我们能够无论具体情景如何都能做出适当回应。④

与荀子相反，理学家的主流观点并不把礼仪看作人格发展体系的核心。小学是礼仪占显著地位的重要阶段，但在大学中礼仪的作用就小多了，而大学是道德教育整体过程中占最大比例的部分。相反，我

---

① 史大海已经强调，对奥古斯丁来说，不仅仅是理性限制感情。奥古斯丁和荀子都拥有史大海所说的"受到抑制的智慧主义"，据此不断增加的智慧承诺和变化了的习性倾向是并存的 [Stalnaker (2006, 278)]。

② 安托纳西奥强调保留神圣性概念的意义，认为对梅铎来说我们最深刻的自我和真善之间的紧张关系"仍然是道德生活内部的经常可能性" [Antonaccio (1998, 86)]。她批评诺斯鲍姆在复兴斯多葛派"欲望疗法"时放松对完美的强调。

③ 关于阿多使用"精神的"的理由，请参阅 Hadot (1995, 82)。史大海非常认真和深刻地讨论了相关议题，他对"self-cultivation 自我修养"（常常用来翻译修身）的不舒服，即认为它过于个人性过于扎根于农业比喻所以对荀子是不适当的，他更愿意使用精神修炼 [Stalnaker (2006, 43)]。

④ 荀子对礼的描述提供了一个引人入胜的答案，用来反驳"情景主义者"对德性伦理学的挑战，因为他能够接受性格特征常常不是强壮的，因而不能跨越不同的场景（因此需要礼仪让我们脱离道德危险），同时认为朝向强壮的道德品格的转变是可能的。更进一步的讨论，请参阅拙著 *Angle* (2007)。

们应该认识到礼仪以及更笼统的小学有助于培养一个人关注直接情景和更大背景的能力。我们即将看到，个人和背景对理学注意的适当活动都至关重要。在随后的章节转向政治领域以及国家在推动价值和人格发展中的作用等问题时，我们将再次看到礼仪发挥的重要作用。朱熹和王阳明都起草了著名的文件，描述应该如何建立当地社区，以及礼仪在社会中所发挥的作用。虽然，这些文件与小学对应，但实际上，它是国家要求个人应该做的一切。如果超越了小学的范围，我们就必须寻找老师帮助，并投身于学习过程了。

有很多迹象显示，礼仪对朱熹不像对荀子那么重要。其中一点就是，朱熹一直强调现在有必要修改传统礼仪以适应新时代变化了的情景［Zhu（1997，Sections 84－91）］。这并不是要消除礼仪，但确实将设计和评价新礼仪的必要性和重要性的价值放在了突出位置。朱熹也明确批评了前辈张载过分强调礼仪的观点。① 最能说明问题的是，朱熹并不认为礼仪能提供个人改造所需要的独特的、必要的手段。在一典型段落中，他把求助于礼仪的经典文献如"出门如见大宾"跟其他观点（如"修身养性"）放在一起，接着他得出结论"各自观之，似乎参差不齐，千头万绪，其实只一理，只就一处下工夫，则余者皆兼摄在里许。圣贤之道如一室，虽门户不同，从一处行来都入得，但恐不行工夫尔。"（《续近思录》卷十一·教学）② 显然，礼仪在这里被认为是不必要的。我想指出，如果不承认它的独特用途，礼仪将成为次要的。③ 我们在阅读这个段落时，不应该强调礼仪是进入房间的"充分条件"的潜在作用，而是把这看作轻描淡写礼仪对大学的贡献。

三 读书

阅读"经典"是从战国时期以来儒家对修身认识的一部分。《论语》记录了孔子教导学生读《诗经》，荀子清楚说明儒家传统就是通

---

① 请参阅 Zhu and Lü（1967，49），和 Kasoff（1984，82n52）的讨论。
② 请参阅 Zhu（1991，154）。分别引自经典文献《论语·颜渊》第二节和《孟子·尽心上》第一节。
③ 后来的儒家复兴了礼的独特重要性，批判朱熹等人忽略礼仪。请参阅 Chow（1994）。

第八章 学会寻找和谐

过经书传播的，因此特别强调读经的重要性［Stalnaker（2006，161）］。一个人应该如何读书如何对待经典，理学家传统中存在一些著名的争议。朱熹强调读书尤其是强调特别的课程作为核心，而他的同代人陆象山则认为"六经皆我注脚"。许多学者认识到在表面分歧的口号之下，人们会发现有相当重叠和认可的内容，这成为我提出读书作为修身实践的笼统目标的基础。

请让我从总结理学家对读书观点的演变开始。早期思想家如张载和二程兄弟都认为读书是修身的重要手段，提出了应该读什么（如张载说历史和文学的价值最小，而《论语》和《孟子》适用于初学者）以及如何读书的基本观点：用文字指向意义和文本背后的真理，而不是纠缠于细节性阐释［Kasoff（1984，83-84）］。当然，任何强调读书的观点的潜在负面因素就是可能忽略要在实践中寻找意思的告诫，因为学生的注意力集中在记忆经典文本本身，尤其是考虑到经典在科举考试中所发挥的作用。刚才提到的陆象山的观点强调了经典文本不是独立于个人道德判断的权威，这肯定是对当时社会中常见的过分强调读书的反应。朱熹的反应不同。他通过写作、教学和评论清楚说明一个人到底应该读什么书以及如何读书的问题。但是，作为修身实践的读书理想与作为成功手段的读书的寻常现实之间的张力依然存在。王阳明从其他角度向我们表明了读书的适当作用。我们即将看到，他仍然认为读书发挥了重要作用，甚至同意朱熹的观点，即为准备考试而读书本身并不是问题。但是，读书的要点必须是它能帮助人们认识到把过去与现在的事件与个人良知的判断结合起来的理。

因为朱熹的读书观非常详细而且影响巨大，更仔细地谈论它是有道理的。① 如果我们把它分为熟读、精思、切己、体察四个阶段就能更好地理解朱熹的教导。下面将依次讨论。朱熹一再强调一遍遍背诵文本以至于把文章"熟读"的重要性，哪怕少读一些，但要真正"反复体验"。泛观博取，不若熟读而精思［Zhu（1990，132）］。这种程度的熟悉是必要的，因为我们将看到，读书的目标不是获得信息。当然，认识到圣人能够轻松自如地行动，在别人看到冲突的情景

---

① 朱熹推荐的读书方法的特别彻底的讨论，请参阅 Peng（2007）。

中找到和谐的解决办法是有用的。但一个人不仅仅是学会说这些话，他需要做得更多，需要发现自己的个人相关性而不仅仅是"知道"这些教导。朱熹提供了很多如何背诵的具体建议："埋头理会，不要求效"，在你挑选的短篇上"猛施工夫"，一次不要贪多，需要的时候要休息，不要在读书时游荡等（Ibid., 132 f）。或许最重要的是，朱熹说"读书须将心贴在书册上"：只要我们的精力集中在书上，就可以带着"虚心"走进文本（Ibid., 145-46）。我即将详细论述，此处的焦点和集中精力也与"关注"的其他实践有关。

作为完成读书目标的第二步，人们从熟读到精思。朱熹说我们需要"行思坐想，或将已晓得者在三思省"。同样道理，"然熟读精思既晓得后，又须疑不止如此，庶几有进。若以为止如此矣，则终不复有进也"（Ibid., 133, 135）（《朱子语类》卷十，第168页）。朱熹强调"疑"的重要性：我们应该有疑，然后解疑。我们应该特别怀疑自己的观点而不仅仅是怀疑他人的观点。［看文字须是虚心，莫先立己意，少刻多错了。大抵义理，须是且虚心随他本文正意看（Ibid., 151）。］精思的方法之一是朝向能够发现更大理的地方：文本之理、我们对所描述情景的反应，以及对当今情景的认识。所有这些最终构成整体之理的一部分。前面章节讨论过，达到寻找和谐的可能性和对它做出反应是圣人追求的核心。

但是我说得有点儿快了。精思的关键功能——连同心思集中的关注——帮助我们解放思想，摆脱偏见，这反过来帮助我们看到理的可能性。我们的"进步"不是完全线性发展的过程。重新思考已经清楚的东西的必要性说明修身存在着出差错的可能。前面讨论过，人们的志向或许可以无限地走向成熟，值得注意的是，朱熹提到了阅读中"悟"的时刻，虽然它一定不是终结。这是进步过程中的另外一步（Ibid., 134）。

所有这种"反覆体验"有另外一个很像消化的功能。彻底反思的结果是我们进入朱熹所说的第三阶段——切己。朱熹推荐的研究文本之法是像吃水果一样咀嚼它们，发现它的"滋味"（Ibid., 134），这不可能不改变我们再次说明读书不光是学习事实的过程。通过与圣人话语的亲密接触，即朱熹所说的我们应该"摩擦"文本，逐渐把所读内容内置化（Ibid.，147）。切己的结果就是个人观念发生改变。

最后，我们来到超越文本之外的第四步。朱熹说我们的目标从来不仅仅限于了解某个文本的表面意思（Ibid.，129）。这些文本是我们认识圣人之意并受其影响的工具。这将最终带领我们无论看什么都看到理的可能性，到了此时就不再需要依靠文本了。实际上，朱熹开始了他讨论读书的两个章节，开头就说"读书已是第二义"（Ibid.，128），后来他补充说："当我们读六经的时候，应该好像没有六经。我们不过是在心中寻找大道之理。"（Ibid.，152，）（读六经时，只如未有六经，只就自家身上讨道理，其理便易晓。）他在读书讨论的最后说：

> 因为我们有经典的注解，所以理解了经典。一旦理解了经典，就不需要注解了。我们依靠经典仅仅是要认识理。一旦抓住了理，就不再需要经典了。［经之有解，所以通经。经既通，自无事于解，借经以通乎理耳。理得，则无俟乎经。（《朱子语类》卷十一·学五·读书法下）（Ibid.，157）］

这些段落帮助我们全面观察朱熹对注解评论的终生投入。这些经文本身从来不是目标，而是个人修身和改造的工具。

考虑到中国和西方对理学家的历史描述中根深蒂固的学派划分，程朱学派和陆王学派，在陆象山和朱熹辩论如何走近自我修养提高时，我们或许期待王阳明站在陆象山一边。前面提到，陆象山强调内省而不是读书。但是，令人印象深刻的是，王阳明在这个争议中的观点非常细腻，对朱熹的观点相对来说比较同情。无论是在书信中还是在《传习录》中，他都赞同朱熹支持的外部研究（尤其是读书），只要它们被更加内省的"尊德性"来平衡［Wang（1972，71 and 75）］。王阳明说，读书好啊，只要人们读书时带着提高自我修养的强烈志向而不是作为博取功名的手段［Wang（1972，43）］。出于朱熹讨论过的同样理由，即作为我所说的小学的一部分"入于中和而不知其故"［Wang（1963，183）］，王阳明也赞同背诵经典。像朱熹一样，王阳明也相信"读书不可贪多，且要精熟"（Ibid.，185）。他还强调说，从我们最终明理的角度看，经书和史书都已不再需要（Ibid.，23）。

我不想让读者留下印象，以为朱熹和王阳明有关读书的观点没有多大差异。朱熹鼓吹具体的课程，感觉到按特别的顺序读书是取得进步所必需的。他在漫长的一生中要花费不同寻常的努力对经典做前后一致的评价，以便让学生抓住要点，从而不再需要经典的支持。生活在不同时代的王阳明有不同的想法，他的主要精力花在追求与朱熹不同的其他目标上，王阳明在一生中担任过高官和军队职务。尤其是在他晚年著作中，王阳明对花费过多精力对经典进行冗长和系统的探讨没有多少耐心，把越来越多的精力集中在狭隘的"致良知"教导上。① 虽然如此，他自己的经典学养仍然从他的作品和对学生的评论中充分展现出来，人们只能假定他是期待学生完全理解他提到的典故。简而言之，读书作为理学家修身实践的重要组成部分应该没有多少疑问。②

四 关注——第一步

在王阳明看来，如果我们要达到圣人般的从心所欲的话，立志和熟志是关键。在有关该话题的一次重要讨论中，王阳明说："求学者向善的志向哪怕只有一念，就像种树一样，不要人为助长，也不要忘记培养，只管培植就是，自然日夜都在生长。活气日益完备，枝叶日益茂盛。树木初生时，有了繁枝就需要修剪，这样根、干才能粗大。初学时也是这个道理，所以我说：立志贵在专一。"［Wang（1963，72-73，9，§115）］［学者一念为善之志，如树之种，但勿助勿忘，只管培植将去，自然日夜滋长，生气日完，枝叶日茂。树初生时，便抽繁枝，亦需刊落，然后根干能大。初学时亦然，故立志贵专一。（《传习录》，第67页）］我们把王阳明对修养的早期阶段强调专一的评论和朱熹的评论并排放在一起。朱熹说："如果一个人成功地保持

---

① 请参阅收录在 Wang（1972）的后期的书信，比如（Ibid.，119-20）。
② 据我所知，虽然没有被理学家讨论，阅读不同于我们自己的人的书籍也能帮助我们的道德教育。它在两个方面提高我们对他人的关注：帮助我们感觉到他们"像我们一样"，因而在我们关心的范围，促使我们对他们的痛苦感同身受。理查德·罗蒂强调这些观点是他所说的"情感教育"的一部分［Rorty（1993）］。

敬，他的心就清晰，天理也将明了。不需要做出丁点儿的努力，根本不需要做一点儿努力。"（若能持敬以穷理，则天理自明，人欲自消。）① 换句话说，"敬"据说是最终获得圣人般从心所欲的关键。这个状态是无须做出任何努力就可做应该做之事。我以这些言论开头的意图在于指向更大、更复杂并最终统一的实践领域，我们可以称为"关注"。

我要论证的专业术语的范围非常广泛，可以归类为与关注有关的实践。下面的清单或许有些帮助：

  敬、主敬、存敬、主一、专一、慎独、尊德性、格物、穷理、致知。

有些概念是狭隘的、具体的，有些则是广泛的、多义的。许多术语来自经典文献，尤其是《大学》。其中有些术语的意思一直存在争议，但是我用统一的、连贯的方式考察这些术语的努力得益于下面这个事实：朱熹、王阳明及其很多同行都常常提出一些说法，似乎表明这些术语是同一个过程的对等或不同的方面（实际上，把这个名单继续添加下去也是可能的）。我还想指出，某些第二位的实践（如克己、静坐）至少部分是从它们有利于关注的发展而具有价值。甚至礼仪和读书也可以这样来描述，但这些本身有很多内容，所以我用单独的章节来专门讨论它们。

"关注"能抓住这些多样意义的核心目标有三个原因。第一，用一个并非传统的核心术语的词揭示该传统相互之间共享的概念和实践是有帮助的。第二，"关注"伦理学跨文化研究和比较宗教学的一个重要类别，在梅铎的伦理学中也是重要概念。我已经使用过这个词帮助解释"知行合一"及圣人般从心所欲的观点。这里使用的"关注"范畴是史大海的桥梁概念的另一个例子，有助于进一步讨论理学家在寻找什么，不要找什么。第三，"关注"不过是标明修身实践的类型和目标的好术语，接下来我解释这种实践是关注某个"东西"（随后

---

① 英译文选自 Chan（1963，606 – 7）。

详细说明）本身以及相关背景，换句话说，看待每个"东西"的独特性和相互联系性。

五 敬

我列举的术语并不都是平等的，敬（我翻译成 reverence）显然是最重要的术语。与其他多数观点不同，它有更具体的外在表现，因为敬可以从人的姿势、言论和行为上体现出来。结果，敬的起点是修身初级阶段的一部分。朱熹说：

> 庄重地坐在那里，如同接受祭拜的祖先，谨慎地站在那里，如同参与祭祀的仪式。脑袋须端直，脚步要稳重，手势要谦虚，嘴巴要安静，表情要严肃，这些都是敬的表现。（坐如尸，立如齐，头容端，足容重，手容恭，口容止，气容肃，皆敬之目也。）[①]

下面一段表达了类似的信息，同时说明了它和其他实践的明确联系：

> 要解释"持敬"并不需要很多话。只要充分地抓住这些词语的味道（程颐）即可。整齐严肃、威严庄重、改变容貌、整理思绪、端庄衣服帽子、庄严凝视等，做出具体的努力按他们说的做。那么，程颐所说的"直内"和"主一"就自然出现，根本不需要做出额外的努力，身心变得肃穆，内心和外表保持一致（Ibid., 171-72）。[持敬之说，不必多言。但熟味整齐严肃，严威严恪，动容貌，整思虑，正衣冠，尊瞻视此等数语，而实加工焉，则所谓直内，所谓主一，自然不费安排，而身心肃然、表里如一矣。（《朱子语类》卷十二）]

在讨论小学时，王阳明敦促学生接受类似观点，虽然他没有明确

[①] 参见 Zhu (1990, 172)，稍有改动。第二句的引用和内容来自《礼记》。

第八章　学会寻找和谐

把这些定义为敬。学生应该"凡歌诗须整容定气，凡习礼需要澄心肃虑，审其仪节，度其容止，讽诵之际，务令专心一志，口诵心惟"［Wang（1963，184–85），稍有改动］。在朱熹看来，这些指教就是"敬"本身，虽然不是"敬"的最深刻意义。我们不是很清楚王阳明是否把这种行为看作"敬"本身，但因为我的论证是敬与其他辅助性内容联系在一起共同构成旨在培养"关注"的统一实践，王阳明和朱熹是把端庄的举止看作敬的一部分还是作为实现敬的手段，其实并不重要。

至少对朱熹来说，身体或情感上的这些表现就是敬的一部分。它们当然和礼仪的更具体要求有关（这个我随后再讨论），而且在道德发展的初级阶段也发挥着重要作用。但是，令敬如此重要的因素不在于这些具体行为而是它们有能力逐渐变成我们人格广泛、多样的属性。一些当代分析家已经注意到敬的多维度本质。20 世纪伟大思想史家钱穆就指出，朱熹的敬的观点包含六个方面：敬畏、克制、精一、谨慎、清醒、整洁与庄严［Qian（1989，Vol. 2，298 f）］。一个当代学者列举了另一种六个方面："专一不受干扰""总是保持警惕""总是审视自己""体贴关心""井然有序高贵庄严"和"敬畏地站立"，他还把敬与谨慎和恐惧联系起来（参见崔硕未发表的文章）。我在这里的观点是，联系我们开始看到这个概念的统一性，也可以看出它是关键美德，崔硕也指出，当我们看到其外在表现和两个核心内在方面（即敬不仅揭示了相互而且激励我们）联系在一起时，敬是关键美德。

我们一直在讨论的外在方面即是一个人对当下背景的一种特殊的统一认识的准备和最终表现。对某些理学家来说，道德发展的关键是通过沉思的技巧逐渐看到和抓住内心纯粹的善，同时找到办法在个人的情感和行动中表现出这种纯粹的善。朱熹本人受到该途径的诱惑，但后来逐渐看到它的根本问题。他在著名的信《与湖南诸公论中和第一书》中说："然未发之前，不可寻觅；已发之后，不容安排。"① 这里表达的意思是人们无法感受还没有实现的情感，这

---

① 参见 Wenji（Vol. 64，28b–29b）。

个概念上的真理不可避免，而一旦对某个情景做出了反应，再修改已经来不及了。当然，人们可以试图压制糟糕的反应，有意敦促自己做正确之事，前面章节中提到的梅铎关于婆婆的最初反应就是说明问题的例子。但是，这种有意为之显然不是朱熹一直在寻求的圣人态度。①

那么，朱熹的解决办法是什么呢？他（和包括王阳明在内的许多理学家）觉得关键是按照个人看待世界的方式行动。如果一个人改变了情感流动的心理框架，那么他就能保证这些情感会正确地展现出来。我们在前面的章节中已经看到这种转变产生的后果，熟志和圣人般的从心所欲等都是如此。这里我们关心的是如何做。朱熹对外在庄严与内心收敛的矫正作用的最直截了当说法是"不要认为敬是在你身之外的重要东西。它只是收集你自己心中的力量，集中在专一上"（敬只是收敛来，敬只是此心自做主宰处。主一只是专一）[Zhu (1990, 174)]。同样，朱熹说敬是"让专一成为不受干扰的大师"（敬者守于此而不易之谓，敬是始终一事）[Choi (2005)]。

到现在为止都好。专一或精一位于敬的核心。但是，如果我们在这里停下来，就面对两个问题。第一，为什么专一和"敬畏"（或恐惧）之类情感联系在一起并通过"庄严"表现出来？这难道不是人对碰巧专一的某个事物有些奇怪的崇敬态度吗？第二，朱熹在其他地方说"只敬而无失，便不偏不倚，只此便是中"[Lao (1980, Vol. 3A, 299)]。但是，排除任何干扰，专心集中做一件事，怎么就能获得没有偏见的结果呢？或许更自然的想法是人专注于那个特别之事以至于根本不考虑世界上还有其他重要事。如在特定情况下，一个人认识到的不过就是他在吃的三明治香甜可口。

这些问题的可能答案之一是一个人集中关注的问题不是三明治本身而是个人的情感和三明治激发的其他反应；一个人充满庄严和恐惧地试图避免的东西是自私的苗头。"啊，我很高兴是我而不是爸爸得

---

① 有关朱熹态度的转变，请参阅刘述先（1988）；有关朱熹对这个问题的心理学背景的理解的讨论和对他的解决办法的初步分析，请参阅 Angle（1998）。崔硕对我早期的分析的细腻批评让我受益匪浅。

第八章　学会寻找和谐

到了剩下的最后一块火腿，味道真是太好了"之类想法必须马上消除掉。朱熹说出了一些导致这种解释的事，有些分析家就这样解读他的观点。① 我认为朱熹确实看到了消除这种反应的价值（我随后将详细讨论），他往往在"克己"的类别下讨论这个问题，但这不是敬本身真正关心的问题。看到这点的方法是了解朱熹对敬之后的内容如何解释。在一篇非常说明问题的段落中，朱熹说：

> 观气象，用敬正内心。在充满敬的时候，你的内心是统一有序和正直的，从上到下没有自私的缺点。如果不敬，你的内心将充满各种事物的比较，行动时总偏向（这边或那边）。想对甲有利，就必须伤害乙。或正好相反。这样，你怎么能让人人都满意呢？[须看"敬以直内"气象。敬时内面一齐直，彻上彻下，更无些子私曲。若不敬，则内面百般计较，做出来皆是私心。欲利甲，必害乙；利乙，必害丙，如何得安（《朱子语类》卷四十四）[Zhu（1997, 1022）]

某人持敬的"内面"不是"百般计较"而是统一的，他对情景能够做出无须偏向任何一方的反应。这呼应了从前讨论过的一篇，其中把敬和"无私心"而达到中和联系起来。这两篇都强烈呼应了圣人能够在复杂恼人的情境中看到和谐的解决办法的观点，这正是我在第六章和第七章详细讨论过的内容。

如果敬不是恐惧地持续观察个人出现的情感，那它是什么？我认为它是专心考虑个人面对的某个特别之事，考虑它的所有特别之处，同时还意识到此事与其整个背景的相互依赖性。只有通过这种彻底情景化的方式看待它才能看到它对特定刺激做出的理想的和谐反应，也

---

① 请参阅朱熹把敬比作站在门口站岗的警卫[Zhu（1990, 119–20）]。孟旦写到这个形象"暗示一个非常警惕的状态，人们总是警惕新出现的情绪和行为规范的要求之间的潜在罗网纠缠"[Munro（1988, 127）]。也可参阅 Choi（未出版的）和我早期的讨论 Angle（1998）。这一篇中有证据反对把朱熹理解为直接指出门口站岗，因为他说理想的敬总是有一种结果，没有防范的"恶行"，没有克制的"自我"。但是，如果敬涉及事后都有问题的感情的压制，在它们进入意识中时，这怎么可能呢？

只有这样他才能避免"私心"。一个人"专一"的意思不是洞穴视野而是不受干扰和专注焦点。如果看一些著名的段落，我们就能开始更好地理解一个人是如何按照朱熹希望的方式对付特定情景的。比如，程颢下面的说法就得到朱熹的认同：

> 关于定，我的看法是：动是定，静也是定。稳定的本性无离去与返回之分，也没有所谓内外之分。如果认为外面的东西为外，牵引自己顺从它，这样看，即是认为自己的本性有内外之分[Zhu and Lu（1983，34－35）]。[所谓定者，动亦定，静亦定，无将迎，无内外。苟以外物为外，牵己而从之，是以己性为有内外也。且以性为随物于外，则当其在外时，何者为在内？是有意于绝外诱而不知性之无内外也。（《传习录》，第37页）]

在评论这封信时，朱熹说，这里的"性"应该被理解为"心"：人们不应该把本性分为内外。同样，他引用张载的说法，我们应该避免拥有"有外之心"[Zhang（1978，24）]。朱熹评论说：

> 或问，"如何是'有外之心'"？曰："只是有私意，便内外扞格。只见得自家身己，凡物皆不与己相关，便是'有外之心'。"[Quanshu（Vol. 44，13a）]

简而言之，当一个人关注特别之事，他肯定要结合它们之间的相互关系来看待。①

六　隐含意义

接下来，我将有机会展开论述一个人如何获得朱熹所想的那种关注。现在，我们注意到两点。第一，看待事情（或事物、事件、关系

---

① 相关的讨论，请参阅 Cheng（1991，382－8）。王阳明说了非常相似的话，虽然他特别强调相互依赖性，独特性从这个画面中几乎完全消失了："专一就是心绝对专注于天理"[Wang（1983，56，§15）]。注意到依靠情景的相关性的特殊性的持续存在的段落，请参阅《传习录》§63。

等，所有这些都可以被指为"物"）的相互关系和相互依赖性意味着把它们看作是按照理的纹理组织起来的。理在很多层次上发挥作用，最终甚至在最琐碎的情景也都与天理本身有关。随后我们再详细谈论这点。第二，回顾一下我们在第七章讨论的王阳明的观点"与万物结为一体"是有帮助的。要记住，这并不意味着万物都是平等的，虽然它们都与理的光谱有关系。同样，在朱熹（或被他引用的早期理学家）看来，说心外无物——除了自我再无其他——并不是说人们应该把万物都看作平等的。人们专注于事物的相互关系但无须失掉看到独特性的眼光：这就是和的路径。

把敬理解为专注在天理的整体嵌入性之中的特别之事的另外一个好处是，我们看到为什么朱熹谈论"敬"而不仅仅是"焦点"，以及为什么"敬畏"（有时候是恐惧）也是敬的一部分。① 在第五章第一节，我已经初步解释了敬如何激发行动，虽然应该牢记第五章的讨论吸收了保罗·伍德拉夫有关"敬"的很多观点，这部分受到儒家传统的激发，部分因为梅铎的观点，他的"善"的观点与儒家学说的关系就更遥远了（当时就注意到）。因此，我们来看看朱熹是怎么说的。在下一章里，我们将思考这些如何与保罗·伍德拉夫和梅铎的观点联系起来，以及像敬之类内容在当今实际的"有志"生活中会发挥什么作用。

朱熹非常明确地指出敬的这种感情维度的重要性，他曾经说"敬只是一个畏字"［Zhu（1997，188）］。他还把敬描述为"专一集中在出现的每件事上，带着庄严谨慎和敬畏，一点儿都不放松"（敬不是万事休置之谓，只是随事专一，言谨畏，不放逸耳。）我发现最详细论述朱熹的"畏"的内容出现在他评论《论语》中孔子说君子敬畏天命的段落。朱熹评论说"畏"意味着最崇高的恐惧，它是看到天理时不可避免的反应，因为人看到了实现这个理是他的责任，但这个

---

① 有些学者事实上把敬翻译成"seriousness"（严肃）或者"inner mental attentiveness"（内在的心理专注），两者都错过了该概念的这方面。请参阅 Chan（1963）和 Zhu（1990）。加登纳相信"专注"抓住了"敬"，请参阅 Gardner（2004，116n12）。

无法逃避的负担非常重大。① 关注令人看到事物的相互关系，这反过来意味着看到"理"更广的可能性：和的生生不息。朱熹称这种专心参与世界为"敬"是因为人们对自然出现的任务感到害怕但仍然投身其中。我们在第七章讨论过，人们应该不仅注意到和的可能性，而且是自发地寻求和。人们越接近圣人般的从心所欲，就越不需要做出努力去时时刻刻保持敬畏。虽然对多数人来说，维持适当的参与的态度需要做出严肃的努力。朱熹对学生说：

> 未说道有甚底事分自家志虑，只是关山玩水，也煞引出了心，那得似教他常在里面好！如世上一等闲物事，一切都绝意，虽似不近人情，要之，如此方好 [Zhu (1990, 174)]。

自然本身可以是敬畏的对象，但却应该避免被风景所干扰。

我说自然本身可以是敬畏的对象是什么意思呢？我的答案将带领我们简要地讨论所有理学家都特别关注的"格物"辩论。格物引起争议的部分原因就是王阳明对朱熹解释的批判。至于自然的问题，据说王阳明花费了整整三天时间试图通过集中注意力关注一棵竹子了解理是什么。他的失败最终导致他提出了强调内心和个人良知的独特教学方法。不是探索王阳明有关朱熹论证的错综复杂性（至少部分是因为误解），更具建设性的是迅速查看朱熹到底是什么意思，以及王阳明觉得格物到底应该意味着什么。格物对他们两个都非常重要，因为按照《大学》的说法，这是修身的第一步。如果把它和朱熹喜欢用的其他术语结合起来，他解释格物的经典论述是"致知在于格物的意思是，如果我们希望把知识扩展到最远的地方，我们就必须彻底探索

---

① 请参阅《论语·季氏》第八节（君子有三畏：畏天命，畏大人，畏圣人之言）。朱熹的评论见 Zhu (1987, Pt. 3, 124)。在有关儒教的发人深省的讨论中，成中英认为它与各种西方概念的差异，特别指出"儒学或者理学中不可能找到任何神圣的恐惧或恐怖之类东西"，请参阅 Cheng (1991, 475)。

所遭遇的那些东西的理。"①（所谓致知在格物者，言欲致吾之知，在即物而穷其理也）简而言之，为了遵循《大学》中对致知的告诫，我们应该"穷"所遭遇的事物之理，朱熹在其他地方对"穷"的定义是把你的全部注意力集中在它上面［Gardner（2007，120）］。

七　敬与理

理听起来当然与敬似乎有密切的关系，因为把个人的认识统一起来的努力是"通过对他所遭遇之事的充分反应"［Gardner（2004，103）］和探索他遭遇的事物之理而实现的。实际上，朱熹强调两者相互依赖。他说敬是内心的精神集中，是最自我的滋养，而探索是外在的精神集中，旨在扩展知识。但是——

> 在滋养的过程中，自然也有探索理的努力；人们探索得到滋养的理。在探索理的过程中，自然也有投身于滋养的努力；人们滋养被探索的理。这两个过程是无法分开的。只要一个人看到了两种不同的努力，他就什么也得不到［Zhu（1997，135）；cp. Zhu（1990，118）］。［涵养中自有穷理功夫，穷其所养之理；穷理中自有涵养功夫，养其所穷之理，两项都不相离。才见成两处，便不得。（《朱子语类》为学三）］

回顾一下理是事物（或事件、或整个情景）各部分的相互关系，它与人的价值观角度表达的内容一致，同时也与事物（事件或者整个情景）形成更大的结合体。一个人可以谈论饭桌的理，也可以探索它（试图理解它）。在这么做时，他或许从它适用于人们在上面吃饭尤其是家人围着桌子坐在一起吃饭开始。在中国背景下，也许会想到圆桌和包容性的社会群体，虽然存在礼仪（如谁坐在哪里、谁先吃）以确定各自责任的等级关系。请注意在这么做时，他的焦点集中在桌

---

① 朱熹认为经典文献对《大学》的评论部分丢失了，所以写了自己的评论，然后作为原文的部分被传播。请参阅 Daniel Gardner 的讨论 Zhu（1990，104），英译文就来自他的文章，稍有改动。

子的独特之理上，同时也集中在桌子与更广泛的理的关系。可以想到饭桌就是用来帮助人们形成重要的人际关系因而认清各自的责任。这个工作将帮助一个人在未来更留心对餐桌场景做出更得体的反应。我们还可以从个人寻找和谐的志向逐渐成熟的角度理解滋养和探索是相互联系不可分割的。

同样，王阳明觉得居敬和穷理密不可分。"敬是专一穷理，穷理是彻底和关心方面的敬。所以居敬亦即是穷理。就穷理专一处说，便谓之居敬。就居敬精密处说，便谓之穷理。却不是居敬了，别有个心穷理，穷理时有个心居敬，名虽不同，功夫只是一事"[Wang（1963，74）]。但是，他担心朱熹专注于我们碰到的物之理是个错误。或许受到朱熹多卷本著作的影响，王阳明告诉学生"如后世儒者要将道理一意说得无罅漏。立定个格式。此正是执一"（Ibid.，43）。在一封信中，他抱怨朱熹的任何事物都有"定理"的说法（Ibid.，98）。这最终将意味着理在事中而不是在人心里，王阳明觉得这是荒谬的。当父母去世后，对父母孝顺的理难道就消失了吗？而且，他指控说朱熹鼓吹的定理将导致人们"即支离决裂，工夫都无下落"（Ibid.，75）。相反，王阳明提出"物"应该被理解为个人意图的指向。因此，当人们在考虑侍奉父母时，侍奉父母就是"物"，其理我们应该去"格"（即了解）（Ibid.，14）。这样，人们无须切断与心的联系向身外寻求理，而是求助于内心来寻求理。

我在第二章指出虽然朱熹的名言"性即理"已经表达了理内在的某种主观性，王阳明的"心即理"则更多地强调了这个方面。[①] 说到格物，我们看到王阳明比朱熹更强调通过纯粹自省来认识理。如果我们后退几步反思各自的立场，将看到他们各自都有一定道理。朱熹方法的优点在于它帮助我们在相关背景下看到各种事物。通过把我们充满敬畏的注意力集中在所遭遇的事情上，我们将因此关注并最终去寻找相互依赖的关系。王阳明指责这种对外部事物的关注将导致理的破碎化，如看不到相互依赖性，并最终把事物与我们自己联系起来，的确如此。但是，我想为朱熹辩护，他强调说敬应该帮助我们避免做出

---

① 也可参阅第二章对"定理"的更详细的讨论。

价值比较（甲比乙更宝贵），相反会带领我们看到任何事物都不能真的"外于自我"（张载的话）。我们还可以把这与朱熹强调的读书时切己体察的观点联系起来。

另外，王阳明方法的优点是通过强调人心在表达"事物"中的作用把理的统一性放在最前面，弱化了关注不在我们心中的世界事务的需要。这个途径的危险性在于它可能导致我们获得对某个特定情景过于主观的错误认识。王阳明认识到人们可能错误地把情感和意图当作良知，但他回应说只是指导学生使用更多的内省努力辨别差异，[Wang（1972，114）]。这个弱点招致明末清初人们对王阳明及其追随者的很多批评，说他们和禅宗佛教没有多大差别。我无意卷入这场争论，不过，我们可以看到两点：朱熹和王阳明的差不像人们常常认为的那样大，理学家道德实践的更平衡途径需要同时认真考虑双方的担忧。

八 克己与静坐

最后，我应该简要说明王阳明和朱熹都承认具有帮助作用的其他次要实践，也就是克己和静坐。如果我不承认克己（我认为是一种故意的努力，一旦注意到不适当反应的苗头之后就会压制）的主题有时候悄悄进入敬或更笼统的关注的讨论，我对它们的描述可能就是错误的。这里出现的特别有意思的情况是朱熹和王阳明有时候强调情感开始被表达出来（或者进入人们意识）被勉强感觉到的时刻，他们称为"机"。在他们看来，这是特别适宜表达有问题的思想和情感的时刻。我早先提到，我不相信克己能成为敬的核心或者关注的主要功能。如果是，很难理解圣人如何能做到从心所欲，但克己毫无疑问可以支持更深层次的关注。敬当然不是要么全有要么全无的东西，人们应该通过不断实践而逐渐成熟起来。在敬的方面越来越好意味着越来越少地依靠克己功夫。

静坐是多数理学家多多少少都采用的技巧。那些相信静坐可能直接触及人的纯洁和安静的本性的人往往特别看重静坐的重要性，但是，我前面讨论过，朱熹和王阳明都没有采用这个路径，我也觉得这在哲学上没有多大前途。朱熹有关静坐的言论说得很清楚，他觉得这是一种辅助性措施。他非常赞许地引用了包括自己老师在内的早期学者鼓吹静坐的言论,他也说"静坐时,未必一定像禅宗打坐那样切断所有思想。只要集中精力,不胡思乱想,就可以安静和专一了"。[静坐非是要如坐禅入定,断绝思虑,只收敛此心,莫令走作闲思虑,则此心湛然无事,自然专一。(《朱子语类》卷一二)] [Zhu(1990,176)]虽然朱熹确实说过半日静坐半日读书[Zhu(1990,48n51)],但他也警告学生不要过分依靠静坐。"静坐久时,昏困不能思;起去,又闹了,不暇思"(Ibid.,179)。公平地说,我们看到静坐发挥辅助作用,或许特别适用于某些人或许适用于实践的某些阶段。①

九 结论

本章旨在实现两种综合。第一,我已经提出朱熹和王阳明在谈到道德教育理论时有很多共同点,虽然差别也非常有名。他们都支持这里所表达的综合性立场。第二,我们需要综合道德教育的两个阶段,并把它和道德教育发生时的实践结合起来以便获得更有说服力的描述。这后一种综合因为教育阶段和实践常常重叠的事实而得到推动和巩固。比如,在简单的死记硬背阶段和更高级阶段都适用的读书方法就指向把本章讨论的所有方面集中起来的方法。这个说法同样适用于敬。我们看到小学中的基本行为表现,也看到体现后来大学阶段的更高级实践都包含敬。综合这种两个维度非常重要,因为它们让我们证实第一章第三节中首次提出的观点,即理学家必须解释普通人和圣人之间存在充分的连续性。如果理学家无法做到这一点,我们普通人将更少有理由去考虑成圣了,当然也没有理由立志成圣。虽然我将在第九章第二节进一步探索这个问题的某些方面,但我已经回答了连续性挑战:我们看到了教育的画面,现在能够做的在原则上是通向圣人过程的一部分。达到最高境界不大可能的事实不能作为继续修身养性的原则性障碍。

我在第七章中说过个人发展是两面的过程,一面是消除自私的视角(消极的),一面是寻找和谐的视角(积极的)。本章的标题是

---

① 请参阅本章第一节。

第八章 学会寻找和谐

"学会寻找和谐",我是否忽略了硬币的另一面呢?我觉得没有。本章的一个主题是那些明确要消除或压制自私的实践是第二位的、辅助性的、初步的本性。当然,我们讨论的许多种关注的实践的结果是个人不再有那么太自私的偏见了,这些实践的教学法焦点显然是积极的而非消极的。自我被放大了而不是遭到否认。

最后,让我们再考虑人们参与道德教育的动机问题。理学家仅仅认为我们都想成为更好的人吗?如果有人不想学习成圣呢?我的答案有两部分。第一,我们需要注意到理学家的教育和被认为是不同于教育其他方面的额外的单独的"道德教育"存在差异。实际上,我把本章称为理学家的道德教育可能产生误导作用。当朱熹和王阳明谈论"学"时,他们包括了很多内容。说明这个问题的一个方法是,他们的教育课程不光是学习像圣人那样行动或感受:一个人同时也竭力像圣人那样写作和说话,甚至像圣人那样加减乘除,像圣人那样开展军事行动,像圣人那样经营企业。所以理学家"学习"的目标是很广泛的理想。第二,虽然如此,理学家并不认为我们将自动地努力成为更好的人,但他们的确相信我们都有潜力,教育家可以利用或激发这些潜力鼓励进步。小学的部分作用就是帮助培养这些能力,从而促使我们走向更好的教育。但大学的前提仍然是立志。因为现有的自我(无论在什么阶段)和圣人之间的连续性,理学家竭力追求的立志成圣不是没有根基的信仰飞跃而是一个选择。为了进一步考察立志成圣的概念和更笼统的修身实践,在下一章中我将把当代人的声音带入到对话中来。理学家的这些说法对当今社会的意义是什么呢?

第九章 参与实践

　　道德教育一直是儒家传统特别关心的内容，而且也是当今被称为"德性伦理学"的西方道德传统的重要内容。事实上，人们常常说德性伦理学的优势之一就在于专门理解和培养好人，这些人会做出良好的行动，而不是提供指导人们应该怎么做的抽象理论，却不提供可靠的方法让人们看到在受到激励的情况下去按规定行动。但是我怀疑，支持德性伦理学的任何哲学家都承认德性伦理学优越于其他伦理学的优势在哲学专业化的时代更难实现。在理学家的学生和古希腊学派的成员看来，哲学应该是一种生活方式［Hadot（1995）］。但如今，专业哲学家的教学和著作与此人的实际修身实践几乎没有什么联系。虽然自我帮助类励志书籍大多是老生常谈，但至少它鼓励人们确立努力向善的生活目标，不过，很少有哲学著作以此作为目标。

　　当然有例外。人们发现有相当多的文献，其中有些还非常具体和切合实际，它们专注于专业的道德教育（如企业伦理学）和中小学的道德教育课程。这些领域的每一个都对应实践的多样领域，人们希望个人的道德发展会做出一些改变。[1] 研究道德发展的心理学家与主流社会和"反社会"人士一起工作，也为实际的努力做出了贡献。

---

[1] 据网站上的介绍，我女儿的公立小学参加了美国最大规模的道德教育课程"Character Counts"（品格培养），详见 http：//www.charactercounts.org。恐怕我要说在我看来，很难看到这个偶尔反思的项目（至少这个学校是这么做的）能有多大效果。

第九章　参与实践

有些哲学家已经做出努力将这些跨学科的研究领域联系起来并参与其中。① 但是这些附属领域的持续不变的主题是承认大部分工作是探索性的，很多研究受到严肃的挑战，所以离我们充满信心地宣称其重要性还很遥远。② 我刚才概述的另一个例外是哲学家和宗教伦理学家对古代和中世纪"精神修炼"的兴趣。到现在为止，这种发展还不明显，但我在上一章暗示，它的前景似乎很好。

　　第三个例外是可被称为以叙述模范生活为基础的研究。这些研究的方法和确切目标各不相同。有些研究努力使用相对严格的社会科学方法，如使用控制组，其他研究则集中在历史人物或群体上。哲学家尤其是对德性伦理学感兴趣的哲学家，不仅使用这种研究，而且还为它做了贡献。③ 我已经发现很多此类著作与本人的兴趣密切相关，这帮助提供了对上一章谈论的理学家修身实践具有挑战性的视角。因此，除了当代各种哲学声音外，我将在本章中吸收以下著作的观点，安尼·柯比和威廉·戴蒙的《有些人真的在乎：为道德奉献的当代人物》、玛丽·凯瑟琳·贝特森的《谱写人生》和与人合著的《共同的怒火：复杂社会中的献身者》等。所有这些著作都是根据当代美国人的生活写成的。虽然随后我将评论可能引入的某些偏见，但是在我们思考当代儒家的修身实践挑战时，吸收利用如此有限的来源不存在普遍性问题。相反，这完全符合我的"有根的全球哲学"途径。当然，在开始前请允许我提出警告：君子般的生活不止一种，记住这一点很重要。每个人的生活当然各不相同，但我们可以做出笼统的区分。那些我们理解为在朝向儒家圣人理想的目标道路上取得进步的人或许与

---

　　① 比如，请看南希·谢尔曼的贡献 Damon（2002）与 Noddings（2002）。许多哲学家也引用科尔伯格和吉利根有关如何理解道德发展的辩论，请参阅 Blum（1991）。马丁·霍夫曼在道德发展方面提出了另外一个研究课题，有关霍夫曼著作的重要的哲学努力，请参阅 Slote（2007）。

　　② 在这个文献中有一些专门集中在当今大中国的道德教育的研究。带有儒家焦点的初步研究是 Doan et al.（1991）。最近，《道德教育杂志》专门用一期（33：4，2004）探讨当代大中国的道德教育，文章和书评的质量都很高。把儒家和当代心理学家纳入对话中的初步努力，请参阅拙著 Angle（2012）。

　　③ 哲学家菲利普·海里的《免得无辜之人流血》是现代经典［Hallie（1979）］。引用叙事学研究的当代哲学家包括 Blum（1988）等人。

· 209 ·

其他可敬的人的生活不同。我们在展开论述时必须记住这一点。或许部分出于这个原因，我希望将来能够辨别出建立在当代中国个人基础上的模范研究，看看他们的故事能够为人类做出什么贡献。

第一节　志的本质

安尼·柯比和威廉·戴蒙在其研究"道德奉献的当代人物"中发现，某些受访者是受到"个人探求"的欲望驱使，即在道德意义上的好生活探索，做正确之事，获得内心的和谐，践行自己珍视的价值观。但是，安尼·柯比和威廉·戴蒙补充说"对许多模范来说，所谓的自我改善不是重要目标"［Colby and Damon（1992, 282-83）］。随着时间的推移，许多人确实有了改善，理学家可能会承认这点，我们可以说其道德志向加深和成熟了（Ibid., 304）。不过，这发生在他们有意识地关注集中在过自己的生活和完成道德任务上而非自己的人格发展上。① 对此，儒家会怎么说呢？

首先，没有人是在清醒的承诺中开始这个过程的。柯比和戴蒙和当代其他分析家都强调，道德发展的重要步骤已经出现在受访者的童年时期，也都强调了父母、老师、早期导师发挥重要作用的不同方法。我发现《共同的怒火》尤其有趣，它强调了作者所说的"门户开放的家"。虽然他们承认受访者的童年生活各不相同，他们写道："大部分人的共同之处是有个爱的核心，周围被一种多孔的边界包围着，使他们能够与更广泛的世界交流，也播下参与更大领域活动的种子"［Parks Daloz et al.（1996, 28）］。他们讨论了"公共父母"的角色，双亲中至少有一位积极参与公共活动，这帮助确立了家庭和社区密切交流的联系。有些受访者回忆童年的夜晚"在楼梯上听"大人们谈话；对有些人来说，邻居或许成为培养孩子与更广泛社区的纽带

---

① 安尼·柯比和威廉·戴蒙的分析的焦点在于对他们几乎所有对象都采用"其承诺与其个人关心无缝融合"的方式［Colby and Damon（1992, 300）］，儒家基本上会认同这种方式。但是我犹豫不决的是，儒家是否完全认可柯比和戴蒙的模范所表现出来的道德和个人统一起来的方式，因为某些人经历的困难（某些人已经感受到遗憾）是无法充分照顾家人（Ibid., 298）。

意识的"门槛人"。据我所知,理学家没有具体讨论这些主题,但它们的确在儒家核心目标中引起很好的回响。我们还应该补充说,这些当代受访者在童年时期也经历了众多正规教育,包括(在很多情况下)宗教教育。随后我将讨论与"宗教"有关的议题,但现在只要指出有意和无意的"教养"结合让这些孩子达到一种境地,在他们不断成熟的过程中开始做出更明确的道德承诺,这已足够。它完全符合理学家的从小学向大学转变的观点。

对大部分受访者来说,柯比和戴蒙说:"自我改善不是重要目标"的原因之一是在他们的样本中,只有一个人承认这是清晰的目标。杰克·科尔曼曾经立志要提高个人修养,这促使他追求众多的人生经历,最终导致他的核心道德价值观的深入。杰克·科尔曼是个经济学家,曾经担任哈弗福德学院的院长。他曾经当过管道工、垃圾清运工、临时厨师,他甚至两度过着无家可归的流浪汉和监狱收容者的生活。柯比和戴蒙说,"杰克把自己放在测验自己忍耐极限的不同情景的倾向说明了他自己在人格发展中扮演的积极角色"[Colby and Damon(1992,145)]。在某些方面,我们可以说杰克特别能反映儒家的发展,因为通过置身于不同情景中他养成了不同寻常的通感,我们知道,这对圣人视角综合的感知非常重要。正如第八章第一节中注意到的那样,一个人必须小心不要为了自身的理由把过多精力放在个人发展上;请回顾程颐对"意"的双重作用的警告。但儒家或许想得出结论,杰克表现出某种独特的立志成圣努力。

而且,许多模范经历了以传统为中介的个人发展,这无疑影响了他们的个人目标和发展的意识。许多人尤其是有组织的宗教运动的积极成员参与过读书和其他礼仪实践等活动,这些部分与朱熹的建议遥相呼应。为此,我们必须面对一个话题:"儒家学说是一种宗教吗?"这个问题在我讨论儒家需要什么样的"信仰"或信念时再更详细地讨论。现在,强调理学家认为圣境的终身探索或他们教导的修身实践与过一种丰富多彩的生活并不发生冲突,这就够了。在这种丰富的生活中,个人成熟的志向通过多种社区参与活动形式表现出来。作为范式,他们看到儒家的志向和入仕连在一起,但是许多其他的人生道路也能让人发展和表现立志成圣的追求。

第二个相关议题涉及柯比和戴蒙提到的理学家也强调过的"探求"本质。玛丽·凯瑟琳·贝特森已经动人地写了过于直线发展的志向,即成为连续性附属物的志向的危险。她把这称为探求模式,按照该模式,一个人的目标是具体的,虽然刚开始并不十分清楚。首先想到的例子就是职业和婚姻,她认为按照探求模式,"真正成功的例子应该是永恒不变的一夫一妻制"〔Bateson(1989,6)〕。她相信这样的理想与我们现在生活的时代不怎么吻合,现在的特征常常是混乱和意料之外的挑战。贝特森说:

> 现在到了探求充满干扰和冲突的生活的创造潜力的时候了,人们的精力不是狭隘地集中在或永远指向单一目标。这并不是没有立志的生活,而是立志过持续移动和修改的生活。现在和过去的女性生活场景提供了思考男女生活新方式的例子(Ibid.,9)。

她补充说在一个"我们越来越多地变成陌生人和逗留者"的世界,"时代的更好模范或许不是寻找终身目标的普通骑士而是沿路发现挑战的游侠骑士"(Ibid.,10)。

在很大程度上,贝特森呼吁灵活性和迎接挑战的成长而不是呼吁"背负连续性遭到破坏的假设的重担"(Ibid.,8)实际上得到柯比和戴蒙和理学家的认可,前者曾强调其受访者"即使在晚年也表现出成长和变化的潜力"〔Colby and Damon(1992,167)〕。虽然柯比和戴蒙辨认出他们在价值观承诺中的稳定性,但是这种稳定伴随着他们所说的"因为社会影响而出现的目标转变",这意味着学习和成长是变化中的人际关系相互交流的结果。这种对变化的持续开放和模范严重依靠周围人(这些人或许自称"追随者")的相关方法是柯比和戴蒙的研究的深刻见解。至于理学家,重要的是个人对道的承诺而不是对某个老师或主义的承诺。把圣人的话当作权威并不显著地禁锢人们的思想,理由有三。第一,经典文献中的君子生活和强调重点本身就很丰富。第二,经典文献的多样性(常常是模糊性)给人以广阔的解释空间。第三,朱熹和其他人强调人们必须把圣人理想和自己的生活结合起来,在自己生活的独特背景中找到实现圣人理想的方法。如果我们考虑朱熹和王阳明的实际生活和"职业生涯",他们本人都积极地面对人生挫折和命运的突然变故,并非预先设定的单一目标模式所定义的"成功人生"。

谈论该问题的另外一个方法是使用敬。对和之类的理想表达崇敬是合适的,实际上也是必需的,但对某个人崇敬则是错误的。我们应该爱护和尊重他人,但不是敬。我认为这使当代理学家看到贝特森观点中的智慧,好人"在我们意识到制度的缺陷,意识到似乎体现这些承诺的个人缺陷时,或许还有拯救承诺的潜力"(Ibid., 197)。她称这是"没有附属性的承诺"。

不管怎样,我不想回避贝特森言论的批判性潜力。她的女性生活或许可以为当今男女提供教训的建议绝非巧合。在我考察的研究中,只有她把焦点集中在高尚女性生活的不同模式上。其他人的研究当然也包括了女性受访者,但是贝特森从她清一色的女性受访者中去除了学习如何在多种承诺中寻求平衡,以及把这些不同的承诺和变革带来的变化融合起来的需要。那就是她所说的"谱写人生"[Bateson(1989, 59 and 166)]。我发现她强调变化,强调平衡,强调在自己不知不觉陷入的情境中寻求和谐,强调相互依赖关系的重要性,所有这些都应该和当代儒家看待世界的观点相吻合。但是,如果人们认为儒家学说以我们之间的差异为不变的、以我们必须追求的目标为确定的和静止的,那么,贝特森的确提供了一种强有力的批评。

第二节 圣人理想的阶段性和可及性

我们从当代学者中吸取的另一个相关说明是,生活中的变化无论是计划中的还是计划外的都可能会使我们有必要重新修改承诺或者用不同的方式开展道德教育。《论语·为政》第四节中的确提及这个问题,我们得知孔子人生的缓慢发展。① 对当代模范的研究让这种观点更加明确了但也更少了直线发展特征。生孩子、失去亲人或者导师、

---

① 原文为"子曰:'吾十有五而志于学,三十而立,四十而不惑,五十而知天命,六十而耳顺,七十而从心所欲,不逾矩。'"

获得新成功都能挑战一个人的承诺，每一种情况都要求做出不同的回应。在有些情况下，我们或许需要重新认识在生活场景变化后该如何追求和谐。当然，认识到背后的一致性是关键，如果我们要拥有长时间发展的可能性，并通过阶段的比喻表现出来，理学家清楚相信这是可能的。从柯比和戴蒙的观点或《共同的怒火》的观点来看，一个人肯定能够看到连续性和发展，即使它可能更多是螺旋形的而非线性的。有时候，贝特森的说法听起来好像我们唯一发展的东西是重建新身份认同的技能，让自己成为新社会群体的成员（Ibid., 214）。公平地说，她也说过在我们试图"创造能兑现所有承诺并同时以某种一致性的优雅表达所有潜能的生活，我们逐渐认识到指导每个成员的平衡与和谐"（Ibid., 232）。我不会说这与儒家学说一模一样，但我们确实更加深刻地认识到和谐的潜力和必要性，这当然与本书的主题形成强烈共鸣。

在结束志向如何成熟的话题前，请让我谈谈理学的可称为推与拉的发展阶段。我们在前一章考察过的笼统的阶段性观点对宋明理学来说并不新鲜。因此，虽然史大海是在写经典儒家时期的荀子，但他有关阶段在儒家道德发展中所发挥的作用的评论仍然非常值得看一看。首先，他说荀子虽然有清晰的观点即"人性全优"，史大海的分析显示"道德形成或许依靠非常不同的美德，反映了这个持续过程的不同阶段，若只看完美的德性将错过很多重要内容"［Stalnaker（2006，252）］。人们在道德成熟过程中必须做的工作与个人追求的最终目标是不一样的。从最终来说，圣境不依靠背诵大量经典文献，但是朱熹推荐的专心阅读经典的方法仍然是成圣之路的组成部分。读书时的专一和持敬有关，而敬本身就是对个人处境的独特性和相互依赖性的关注。实际上，朱熹的读书教导是超越文本，切己体察，但同样重要的是不要完全混淆两种关注。我们在学习读书时的行为比直接跳到成熟之敬更容易实现。

所以道德发展的阶段性观点帮助我们把崇高目标放在具体背景下，从而看到开始的方式。与此同时，史大海看到阶段论也帮助那些相对先进的个人避免骄傲自满。"在荀子看来，完美虽然稀缺但确实是有可能的。这种可能性充当了敦促有德之人仍然对自己不满意，不仅仅是追求好的道，而是继续追求完美无缺之道"（Ibid.，191）。对朱熹和王阳明来说同样如此。不管你现在处于什么位置，总有前进之路，不管你已经走了多远，总可以继续往前走。因此，可以说普通人和圣人之间存在一种很重要的连续性。这不仅仅是儒家一再重复的陈词滥调，从根本上说，人人都像圣人一样。它也说明对普通人来说，模仿圣人是有道理的。人们不能仅仅"想"当圣人就成为圣人。① 但是，人们可以经历努力成圣的过程，通过一系列的实践而变得更像圣人，这些阶段和实践在许多不同生活背景下都能说得通。

在结束本节之前，回顾我在第一章即将结束时提到的克里斯蒂·斯旺敦的论证是合适的，即我们应该把"完美主义"当作美德来实践。从根本上说，这意味着"做好准备去追求完美"，但克里斯蒂·斯旺敦把这一点与人们不应该"追求力不能及的美德"的训谕结合起来［Swanton（2003，206）］。直接把卓越的道德典范作为榜样去模仿的企图不仅可能失败而且在很多情况下体现为一种缺陷（如傲慢）而不是美德。斯旺敦细腻地描述了哪些因素可以决定在什么时候完美主义者的追求是美德，这种描述不仅与理学家的阶段性循序渐进观十分吻合，而且添加了有用的心理学维度，当代儒家学者会看到，正是这些让朱熹的进展过快的隐喻变得有血有肉并丰满起来。②

第三节　关注再探索

在论及朱熹的敬的重要文章中，丹尼尔·加登纳强调了它在约束我们不安分的思想中所发挥的作用。虽然我同意加登纳的大部分观点，他强调敬和关注之间的关系给我很大启发，但是他的论证的两个

---

① 当然，《论语·述而》第三十节说："子曰：仁远乎哉？我欲仁，斯仁至矣。"但是这主要是临时的成就。从《论语》的许多其他篇章来看，道德进步是漫长艰辛的过程。

② 比如，朱熹说："如人要起屋，须是先筑教基址坚牢，上面方可架屋。若自无好基址，空自今日买得多少木去起屋，少间只起在别人地上，自家自己自没顿放处。"（《朱子语类》卷八·学二）［Zhu（1990，100）］。斯旺顿写道："向更完美的努力是否应该被看作高尚的完美主义的标志，取决于众多因素，包括动机、意图、智慧程度、自我了解如对自己优势和才干的认识、对其他人的影响的严重程度、个人对其他人责任的程度、人们投入的目标的价值、成功实现价值的可能性和努力程度等。"［Swanton（2003，209）］

相关方面可以被理解为是在反驳我在第七章和第八章提出的途径。首先，我觉得他把敬和从禅到印度教到苏菲主义和犹太教神秘主义哈希德派等追求"瞬间圆满"的其他多种途径混为一谈有，点太过分了。其次，他最终把敬看得过于消极。或许他会质疑我是否能为积极解读敬辩护。

把理学家看作体现思想"摆脱感知的通常模式的能力和用更清晰的新方式看待世界"的能力的跨文化洞察力典范［Gardner（2004，100）］是很吸引人的，我也同意敬的重要方面是它能让我们有能力"把世界的嘈杂和干扰放到一边"，但我们在理解这些说法时必须特别小心。无论朱熹还是王阳明都不会接受圣人的感知与普通人的感知存在根本不同的观点，每个人在某个时候都能看到世界和谐的可能性并做出适当反应。我们不应该把"世界"放到一边。相反，应该用平衡的方式关注世界及其相关的所有方面，给予它们应有的关注。当朱熹和王阳明谈到"消除"自私欲望，把它视为正确观察世界的干扰时，目标不是沉思性的静，而是积极参与，虽然是平衡的、不带偏见的参与。① 当朱熹和王阳明确实谈到"静"时，指的是我们认识和回应世界的平衡方式。

读者将回顾我在第七章通过梅铎的说法第一次介绍"关注"的观点，通过爱的关注，婆婆可以更好地看待儿媳。从那以后，我探索了贴上关注标签的理学家实践，其中最重要的关注是敬。现在我想在对话中引入另一个声音，部分是因为克里斯蒂·斯旺敦能帮助我们提出"关注"的关键因素，部分是因为多亏了这种接触她的分析会变得更加深刻。

首先，斯旺敦的德性伦理学发展的深刻见解是她承认对某个特定情景的高尚回应能够以多种模式出现。有些例子是推动（价值，比如为他人带来利益）、践行（价值，比如不以不公的方式追求正义）、赞赏、热爱、尊重、创造、乐于接受等［Swanton（2003，21）］。她

---

① 比如，加登纳引用了朱熹的一段话"且彻了盖蔽底事，待他自出来行两匦看"［Gardner（2004，104）］。在原文的上下文中阅读，本篇的重点不是在消极性而是在逐渐培养自然寻找和谐的能力，而不是强迫自己这么做。当心可以自然地发挥作用时，它会积极地环顾四周。请参阅 Zhu（1997，183）。

第九章　参与实践

说，高尚反应往往涉及不止一种模式。她引人入胜地讨论了很多人，但是就当前的目的来说，我们可以直接讨论她有关"关注"的言论。虽然这不是她的回应模式之一，斯旺敦似乎承认这是一种更广泛的东西，是把接受性、爱、赞赏与智慧结合起来以构成"美德所需"的某种东西的核心（Ibid.，112，115）。斯旺敦分析的关键是她提出我们如何知道梅铎例子中的儿媳并不是真的"庸俗"呢？我们怎么知道婆婆用"清爽单纯"的眼光看待她不过是"因为害怕冲突而激发的盲目的爱"？答案是"充满爱的关注"不是盲目的爱而是接受性或开放性与人们对真正价值养成的聪明的、赞赏的结合。按照斯旺敦和梅铎的说法，接受性是通过去除可能扭曲人们认识的心理防御（如思想狭隘、势利和嫉妒等）之类"虚假面纱"而实现的。斯旺敦对赞赏说得比较少，只不过认为它和鉴赏力有关或和休谟对"口味"的讨论有关，但我们可以肯定至少对理学家来说，"赞赏"意味着逐渐看到并尊重和、理以及道。在梅铎和孔子都谈论人们对善（或天理）的神秘统一性感到敬畏时，他们其实就是在鼓吹斯旺敦所说的赞赏。

虽然如此，梅铎的"充满爱的关注"框架和理学家的敬以及圣人般的知行合一观之间存在明显差异。梅铎的柏拉图主义意味着"客观性"要求超越自我，这比理学家的教导更加激进。我们看到这隐含在下面一篇文章中，里面谈到梅铎相信艺术和自然之美能帮助我们克服"自我"的不寻常方法：

> 我在焦虑和恼火中往窗外望去，或许因为考虑自己的名誉可能受到的伤害，没有注意到我的周围。突然，我注意到俯冲下来的红隼。一切都在瞬间改变了。沉思的自我和受伤的虚荣心完全消失，现在除了红隼，什么都没有。当我回过神来再考虑其他事情时，刚才的恼火似乎已经不怎么重要了［Murdoch（1970c，84）］。

这是很有说服力的观点，但无论理学家多么希望我们丢掉"自私的欲望"，丢掉自私想法带来的许多偏见，最终，敬是在和谐的相互依存的世界中看到我们的位置，它并不教导我们消失。梅铎写道：

· 217 ·

"谦逊的人因为把自己看得一钱不值,所以能看到其他事物的本来样子。"(Ibid., 103-4)但是对朱熹和王阳明来说,没有自我就没有世界。①

在终结我们对关注的讨论前,请考虑两个形象。一个是艰苦探索古代经典的年轻学者,他决心要搞清楚它的意思,精力非常集中根本没有意识到随意堆积在书桌上的众多注释和参考书即将倒塌。另一个形象是两个房间之外的妻子"她一手拿着电话,另一只手检查饭锅,同时还留心观察刚刚学会走路的孩子在厨房里玩耍"[Bateson(1989,168)]。哪个形象更好地说明了儒家的敬?在回答这个问题前,请考虑贝特森下面提出的论证:

> 在电影《正午》中,主人公作为警长因为职责拒绝受到他对新婚妻子的爱的干扰而得到称赞,但她因为爱他而放弃了非暴力承诺。女人一直被认为是不可靠的,她们因为多种承诺的折磨而崩溃,男人能做到真正献身,要么在传统的宗教模式中禁欲独身,不受家庭拖累,要么他组建的家庭为他提供支持而不是干扰,大男人背后站着小女人。但是如果我们承认接受干扰能力、分裂的意志代表着更高的智慧,会如何呢?或许这个议题不再是善的固定知识,不再是千百年来一神教让我们意识到的单个焦点,而是一种并非集中在一点上的开放性关注。不是集中在超越的理想之上,对多样性和相互依赖性的持久关注或许提供不同的清晰视角,一种对生态复杂性和多样性而非单一性十分敏感的视角。或许我们可以从履行多种承诺的女性身上看到生产的新水平和学习的新可能性(Ibid., 166)。

贝特森更喜欢的画面的若干特征与理学家的视角非常吻合,虽然她的某些语言("放弃"承诺、接受干扰能力、生产的新水平)与儒

---

① 其中,这意味着理学家应该对斯旺顿说"客观性"是合适的(平衡的,受到适当限制的)自我超越的方式更加感兴趣,可能既"超主体性"又"超客观性"的错误方向。请参阅 Swanton(2003, ch. 8)。

家不怎么合拍。承认像悲痛这种情感有时候是恰当的,而且找到不同承诺间和谐的方法一直是我理解的宋明理学的核心。把爱家人的承诺放在心上是儒家立场的另一个核心。对相互依赖性和对生态复杂性保持敏感听起来恰恰像敬的追求:寻找理而不是孤立的"物"。① 如果我们返回到例子中的夫妻,难道我们不会觉得他一门心思投入工作是否阻碍了他对整个背景的关键特征的认识,或许该轮到他做饭了,他妻子还需要为即将参加的会议做些准备?贝特森在其他地方谈到"回应性和可中断性"(Ibid.,179),只要它们适用对相互依赖性的理解就可能是好东西。我相信,"干扰"和"打断"在某些意义上被看作麻烦是正确的,但是它们与指向个人背景的负责的和回应性的立场不同,因为从这个立场来看,干扰和中断是应该的。② 尽管有些任务的确需要持久的、不可中断的关注,但只要人们准备可保证专心致志能适当持续的背景,它们就与理学家的敬一致了。

第四节 想象力与幻想

在第六章讨论理学家面对假设的道德冲突做出反应的途径时,我强调了想象力的重要性。不是把情景看作被非此即彼的二元选择,想象力帮助人们看到其他的可能性:从其他视角看待情景,因而会注意到尊重相关价值的其他方法。同样的想象力隐含性地出现在第七章的论证中,道德成熟涉及寻找和谐的秉性:成功地找到和谐依靠高超的想象力,看到在别人看来并不明显的可能性。我要说想象力还隐含在第八章

---

① 在第八章我强调了敬的一面是看待事物是相互依赖性的而不是仅仅沉溺于单一物体。对比下面的对话:"一个学生过于精神集中已经变得有点神气活现,朱熹评论说,敬的观点是一回事,试图保持它而排除其他任何东西,结果就出现了这个毛病。如果我们认识到敬不过是自省和自我反思,就不会有样的毛病。"[Zhu(1974,94)][一学者苦敬而矜持。朱子曰:只为将此敬字,别作一物,而义以一心守之,故有此病。若知敬只是自心自省,当体便是,则自无此病矣。(《续近思录》卷四・存养)]
② 朱熹对于干扰插话有这样的言论:"有人问敬很容易被人干扰。"朱熹回答说:"如果你相信已经受到干扰了,那它已经在持续了(即不再被打断了)。继续这么做直到它成熟,一切都联系起来了(不再打断)。"[Zhu(1974,93)][问:敬易间断如何?朱子曰:觉得间断,便已接续,习得熟自然 打成一片。(《续近思录》卷四・存养)]

讨论的理学家的道德教育实践中，尤其是朱熹对格物的强调。我们遭遇的每件事都能教会我们看到心中的同一个理。认识到这点就意味着看到最初并不明显的相互依赖性与和谐，因而依靠人们发挥想象力。

即使想象力确实在理学家的修身实践中发挥了作用，但是反思我参考的一些当代学者的观点，人们可能怀疑，在我们当今生活的复杂世界里，它是否发挥了足够大的作用。比如，贝特森指出冒险走出自身文化的重要性。她描述了在非洲的暑期项目的经历使她的受访者把疾病看作社会问题而不是个人问题。贝特森更进一步注意到她的受访者承认"为了研发针对某个群体的治疗或预防策略，有必要首先学会观察他们，然后运用丰富的想象力设想他们的生活会有怎样的改变。这里存在着必须克服的整个观念体系"（Ibid.，65-66）。在不同文化中生活的经历让她能够想象疾病在不同场景中涉及的不同内容。她后来对社会背景的强调要求她继续把想象力的重要性放在突出位置。《共同的怒火》的作者也强调想象力，甚至称它是"他们多次从受访者的秉性中看到的'元'思维习惯"[Parks Daloz et al.（1996，132）]。① 这个能力来自何处？按照《共同的怒火》作者的说法，关键的源头是他们所说的"与他人的建设性的和不断扩大的接触"（Ibid.，63）。受访者持续不断地描述"某些'他者'事件或经历，一下子动摇了他们对自己身份和地位的认识"（Ibid.，65）。有时候这些涉及在其他文化中生活的经历或与不同民族或国家的人的接触，在有些情况下，这个"他者"是身体或精神疾病。"不管具体形式是什么，这种遭遇挑战了从前的边界，开辟了扩大对自我和世界的认识的道路。"（Ibid.，65-66）

宋明理学的当代继承人对有关想象力的这些说法应该做出反应吗？当代儒家应该欢迎强调他者重要性的观点，这是旨在发展强大的道德想象力的关键。我觉得原因有三个，第一，考虑到当今世界我们遭遇的复杂性和多样性，这样的实践在当今当然比在朱熹和王阳明的时代更重要。第二，朱熹、王阳明以及其他理学家在自己的生活中确实以不同方式参与了他者的活动。朱熹和王阳明都维持与佛教徒和道

---

① 我将在下一节谈论他们辨认出来的具体的"思想习惯"。

教徒的交往，尤其是在早年，两人至少在有时候对他们的某些方面表现出同情。第三，我们在前一章看到，儒家明确批评自我和他者之间有固定边界的说法。谈到对现有边界的挑战，"扩大对自我和世界的认识"似乎是专门用来适用儒家观点的，即一个人在看到和谐的更广泛可能性时扩大了对自我的认识。

但是，我认为我们仍然必须承认理学家的教导并不总是同等向"他者"开放，在某种程度上仍坚持"家"或"自我"对当代儒家来说仍然很重要。如果礼仪和文本实践失去了在传统中的泊位，它们就不再具有同样的意义。与此相关，我强调了儒家与万物结为一体的理想并不等同于放弃自我和他者间的所有界限，也不是失掉关心父母和子女比关心陌生人更多的能力。不过，人们特别容易利用这种想法在不应该考虑差别的地方竖起壁垒。[1] 因为众多复杂的原因，理学家变得越来越制度化，越来越热衷于捍卫"正统思想"[2]。今天，知识分子有时候批评儒家是当今中国社会腐败猖獗的帮凶或至少为腐败提供了借口［Liu（2007）］。当今儒家当然看到，答案在于找到办法拥抱活的传统，同时抛弃静止的传统主义；保持独特的相互联系，同时扩展整体的相互依赖性。当今儒家也应该看到这种目标代表着真正的挑战，尤其是在实际的、广泛的实践层次上。从学校课程到公共礼仪到我们为自己和孩子确定的个人目标，儒家都必须找到办法追求必要的平衡。在第十一章中我将从当代"圣人政治"的角度讨论其中一些问题。

我发现当代学者谈及的与想象力有关的另一个重复出现的主题是强调想象力和幻想的差别。梅铎在一篇著名的文章中激烈批判幻想：

> 道德（和艺术）卓越的主要敌人是个人幻想：自我吹捧和给人安慰的一系列欲望和梦想阻碍他看到身外之物。我们在平庸的艺术中或许比在平庸的行为中能更清楚地看到幻想的闯入、自我的确认和对真实世界越来越暗淡的反思［Murdoch（1970b，

---

[1] 虽然他当然不是儒家君子，这里有用的是回顾第五章引用的克拉文斯基的评论"对家庭的神圣义务能够把所有贪婪和自私形式合理化"［Parker（2004）］。

[2] 这个故事的一面是恼人的关系，无论是在社会层次还是思想层次上，一边是儒家一边是佛家或道家。另一面是蒙古元朝的时候儒家在困难时期竭力保存文化传统的努力。

59)]。

在梅铎看来,幻想是对"给人安慰"的情景的解释说明:我们找到看待自己所在情景的方法,据此我们既没有任何过错,也没有任何责任,可以按自己觉得合适的方式去追求希望和快乐。《共同的怒火》划分想象力和幻想的方法不同,但我们可以看到类似观点:

> 区分想象力和幻想很重要,因为我们往往把两者混为一谈。幻想是一种思想活动,我们用来联系、混合和并置从前不相干的事。它让思想保持开放和灵活,它可以娱乐,可以是实验手段,也可以帮助我们做建造新整体的大事。但幻想不需要与"现实"有任何关系,因此可以在自己主观的快乐或恐惧中终结。想象力结合了幻想,但它的最高功能是发现真实关系,想象力的任务就是创造真实情景。想象力寻求把属于一体的东西集中起来。
> [Parks Daloz et al. (1996, 132)]

结合两者的观点,看待幻想和想象力之间差别的最好办法或许是说幻想可能是危险的,因为它不把责任纳入实际场景或现实中。请别忘记,理不是创造出来的而是看出来的,它不是幻想的产物。我在前面的章节中已经说过和与理并不总是明显的,在遭遇新鲜场景时,我们或许需要用新方式将它们"表达"出来。《共同的怒火》的作者提出的一些与幻想有关的技能是有帮助作用的,我相信儒家应该支持培养这种技能的想法,他们同时会找到一些办法,坚信我们理解纯粹幻想的局限性。许多理学家是见解深刻、洞察力强的诗人,这是看到想象力或负责的幻想途径,想象力应该被视为当今儒家的核心潜力或美德。

第五节 对话

我考察的当代道德君子研究的一个引人注目的主题是对话与合作的重要性。按照这些分析,根源于对话的思维习惯是道德发展的关键,依靠与他人的对话交流甚至对非常杰出的个人也十分重要,虽然这些人

第九章　参与实践

在我们看来应该是领袖，是标准制定者而不是跟随者。认为对话不能作为建立在宋明理学基础上的哲学的核心是很自然的。当我们设想一个圣人在他遭遇的任何情景下都自然发现和谐可能性的画面时，当然看不到对话和依靠他人的内容。① 在本节中，我将指出，一方面，对话在宋明理学中的重要性比我们认识到的程度更高。另一方面，对话能发挥某些作用，实际上这是得到历史文献承认的。通过突出显示这些内容并反思当代学者的各种观点，我想表明当代儒家应该认可对话的重要意义。

让我们从当代模范研究中的一些具体情况说起。《共同的怒火》的作者说当代人生活的核心困境是其复杂性。"视角的复杂性和当代生活条件的复杂性创造出一种模糊性，它消磨我们的意识边界，腐蚀我们的信念。熟悉的思维方式已经失效。面对竞争性视角和一鳞半爪的知识，我们变得犹豫不决。"［Parks Daloz et al. (1996, 107)］在这些作者看来，受访者相对来说善于应对这些挑战。"我们采访的人并不是不受影响，他们也遭遇困惑、打击或者失败，但他们表现出能在动荡时保持稳定的某种思维习惯，能够对遭遇的复杂挑战做出人道的、智慧的、建设性的回应。"（Ibid., 107-8）他们讨论的某些习惯强烈呼应我们已经看到的德性伦理学和理学家的主题，但对当前的目的而言，我将集中谈论第一个和最基本的习惯"对话"②。对话技能意味着能"不带敌意但充满激情"地讲话。③ 无论来自童年时参与或部分参与的饭桌讨论，还是与书中人物展开的想象中的对话，《共

---

① 斯旺顿承认，初看起来，德性伦理学和对话伦理学似乎相互关系紧张［Swanton (2003, 251)］。正如我们即将看到的，她后来认为"对话的美德"实际上成为整体美德的重要组成部分。

② "密切相关而且在发展的先后顺序上连着的"五个习惯是：(1) 对话。(2) 采取别人的视角。(3) 批判性的、系统的思考。(4) 辩证思考。(5) 整体思维。更进一步的阐述，请参阅 (Ibid., 108 and 111-24)。

③ 斯旺顿相信推动伦理学的核心"困境"是"在面对世界的要求时，我们每个人即使最高尚的人也受限于他的视角"［Swanton (2003, 250)］。这促使她把德性伦理学的理解置于更符合"对话伦理学"的框架中。她认为，解决冲突分歧要求"实践的美德"，集中就是很好地参与对话并从对话中学习的性格。更笼统地说，实践的美德旨在通过"限制性的融合"促成问题的解决。她写道"融合的过程不是选择忽略某些限制同时集中在其他限制的过程，不是选择所谓的左右为难中的一个而不是另一个。相反，这个过程是问题的转化过程"(Ibid., 254)。她详细描述了"逐渐具体化和重新具体化问题的限制性结构"如何导致问题更加容易处理，因为"改造了的具体化打开了问题满意解决的更丰富可能性的大门"(Ibid., 255)。

同的怒火》中的模范都能够"在复杂性面前保持镇定,因为他们已经学会了在自我和他者的对话中保持平衡"。一个受访者说:"在任何意义上,我处理全球复杂性的方法是把其他人叫来,说'让我们谈论比所有人都更大的事'。"(Ibid.,109-10)不仅仅擅长对话,这些个人在更深层次上还受到参与对话活动的影响。它促成了开放的心态和设身处地考虑他人感受的通感。如果他能够维持足够长时间的对话,这将帮助形成存在多种综合可能性的观念。

柯比和戴蒙的《有些人真的在乎》是突出显示对话重要性的另一个方法。他们惊讶地发现,受访者的道德发展的"合作性"程度非常高。换句话说,"即使那些普遍被认为是领袖的道德君子也从与他们亲近的其他人那里获得指导,即使那些以独立判断著名的人也严重依靠亲密群体的支持和建议"[Colby & Damon(1992, 168)]。这与道德初学者受到道德君子激发的标准图画相当不同。虽然柯比和戴蒙也发现了后一种影响的很多例子,但他们的重点是同伴或支持者在影响和维持个人道德发展中发挥的重要作用。在此背景下,他们强调我们或许可以称为"对话人格"的东西是这种合作取得成功的关键:"如果一个人的持续性互动风格是开放的、相互的、生产性的、真实的、自我反思的,这种方式产生的社会关系将推动和维持此人的道德发展。"(Ibid.,196-97)即使对领袖来说,总是寻找办法让成员们能相互学习、相互帮助并对采取进一步行动表达支持却不乏批评的团体背景非常宝贵。

有两种圣人形象与强调对话与合作的情况不怎么吻合:一种圣人对某个情景做出自发的、自动的反应;一种圣人是讲解经典的老师。在后一种情况,我们的画面或许还包括竭力理解大师每句话的毕恭毕敬的学生。但是,有很多理由令我们觉得这些形象过于简单,因此,宋明理学中存在的对话空间比这些形象暗示的情况更多。请考虑我们从朱熹和王阳明的对话录和书信中所了解到的情况。① 这些文本的基

---

① 这里相关的一篇经典文献是作为《礼记》一部分的"学记",其中清楚强调了善于提出问题、质疑、找到对话伙伴的重要性(善问者如攻坚木,先其易者,后其节目,及其久也,相说以解。独学而无友,则孤陋而寡闻。燕朋逆其师,燕辟废其学)。感谢余锦波提供这个信息。

第九章 参与实践

本模式就是提问。当然，有时候的问题常常是"老师，请告诉我们"。这不过是讲解的请求而不是深入的对话，但更多的情况是探索甚至是挑战。老师受到挑战要解释不同经典文本中明显的矛盾或他们自己的各种不同说法。有时候我们听到简短的、明确的答案，但有时候对话持续很长时间。最初的挑战或许分叉变得错综复杂，或别人（有时是老师，有时是学生）提出一种从前没有明确的联系或公式。我们必须阅读文中的言外之意，以便认识到老师在什么时候也从学生那里学到了东西，有时候确实发生过教学相长之事。而在书信来往尤其是来回很多次的书信往来中，相互学习和进步的情况就更为明显。①

关于对话和提问的另外一个有趣来源是朱熹对《论语》中著名篇章的反应：

> 孔子到了太庙，每件事都发问。有人便说："谁说鄹人叔梁纥的这个儿子懂得礼呢？他到了太庙，每件事都要发问。"孔子听了这话说："这正是礼啊。"②［子入大庙，每事问。或曰："孰谓鄹人之子知礼乎？入大庙，每事问。"子闻之曰："是礼也。"（《论语·八佾》第十五节）］

朱熹提出了为什么孔子应该提问的两个实际理由。第一，即使他知道即将举行的礼的基本原则，但他不熟悉在这个特别的庙中采用的具体做法，因此，自然要询问。③ 第二，如果不专心致志，我们都容易出差错，所以提问是告诫自己（或许还包括庙中的其他人）集中精力的方法。而且，明知故问也是"礼"，因为它表达了对其他参加

---

① 这个过程的最好例子是韩国的"四七之辩"，请参阅 Kalton（1994）。
② 参见《论语·八佾》第十五节。
③ 王阳明更加明确地提出了这个观点。"世界上的事物，如名称、类别、系统、动物、植物等数不胜数。即使圣人的原本非常清晰，他又怎么能知道一切呢？他应该知道而不知道的东西，自然就要问他人，正如子入太庙，每事问。"（天下事物，如名物度数，草木鸟兽之类，不胜其烦，圣人须是本体明了，亦何缘能尽知得。但不必知的，圣人自不消求知，其所当知的，圣人自能问人，如"子入太庙，每事问。"）［Wang（1963, 201）］

· 225 ·

者的尊重。① 我认为人们可能忍不住说，明明知道答案还礼貌地提问正是"纯粹"礼的典型例子，是空洞和无意义的行动。与此相反，这种礼仪是对他人的真正尊重。尊重太庙工作人员的权威是合适的，不该自己篡夺对情景的控制权。② 而且，一个有意在礼仪中言行得体的人肯定会对不寻常的情景做出回应以利于和谐的出现。③

有关对话的第三个窗口来自经典文献《中庸》，里面告诉我们连圣王舜也会寻求他人意见。

> 舜大概是最聪明智慧的人吧！他爱好请教发问（各种人的观点），而且爱好体察浅近平常的话语，忽略其中的坏意见，采纳其中的好意见。他能掌握事理的正反两个方面，采用适中的办法来治理民众。大概他因此成为圣明的舜啊！④（舜其大知也与！舜好问而好察迩言，隐恶而扬善，执其两端⑤，用其中于民，其斯以为舜乎！）

这个令人印象深刻的段落凸显了咨询的作用，但是从我们刚刚谈到的《论语》一文来看，在解释舜的行为时我们应该小心。舜是依靠他人教他辨明是非吗？不，该篇说得很清楚，他能够自己判断什么好什么坏。我认为他提问的原因和孔子提问的原因一样：因为不熟悉实际的细节，询问表达了一种尊重。⑥ 而且，对非圣王来说，提问重

---

① 参见 Zhu（1997, 560），请参阅 Zhu（1987, Pt. 3, 17）。
② 或许这是朱熹的意思，他说："知底更审问，方见圣人不自足处。"[Zhu（1997, 560）]
③ 请参阅陈素芬 Tan（2004, 84）："即使在利益严重冲突的情况下，人们都理解的礼仪行动所促成的礼貌和非对抗性姿态并不总是简单的虚伪表现，实际上，它们是增加达成人人都能接受的结果的机会的强大手段。"
④ 《中庸》第六节。我对这篇的解读参考了余锦波的洞察力深刻的论文——"儒家伦理学的多元价值观的处理"。请参阅 Yu（2010）。
⑤ 舜"执其两端"意味着，这和我在第六章中提出的解释一致，舜并不选择一种价值而抛弃另一种价值，而是找到尊重两种价值的方法。
⑥ 朱熹说："舜是知识异常丰富的人，因为他不仅仅依靠自己现有的知识，而且吸取他人的知识。"[Zhu（1987, Pt. 2, 5）][舜之所以为大知者，以其不自用而取诸人也。（《四书章句集注》中庸章句，《朱子全书》第六册，第35页）]

要是因为它让人看到本来可能错过的整体视角，这是第十一章的一个要点，届时我将提出儒家"圣人政治"的政治参与主张。①

那么，当代儒家如何解释对话和合作在道德君子生活中的明显重要性呢？根据我刚刚考察的具体证据和本书中一直描绘的更大画面，我认为可以从三方面看待对话对儒家的重要性。第一，构成良好对话实践的提问、开放性、谦虚、清晰等是理学教育的重要组成部分。第二，对话，尤其是征求意见仔细聆听他人的观点，然后再提供自己的观点对非圣人很关键，不仅作为思维发展的工具，而且是在特定情景下达到最好的最有助于和谐反应的手段。非圣人很少能够像圣人那样从心所欲地做出反应，但尽自己最大的努力发现并关注所有相关角度，他们或许能找到并做出合适的反应。第三，即使对圣人来说，我们已经看到聆听、提问、开放性、谦虚都很重要。即使我们不把朱熹和王阳明归入圣人的范畴，对话也一直是受欢迎的教学方法。它能扩展圣人对相关事实的理解。最重要的是，与他人对话表现出对他人的尊重。对话的这种礼仪维度是儒家的特征，在我看来，它既是重要的积极的维度（如上所述）也是潜在的缺陷，只要存在不真诚的可能性，"礼仪对话"就不过是空洞口号的交换而已。当代儒家需要找到警惕这种倾向的方法，或许从斯旺顿那样更详细的观点中可以了解对话的更多内容。笼统地说，我们可以安全地得出结论，儒家视角比它外表看起来更接近当代的道德君子。

第六节 信仰与信念

在第五章，我们首先谈论了与信仰、精神和宗教有关的问题。我指出促使一个人追求和谐的因素不仅是斯洛特对共同人性的"深刻欣赏"的观点，而且还需要其他东西，并建议理学家对天理的敬担负起这个使命。我也谈及并部分赞同梅铎的主张，即完美的统一的善的"梦想"对推动道德表率的进步非常关键。请回顾梅铎的观点，"道德背景具有某种神秘性是适当的，如果这意味着偶尔与个人经验结合

---

① 因此，我不同意余锦波的观点，他认为该篇与他说的宋明理学的"内在化"特征不一致。请参阅 Yu (2010)。

起来的对善的现实的非教条性和非公式化信仰"［Murdoch（1970b，74）］。我在第五章对她使用"信仰"的反应是："信仰"暗示一种实存的跳跃而不是建立在自己的情感和自我理解基础上的理性态度。然而理学家的敬不是"偶尔与经验联系",而是基本建立在经验基础之上。

现在重新讨论一下信仰、信念或者其他态度对道德发展是否必要,因为该话题在我考察的当代道德君子研究中一再出现。在柯比和戴蒙看来,受访者按道德承诺行事的潜力建立在他们把思考和行动结合起来的基础之上（这当然让人想起第七章讨论过的"知行合一"），而这种结合依靠：

> ……统一的信念必须体现在指导个人生活选择的所有认知和行为体系中。这个信念具有强制性,不仅维持稳定的志向而且指导每个体系的动态转型。我们的很多模范依靠宗教信仰获得这种统一的信念。实际上,我们在前一章注意到,这种模范的比例比我们最初预想的大得多。但是,即使那些没有正式宗教信仰的人也常常求助于个人的超验性理想：一种对善的力量的信仰和对超越自我的更大力量的持久希望,以及超越个人成就或利益的更有意义的人生［Colby & Damon（1992, 310-11）］。

《共同的怒火》的作者强调了更广泛意义上的"宗教"和"信仰"的作用。

> 我们发现,宗教在大部分研究对象的志向形成中发挥了重要作用,这个发现与其他研究的发现类似。我们这里使用"宗教"不是狭隘的意识形态意义上的宗教而是"信仰"所表达的那种更广泛意义。在当今的使用中,信仰常常被当作智慧的信念、教条或教义的同义词,但在不同文化中考察人类信仰现象时,信仰的意思与信任更接近［Parks Daloz et al.（1996, 141）］。

这里的共同线索是这样一种观点,即与理想的某种关系支撑着道

第九章　参与实践

德志向，因此它需要培养。有时候，它是纯粹的"信仰"，一种不是建立在任何证据上而是建立在实存的跳跃（existential leap）基础上的终极信心态度。有时候，这个理想或许非常具体，尤其是对那些建立在启示录经典基础上的宗教，包括对上帝意志或者人类最终命运的清晰描述的那些宗教教徒来说尤为如此。

两项研究的作者显然都想为不同于启示录真理的纯粹信仰态度和理想留下空间。这体现在柯比和戴蒙提到的"对善的力量的信仰"和"对超越自我的更大力量的持久希望"，它也更清楚地出现在《共同的怒火》中，不仅作者坚持认为他们真正的意思是"信任"，而且有用来说明他们心中想法的故事。比如：

> 一位工程师克里斯·安德森告诉我们，他的早期宗教经验教导他把世界看作最终的和谐。它提供了一个使他能够作为大公司的总主管建造更具综合性的系统的关键背景。因为总是深信存在一些可以更有效地相互依赖的整体的方法，他在金融部门和制造部门间建立了新型关系，开发了工作场所多样性管理的新基本模式，超越了公司内部分割化和社会化的狭隘模式（Ibid., 143）。

《共同的怒火》的作者使用的语言令人想起理学家的主题，他们说在促使受访者的态度形成的核心，他们"听到对未来的一种低沉的关注，其中生活里'最基本的最底层的内容'能够繁荣，就好像它们回应生活的召唤，通过他们更充分地实现人生"（Ibid., 197）。

把现在听到的当代模范的话与梅铎早先的论证结合起来，我们可以看到支持志向的各种态度。只要这些态度与理想有关，它们都能最终超越现有证据，但只有我所说的"纯粹的信仰"是基本上对证据没兴趣而依靠实存的跳跃的"转变"。[①] 我们在前一章看到，理学家

[①] 史大海对荀子和奥古斯丁的对比研究指出，前者对于皈依这个话题缺乏任何的兴趣［Stalnaker（2006, 187-8）］。这使得史大海偶尔提到荀子思想中的"信仰"的作用给人误导。在安德鲁·弗莱彻的道德英雄主义和圣人品质的"发展"途径的发人深省的讨论中，我们也可以发现类似的问题，即把对老师和经典文本中的说法于纯粹的信仰合并起来看作一回事，请参阅［Flescher（2003, 266）］。

道德发展的早期阶段并不涉及皈依之类的内容，所以纯粹的信仰与宋明理学格格不入应该不奇怪。事实上，具体信念在理学家的动机中并不比逐渐培养的思维方式或者对和谐的相互关系的敬的感觉更重要。在很多地方，儒家项目产生实证性的反馈，更进一步巩固人们成圣的志向：人们越来越多地看到和谐的可能性，这些可能性至少有时候是可以实现的。甚至在有些时刻，人们能看到构成天理的相互依赖性的瞬间。这些就是理学家们说的"悟"之体验。前一章讨论过，这种体验（至少对我支持的理学派别来说）并不说明圣境的到来，也不说明修身过程的终结，但它的确帮助人们朝着圣境之路迈进。

　　对渴望进一步发展理学的当代儒家来说，对渴望理学能够刺激自己思想进一步发展的非儒家来说，我们现在可以得出的结论是，存在强有力的理由支持理学尊敬天理、道、生生不息的和谐的独特态度，所有这些都同归一物。在第五章，我认为若要推动对世界的多样善的合适平衡观点，这种态度是必要的；在第八章中，我们看到理学家个人道德发展的实践中敬的核心地位；在第九章，我们看到像敬之类内容在促进当代君子道德发展中的作用。因为现在转向理学理想和当代政治的关系，我们将再次有机会反思这种理想在现代世界的重要性和现实性。

第十章　政治问题

圣境是理学家的一个明确目标。在前面的章节里，我已经从不同角度论证了当今人们无论其祖先是否为儒家，都应该严肃对待围绕圣境确立的伦理哲学。到现在为止，我一直避而不谈的议题或许是圣境哲学中最强有力的地方，当然也是最大的挑战之一——政治。圣境不仅仅是个人伦理问题：从传统儒家的观点来看，圣境与改造更广泛的社会密切相关，无论是直接从政还是通过非官方活动。换句话说，追求圣境的目标也是追求某种政治参与和影响力。按照某些观点，立志成圣其实就是要充当政治领袖，要当圣王。

因此，圣人理想隐含着伦理学和政治学的相互依赖性，它们与我一直在论述的核心目标和谐融为一体。走在成圣之路上就意味着越来越可靠地寻找和谐。有时候寻找和谐或许只是涉及配偶、朋友或同事的具体事务。而在其他时候，和谐依靠更广泛的行动，依靠许多其他人共同行动，甚至依靠其他许多人的态度转变。我在第六章第六节中指出，和谐并不简单地等同于不破坏现状。简而言之，理学家的视角帮助我们看到追求提高个人修养和追求社会进步的目标实际上是同一个过程。

这种定位无论听起来多么美妙动人，圣境的政治维度似乎造成了很多不幸后果。我们即将看到，批评家已经指出——有一定准确性——圣境理想导致出现专制和独裁的，为中国社会理论的有问题的乌托邦主义奠定了基础，破坏了当今的民主进程，也阻碍了人们对逐步改良（真正进步）的支持。本章谈论圣境把伦理学和政治学结合起来所遭遇的挑战，评论历史上的理学家如何处理这些问题，审视当代儒家提出的解决办法。在下一章中，我将利用古今儒家提出的最有前途的建议来概述成功圣人政治的参数特征。

第一节 圣境的麻烦

一个良好的开端是人们普遍拥有的观点，即儒家强调"人治"阻碍了中国"法治"的进步，"法治"的缺乏带来管理的随意性、广泛的人权侵犯以及像"文化大革命"这样的悲剧。一位著名的自由派理论家指出，"只有真正智慧和高尚的君主才适合作为社会等级体系的首脑，靠自己的善树立起令人信服的榜样，带领人们实现完美的秩序并践行类似美德"[Gu（2003,56）]。不幸的是，这种"真正智慧和高尚"的君主实在罕见，部分因为难以找到"拥有超越个人私利和物质利益的眼光"的人。因此，像许多自由派一样，这位理论家赞美中国在过去20多年在推行法制改革方面取得的进步，期待通向真正法治的继续进步。

中国和西方对待人治差异的最具启发性的解释之一来自张灏在1982年发表的一篇文章"幽暗意识与民主传统"。他的核心概念"幽暗意识"是人们内心黑暗的意识，简称"幽暗意识"。① 张灏指出，幽暗意识可以在所有文化传统中找到，但其表现形式和被人们感受到的程度存在重大差异[Chang（2000,18-19）]。在张灏看来，基督教教义中的人类堕落和原罪成为自由主义的两个组成部分：一是相信世界的完美从形而上学角度看是不可能的，因为人从来不能成为上帝；二是特别强调法律和制度来约束不完美的个人。儒家学说也有幽暗意识，如它表现在孟子提出的人和动物的差别其实很小的观点（Ibid.,20），也体现在许多理学家的修身之路漫长和艰苦的观点上。② 虽然如此，张灏认为幽暗意识的这些表现不过是间接的影射，

---

① "幽暗"是非常有用的模糊性，包括从起因于糟糕的教育或修养的坏事到极端的邪恶比如幸灾乐祸等任何内容。

② 请参阅《孟子·离娄下》第十九节。张灏说刘宗周（1578—1645）的幽暗意识非常深刻，他认识到人类错误无所不在的广泛性，这使得他类似于清教徒（在张灏看来代表了直对幽暗意识的西方极端）（Ibid.,26-7）。

大部分被儒家强调的圣境可实现的主流思想给掩盖了。结果是以培养圣王为基础的政治哲学，这与西方的自由民主传统形成鲜明对比，虽然有时候西方传统比这个简单概述更乐观一些，但最好地体现其思想的是麦迪逊的名言"如果人人都是天使，就不需要任何政府了；如果是天使统治人，就不需要对政府有外来的或内在的控制了"（Ibid.，14）[1]。

简而言之，按照张灏的观点，儒家对幽暗意识犹豫不决地间接承认支持了人治的政治哲学，使得民主很难在中国繁荣。在最近影响很大的比较政治哲学文章中，墨子刻借用和发展了张灏对中（西）政治理论进行广泛批评的观点。在墨子刻看来，幽暗意识是"历史的永久道德黑暗意识"：道德和政治完美是不可能的。通过强调"永久性"，墨子刻把他对幽暗意识的理解压缩了。这个概念损失了使用的广泛性却换来了清晰性：墨子刻能够确认几乎所有中国政治理论都缺乏幽暗意识，他给这些理论贴上共同的标签"话语一"[Metzger（2005，703）]。中国缺乏幽暗意识的反面是现成的完美主义和乌托邦主义。墨子刻说，按照大部分中国哲学家的说法，"知识可以被用来提供所有重大政治问题的理性解决办法，公开辨认出真诚地试图获得这种知识的道德和智慧鉴赏家"（Ibid.，18）。这些定位的结果之一是话语一的参与者把道德和政治上的不和谐音都视为不可容忍的东西。墨子刻写道："中国的乌托邦主义倾向于把政治上的不同意见看作摩尼教二元论者定义的正义者与邪恶者的冲突，而不是道德上和智慧上有毛病和错误的人之间的分歧。"（Ibid.，700）

从墨子刻的视角看，他辨认出来的中国主流政治理论的主要问题是深受"跷跷板效应"之苦，其优势似乎不可避免地对应其破坏性的弱点（墨子刻相信，这同样适用于西方的话语二，它的优缺点正好是话语一的镜像）。墨子刻赞赏话语一强调进步，部分支持历史的可理解性、道德轴心、教育和创造更美好未来的坚定努力等。另外，他

---

[1] 请参阅《联邦党人文集》Federalist Papers #51。张灏注意到启蒙的影响促使西方某些人对达到完美的可能性更加乐观。请参阅 Chang（2000，14-15）。

认为这些品质恰恰被似乎在为其合理性提供辩护的乌托邦主义和完美主义所破坏（Ibid.，118）。立志成圣和有能力解决所有政治问题的信念存在两方面问题：第一，圣境的信徒或许是反民主的精英主义者。①第二，即使坦率承认的民主派也往往用这种理想主义和天真的术语来表达政治目标，以至于他们对部分成功和不同利益群体的持续异议感到不满，虽然它们已经标志着现实世界的真正进步。② 一个特别引人注目的例子是坚定鼓吹民主的新儒家徐复观，他在20世纪50年代写道，在民主政治之下"一个政治领袖人物，尽可以不是圣人，但不能不做圣人之事"（Ibid.，418）。简而言之，似乎有足够多的理由担心立志成圣将带来严重的政治后果。

第二节　理学的圣人与政治

现在让我们转向宋明理学哲学家的政治理论和实践，并简要回顾一下中国某些君王对待政治的态度。在前面的章节中，理学思想家是我理解当代儒家圣境哲学的主要灵感源泉。在下一章，为了建构当代圣人政治的叙述，我将更清楚地求助于最近的儒家思想家或受儒家思想启发的理论家。朱熹、王阳明和早期章节中的其他英雄的作用就不那么大了。为了说明原因，我们不仅需要理学政治理论的基础，而且需要了解皇帝为了自己的目的与理学家合作的方式。我将分三步来论述。首先，我们看看圣王的概念和"内圣外王"的理想。其次，我们将探讨人们在宋、明与清朝理学中发现的有关法律、制度和其他约束君王权威的限制作用等观点的冲突。最后，我们将考察皇帝解释他们假定的圣人角色的方式，以及宋明理学的问题，它们虽然不是完全为明清时代特别独裁的皇帝辩护，至少帮助强化了专制制度。

---

① "新儒家"的代表人物之一唐君毅（1909—1978）是很好的例子；请参阅 Metzger（2005，250-4，272-3）。墨子刻也显示毛主义者有类似倾向，关于这个问题，请参阅第四章。

② 这是墨子刻的书的主题。请参阅第五章和第六章。关于1989年民主运动时期的民主领袖的平行分析，请参阅 Nathan（1997）。

一　圣王理想

理学的圣王理想根源在于中国历史的深处。有学者已经追踪到中国古代的萨满教君王，当然在古典时期它体现在很多方面［Ching（1997）］。"内圣外王"的口号虽然最早出现于道教的《庄子》中，但是被理学家广泛地用来表达他们看到的内心道德修养和外在政治行动的亲密关系甚至同一性。我们需要明确的重要问题是，此处所说的"外王"即"政治"的边界是什么？政治技能是完全依靠培养的吗？政治仅仅意味着参与国家管理吗？这或许是对《大学》中一篇文章的解读，《大学》可以追溯到古典时期，是理学家在讨论道德和政治之间联系时使用的核心著作，被理学家放在突出的位置。该文的著名开头是这样的：

> 古代杰出人物想使全天下的人都发扬光明的美德，就先要治国；想治好国，先要治好家；想治好家，先要修养自身；想修身，先要端正思想；想端正思想，先要意念精诚；想意念精诚，先要丰富知识，而丰富知识的途径在于穷究事物的道理。[1]（古之欲明明德于天下者，先治其国；欲治其国者，先齐其家；欲齐其家者，先修其身；欲修其身者，先正其心；欲正其心者，先诚其意；欲诚其意者，先致其知，致知在格物。）

对这段话的理解之一是政治只是在最后才到来。政治意味着管理国家，这是修养极其高深的人即圣人的专有权。因此圣王是唯一真正的政治人物，其余人都应该尽职地继续提高自我修养，对更广泛领域的关心是不合适的。

但是，对《大学》及儒家政治的隐含画面的这种解读有个层次问题。首先，任何一位儒者都不相信君王是唯一重要的政治人物。从经典文献到理学理论和实践，君王总是与教导、劝告、必要时进谏他们

---

[1] 参见《大学》，英译文见 Chan（1963, 86），稍有改动。"理解事物的理"就是格物，请参阅本书第八章。

的大臣组成一对。正如程颐提醒皇帝的话,"夏商周三代时,天子都设有太师、太傅、太保三公之官职。太师协助天子教训仁道,太傅辅佐天子推行德义,太保保护天子的身心健康"。[三代之时,人君必有师、傅、保之官。师,道之教训,傅,傅之德义,保,保其身体。(《近思录》卷九·制度第四节)] 程颐注意到当今朝廷这些官职都被取消了,过去太师、太傅、太保的职责就落在了经筵官身上。程颐继续说:"臣乞请皇上在宫中的言行举止和饮食起居都应该让经筵官知道,如皇上有戏谑之举,经筵官应该随时进行劝告;如皇上的行为违背了持身养身之法,应该随时谏止。"[欲乞皇帝在宫中言动服食,皆使经筵官知之。有剪桐之戏,则随事箴规,违持养之方,则应时谏止。(《近思录》第257页)] [Zhu & Lu (1967, 222)]。从经筵部和其他机构的观点看,大臣在政治过程中发挥着作用。[1] 他们这样做是基于自己的修养,这赋予他们即使在君王没有做到时也可看到合适反应的能力。

所以政府大臣也是合法的政治人物,至少在他们达到某种道德修养之时。如果"内圣外王"只适用于政府官员,我们中的大部分人似乎仍然没有参与广泛公共领域政治活动的基础,虽然政治明显地影响我们的生活。建立更加民主的儒家政治理论的希望已经一去不复返了。实际上,理学家的圣王理想比根据道德修养简单地为君臣管理国家辩护要广泛得多,但是最后,我们得出的结论是,可靠的儒家政治学将不得不远远超过历史现实,甚至历史上的理学思想家曾设想过的任何情况。

关键是承认儒家学说中道德和政治的相互联结,儒家学说中的个人和公共的相互联结远比我到此为止承认的深刻得多。的确完全不清楚,《大学》中从格物到治国的进步,人们应该在哪里划出一条区分个人与公共的界限。相反,正如当代一位学者评论的那样,我们应该把道德修养看作在任何阶段和任何政治参与程度上的社会政治秩序所要求的实现(齐家、治国、平天下)。[2] 我们在第七章谈

---

[1] Wood(1995,144-5)中讨论了一些相关机构。
[2] 陈熙远,相关讨论见陈素芬 Tan(2004,126)。

第十章 政治问题

论知行关系时显示，内圣外王总是连在一起的。个人的和公共的在任何层次上都相互依赖。或许最简洁地承认这点的是《论语》中的段落：

> 有人对孔子说："你为什么不参政？"孔子说："《尚书》上说'孝啊！只要孝顺父母，友爱兄弟，就能扩展到政治上。'这就是参政啊，为什么一定要做官才算参政呢？"① （或谓孔子曰："子奚不为政？"子曰："《书》云：'孝乎惟孝，友于兄弟，施于有政。'是亦为政，奚其为为政？"）

换句话说，即使在最亲密的环境下做个有德之人也有政治意义。随后我们将看到朱熹扩展了这个思想，他认为应该创立众多跨越道德和政治界限的非政府组织。

二 限制和指南

现在转到理学家寻求限制国家权力尤其是君主权力的方法上。或许更好的说法应该是：理学家指导君主或更笼统地说指导政府做正确之事的方法。如果皇帝遵循道的要求就不需要限制。张灏的儒家政治理论旨在圣王而不是监督制衡的观点是非常准确的。只要君主被视为没有遵循道的要求，指导君主的努力确实可以当作限制。我们应该看看三个相互联系的指南来源。第一，理提供的限制或指导的理论基础，这意味着君主——作为实际的不完美的人——从来不拥有人民的绝对忠诚。第二，更笼统的仪式和礼仪规范，有些学者已经指出它们具有限制君主的作用，实际上我将指出礼仪有时候的工作确实很好。第三，法律和制度的恼人和复杂的世界，它与儒家的核心观念存在紧张关系，因为儒家相信最重要的还是人的素质。把我对指导来源的讨论串起来的线索是理学家试图建立起来的一种动态平衡，一方面是给他们留下空间以教导和批评有毛病的但可改善的领袖，另一方面为包括他们自己在内的所有公民尊重和服

---

① 参见《论语·为政》第二十一节，英译文见 Brooks and Brooks (1998, 113)。

从圣王提供基础。

我们在前面的章节中已经有充分的机会探索"理"的概念。在认真研究宋朝政治理论的书中,阿兰·伍德指出像程颐这种哲学家用两种互补的方式使用理的概念。程颐认为天理使得臣民对君主有必要保持敬的态度,这可以被视为对个人内心情感的反思,也是强大的君主保护中国免受外敌入侵(程颐写作时这种威胁已经近在咫尺)或叛乱。伍德写道:"另一方面,非常明显的是,他的评论主要强调的不是建议服从君主的任何脱口而出的、异想天开的想法而是显示君主应该把人类事务与先验的道德原则保持一致。"[Wood(1995,115)]①因此,这个观点非常吻合我早先引用的程颐要求皇上听从大臣建议的观点,因为这些建议是建立在深刻了解经典,最终建立在理解天理的基础之上,而天理至少在隐含性上高于皇上。虽然如此,但是伍德不得不承认在实践中忠诚和服从仍然是第一位的。他认为像程颐这种理论家:

> ……没有劝告臣民对君主的积极的不服从,但认为他们仅仅是出于谨慎才不这么做就错了。托马斯·阿奎那在这些问题上的观点与他类似,也明确禁止心怀不满的公民煽动叛乱的个人行为,不管这个君主可能多么恶劣,其合理原则是内战比糟糕的君主对公共利益造成的破坏更大。但是阿奎那也写道,当一连串滥权行为激发了大规模的民众抗议活动后,参加这种叛乱或许不是错误,这总是取决于具体情景。这与儒家士大夫在转而辅佐其他君主之前等待天命转向他人的清晰迹象的义务有什么不同呢?(Ibid.,129-30)。

伍德坚定地相信,从前把理学政治理论解释为要求"对君主完全忠诚的绝对义务"的学者有些过分夸大了。② 他对程颐等人的仔细阅

---

① 伍德把理理解为"先验的道德原则"勉强符合我在本书中对理的解释,但是他的基本观点是很好的。

② 参见(Ibid.,130),引自 Hsiao(1979,121)。

第十章 政治问题

读在这点上很有说服力，但我们也必须小心不要夸大强加在君主身上的限制。程颐告诉我们，君主最终可以做他们想做的一切，只不过最终引发的大规模反叛让他们暂停一下而已。①

三 礼仪

我们需要考虑的第二种指导是礼仪。② 礼仪的指导和限制作用可以从两个方向来考虑。第一个方向是它在影响、教育和推动人们走向完美时所起的作用。君臣也是人，他们至少像其他影响力更小的人一样受到礼仪的影响。我在第八章已经讨论过礼仪的教育作用，在本章和下一章中将继续谈到它在政治层面的作用。这里，请让我谈及看待礼仪的其他视角，也就是第二个方向即限制君主的具体能力。中国皇帝的大部分日常生活都受到礼仪规范的限制，他们的公开活动和重大决策也同样如此。③ 当代学者已经注意到，这种仪式化在某些情况下赋予个人对抗君主的力量，向"当权者讲真话"；一个学者说其结果是对皇权的制衡，从而构成某种"宪政文化"，虽然他承认仪式化中的"权利""不是绝对的，坚持使用这些权利的代价往往是成为殉道者"[Chu（1998，176）]。实际上，我怀疑谈论保护那些有足够道德勇气指出皇上违反礼仪的做法的"权利"是否有用，"宪政文化"云云当然更是极度夸张的说法。尽管如此，无论是在日常活动中还是皇上和朝廷发生冲突的著名案例中，礼仪显然确实对皇上有些限制作用，在日常活动中皇帝也受到过一些限制，只不过没有任何记录，因为基于礼仪的帮助，皇上抗拒了诱惑，所以不需要记录下来的事。

在继续讨论之前，我想解释一下礼仪的建设性作用以免误解。许多理学家都以极端严格和苛刻的道德家而闻名，人们可能有一种印

---

① 伍德的副标题说宋朝理学政治理论确立了"政治权利原则"的基础的含义恰恰是我们竭力要避免的一种夸张。无论伍德的对理和西方自然法相似性的讨论还是他最后一章关于19世纪和20世纪中国政治思想的发展都没有证实论证其副标题合理性所需要的那种联系。有关更早期的儒家政治权利的讨论，请参阅Tiwald（2008）。

② 在程颐成功地把理引入儒家哲学话语之前，礼有时候被用在类似场合，作为君主必须遵守的天命，请参阅Wood（1995，ch. 4）。

③ 礼在皇帝生活中的普遍存在的精彩再现，请参阅Huang（1981）。

象，以为皇帝在这种严厉审视下的生活可能是要求非常高的。① 我在前文引用的程颐给皇帝的上疏中，他补充说："有剪桐之戏，则随事箴规"［Zhu & Lu（1967，222）］。该书编辑在注释中引用了《史记》解释其背景：

> 《史记·晋世家》中说："成王（大约公元前1104—公元前1068年）小时候与弟弟一起玩耍，成王捡起地上的一片梧桐树叶，把它剪成珪（常常是皇上给亲王分封属地时使用的东西）的形状，并且对叔虞说：'把唐封给你。'后来一个当时被视为圣人的官员史佚就来恭请成王选吉日为叔虞册封。成王听了很奇怪，就说：'我们是在开玩笑。'史佚说：'天子没有开玩笑的话，天子说了史官就要把它记下来，用礼仪去完成它，用乐章歌颂它。'于是就封叔虞到唐国。"［Zhu & Lu（1967，222n18）］（《史记·晋世家》："成王与叔虞戏，削桐叶为珪以与叔虞，曰：'以此封若。'史佚因请择日立叔虞。成王曰：'吾与之戏耳。'史佚曰：'天子无戏言。言则史书之，礼成之，乐歌之。'于是遂封叔虞于唐。唐在河、汾之东，方百里，故曰唐叔虞。"）

我想利用这个机会驳斥那种认为圣人、国王或圣王不能开玩笑的说法。这或许是件微不足道的小事，但当我们回顾第一章中"道德圣徒"的人格讨论时，其重要性就非常明显了。我当时说，孔子对这种担忧有现成的回应，因为他们大部分时候都记得圣境涉及价值观的健康与和谐。当然，笑声和玩笑是圣人生活的组成部分，与圣人包括敬在内的美德并不冲突。② 我完全同意《论语》的说法，孔子告诉我们："侍奉君主，一切都要依照礼节，别人却以为这是谄媚。"③（事

---

① 请参阅拙著 *Angle*（1998）。

② 伍德拉夫对"不敬"的各种用途的讨论在这里具有很强的相关性。他写道："敬和对荒谬性的密切关注是盟友：两者都能让人们免于自命不凡或高傲自大。所以不要认为本书是对笑声的攻击。"［Woodruff（2001，5）］也可参阅贝淡宁有关儒家和幽默的讨论［Bell（2008，ch.9）］。

③ 参见《论语·八佾》第十八节。

君尽礼，人以为谄也。)

四　制度

中国的"法"指的是对君臣的限制和指南的第三个也是最后一个来源。"法"常常被理解为"法律"，但我需要首先说明的是，在理学家看来，法有广义和狭义之分，而这两种含义都与我们讨论的内容有关。如果从狭义理解，法指的是法律规定，若从广义上理解，最好被理解为"机构"或"制度"。① 法律规定是一种制度，但是当法被用作广义时，人们设想的是非常广泛的制度，关于法的著名讨论列举了财产分配、学校、婚礼、服役规定等［Huang（1993，97）］。我们需要探索的关键问题是法在这些意义上如何充当限制和指导政府管理尤其是限制君主权力的作用。

经典儒家荀子的名言"有治人，无治法"可以作为这次讨论的开头。② 这种观念主导了理学家在这些话题上的思考。起关键的决定作用的是法的阐释者和执行者，而不是法本身。朱熹觉得"律"毕竟在教导和改造人的方面有一些帮助，但从根本上说它是不够的［Zhu & Lu（1967，234）］。谈到广义的法，他写道：

> 一般来说，任何法都有缺陷。没有什么法是完美的。重要的在于适当的人，即使法不完美，仍然有很多好处。但是如果人员是错误的，法再好有什么好处呢？［Zhu（1991，138），稍有改动。］［大抵立法必有弊，未有无弊之法，其要只在得人。若是个人，法虽不善，亦占分数多了。若非其人，则有善法，亦何益于事？（《朱子语类》卷一〇八）］

与此类似的情绪可以在许多理学家的著作中发现。虽然明朝思想家罗钦顺认识到法的重要性，他写道："只有制度确立以后才有可能改善

---

① 汉语中还有几个字对应法的意思：律明确无误地指法则、规章，而制或制度明确无误地指办事规程或行动准则或机构。

② 参见《荀子·君道》。

风俗习惯，增加物质繁荣。"［制度立，然后可以阜俗而丰财。（《困知记》五十二）］但他仍然认为："如果人们希望变法，最基本的考虑是找到适当的人。"［Luo（1987，88 and 86）］［法有当变者，不可不变，不变即无由致治。然欲变法，须是得人。（《困知记》四十八）］

  到现在为止，对法的讨论完全符合我们早先评论的对圣人政治的批评。我们在对法发挥限制君主或国家权力的作用做出最后判断之前需要有两个修正。我的第一个修正是，罗钦顺确认制度（即使它们最终还要依靠好人）的必要性的观点并不罕见。应该承认，许多理学家是宋朝初期王安石（1021—1086）变法的激烈批评者。程颢和程颐等思想家不是支持自上而下的变法，而是强调个人道德修养的改善。有评论家为此贴上"内心转向"的标签，当然，把宋朝理学家看作完全依靠个人坚定的道德修养努力是错误的。有些学者已经强调"中间层次"的制度，理学家逐渐依靠它们作为对个人修身实践的关键支持，最终作为改革国家制度本身的基础。朱熹担心一个学者提出的中央和地方层次上的"自私政治"，因此支持把焦点放在重新建立"内部（道德）改革和外部（制度）改革"间曾经存在的联系。朱熹相信"中国道德复兴的关键是确立一套中层制度确保人们对家庭的关心可以推广到整个村子等更大范围"［Levey（1991，572）］。因此，朱熹努力推动和撰写大量有关书院和村庄契约等文章，"通过对中层制度改革的承诺而重新定义政治参与活动"（Ibid.，545）。虽然如此，但是我们看到朱熹和其他许多人相信变法是必要的，因为所有这些都是为了重新确立内圣和外王之间遭到破坏的联系，理学家关心制度建设的主流思想根本没有触及我们开始时说的对理学家政治的关心。

  我的第二个修正是，注意到从宋朝开始到后来的某些思想家希望更突出地强调制度的作用，因此为圣人政治确立了能够回答我们注意到的挑战的部分基础。我将继续称这些思想家是"理学家"，即使我同意许多历史学家的观点，这些人无论是在思想上还是在自我身份认同上都与理学家有重要差异，尤其是帝国末期的儒家思想家。明末清初最明显的例子是黄宗羲在1663年完成的文笔犀利的政治宣言书

《明夷待访录》。① 就本书的目的而言，关键是黄宗羲对法的强调是在早先讨论的广义的法。健康的政治建立在设计良好的制度上，如学校、财产监管制度、训练人们成为社会公民而不是自私的自我主义者的仪式。黄宗羲对比了这些制度和近期君王推动的制度［他描述为"反制度的制度"（或违法的法）］：在这个例子中，教育制度、财产制度和礼仪都是为了炫耀碰巧抓住王位的家族而设计的，根本不考虑他们是否有资格登基称王。黄宗羲提出了著名观点"即论者谓有治人无治法，吾以谓有治法而后有治人"。他接着解释说："如果早先君王的法还在执行中，人们中存在一种超越法的精神。如果人们是同一类别，他们的意图就能够实现，如果不是同一类别，他们就不能深入或遭到广泛的破坏。"②［使先王之法而在，莫不有法外之意存乎其间。其人是也，则可以无不行之意；其人非也，亦不至深刻罗网，反害天下。故曰有治法而后有治人。（黄宗羲《原法》）］这当然不是现代意义上的"法治"（见第十一章），但它承认好制度能够限制即使最糟糕的人，这无疑是很重要的。

五 过分的野心：自封的圣王

我一直在强调理学家寻求限制和指导君主的种种方法，但我很少谈论理想的圣王角色得到称赞以及它改造他人的力量得到赞美的多种方法。在考察理学家圣人政治的最后，我提议简要探讨一下这种对君王的适当角色的理解对君王本身产生的影响。我的目标不是涵盖所有可能性而是提出一个清晰的例子，看看我们对圣人政治的担忧如何戏剧性地、悲惨地变为现实。

明朝开国皇帝明太祖是个聪明的和野心勃勃的人，他认真聆听那个时代著名儒家和经典的教导，在位时间很长（1368—1398），建立

---

① 在黄宗羲之前以各种方式论述过的其他人包括陈亮、叶适、王廷相；顾炎武是黄宗羲的同代人，其观点也非常重要。牟宗三对陈亮和叶适的局限性的讨论是非常说明问题的：在牟宗三看来，在努力解决他们时代问题的具体办法时，最终与君主妥协，鼓吹过于依靠圣王的办法。牟宗三说后来的思想家比如黄宗羲对短期解决办法感到绝望，因此为长远的时代而写作，能够看到更深刻的东西，提供更激进的答案［Mou（1991, ch.9）］。

② 参见 Huang（1993, 99），稍有改动；也可参阅 Huang（1985, 7）。

了许多功勋，表现出一种对宗教和意识形态的宽容［deBary（1981，154-55）］，但在中国历史上他被视为最邪恶的暴君之一。由于看到臣民的行为和价值观都持续令人失望，他这个自封的"老师"通过越来越严厉的手段推行改革。在我们讨论的背景下，引人注目的是明太祖缺乏"对特定制度的信心"［Dardess（1983, 220）］，这导致他依靠自己的教导和道德训令连续对制度修修补补。两位研究明太祖的思想和社会背景的学者都指出，理学家的独特政治教导帮助解释了他"改造人类心理行为"的严酷法典的努力（Ibid., 224）。一位学者这样说：教育是君王是臣民的父亲和老师，"他把注意力的焦点从皇上自身的自我审视和思想改造（慷慨地解释它）转向通过个人榜样之外的东西尽职地实现其教化臣民的义务，不过是举手之劳而已"［deBary（1981, 158）］。另一位学者这样说：

> 为了实现国民社会道德复兴工程的目的，明太祖总体上采用了儒家世界观，具体地说是浙东儒家的改革思想来完成创造专制政治体制的任务。在追求这个目标的过程中施行令人作呕的恐怖手段或许归咎于他性格中的暴力倾向，但即使这是真实的，暴力更好地表现在浙东理论家们设计的道德和政治框架。他们没有预料到自己建造的这个专制秩序几乎可以肯定会造成可怕的权力滥用［Dardess（1983, 5-6）］。

在过去很多世纪中，儒家已经以不同方式感受到遵从天道和遵从公共服务之间的紧张关系［deBary（1991）］。这尤其明显地出现在明清时期，所以一个著名学者说："在正统思想被国家变成越来越形式化和法律化的东西之后，儒家思想表现出越来越明显的异化迹象。真正成圣的渴望与官场成功的希望分道扬镳。对本来作为成圣根本的'真诚'的追求开始转入地下。"［deBary（1981, 170）］①

---

① 也可参阅黄进兴［Huang（1995）］，讨论了清朝康熙皇帝在位时期的相关动态。该书最后一章有个自我称颂的标题——圣皇的代价：按照康熙皇帝治理的政治体制对道的传统的同化。

在结束本节之前,我们回顾了理学家政治思想的优缺点。这些哲学家清晰地认识到指导和限制君主权力的必要性。他们没有从政治上退却,相反提出了众多建议和价值观,包括礼仪的作用、中层制度的作用、理的理想等,这些在实践上获得了不同程度的成功。虽然如此,但是我要说道德和政治根本上相互依赖的观点使他们的积极理想成为依靠道德圣王的人质。当我在下一章转向概述当代圣王政治时,将会看到这些积极因素再次出现,虽然在新框架下应该避免明太祖体现的那种危险。

第三节 道德与政治的剥离?

一 余英时和徐复观

解决圣人政治学问题的办法一直是敦促区分私领域和公领域,区分道德和政治。当代著名历史学家余英时特别清楚地说明了这个观点。

> 说儒家的基本问题归咎于儒者(特别是宋朝以来的新儒家)不合时宜地尝试将私领域与公领域混为一谈,可能并非全无道理。由于儒学在时代的发展过程当中,逐渐转变成国家意识形态,这种混淆大概无法避免。但是我认为,如果我们认同孔子的《论语》,那么对圣人原来的关注重心在于个人和家庭生活的完善,而非国家的治理。或者我们可以说,孔子主要关注的是道德秩序,而政治秩序倒在其次。无论如何,对现代读者来说,《论语》里有关政治管理方法的段落已不很重要,只保持其历史意义上的重要性……我认为,我们目前的关键任务是,认清在儒学中什么还有活力,什么已然腐朽。更进一步我认为,我们可以在公领域与私领域之间划出明确的界限。实际上,除非我们向往一个父权制的、神权政治的或集权主义的国家,那么这两个领域就必须分开 [deBary et al. (1994, 27 – 8)]。

正如该篇末尾清楚说明的那样,余英时正是因为担心圣人政治的严重后果才写这篇文章的。在另一篇文章中，余先生说他提出儒学应该集中于道德而不集中于政治的观点本来就是明清儒学的发展趋势。那时思想家们越来越多地强调"肯定日常人生"，而不是强调王权和世界秩序。遵循他看到的先驱，余先生坚持认为，当代儒学应当放弃"全面安排人生秩序"的理想［Yu（2004a，180-82）］。

  余英时继续稍微修正这个论证，他注意到即使儒学"在现代背景下通过退回到私人领域而重新定位自己"，修养高深的儒者最终或许成为现代国家的积极公民。"道德品性和公民道德原初是分离的，但它们完全可以相互补充。道德品性与公民道德能够联合统一，不在理论上，而在生活中。"［deBary et al.（1994，28）］①他在其他地方更积极地提出了这个观点，注意到几乎所有政治体制都有领袖和精英，把重点放在这些精英的个人品质和道德上，简而言之放在他们的美德上是值得尊敬的。"'私领域'的成就却仍然大有助于'公领域'秩序的建立和运作"，余英时补充说，西方的自由派和保守派理论家都已经认识到"人的品格"或者"智慧培养"的必要性［Yu（2004a，184 and 186）］。虽然如此，余英时没有从他最初的立场上退却，即当今儒学必须把首要关注集中在个人道德修养领域。

  实际上，道德和政治应该存在某种差别的观点在20世纪儒家中非常普遍。但一些理论家还是能够将二者的关系表述为一种卓有成效的结合，而不是像余英时那样坚持刻板的二元性：他们认为，我们应该认识到个人的/道德的、公共的/政治的维度之间存在的重要一致性，即使我们承认从不同视角看，我们期待的内容存在差异。

  首先看看学者徐复观（1903—1982），他在多篇文章中主张区分"治人"和"修己"的重要性。与余英时建议儒家主要强调个人修养的建议不同，徐复观认为《论语》或笼统的经典儒家始终如一地提倡这两个独特标准。②他这样解释其中的区分：

---

  ① 余英时的里程碑式的著作《朱熹的历史世界》中对政治背景的强调［Yu（2004b）］可以被看作显示道德和政治在实践中交叉的方式。
  ② 在这次辩论中徐复观的明确的对手是萧公权，请参阅 Xu（1980，229），但余英时的观点和萧公权的观点相似。

第十章 政治问题

修己的,学术上的标准,总是将自然生命不断地向德性上提,绝不在自然生命上立足,绝不在自然生命的要求上安设人生的价值。治人的政治上的标准,当然还是承认德性的标准;但这只是居于第二的地位;而必须以人民的自然生命的要求居于第一的地位［Xu（1980，229）］(徐复观《儒家在修己与治人上的区别及其意义》)。

徐复观认为这种区分在《论语》和《孟子》之类的经典文本中并不明显,更进一步指出它在《礼记》中包括的《表记》中更加明显。在那里,我们看到:

孔子说:"不是为了满足私欲而喜好仁的人,也不是因为畏惧才厌恶不仁的人,这样的人在普天之下很少很少,所以君子在议论原则时以自己为准,在制定法律时以百姓能做到的为准。"(子曰:无欲而好仁者,无畏而恶不仁者,天下一人而矣。是故君子议道自己,而置法以民。) ［Ibid.，230;参见 Wang（1980，849）］

孔子说:"仁德修养难以达到一定的境界已经很久了,只有德行高尚的君子才能做到。所以,君子不用自己的能力标准去责备别人,不要因为别人的能力不足而去羞辱他。圣人制定道德行为准则,不是把自己作为准则,而是为了激励人们互相劝勉,知耻力行,从而按照圣人的教诲去努力。"［Ibid.;参见 Wang（1980，853）;Legge（1967，336）］ (子曰:仁之难成久矣!惟君子能之。是故君子不以其所能者病人,不以人之所不能者愧人。是故圣人之制行也,不制以己,使民有所劝勉愧耻以行其言《礼记·表记》)。

徐复观在这里发现的核心观点是,建立"法"的目的是用具体例子说明人人都能达到的最低标准,而不是谈论只有那些修养达到很高程度的人才能达到的高标准。

徐复观认为不弄清这种区分就可能犯两种错误:要么对人提出过高的期待(如朱熹和共产党),要么对自己提出过低的期待（Ibid.，231）。我认为徐复观在这点上是正确的。我也赞赏徐对"法"的解

· 247 ·

释：徐复观非常清楚他并不是不合时宜地用"法律"术语解读它而是"社会中普通人的行为准则"（Ibid.）。虽然如此，我担心徐复观对自我修养及其严格标准和适合管理民众的最低标准之间做出的区分过于清晰了。他倾向于把自我修养和"学术"混合起来，把两者都视为发现和实现最终的"真理"。如果回顾中国传统历史和中国人最近经历的共产党意识形态"真理"，徐复观认为民主政治应该与学术、自我修养和真理区别开来，后者更好些恰恰是因为其独立性不受政治上必需的妥协所干扰（Ibid., 239）。简而言之，徐复观比表面看起来更接近余英时的观点，虽然他比余英时更多地看到儒学中独特道德和政治议题的基础。

我说过徐复观在自我修养和政府管理之间做出的区分过于严格，我凭什么说该区分过分严格呢？其实，徐复观错过了儒家文本中的一个重要方面。请回顾一下，徐复观引用的《礼记·表记》篇中第二段的末尾说，圣人制定道德行为准则，不是把自己作为准则，而是为了激励人们互相劝勉，知耻力行，从而按照圣人的教诲去努力。如果继续阅读徐引用的段落的下文，马上就读到下面的内容：

> 用礼义来节制人，用诚心来团结人，用温和的仪容来修饰人，用合乎礼的服饰来改变人，用朋友的情义来鞭策人，目的在于促进人们一心向善，形成良好的道德风气。《诗经·小雅·何人斯》说："在人们面前应该做到没有惭愧，在上天面前不怕遭到报应。"［Wang（1980, 853）；Legge（1967, 336）］（礼以节之，信以结之，容貌以文之，衣服以移之，朋友以极之，欲民之有壹也。小雅曰："不愧于人，不畏于天。"）

我在上文说过徐复观把"法"理解为"公共标准"而不是"法律"是对的，但是让我们把焦点放在这些公共标准的独特性上。或许人们把它理解为表面要求：衣着得体，遵守规定的礼仪等。遵循这种思路，这种标准和适合君子和圣人的更高要求的区分将是：对后者来说，这些表面标志表达了真正的承诺和美德；而对普通民众来说，它们不过代表了维持秩序的一种可行方法。

另一种更有吸引力的阅读是强调这些标准（尤其是"礼"与"信"）与美德重叠的地方，这些美德往往被视为真正好人的品质。《论语》和《孟子》都严厉批评了那些仅仅为了显示自己是好人而遵守规则的行为。而且，《论语》中有关治国的最著名评论呼应了《礼记·表记》中的意见，即如果得到良好管理的话，人们应该产生真正的羞耻感和敬畏感，至少是部分的道德转化。"孔子说，用政令来治理他们，用刑罚来整顿他们，人们只求避免责罚，却没有廉耻心。如果用道德来治理他们，用礼来整顿他们，人民就有廉耻心，而且诚意向善。"①（子曰：道之以政，齐之以刑，民免而无耻。道之以德，齐之以礼，有耻且格）换句话说，我们同意徐的观点，"道之以德"并不意味着让民众采用圣人为自己定下的最高标准那样的标准，但我们仍然期待民众培养出一些道德倾向，并通过衣着、举止和礼貌等表现出来。这意味着个人道德和公共政治之间不应该做出过分明显的区分，因为公共法则和标准旨在影响民众的性格发展，而不仅仅是约束其公共行为。

对这些观点，我试图提出的一个关键挑战是，看看我们能否在维持道德和政治的区分时仍然维持我一直在强调的两者之间的相互依赖性。如果失掉了这种依赖性，我们就失掉了儒学的核心原则。道德修养必须产生公共影响，换句话说，在我们寻找和谐的领域内不该有原则上的限制性。另外，如果我们不能维持这种区分，那么就不可避免地出现徐复观和圣人政治的更早批评家已经发现的问题。

二 牟宗三

20世纪"新儒家"中对道德与政治的关系进行最高级讨论的是多产哲学家牟宗三。尤其是他的《政道与治道》是探索当代圣人政治深刻见解的丰富资源。就当下来说，我将仅仅关注该书的基本思路，即道德与政治之间的辩证关系。道德是主观的、个人的见识和修养，政治则是政治权威的客观论证和体现这种权威的机构。牟宗三同意徐复观的观点，即道德和政治领域的期待不同。牟宗三写道："成圣成贤的过程亦无穷。"因此"即不能在政治上责望人民作圣人"［Mou

---

① 参见《论语·为政》第三节。

(1991,127)]。像徐复观一样，尤其是在补充了徐复观所引用的《礼记·表记》段落的下文后，正如我做的那样，牟宗三呼吁给民众一种真正的但有限度的"教化"。在牟宗三看来，这种教化的核心应该是儒家美德，同时集中起来构成最低限度的、普遍的行为规范（Ibid. 126）。①

早先我已经谈到徐复观的观点的关键挑战是道德与政治的区分能否维持下去。这里，牟宗三以他对道德和政治的辩证关系的深刻见解为此做出了重要贡献。不是如余英时建议的那样把领袖的政治美德作为其个人道德美德的直接延伸，牟宗三认为两者之间存在一种间接的关系。政治和政治美德必须从道德中产生，但它们依然是独立的客观存在。牟宗三使用黑格尔的语言解释说纯德依靠"自我坎陷"（Ibid.，59）。我们主观感受到的内化的道德隐含性地指向完整的圣人般美德理想。纯德必须在公共领域即政治世界才能实现。没有客观结构（如法律），纯德的公共目标就无法达到。因为这些客观结构限制（或者否定）我们主观情感展示的方式，牟宗三得出结论说，美德的实现需要自我坎陷。客观的公共标准因此就与内在美德联系起来了，但它们仍然不一样。

牟宗三的复杂论证提出了几个问题。第一，这种结构"坎陷"或否定主观美德是什么意思？它并非彻底否定。毕竟，牟宗三明确指出客观途径不可能包含必要的"道德教化"。客观政治价值是批判性的，但它们很有限，难以触及"整个"人生（Ibid.，125）。因此，"坎陷"指的是受到完全不同限制或约束的东西。第二，我们应该避免使用正、反、合三段论的辩证法去理解牟先生的辩证关系。② 对牟来说，假定的反（客观结构）没有被制伏，仍然持续存在。同时存在的还有个人道德修养的视角。无论从这些观点的哪一种来看，似乎都不存在合的问题，而是持续存在的紧张关系。但这种认识没有了解到牟宗三的天才洞察力。如果人们坚持寻找一种"合"，它就位于获得纯德的新可能性之

---

① 这是一个很好的地方，注意到徐复观和牟宗三的有限形式的教化在政治领域应该有地位的论证和墨子刻的观点形成严重的冲突，墨子刻认为"civility"（礼貌修养）作为体面人的公共美德甚至不是一个可以翻译成中文的词 [Metzger（2005, 705）]，虽然徐复观和牟宗三都没有提出一个词来涵盖墨子刻使用的"civility 或 doable virtue"（切实可行的美德）的那种意思。

② 实际上，黑格尔本人并没有使用这些术语，虽然当今它们的广泛使用（有问题的）阐明了黑格尔的观点。感谢约瑟夫·罗斯在对话中给了我这些问题上的帮助。

第十章 政治问题

中。在牟宗三看来，如果不存在客观结构的话，纯德即便从概念上说都是不可能的。这一问题的具体含义是，不管一个人的道德水平如何，"个人在自己实践上的人格成就无论怎样伟大与神圣，若落在政治上发挥，他不能漫越这些限制（政治世界的最高律则），而且正须以其伟大的人格来成就这些限制"（Ibid., 128）。简而言之，圣人不能违反宪法。因此，政治拥有了独立于道德的地位。

理解牟宗三的论证的方法之一是认识到两个关键的依赖性：政治价值依靠道德价值，因为道德是政治的来源；道德价值依靠政治价值，因为道德如果没有政治就无法充分实现。第二种依赖性尤其引起争议，因为牟并不满意儒家长期以来存在的观点，即成功的政治对完整的个人道德圆满是必要的。牟相信圣境所需要的客观结构包括了法治、宪政和民主政治。1958年，几位著名的中国知识分子（包括徐复观和牟宗三）发表了《为中国文化敬告世界人士宣言》。① 该文的核心观点是确认中国文化充满活力，其深刻见识和价值观如果被准确理解的话，可以成为国际社会的共同财富。与此同时，作者指出"民主重建"对未来中国文化的成功发展将产生重大影响。就本文而言，我的注意力仅限于圣境和民主政治之间的关系。

在论述了民主制度对处理权力转移难题的必要性之后，《宣言》的作者们写道：

> 此种政治上之民主制度之建立，所以对中国历史文化之发展成为必须，尚有其更深的理由。在过去中国之君主制度下，君主固可以德治天下，而人民亦可沐浴于其德化之下，使天下清平。然人民如只沐浴于君主德化之下，则人民仍只是被动的接受德化，人民之道德主体仍未能树立。而只可说仅君主自树立其道德主体。在此情况下，*君主即非真能成其为圣，亦非真能树立其道德的主体*……【要这样做，君主】必将其所居之政治上之位，先

---

① 这是英文版的标题，chang（1992）、中文标题全称是"为中国文化敬告世界人士宣言——我们对中国学术研究及中国文化与世界文化前途之共同认识"［Mou et al. (1989)］

公诸天下，为人人所可居之公位。然而肯定政治上之位，皆为人人所可居之公位，同时即肯定人人有平等之政治权利，肯定人人皆平等的为一政治的主体。既肯定人人平等的为一政治的主体，则依人人之公意而制定宪法，以作为共同行使政治权利之运行轨道，即使政治成为民主宪政之政治，乃自然之事。由是而我们可说，从中国历史文化之重道德主体之树立，即必当发展为政治上之民主制度，乃能使人真树立其道德的主体。民主之政制度，乃使居政治上之公位之人，皆可进可退［Mou et al.（1989，33）］（斜体为作者添加）。

其论证的要点似乎在于要想成为真正的圣人，无论是个人还是其他任何人都必须达成自我实现的目标。统治者的自我实现依靠人民的自我实现，同样，父母的成功依靠孩子的自我实现。既然人尽其才是个人道德成长和自我实现所必需的，那么就必然要求通过政治权利给予人们实现自我的制度化渠道。①

如上所述，我想说虽然这个论证是有前途的，但其说服力并不充分。毕竟，一个胸怀宽广的圣王为什么不能成为榜样，把臣民提拔到其才能品德所许可的任何高度，甚至愿意退位，把天下交给德才兼备的贤者（如果出现这样的人的话）呢？这好像是孔子的理想，但我不能肯定它的问题是阻碍理想的圣人去获得道德上的自我实现。这当然是不可靠的，因为正如牟宗三所说，它再次让政治自由完全依赖于圣王的道德修养，等于政治"被吞没于道德"［Mou（1991，140）］。②

---

① 注意到亚里士多德提出类似的相关观点是非常有趣的。丽萨·泰斯曼的话是"在亚里士多德看来，当一个公民不再管理时，这个公民就不能表达或者形成与管理有关的美德，因此也就不能拥有完整的完美的品德"［Tessman（2005，157）］。

② 明太祖是道德吞噬政治的危险的最好例子。因为至少这是可以说得通的解释，为什么他根据在他看来是一套道德承诺而采取极端残酷的威慑措施。这样的案例提出了不在外部限制中找到空间的任何理论是否令人满意的问题。比如，迈克尔·斯洛特努力把尊重完全建立在移情上，斯洛特认为我们能够批判宗教迫害者——实行折磨时用"dry eyes"（干涸眼睛）——因为迫害者"傲慢地排除或者缺乏移情，无法从他人的视角看问题"［（Slote 2007，59）］。但是根据文献资料证据，我们可以得出结论明太祖非常痛苦地看到用这样痛苦的方式"教导"受害者的必要性。假设他的眼睛中满含泪水，你能简单地说他此时缺乏同情心吗？如果是这样，我们应该得出结论，像牟宗三一样，限制哪怕最具同情心的君主的独立政治价值都是必要的。

因此，牟宗三的诊断虽然在精神上与他作为作者之一的《宣言》一致，但还是存在一些差异。我们看到，他相信政治必须获得一种"独立的、客观的"存在，部分地否定其生命之根的道德主观性。为此，政治就不能完全落在统治者肩上，必须成为统治者和被统治者的共同责任，而这种共同责任只有在民主政治制度下才有可能（Ibid.）。因此，民主政治与圣人道德的联系是更间接的，但具有同样的必要性。牟宗三坚持政治一定不能被道德所吞没的关键理由是他相信"成圣成贤的过程亦无穷"（Ibid., 127）。如果我们不能指望圣王，那么一切都必须放在客观的、民主的政治制度限制之下。

在下一章中，我将根据牟宗三和儒家学说的其他当代倡导者的论证更彻底地勾画圣人政治的形象并为之辩护。考虑到我们将超越朱熹和王阳明的任何设想，一个关键的挑战是提出一些能够让这种政治实现理学家成圣志向的方法。当代儒家学者杜维明曾是牟宗三的学生，他已经说过："儒家的人格理想——真人、贤人或圣人在一个自由民主的社会里比在传统帝制或者现代独裁制度下更容易实现"［Tu（1996, 29-30）］。杜维明或许是正确的，但我这里的目标是勾画出在某种程度上不同于现有自由民主模式的社会，如果能实现理学家的理想当然更好。

第十一章 圣人与政治：前进之路

上一章中已经出现了一些圆满解决圣人政治所遭遇挑战的内容。现在要补充新内容并把它们组装成一个向前看的框架，即以前面的章节为基础建立起来的当代儒家政治学，它不仅用圣人理想指导个人修身与公共活动，而且避免落入从前儒家政治陷入的理论和实践陷阱。这是一个过高的要求，本章的途径只不过是概要式的。首先，我扩展了完美性主义和差错主义的关系。尽管我同意当代众多思想家的"完美主义"会引起很多问题，但在这里，我想提出一种能避免这些问题的完美途径，甚至还能为我们提供重要的资源。对待完美主义的态度和我推荐的理想自然引出第二个话题，即礼与敬的问题。在任何儒家政治学中，礼都处于核心地位。拥抱理想的这个途径反过来支持"温和的完美主义机构"的重要性，这是我借用陈祖为的说法。我认为，圣人政治要求温和的完美主义机构，但同时为个人的、特殊性的判断留下发挥作用的空间。如果我们在世界上追求和谐的努力真要产生实际效果的话，这些机构就必须以绝对权威保证声音的多样性。果真如此，将会出现一定具备参与性的圣人政治的实质性讨论。最后，我认为在当代儒家背景下，法律和权利应该被视为第二位的支持系统。简单地说，本章的结论就是，当代儒家不仅能对付有关圣境的政治挑战，而且实际上提出了具有广泛吸引力的政治图景，创造了对话和相互提高的机会。

第一节 完美性主义和差错主义

在第六章，我们看到马萨·诺斯鲍姆对完美主义的担忧，它可能

第十一章　圣人与政治：前进之路

窒息人们的创造性、灵活性以及对所遭遇的特定情景复杂性的真正认识。这种完美主义是她更明确关心政治的文章的陪衬。比如，通过讨论亨利·詹姆斯的《悲剧缪斯神》，诺斯鲍姆向我们介绍了两种正好相反的政治人物。保罗·缪尼门特是魅力型的激进思想者，他用全局的眼光看待世界（常常使用金融形象），詹姆斯曾经把这描述为"sublime consistency"（崇高的一致性）［Nussbaum（1990b，209）］。相反，小说的悲剧英雄海阿辛斯·罗宾逊是一个"什么都看得到"的人。诺斯鲍姆说他拥有"认识和感知任何特别事件、人物和困惑的实际意义的能力"。海阿辛斯的性格和理学家的圣人之间的相似性令人印象深刻，当诺斯鲍姆补充说："在这种人物身上，做出回应和采取行动之间的界限失去了清晰性，因为他们在道德上的、有重要意义的和可理解的大部分行为就包括了对所看到的情形做出的适当反应"时（Ibid.，199），① 这种相似性就进一步增强了。诺斯鲍姆的文章认为，我们应该认真看待海阿辛斯这种人物，把他视为政治生活的模范，而缪尼门特之流对完美主义的执着达到如此高度以至于"政治变成暴行，不再具有人类的气息"（Ibid.，209）。

陈素芬在她的《儒家民主》中表达了对完美主义的类似担忧，虽然她的试金石（除了经典儒家之外）是杜威而不是亨利·詹姆斯。陈素芬说：

> 完美主义意味着任何问题都有"一个最终的解决办法"，任何问题都有一个和唯一一个正确答案，而且只有一种正确的生活方式。正是这种完美主义在历史上把积极的自由转变为致命的灾难。这种完美主义在本质上与杜威的哲学相反，在杜威看来，自由的可能性意味着"这个宇宙存在真正的不确定性和偶然性，这个世界没有包含一切也永远不能包含一切，这个世界在某方面还不完整，还处于生成中，在这些方面还需要依据人们的判断、珍视、喜好、劳作而做出这样那样的改变"［Tan（2004，162）］。

---

① 诺斯鲍姆补充说詹姆斯说对这些人他看到他们的"行为"是"他们的感情，他们的感情是他们的行为"。

即使杜威认可一种"积极自由",即一个人在成长过程中自我得到完善和发展,因而变得更加自由,但是这个过程从来没有终点:人们从来不能说"某某是我们必须尽力实现的理想的、理性的、最终的自我",因而证明为实现这种完美理想而采取的强制手段的合理性。在不惜一切代价的说法中,人可能成为抽象的数字。①

诺斯鲍姆把政治完美主义和脱离了人类特殊性的世界的复杂性和矛盾性的一种抽象方法联系起来。陈素芬对为任何问题都只有一个"最终的解决办法"辩护的完美主义的担忧指向类似方向。当代人的第三个关注来自墨子刻,他集中讨论了"中国人提出的政治完美概念,他们相信这是切实可行的"[Metzger(2005,20)]。因此,他发现中国自由派用"历史上曾差一点实现的理想社会"(Ibid.,468)的术语讨论民主,他还注意到20世纪儒家学者唐君毅"相信,除非人们相信世界的彻底道德转变在现实生活中切实可行,否则他们就无法坚定地行动"(Ibid.,268)。随后我将探讨对完美信念和信仰完美的态度之间的重要差别,就当下来说,我们可以看到完美主义意味着无法看到不完美之物的价值,因为毕竟完美就在眼前,这正好支持了诺斯鲍姆和陈素芬看出的完美主义态度问题。

完美主义的意思与"差错主义"和"出错性"的意思有关。诺斯鲍姆反对完美主义的反面是她赞同詹姆斯,他坚持认为,我们是"有差错的客体,如果考虑到最高目标的话",而且"我们的爱和关注常常有悲剧性紧张关系"[Nussbaum(1990b,212)]。她说:"伟大的艺术在我们的政治生活中发挥了核心作用,因为它们向我们显示爱和承诺的错综复杂性,向我们显示自己会犯各种错误,会削弱乐观主义者对现实的愤怒,这种情绪往往是政治暴力的根源。"(Ibid.,213)在诺斯鲍姆看来,认识到我们必然的出错性和发现自己处于悲剧冲突中的倾向可能产生一些政治后果,如破坏在她看来与完美主义

---

① 陈素芬的分析框架是以赛亚·柏林的积极自由和消极自由的区分。一方面,消极自由基本上是免于干涉的自由,只要他不伤害他人。另一方面,从积极自由的鼓吹者来说,一个人不是真正的自由,除非他能够自由地听从真实自我的指示,这常常意味着某种形式的教育和修养,比如对欲望的压制或者改造。

第十一章 圣人与政治：前进之路

联系在一起的乌托邦工程。墨子刻提出了类似的联系，拥有"认识论悲观主义"和"历史的永久道德黑暗意识"的人将乐意接受我们的相互关系中不可避免的"不和谐音"存在，并回避问题多多的乌托邦主义［Metzger（2005，703）］。①

从诺斯鲍姆、陈素芬和墨子刻的观点看，我们应该清醒地认识需要避免的完美主义，也应了解有助于摆脱完美主义干扰的差错主义。甚至有迹象显示这些作家有一种把完美性和差错性按我建议的方式协调起来的方法。墨子刻担心被他贴上认识论悲观主义标签的差错主义将破坏我们在世界上取得"坚定进步"的关键能力，有时候他求助于我即将讨论的"信仰"的必要性。一个相关的问题是陈素芬的差错性观点如果与诺斯鲍姆和墨子刻的观点对比的话，明显缺少终极性。不是谈论必要的悲剧性或永久的道德黑暗，陈素芬谈到了人类交往中肯定存在的尝试性和开放性，因为我们的视角（或者"意义水平线"）从来不是完全一样的：

> 只要人们不能实际上成为另一个人，水平线的中心就决不可能完全合并。我们"设身处地考虑他人"的企图只能获得部分成功——相对于具体目的的成功，认识到这一点有助于这些企图可能获得令人满意的后果，但不带来破坏性的副作用，因为它引进了某种尝试性，承认了差错性的存在，这能令我们对或许需要修改从前结论的情景的进一步发展保持警惕［Tan（2004，70）］。

就陈素芬来说，这是儒家的突出观点，它完全吻合我在前面章节中讨论过的儒家因承认变化和拥抱特殊性而面临的新挑战。

圣境不是学习一套可以严格运用的法则。与此同时，我已经强调立志成圣意味着立志把追求和谐作为理想。也就是说，我们认为这是可能的，并非对某种不同的、无法达到的领域（天国）的简单描述。这个理想就在我们眼前，是世界的一部分，吸引我们努力把它变成现实。它的内容不是固定的而是开放性的；人们一劳永逸地实现和谐，

---

① 有关"永久的大的道德黑暗"，请参阅第十章第一节。

然后万事大吉,这是荒谬的想法。① 用动态术语正确理解的和谐代表了一种切实可行的完美。

第二节 敬与礼

我在第五章指出,理学家认为我们应该对和谐表现出敬的态度,这种观点是正确的。我的论证的一个方面是为了显示,谈论敬可以获得梅铎所祈求的"信仰"的力量,同时无须担心梅铎途径造成的麻烦后果。在本节中,我将回顾信仰与敬的对比,因为墨子刻和陈素芬都暗示信仰之类东西的必要性,虽然最终来说是非常不确定的。我相信敬在他们谈论信仰时所探索的内容方面发挥了关键作用,因此它位于圣人政治的核心。而且,任何一种儒家政治都不可能忽略与敬密切相关的礼。在本节结束前,我们也需要看到强调敬和礼可能遭遇的危险,看看我们在扩展对圣人政治的理解时能否防范这些风险。

敬意味着在充分认识到我们的局限性和不完美性的情况下集体拥抱理想。按照哲学家保罗·伍德拉夫的分析,敬是由我们对所敬对象的敬畏态度所构成,尊重像自己一样的其他不完美者,我们同样尊重不完美的东西,而且在一个人明明有能力这样做却不实践我们共同的理想时会感到羞耻。② 对我们力不能及的完美理想保持敬(与敬畏)的态度非常重要,这些理想因而具有一些神秘色彩:具体的个人或具体情景,无论多么好,都不值得敬。我们敬的是超越评价能力的理想,而实际领袖和法律从来没有超越批评的范围。实际上,我们之所以批判那些明显没有达到共同理想标准的人就是因为我们对理想的共同敬畏。第五章第一节讨论过这个涉及个人道德决策的问题,在政治背景下敬也是关键的推动者。伍德拉夫认为,领袖和民众对共同理想的"共同敬畏","把他们在超越个人利益的情感基础上团结起来,形成相互尊重的氛围。这种情感使得领导工作不那么痛苦了,因为在有敬的地方不存在失败者和成功者。在把人们团结起来的敬畏所放大

---

① 在这点上,请对比第二章第二节中对"定理"的讨论。
② 请参阅第九章第二节关于"力量"和追求理想和完美的关系的讨论。

的东西面前，成功和失败都显得无足轻重"(Ibid.，175-76)。

在更多谈论敬之前，让我们看看完美主义的批评家觉得有必要求助于"信仰"的若干地方。作为深入探讨儒家民主可能性的一部分，陈素芬主张"若要在当今历史背景下把儒学当作可靠和切实可行的哲学，它能够和必须被重建以创立民治政府"[Tan(2004，145)]。接着，她承认一些对她的英雄约翰·杜威不友好的哲学家对民治政府的可能性提出挑战。沃尔特·李普曼和莱茵霍尔德·尼布尔等批评家指出，杜威这种理想主义"或许产生良好的个人行为，但在政治上将产生最极端的恶果"(Ibid.，152)。这听起来很耳熟，因为儒家政治学的一些批评也遵循这个路径。所以，当听到陈素芬通过否认"最终的解决办法"式的完美主义来反驳时，我们并不感到吃惊。虽然如此，但是激励我们追求更美好世界的动机是什么呢？

陈素芬说杜威和孔子希望人们立志但不要狂热，"他们坚持不懈追求理想的恒心非常坚定，恰恰是因为他们并不欺骗自己去相信这些理想一定能实现或者很容易实现"。用杜威自己的话说，正是"信仰"让这种坚持成为可能。他写道："人们有能力想象当今欲望投射出的未来，并发明实现这种未来的工具，正是对这种智慧力量的信仰成为我们的救赎。"陈素芬补充说："作为'倾向行动'的信仰，一种即使不能保证成功也愿意尝试的意愿，以及对未知和不确定性的积极态度，正是儒家世界观和实践哲学的重要组成部分。"(Ibid.，153)

在杜威看来，"信仰"似乎意味着超越我们经验基础的信心，在任何具体例子中就是相信会产生美好的结果。历史不能当作这种态度的基础，否则它就不再被视为信仰了。陈素芬说这与"天真的乐观主义者"不同，虽然我很难说清楚其中的差别。无论如何，这是一种我很难为之辩护的态度。就像宗教信仰一样，杜威信仰也是无法用理性来辩护的，但和宗教信仰不同，它没有超验性基础。如果陈素芬对杜威意思的理解是正确的，即"民主作为理想需要一种对其无限接近的可能性的信仰"，那么我就担心我们投身民主的能力。我也质疑她把这种态度归功于孔子，《论语》把孔子描述为"知其不可而为之者"(《论语·宪问》第三十八节)。换句话说，孔子的态度不是"信仰"，因为他对现实可能达到的成就有符合实际的认识。陈素芬（和杜威）认为需要某种东西推动理想主义但不落入狂热主义的陷阱是正确的，但他们对信仰的理解不能令人满意。①

我已经在第十章第一节中提到墨子刻赞赏话语一的中国参与者能够激发"坚定行动"的方式，虽然他在解释其背后的认识论上遇到了麻烦。唐君毅认为"除非人们相信世界的彻底道德转变的现实可能性，否则他们就不能坚定地行动"［Metzger（2005，268）］。正如墨子刻所说，他发现唐君毅等人的思路是这样的：对知识完整体系的理解产生"充满信仰和信心的思想"（Ibid.，94 and 238），这反过来将导致坚定的行动。墨子刻很怀疑第一个步骤，即我们是否应该把了解完整的知识体系作为目标，但喜欢它的最后结果。其实，他说"在我看来，抛弃马克思笨拙的乌托邦主义并不一定要抛弃马克思重建西方现代性的气吞山河的乐观主义决定性"（Ibid.，559）。他相信不管是乐观主义还是悲观主义都没有历史基础，而是人们采取什么态度的"精神"问题。在批评理查德·罗蒂单调的功利主义世界画面时出现了一个类似的议题，墨子刻认定，我们应该对"宇宙环境"采取"虔诚"的态度，因为我们是在这个环境中追求那些不可避免的被概念化的目标的（Ibid.，755）。这里他再次把自己偏爱的立场与儒家的精神性联系起来，虽然他对儒家的认识论乐观主义仍然感到困惑。

我相信陈素芬和墨子刻在谈到信仰、精神、乐观主义的决定性和虔诚时所讨论的核心态度就是敬。② 这并不是说敬可解释一切，可是它的确能支持承诺和决心。民主需要敬的支持，因为敬恰恰促成陈素芬所寻找的"没有狂热的承诺"。前面的章节已经探讨了个人修身实践中的动态过程。现在需要做的是把敬与公共礼仪结合起来，在经典儒家和理学家看来，礼都是儒家政治的核心部分。

礼的运行有很多层次。有些可能得到国家的支持，要在全体公民中推广，而有些则具有明显的地方色彩。在任何情况下，礼都是结构

---

① 请参阅第九章第六节有关信仰的讨论。
② 其实，"piety"（虔诚）是希腊单词 eusebia 的另外一种翻译，伍德拉夫把它翻译为敬［Woodruff（2001，225－6）］。

第十一章 圣人与政治：前进之路

性的社会实践，至少有一定的历史渊源。礼帮助塑造和指导我们的情感，至少当我们认真参与礼仪活动时，礼能够持久地"滋养"或改造我们的情感。① 陈素芬深刻地分析了礼起作用的一种方法。她写道：

> 旨在为日常生活中重复出现的场合实现和谐而设计的礼仪，在其他更可能有问题的领域创造有助于达成和谐的环境。一旦发生冲突，竭力寻找和谐的解决办法，避免对立冲突的倾向可能对结果产生重要影响。即使在利益严重冲突的情况下，受到人们都理解的礼仪行动所促成的礼貌和非对抗性姿态并不一定是纯粹虚伪的表现，它们实际上是增加达成共识机会的强大手段，有助于产生人人都能接受的结果 [Tan（2004, 84）]。

贝淡宁也强调了礼仪对推动和谐的相关方法，更重要的是通过让强者和弱者都认识到自己是共同体的成员而起到保护弱势群体的作用 [Bell（2008, ch.3）]。

在中国，礼长期以来都和敬密切相关。伍德拉夫在对敬的当代讨论中注意到礼或仪式的重要性，把承认礼的作用归功于中国传统 [Woodruff（2001, 104-5）]。当他说儒家把"礼放在自然情感和后天养成的美德之间的枢纽地位"时，很好地指出了礼的作用。礼仪化的互动很重要，因为它们帮助我们养成一种不会把眼睛仅仅盯着直接后果的小范围的眼光和能力。葬礼绝不仅仅是表达悲伤的情感，我们尊重逝者，尊重他们的生活，赞美他们的美德，并被其美德所感动，重建和更新相互间的关系以及我们对社区的责任。它提醒我们意识到自己的局限性和我们能够完成的大事，即使只能部分实现。简而言之，就在我们纪念逝者"代表"的东西时，我们是在尊重共同拥有的理想。

只是在偶然情况下葬礼才成为政治事件。明确的政治礼仪也可以从敬的角度来理解。伍德拉夫写道：

---

① 经典儒家荀子在讨论礼的影响很大的文章中强调礼仪的"教育"作用，这在《论语·为政》第三节中也暗示出来了。请参阅《荀子·礼论》第一节。

投票是一种仪式。它是敬的表现，不是因为政府或法律，也不是因为任何人造的东西，而是因为普通人比统治他们的世界主宰更重要的想法。如果我们不理解为什么应该投票，那是因为我们已经忘记了仪式的意义。仪式的意义就在于敬（Ibid., 21-22）。

当然，听伍德拉夫说投票是一种仪式或是一种礼首先让人想到99.99%的人参与投票的国家，那里的每一张选票都投给同一个候选人。那是对"仪式"的误解，认为它只适用于空洞的实践，是纯粹的形式。并非所有形式的政治参与都被同样仪式化（随后讨论），但这让那些"仪式化"的参与更加重要。它们对我们重要，对邻居重要，对孩子重要，当然对当选的领导人也很重要，因为他们需要被提醒（更好地内置化）自己是人民公仆。

就像投票的礼仪一面很重要一样，我们也应该记住牟宗三的观点，政治虽然诞生于道德和礼仪，但它必须拥有一种独立性。在下一节我将展开论述这个主题，现在只是指出选举既是传统管理下的礼仪也是法律管理下的政治制度。如果礼仪的维度占主导地位，它或许充当权力不平衡的幌子，因而是危险的。赋予选举礼仪力量的部分实际上是它们与人人平等的法律的联系。但是，当礼仪、敬和公正无私的法律的结合受到挑战时，选举可能失掉太多的功能，即使在声称"公正"的选举过程中成功挑选出独特的胜利者。美国2000年总统大选的一个持久印象是每个候选人聘用的律师团旨在挑战或许让其候选人陷入不利境地的任何不一致之处。虽然这可以看作像一件好事，毕竟，公正是选举的最根本渴望，它也让法律被当作谋取个人利益工具的形象凸显出来，从而破坏了投票作为仪式的意义。对民主理想的敬变得更难以维持。[①]

在继续谈论前，请让我补充有关礼仪的两个警告。第一，我们必须牢记敬（或崇敬）并不适宜指向某个人或具体机构。我们崇敬理想，崇敬在某种方式上超越我们力量的东西。当今的许多公共礼仪

[①] 请参阅第十一章第五节作为第二位的支持系统的法律的相关讨论。

都清晰地表现出这一点。在美国，纪念日的游行或者其他活动给我们机会向士兵的献身精神和勇气致敬。当一个人考察发生的活动时，即使那些似乎纪念单个人的假日如马丁·路德·金日的活动实际上也是指向他代表的理想。但是，我相信呼吁我们对国家、人民、领袖表达敬意的公共礼仪，就会不那么舒服了。伟大领袖值得我们尊重和支持，但不值得我们崇敬。我们应该关心自己的国家或社区，但我们不应该崇敬包含各种毛病的个人组成的群体。敬只适用于国家长期以来为之奋斗的理想而不是国家本身。如果国家放弃了担当和理想，人们必须批判和抗拒它。

最后，陈素芬警告说"当礼仪的形式在牺牲创造性内容的情况下变得具体化，对社区和社会稳定的追求就走入歧途和自暴自弃"[Tan（2004，86）]。她和其他人都已经强调，在礼仪的任何特殊实施中，我们都让礼仪成为自己的东西，贡献个人的创造性。事实上，孔子在《论语》中被记载说"事君尽礼，人以为谄也"①。这里的教训是，在举行公共礼仪时，我们需要鼓励不同群体结合本地的历史或记忆举行自己的礼仪，这种礼仪具有真正的意义，能帮助人们激发对共同理想的真正崇敬，即使表达崇敬的手段可能并不相同。②

第三节　完美主义和制度

一　温和的完美主义

谈到促进共同理想的公共礼仪促使我们转向下一个话题：机构的适当作用，尤其是国家完美主义问题。这里确实存在术语混乱的可能性，因为个人的完美和国家完美主义是完全不同的两个概念。"国家

---

① 参见《论语·八佾》第十八节。《论语·子罕》第三节也指出了随着情景的不同礼仪发生改变的可能性。安乐哲和郝大维已经在很多著作中强调礼仪的创造性，关于早期的例子，请参阅 Hall 和 Ames（1987）。

② 《论语》中有一些抗拒礼仪变化和接受礼仪变化的例子。例如，《论语·子罕》第三节中："麻冕，礼也；今也纯，俭。吾从众。拜下，礼也；今拜乎上，泰也。虽违众，吾从下。"包含了各自一个例子。关键的差别似乎是变化的礼仪是否仍然表达敬和合适的理想。

完美主义"并不意味着国家寻求自己的完美。相反，该观点是国家能够和应该站在公民立场上提倡好生活的宝贵概念，而不是完全由公民自己来寻求或不寻求真正重要的生活。这后一种观点被认为是国家的"中立性"，即国家不应该提倡任何特别的好生活概念，这通常被视为自由主义的思想内容之一。我这里讨论的种种"完美主义"与本章第一节中讨论的完美主义观点有关，因为所有观点都支持将来比现在会更好的观点。本章第一节的结论是开放式的完美主义可以避免我讨论过的批判。同样的情况，我在这里的论证是儒家只应该支持特殊的、受到限制的国家完美主义。我的策略是首先观察最近西方政治哲学为完美主义所做的辩护（对中立性的批判），然后分析这些版本的完美主义如何吻合我提出的儒家政治观点并得到改善。最后，我要谈到儒家完美主义和特殊性相互支持的互补性。

完美主义的当代辩护者同意应该避免该观点的极端版本。陈祖为辨认出的"极端"完美主义观点如下：国家应该采取和提倡全面的、具体的善的排行榜和生活方式，而且通过法律制裁的手段强制推行这种观点，否认存在可以用来平衡这些完美主义目标的其他价值（如和平或社会和谐），坚持认为促进这种好生活是国家首要的直接的责任（而不是让社会组织发挥关键作用）[Chan (2000, 14-16)]。相反，"温和"完美主义在所有这些问题上都采取更柔和的立场，虽然它仍然确定国家应该通过非强制性的如补贴、减免税、教育等手段提倡"宝贵的人类财富如艺术、家庭生活、基本美德"等。乔治·谢尔也认为，国家能够和应该推动那些有助于"几乎普遍性的、接近不可避免的目标"的善，而且像陈祖为一样，他不相信完美主义者的价值应该垄断政治决策过程[Sher (1997, 229 and 246)]。

因为国家中立性的观点被认为是建立在个人自主性的重要性基础上的，而因为它在最近的西方政治理论中一直处于主导地位，完美主义的支持者倾向于花费很长的时间论述支持中立性或反对完美主义的观点。这些论证五花八门，但很大程度上超出我们现在关心的问题的范围。虽然如此，有两个议题仍然值得关注。第一，温和完美主义和尊重自主性之间并不存在冲突，谢尔用下面的话总结了两章详细的论证过程：

第十一章 圣人与政治：前进之路

一个强有力的假设是允许公民做出自己的决定并控制自己的生活。我们有很多理由承认这种假设，尤其是在强力或威胁参与进来的时候，这种假设在任何政府的决策中都变得更加明显。但是，任何假设都不能为自己忽略或彻底排除善良考虑新提供的强大理由来为自己辩护。只要这种理由仍然发挥作用，人们就期待它们在某些时候能发挥决定性作用（Ibid.，104）。

我们在下文即将清楚地看到，儒家有很好的理由在相当程度上尊重政治自主性，这必须与我们最终支持的完美主义者的任何考虑达到和谐。第二，陈祖为和谢尔为我们提供了两种辩护路线，用以反驳国家完美主义将导致不赞同国家认同的幸福生活的人受到压迫的指控。一方面，陈祖为强调温和完美主义没有压迫性，因为它对具体的善采取大联合的包容态度，鼓吹这些价值使用的是非强制性手段［Chan（2000，17）］。许多人发现，在这种模式下推广善非常有吸引力，不服从的人不会遭到强迫。另一方面，谢尔谨慎地承认压迫的持久可能性，但令人信服地显示回到中立性并不是需要的。权利和法律体系已经足够，在代价已经非常昂贵时，也就是这样做反而会失掉完美主义能带来的善时，"预防性的中立性"要求已经没有必要［Sher（1997，ch. 5）］。

二 儒家的国家完美主义

在初步了解如何认识眼前的完美主义后，让我们转向儒家政治，首先提问它是否真的体现了温和完美主义。我将采用前一章的做法，拿徐复观和牟宗三作为我们最有前途的起点。他们倡导的"道德教化"政治目标非常清楚地说明他们是完美主义者，因为相信国家应该在公民的道德改善中发挥作用。而且，他们限制公共教化工程的方法显示其感兴趣的是温和完美主义。预见到谢尔的标准，牟宗三说我们应该公开提倡的价值是人性中最低的、最普遍的要求［Mou（1991，126）］。与人们在个人修身实践中遵循的个体标准相比，期待通过公共教育而实现的标准则非常松散。牟宗三一再指出，一个核心的政治

· 265 ·

原则是领袖必须聆听和满足民众的愿望，而不是以任何强制性的方式把领袖愿望强加在民众身上（Ibid.，124 and 164）。因此，牟宗三的观点似乎符合陈祖为提出的温和完美主义的任何标准：它没有全面和具体的善的排行榜和生活方式；不强制性推动善；承认除了积极推动的善之外还有其他善存在；允许国家之外的机构在推动善的过程中发挥作用。①

对牟宗三的这种解读的一个可能反对意见是他建议要求在学校开设"儒教"课程（Ibid.，179）。牟宗三明确指出这是要在教育机构中进行而不是单独的儒家教堂，这证明了我把儒教翻译成"Confucian Teaching"（儒家教学）而不是标准的"Confucian Religion"（儒家宗教）的合理性。考虑到牟宗三在其他地方说过公共教化局限性的事实，我认为在这方面，我们权且相信他是温和完美主义者。无论如何，当代儒家必须高度警惕任何坚持人人必须遵从的全面宗教教义的建议。②

牟宗三著作的一个主题是历史上儒家对制度的讨论都是不充分的众多不同方式，与之对应，也没有应该强调制度重要性的视角。他分析的核心是区分了两种意义，一是核心政治原则的内在"内涵"义，二是这些原则能够体现出来的外在的"外延"义。牟宗三进行了复杂的历史论证，解释了为什么前一种途径在中国得到重视，后一种途径在西方得到重视。就我们的目的而言，完全可以把这个论证放到一边，只需指出只重视这一面或那一面都是不够的。"外延"途径建立在明确写出来的法律和权利的基础上，这过于死板，无法容纳教化的政治方面，因此我们得不到如何完成充分的个人的自我实现的指导（Ibid.，158）。与此相对，纯粹的内向途径过于主观性，太容易受到

---

① 似乎很清楚的是牟宗三设想的完美主义者的美德推动方式避免了万白安的担心，即这种途径可能导致认识论乐观主义［Van Norden（2007，335）］。还值得考虑的是当代某些儒家发动的针对台湾政府在20世纪70年代和80年代主持的教育工程的批判。其中一个批评家认为必修的高中课本"是极坏的例子，说明党国意识形态为了自己的政治目的如何操纵国家规定的中小学课本内容"［Makeham（2008，198）］。

② 比如，像康晓光等人赞同拥有儒家牧师的儒教的建议应该遭遇极端的怀疑［Kang（2005），(xlviii and 182–90)］。

操纵。如果政治要充分的独立并成功实现其目的的话,人们需要建立在合理的"规约性的法则"基础上的客观制度(Ibid., 164)。因此,牟宗三返回到我在前一章已经概述的论证:政治必须诞生于道德,但部分独立于道德。没有原则性的承诺和客观制度的支持,不尊重和倾听民众的愿望,领导人不可避免地滑入把世界看作自家花园,并肆无忌惮地捞取个人利益的深渊。牟宗三认为至少某些儒家与某种民主精神非常接近,但因为无法在这种约束性的原则基础上建立客观制度,他们最终没能实现自己的承诺(Ibid., 166–74)。

牟宗三这里的论证确立了我在下面两节要坚持的参与和法律所发挥的作用的基础。我同意他的观点,儒家政治原则的完整和持久的实现要求这种制度,也要求他所呼吁的独立性。与此同时,我想补充说明,这种客观政治制度建立在它与高尚的永无止境的个人成圣目标之间的辩证关系基础上。牟宗三是正确的,儒家不能满足于纯粹"外延"政治,正如他们不能满足于中立性的国家一样。

三 具体性和特别主义

在谈论这些问题之前,我们需要谈到有关完美主义制度的另外两点。第一,本节所谈到的作家没有一个具体提出温和完美主义制度到底是什么样子,也没有指出它们如何发挥作用。陈祖为提到了补贴、减免税、教育;牟宗三赞许地引用了黄宗羲的"学校"(必使治天下之具皆出于学校),黄宗羲希望它可充当平衡国家权威的角色。[①] 我们或许注意到制度能塑造或限制我们的行为,至少在不同的但相关的两种方式上。一方面,它们寻求把社会世界提供的奖励结构化,拥有典型动机的人将做出适当选择因而行为得体。另一方面,制度能够转变我们的动机以便我们即使在独立于精心设计的制度性奖励的情况下也能做出适当选择。或者用本书前面章节更熟悉的语言,制度寻求改变我们看待自己处境的方式,因为适当的行为是从看待世界的适当方式而来。我曾指出这两种模式是有关系的,因为儒家早就相信前者导

[①] 黄宗羲的观点受到广泛关注和称赞,狄百瑞甚至把它描述为"学者议会",见 Huang(1993, 83),也可参阅贝淡宁的讨论[Bell(2000, 303–6)]。

致后者的出现。第八章强调说,这就是礼发挥的作用。①

第二,我们应该注意到完美主义和特别主义的复杂关系。特别主义认为,一种正确的道德行动是对特别情景的适当认识的结果,而不是把普遍原则应用在个别事例上。该观点在前面的章节中曾多次谈到。因此,特别主义似乎并不能很好地吻合依靠不偏不倚的、不容变更的法则基础上的制度。但是,更深入地观察后,我们将发现我支持的完美主义和接受与客观制度的辩证关系的特别主义实际上是相互支持的。下一节的核心主题就是参与对儒家政治制度合法性的重要性,而参与建立在最好的领袖也可能犯错误并受其特别视角限制的观点基础之上,因此主权必须是多元的,即必须与国家的所有公民来共享。包括完美主义者的制度在内的所有政治制度都必须建立在尊重多元主义的基础上。特别主义和完美主义相互支持的第二种方式是特别主义并不依靠所有判断都同样好的假设。上文引用的特别主义的定义提到对特别情景下的适当认识。我们在前面的章节中已经看到,道德知觉随着我们修养的提高而改善,这恰恰是国家的完美主义制度的目标。适当的教育、礼仪和参与性活动能够帮助我们更好地认识自己的处境。

马萨·诺斯鲍姆也认为政治机构本身必须是灵活的和特别主义者的。她讨论了美国法律体系实际上是特别主义,因为"良好的法律判断越来越多地被视为亚里士多德所看到的情况,是对写成文字的笼统法律条文的聪明的补充,法官靠这种判断想象一个具有实际智慧的人在这个情景下会说什么"[Nussbaum(1990b, 200)]。实际上,她强调亚里士多德"多次承认公共生活中必须常常使用法则,这比任何其他选择都更好。但是他否认它们是公共领域应该追求的公共规范"[Nussbaum(1990a, 99)]。诺斯鲍姆说,法则的非个人运用不应该成为常规,因为政治领域中个人的、特别主义的判断的重要性不容低估。引用詹姆斯对海阿辛斯·罗宾逊的描述(见本章第一节),诺斯

---

① 儒家对我们的行为影响我们所处的情景,养成我们的性格以便我们在无论什么情境下行动良好的关注帮助他们回答"情景论者"对德性伦理学的批判。更多讨论,请参阅拙著 *Angle*(2007)。

鲍姆写道："詹姆斯的观点是，这种对个人内容的承诺是政治性的，正是因为政治变得越来越高（脱离个人）不再呼吸人性的气息才使它有能力犯下种种暴行。"［Nussbaum（1990b, 209）］

虽然诺斯鲍姆的亚里士多德观点和我的儒家观点形成共鸣，我要说牟宗三的辩证途径更好。法治和其他客观的以法则为基础的制度不仅仅是必要的恶，它们还构成了成功的"公共空间"：牟宗三认为，如果没有客观制度的话，除了短暂的、偶然的公共空间，根本无法想象公共空间的繁荣。与亚里士多德相反，它们是公共空间应该努力追求的规范的组成部分。与此同时，我将在本章后面部分指出，法律体系应该被看作第二位的支持系统。我们的客观制度应该被设计为鼓励个人解决办法与和谐而不是冲突性的互动。这里我们或许想到陈素芬的建议，"在冲突情境下，朝向和谐解决办法和避免对抗立场的倾向能够对后果产生重要影响"［Tan（2004, 84）］。用第六章末尾讨论的术语，我们从香草立场而不是咖喱立场中更容易找到解决办法。

第四节 参　与

按照牟宗三的说法，独立的、客观的政治制度肯定需要限制我们，这些制度的本质我谈论得很少。在这里我开始做出一些纠正，我要指出旨在推行圣人政治的制度必须是参与性的。这不仅是它们唯一要求的特征，而且是儒家政治的许多概念中引人注目的典型缺失，因此值得深入讨论。我对参与政治定义如下：对社区广大成员的观点做出系统性回应的政治，这是通过他们实际的自由参与政治活动而确定的。而且，这些活动的参与必须受到保护（通过权利和法律，参见下一节）和鼓励（成为重要的完美主义社会目标）。[①] 若没有民众的实

[①] 对比史天健［Shi（1997, 21）］的相关论述，他把参与定义为"公民个人旨在影响政府政策实际结果的活动"。史天健的途径（从原则上）允许相当程度的参与，无须任何明显的政府回应。我的更加规范性的定义将不把这样的情景算作"参与性的政治"。"回应性"不一定要求政府政策反映公民要求的结果。政府或许有很好的理由回应说这些要求不能满足。只要他们仍然对进一步的要求进行考虑的保持开放，这就仍然可以看作是回应，请参阅罗尔斯［Rawls（1999, 72）］。

际输入，领袖对民众意见做出结论，这种政治制度就不是参与性的，无论领袖多么正确。这同样适用于公民由于冷漠而不再参与的制度。在本节中，我将详细论证儒家政治和参与的密切关系。第一，参与是个人道德成长所需；第二，政治从道德中独立出来的需要使得参与成为必需；第三，承认圣王在现实中不可能使参与成为必需。在评论了每一个论点后，我将简要谈论其隐含意义，包括与之适应的灵活政治形式。

一 三个论证

如果个人的道德成长，即追求圣人理想的无休止过程要求参与政治，那么圣人政治必须包含参与。陈素芬写道：

> 君子、当然还有圣人比普通人聪明，但在政治行动中，人们相信什么，人们的思想和感受如何，无论显得多么愚蠢或受到欺骗都不能被忽略。对人民实行仁政要求政府帮助民众变得更聪明，因此，教育作为威权政府的责任就十分重要。民众的改造要求民众的参与 [Tan (2004, 144)]。[①]

这是很有说服力的，但请注意这里陈素芬谈论的"参与"或许与我对政治参与的定义不同。陈素芬的要点是积极教育的必要性而不是消极的或（更糟糕的）强制教育的必要性。问题是，人的教育范围应该有多广，因而我们该如何理解"参与"的范围？作为回答，陈素芬部分引用了杜威的观点，杜威说："人性得到发展只是在其成员参与指导共同的事务，即人们作为成员组成的群体如家庭、工业公司、政府、教会、科学协会等的事务。"陈素芬评论说："一个仅仅专注于个人需要和愿望的人在道德上是发育不良的，因为她没有认识到人的社会性。"(Ibid., 121) 后来，她补充说不被允许参与政治的人的道德意识是虚弱的，正如从来没有给予责任的孩子不能学会负责

---

① 也请参阅 (Ibid., 180-1)，陈素芬认为改变人民的习惯"要求所有人在实践中的参与"。

任的行动（Ibid.，204）。

儒家政治在两个层次上是完美主义者。它们推动每个公民都广泛共享的美德和其他善。即使不鼓吹要求更高的完全具体化的好生活，它们确实在推动公民应该继续修身实践的观点。有一个水平是国家不应该超越的，它不该额外去具体推动任何目标，但国家也从来不能明确指出公民现在应该满足于他们"足够好"的水平。请记住我早先有关投票的讨论。参与不仅仅是表达观点或让别人听到自己的声音，在很多情况下，它是礼仪的一部分，有助于增强活动的改造功能。从这个角度看，若考虑陈素芬有关我们在学习和成长中广泛和积极参与的必要性说法的说服力，我们应该得出儒家政治必须是参与性的结论。

人们可能反对按下面方式进行的推理。你怎么看这样的国家呢？它告诉人民说："啊，你们都去寻找如何教育自己，尤其是如何修身，但由我们（领袖）来负责严肃的外交政策和有关经济体制的重大决定。在外交和经济领域，你们有一些最低限度的、象征性的发言权（或许通过定期的领导人选举），但我们才是处理你们很难明白或理解的外交和经济议题的人，我们会奖励你们把这些决策留给现任领导。"这样的国家或许是温和完美主义或符合陈素芬提到的教育，但它总体上不能算是有意义的参与。它难道不能被称为儒家吗？[1]

这种国家的问题是它把国民幼稚化，把人民当作长不大的孩子，根本无法处理庞大复杂领域的问题，而这最终恰恰是对人们生活最有意义的地方。当然，君是"民之父母"的比喻在儒家政治文献中确实贯穿始终，但即使在最初的背景下，这个比喻也与人人都能成为圣人的观点格格不入。陈素芬的观点在这里也适用，即只关心个人需要会令人变得迟钝，而我们也可以参考我讨论过的想象力（在儒家看来）在克服明显的道德困境时所发挥的关键作用。真正的道德进步需要人们参与所有复杂问题，因为只有认识到每个特定情景中的多个维度，我们才能看到通往和谐解决办法的道路。[2] 这并不是要求每个公

---

[1] 感谢斯蒂文·基兹追问这一点。
[2] 请参阅第六章第二节和第九章第四节。

民都成为特定领域的专家,正如反对意见并不认为国家领导人是专家(如环境科学或人口学等意义上的专家)。真正需要的不是知识分子的精英主义思想而是道德成熟,这当然包括认真聆听(批判性的)专家意见。①

参与政治的第二个论证从牟宗三的观察开始。他认为在成圣过程中要挖掘出一切潜力,就必须确保道德和政治"部分"独立。我说"部分"独立是因为道德和政治的许多目标是平行的,比如当政治鼓励人们在它具体推动的基本美德之外继续追求完美目标时。我在第十章第三节中解释,牟宗三认为政治是独立的,它通过客观结构来实现,这些结构成为不同于来自个人主观道德修养的道德权威的另一种权威。在牟宗三看来,并非所有客观结构都能做到这一点。该结构必须实现原则或不变的法律,这些来自牟宗三所说的理性。遵循优秀的理学家传统,牟宗三说理性的充分和内在的表现可以在充分发展的良心以及不断完善的情景回应中找到,他补充说,这代表了一种创造性,因为从分析的角度看,回应是无法预测的 [Mou(1991, 66 – 68)]。具有政治权威的外部结构是理性的"外延表现"。②

那么,什么客观结构能将我们的理性制度化(以适当独立的因而有限的方式)?牟宗三相信,简单地说就是民主制度。按照牟宗三的解读,经典儒家非常了解我们的理性,看到了政治权威来自人民的共同意志,但像孟子等思想家没有看到这种权威需要通过客观机构进行处理的必要性。③ 相反,孟子接受了权威可以像王位继承一样从一个人传递给另一个人。牟宗三认为,只有客观的、民主的宪法才能确定合法的政治权威(Ibid., 20 – 22 and 114 – 16)。要让政治权威充分独立于任何特定个人所宣称的道德权威,我们就必须

---

① 请参阅第九章第五节有关对话的讨论。
② 牟宗三的"内涵表现"和"外延表现"的语言提出了一个有趣的紧张关系,因为它暗示两者在根源上是一样的:一方的改变不可能不引起另一方的变化。但是和道德相比,政治必须更松弛,要求更低,不是不失掉任何权威。一旦政治规范外在化和客观化,它们就能够在不需要充分符合伦理学或圣境的内在的主观要求时就能够实现。
③ 陈素芬细腻地分析了《孟子》中民与天的关系,提出了几种可能的解读。最后,她更喜欢的解释与我在这里归功于牟宗三的观点是一致的,请参阅陈素芬 [Tan(2004, 136 – 45)] 相关理论。

第十一章 圣人与政治：前进之路

肯定客观的政治结构提供可靠的手段让所有公民在国家决策中发挥作用。牟宗三满足于用民主制度讨论这个问题。我更喜欢早先定义的参与性制度的基本观点。"参与"这个词更可取有两个原因。首先，它直接与我提出的合理性论证结合起来，其次，它提供了机构设计的更多灵活性。

儒家政治必须是参与性的最后一个理由扎根于儒家学说的独特承诺，同时承认完美主义和差错主义。我们都能成为圣人（也应该追求成圣的目标），但我们每个人目前都还不是圣人。包括领导人在内，谁都不是。这意味着包括领袖在内的每个人都不能被指望看到特定情景的所有方面，这不仅因为情景的复杂性和人们常常模糊不清的动机，而且因为环境在不断变化。没有人能满足于对付从前挑战的满意答案，因为不断出现新挑战。前面的章节已经强调了多样性视角的重要性，因为它和个人的适当道德反应有关。在第九章中，我花费了一些时间论述对话在个人道德发展中的作用。在当前背景下，我们可以看到这些个人道德规范应该会产生政治规范。考虑到实际领导人的局限性，只要我们接受政治制度的设计应该让领导人做出最佳决策的前提，我们就需要政治参与得到保护的客观机构。不应该由某个领袖来决定是否听从民众的声音。相反，我们必须鼓励人人都发表意见，人人都听听别人在说什么。"鼓励"要想成功就一定不能满足于劝告和口号：要想让人们对自己提出独特视角的能力充满信心，让人们在自己的声音得不到充分认真的对待时有能力投诉，那就必须有充满活力的保护公民权的制度。[①] 鼓励相互聆听对方意见的机构提供了寻找和谐的最好背景，即使不能保证我们的所见所闻都是相关内容。这种客观机构和限制单边行为给政治选择划定的边界不应该被当作对我们的堕落或黑暗做出的勉强妥协。相反，它们是当今世界喜欢的价值体系的必要组成部分。[②]

---

① 这显然是一个大观点，但是政治哲学家在支持它上面有相当的共识。比如，亨利·舒的"基本"权利是相互依赖的观点（1996），以及我自己的讨论 Angle（2005b）。
② 把受到保护的政治参与源自支持相互站在他人立场上和对话等个人美德的方式能帮助回答克里斯蒂·斯旺敦提出的德性伦理学和政治哲学之间关系的挑战 [Swanton（2003，271-2）]。

二 隐含意义和反对意见

总体上看,我刚刚勾勒出的三个论证成为当今儒家应该支持参与政治的强有力证据。在进入本章最后一节之前,请让我先谈谈认可参与带来的两个问题,然后再处理两种反对把我描述的政治视为儒家思想的意见。首先,这里的参与政治赞同什么样的具体政治形式?我不愿意马上说出简单的答案"民主",原因有两个:第一,根据民主的不同定义,它无法证明什么是充分拥抱参与。比如,如果民主被理解为精英对权力的争夺,那么一个政体即使在不承诺我一直主张的儒家应该认为有必要追求的那种理想的情况下仍然可以被视为"民主"(请注意这不是不公平地把民主现实与儒家理想对比的问题:问题不是这种"民主"社会是否与其理想相符,而是其理想是否包括了我提到的那种参与)。第二,那些根据民主的标准定义不被视为民主(或者至少不是自由民主)的社会或许恰恰包括了所需要的那种参与。我曾在其他地方论证过民主集中制的某种形式将支持和保护一种充满活力的政治参与,它或许支持推动参与的完美主义目标。[①] 无论这个论证是否可以接受,我们至少应该开放这种可能性,同时认识到仅仅口头上追求参与理想是不够的。

我想谈论的另一个话题是这种儒家参与政治对国际关系的意义。在前面的章节中,我已经讨论过我们对包括一切的天理的共同敬畏以及把关心推广到宇宙万物的观点,虽然我强调理学家并不要求我们以同样的方式爱他人、爱万物。有了这种思想,我建议儒家应该支持一种有根的世界主义。个人的政治参与以及国家的政治参与应该扩展到国际组织,无论是国际上的非政府组织还是欧盟的不同机构、联合国的许多机构等,虽然个人或国家的最初忠诚和最深刻承诺往往是自己的家。这对个人或国家究竟意味着什么取决于很多因素,但在思考正义和其他全球问题的国际维度方面存在充分的

---

① 请参阅拙著 *Angle* (2005a, 2005b)。有关民主集中制的优缺点的详细评论,请参阅 Salmenkari (2006)。

第十一章 圣人与政治：前进之路

空间显然没有疑问。①

我强调参与和（温和）完美主义或许让人纳闷我提出的儒家视角怎么不同于协商民主？协商民主同样尊重参与，同样回避纯粹的"中立性"而支持完美主义目标。对协商民主来说，这些完美主义目标包括对能够让独立的个人自由协商的态度和价值。特别是，人们可能质疑，我的儒家政治版本中的参与是否很强大以至于不可避免地产生埃米·古特曼所说的"民主的不和"，果真如此，考虑到儒家的核心观念"和"，这种政治还能是儒家政治吗？

为了回答这个挑战，让我们首先看看"民主的不和"是什么。首先，不和的产生是因为多数人想要的东西和个人想要的东西有时候不一致。古特曼认为，当社会拥抱了建立在自主性基础上的具体的协商民主形式，这种紧张关系将被缩小，因为这种民主形式要求人们拥有"通过协商、知情的反思、评价和把动听的言论与理性结合起来的劝说而影响人的私生活和公共生活的愿望和能力"〔Gutmann（1993，140）〕。人们不是"仅仅通过确认自己的愿望或追求自己事先认定的利益"而相互联系起来，而是建立在自主性的共同价值观基础上的协商促成了一种集体改造过程，相互影响各自的偏好、行动和后果（Ibid.，141）。在此情况下，不和就不那么明显了，有些因素仍然使得动荡难以消除。古特曼提出的因素包括不完整的信息、人性的弱点、判断的相互依赖性等（Ibid.，149），接着补充说：

> 即使理想机构中的完美之人也不能消除民主的动荡，因为民主扎根于按你自己认为合适的方式生活和认识到如果要按自己认为合适的方式生活就必须与许多其他人分享政治权力之间的紧张关系，因此，你不能在任何方面都按照你认为合适的方式生活（Ibid.，156）。

---

① 有关儒家（无论是古典的还是现代的）对领土边界的思考方式的相关探索，请参阅 Chan（2008）。陈祖为强调，因为儒家"还没有发展出在现代政治社会背景下的分配正义的理论，更不要说国际正义理论了，它还有很长的路要走"（Ibid.，81）。诺斯鲍姆关于同类议题的讨论对当代亚里士多德主义者来说也是值得注意的，请参阅 Nussbaum（1990c, esp. 207–9）。

她认为，即使"完美之人"也不能消除无法通约的善的根本冲突，因此，某种程度的不和谐不可避免。

那么，儒家的参与政治怎么样呢？在放弃圣王会告诉我们怎么做的观点后，我们是否不可避免地遭遇动荡呢？答案是肯定的，至少从实际上说如此，但这和古特曼说的不完全一样。儒家应该同意我们的实际状态是不完美的信息、不完美的人和判断的相互依赖性。[①] 我们的实际状态因此是一种不和谐或用墨子刻所说的"dissonance"（不协和音）。在协商民主把自主性作为价值观核心之处，当代儒家用对和的敬取而代之。这并不意味着儒家应该抛弃任何不完全和谐的东西，把它们视为没有价值的、不值得选择的干扰。那是对敬的完全误解，敬的隐含意义是我们都是不完美的人，都还没有实现理想（在任何情况下，"完全的和谐"是不断变化的一直出现新挑战的宇宙里的幻觉）。虽然如此，用对和的敬取代对自主性的信念将产生重要后果。当人们开始把"寻找和谐"当作人生目标的一部分时，不考虑世界（笼统地说）的需要只想过"自己认为合适的生活"的观点就没有多大吸引力了。或者，过"自己认为合适的生活"自然要考虑世界的需要，如《论语》中描述的孔子在70岁时能够"从心所欲不逾矩"（Analects 2：4）。在理想化的极端中，圣人社会将不存在古特曼认为的即使在完美之人也仍然存在的那种动荡。

提议的儒家重建方案是否可以看作儒家的许多讨论集中在某些核心价值或原则基础上。上面的讨论所显示，对某个价值（如和谐）是否保留其核心地位的问题的答案常常既不容易也不明显。要想取得最终的成功往往需要提出什么价值最重要的规范性论证，这通常不同于更早时期表达价值重要性的方式。实际上，如果我们要讨论核心价值时，这是需要规范论证的另外一种方法。因为有活着的传统和从不自我解释的文本，总是需要规范性论证来决定传统的核心价值是什么。传统并没有不变的、本质化的核心。

虽然如此，这种辩论的大概参数往往可以被预测到，未来的儒家

[①] 在第六章中，我讨论了两个选项同样好，其中人们没有其他选择只有"专投"这种或另外一种选择。Swanton（2003, ch. 13）中也有很多相似的讨论。

第十一章 圣人与政治：前进之路

似乎有可能继续强调角色和等级体系的道德和心理学意义。角色或许需要重新定义，特别应该与性别脱离关系，但一个社会不大可能把不强调个人在特定时间内因角色不同而存在差异的视角看作儒家观点。同样，建立在互补性的等级关系基础上的独特责任观似乎是儒家学说的基本内容。当然，经典的"五伦"之一没有等级差别：朋友关系是平等的。但即使在这里也仍然存在等级因素，最好的朋友往往是在道德上与我们平等或高于我们的人，因为这种友谊有助于自己的道德成长。无论如何，对前文主张的参与性政治中是否为角色和等级差别留下空间的质疑似乎很有道理。①

这是一个大问题，我最初的回答是，我看不出为什么主张参与性政治的论证应该要求平等。个人在公共事务上应该有发言权，因此需要个人修身和道德成长，但这不是说他的言论总是与别人的言论平等。关键的问题是有人听到他们的声音，并认真对待和做出回应，他们还有促使这种情况发生所需要的公民权和政治权。一个为他人提供更大声音的制度不一定否认那些在制度上声音"更弱小"的人身上出现的道德进步，只要强者的声音不是简单地盖过弱者的声音，音量的差别是由于广泛的可接受的理由。如果这些差别不是固定地针对具体个人而是根据角色和类别的变化而变化，这将更加真实，比如受教育更多的人、年龄更大的人、有某种生活经历的人或许应该有资格说话声音更大些。

本章第四节中的其他两个论证都符合一个人根据角色不同而在政治参与"量"上有所差别。虽然这后两种论证都暗示，我们应该警惕把参与程度大小与现有当权者联系起来的任何安排。特别不能允许大声宣布自己拥有更高智慧的当权者掩盖其他人的声音：这恰恰是两种论证都诊断出来并试图通过得到保护的制度化的参与来纠正的毛病。

因此，利用等级体系中的优越性（如知识、经验、智慧、道德品质等）的企图必须得到严格限制，以确保人人都能积极参与。在这方

---

① 这里值得注意的是梅·西姆强调了亚里士多德的"政治正义"观点基本上是在平等者之间的，不是其他正义的自然延伸［Sim（2007，175）］。她也主张因为公民中的美德需要平等，因此他们共享的是不同于家庭中的另外形式的感情（Ibid.，173）。

面，我们能看到儒家对贝淡宁提出的中国未来国会建议的反应，他们不仅积极地期待具有贤能政治色彩、以考试选拔议员的"上院"，而且期待依靠民主选举议员的下院［Bell（2000）］。虽然我们现在还不清楚社会的政治参与应该如何得到保护和鼓励，但两院议员的不同资格要求所表现出来的平衡与本章提出的论证是一致的。

第五节 作为第二位支持系统的法律和权利

在上一节中，我指出儒家国家的政治参与是必不可少的，而且必须得到充满活力的公民权利和政治权利体系的保护，同时还需要许多其他法律以确保政治不同于道德的独立性，这是我跟从牟宗三提出的观点。像牟宗三一样，我也坚持认为政治和法律规范与道德规范并没有完全脱离关系，法律和政治只是部分地相互独立，但是与道德和谐共存。本章最后一节的核心目标是通过具体地看待一个法律案例来理清这种关系。首先，我要区分以前提到的"rule by law"和"rule of law"，这两个词都出现在理论文献和当今中国的语境中，这将导致在儒家看来法律能够和应该与道德产生何种关系的多样讨论。我认为我们应该避免"法律主义"和"作为最后一招的法律"，前者的意思是把法律价值当作公民关注的唯一规范的社会安排，后者指的是反对提出法律主张的社会压力非常巨大，人们常常并不依靠法律去获得所需要的保护。我的受儒家灵感激发的选择——至少在传统法律实践中有部分基础——是法律作为第二位支持系统的体系，也就是说法律和司法程序的设计是旨在鼓励道德和个人修身实践，同时避免落入回避"最后一招"的陷阱。

一 法治

有关"法治"和"法制"差异的学术讨论非常复杂，无论是在英语还是在汉语中常常因为术语的模糊性而没有任何结果。让我们从两个极端的可能性说起。在这光谱的一端是由统治者随意支配以实现统治者意愿的法律或至少是看着像法律的公告的使用。如果统治者没有能通过使用这样的"法律"实现他的意志，他将求助于其他管理手段：法律没有首要地位。我称这是 rule by law "法制"。① 现在转向光谱的另一端 rule of law "法治"，对大部分正宗的或"浓厚的""法治"版本来说，存在的一个共识是道德和政治价值的广泛议题必须进入这个定义中，根据法律是否支持正义等概念而区分出法律的好与坏［Peerenboom（2002，69-70）］。② 在这两个极端之间是"原则性的法制"或"稀薄的法治"，按照这种说法，某些东西若要被视为法律，它就必须满足一系列的程序要求。学者们普遍同意那些需要满足的基本条件。其中两个例子是法律面前人人平等，法律必须公开。③

二 法律与道德

我试图弄清这些不同区分的理由是，在当代儒家视角下理清法律和道德的种种关系。我想从三个维度来看待这个问题。第一，当代儒家应该坚持，若某个文本要被视为法律，它就必须满足人们普遍认可的程序性要求，所有这些要求都与道德有某种联系或隐含意义。我认为，当今儒家应该接受这些作为其"法律"的一部分，因为早先讨论过，接受这些程序标准是承认政治和法律部分独立于道德的关键所在。一般来说，在儒家的历史文献中我没有找到以这种方式理解法律的障碍。在第十章第二节讨论过，儒家的大部分讨论往往是作为制度的广义的法，因此为限制我们的法的进一步具体化留下空间。有些笼统的评论如《论语·里仁》第十节中孔子说："君子对于天下的事情，不专主什么，也不绝对否定什么，只追求接近道义。"（子曰：

---

① 请参阅裴文睿 Peerenboom（2002，33）。有一批学者认为，若要把某些法律手段称作"法律"的话，统治者对它的承诺必须"前后一致和坚持原则"，即使法律仍然被用来服务于统治者自己的目的［Winston（2005，316）］。也就是说，对有些理论家来说，"法制"中已经包含了最低限度的道德内涵，而其他人则称"特别工具主义"是"法制"，而把对法律的原则性承诺作为"法治"的"稀薄"理论［Peerenboom（2002，65）］。

② 这些议题在翻译的时候变得更加复杂，当人们在给英语的理论添加上中文讨论时，因为相关的中文术语也是模糊不清的。法治可以是 rule by law 或者 rule of law。以法治国显然表达了工具主义者的立场，虽然它是指纯粹的专门工具主义还是原则性的 rule by law 并不清楚。依法治国则更清楚地显示政府受到法律的约束，因此导致翻译成最少模糊性的"rule of law"，请参阅［Peerenboom（2002，64）］。

③ 全部名单，请参阅 Winston（2005，320 f）或 Peerenboom（2002，65-7）。Fuller（1969，46-91）是这些观点的讨论的最具权威的章节，其中包含了每个标准的道德隐含意义的详细讨论。

君子之于天下也，无适也，无莫也，义之与比）或许产生一些问题，但处理这种紧张关系已经是牟宗三工程的一部分，对此我在前文中已经表示赞同。

像第一个维度一样，道德和法律关系的第二个维度也是被法学理论家朗·富勒最清楚地表达出来的。富勒解释"内在道德"与"外在道德"之间的实用主义纽带，法律要求我们求助于前者，却与后者没有任何直接的联系。根据法律和道德之间的程序纽带（前一段刚刚讨论的），为了颁布真正的法律，统治者必须竭力追求清晰度、公开性等（在可接受的程度上获得这些）。富勒认为，使用法律的实际承诺伴随着其他承诺："把人类行为置于法律管辖范围内的事业的开始就意味着有必要承诺这样一个观点，即人现在是或将来能成为负责任的行动者，有能力理解和遵守法则，并对自己违规承担责任"［Fuller（1969，162）］。富勒没有更进一步说成熟的道德价值（如正义和仁慈）完全在遵守法律的承诺所出来的。相反，这种联系是实用性的：一个实际上遵守法律的人往往也有其他承诺。因此，他认为"通过发挥想象力，设想一个追求最邪恶目的的暴君在任何时候都保持对法律原则的尊重的情况"是完全可能的，但是富勒否认历史上有许多结合了"忠实坚持法律的内在道德和残酷无情地漠视正义和人类福祉"的政权的例子（Ibid.，154）。简而言之，当代儒家应该支持的法律与道德关系的第二个维度是这种实用主义维度。它在儒家文本中没有特别的基础，也不存在因为接受它而引起的任何紧张关系。

我想集中讨论的道德与法律关系的最后一个维度是设计特定法律或者司法机器来鼓励道德的方法。① 考虑到法律对个人道德成长的影响，任何法律体系都不是中立的。一个特定的法律体系有数不清的方式确立一整套的奖励和抑制、路径和壁垒，它们共同塑造了我们看待

---

① 在我看来，儒家不需要在最具活力的法治观提出的争议性议题上表态。它要求真正的法治，其中法律必须包含众多实质性承诺——比如保护人权、社会公平正义的原则等［Peerenboom（2002，69－71）］。我已经说的和即将重复说，当代儒家当然要坚持众多权利——公民的、政治的、经济的、社会的、其他的等体现在法律中并得到保护，但这并不是因为这样的权利是体制被称为法律制度所必需的。

情景的方式，从而推动我们朝某个方向前进。① 比如美国的民法体系提供了在很多情况下计算赔偿金的两种方法，一种是补偿性的，一种是惩罚性的。虽然这些赔偿金是出于完全不同的理由计算出来的，但这两种方法都奖励打赢官司的原告，即使惩罚性赔偿金高出他们个人遭受的任何损害很多倍。同样，许多原告的律师采取"偶然"方式，这意味着只有在他们胜诉的情况下才得到赔偿，这样，他们常常获得赔偿总金额的四分之一以上。总体上看，这些实践创造了一系列的奖励，由此带来很多后果，不仅影响到谁选择起诉谁而且影响到原告律师咄咄逼人的态度。事实上，在决定什么性格的人受吸引进入哪个司法实践领域，以及冲突各方在多大程度上同意通过协商达成解决办法而不是打官司等方面，这些奖励无疑发挥了重要作用。

我在这里的目的不是主张赞成或反对美国当前实行的某个制度。如有时候让受到伤害的个人有力量起诉大公司或其他庞大的利益集团，当然会产生好的后果。但是，几乎可以肯定，至少在某些案例中，这个制度使得争议各方用高度冲突性的术语看待他们的选择，受到巨大利益前景的驱使采取进攻性的诉讼策略。当然，大部分民事诉讼都是在审判前就解决了。我的观点是，如果和其他法律体系下的做法对比，我前文提到的法律体系的两个特征（惩罚性赔偿金给原告，律师偶然接案的做法）鼓励人们用冲突性更强烈的术语看待自己所处的情况，而且往往做出更具进攻性的行为。把自己的世界看作走向冲突而不是和谐，以及采取更具进攻性的行动等都能给个人的道德成长产生影响。

三　儒家途径

这显然是个庞大和复杂的主题，因为法律体系庞大而复杂，它的

---

① 在我初次写这些话之后，《轻推一把》（*Nudge*）一书出版了，其作者分析了众多方式，选择场景的"设计"影响我们选择的结果。他们认为这些影响是不可避免的，（部分正是因为这些原因）我们应该追求一种"libertarian paternalism"（自由主义家长制）请参阅 Thaler and Sunstein (2008)。理查德·泰勒和卡斯·桑斯坦总结的研究对企图设计温和完美主义机构的儒家来说是非常有用的。我在这里的简短言论集中在他们没有谈论的民法。"Virtue Jurisprudence"（美德法理学）是新兴的研究领域，野心勃勃的理论家声称"法律的目标是让公民拥有美德" [Solum (2003, 181)]。Duff (2006) 包含了这种强势说法的有说服力的批判，但是也表达了刑法应该认识到并在公共领域推行对美德的温和要求的有意义的一些方法。

各个方面可能用不同方式影响到不同人。刚才讨论过，当代儒家的基本原则是，因为任何法律体系都将产生某种影响，我们不对其存在视而不见是义不容辞的责任。相反，必须设计法律体系以便它产生尽可能好的影响，当然一直要牢记早先讨论"温和完美主义"时提到的完美主义制度设计应该受到的限制。在此框架内，我相信当代儒家应该支持我说的"作为第二位支持系统的法律和权利"的途径。社会规范和法律体系本身的细节应该被设计为在遇到某种冲突的时候，人们的第一选择不是求助于法律体系。一个社会如果把法律价值作为管理人们行为的唯一内容，任何明显的冲突都简单地用相关法律来理解，就可以被称为"法律主义"，这是非常没有吸引力的社会。除了鼓励我刚刚说的冲突问题，法律主义还把我们贬损到很低的水平。安乐哲写道："用人权作为衡量一个社会可能的生活标准就好像用最低的健康标准作为餐馆质量的通用指标一样。作为法律的人权最终是最低限度的标准，是最后一招，对它的使用本身就标志着社会的整体溃败"〔Ames（1988，213）〕。

不是马上求助于诉讼，儒家更愿意依靠机构设计和道德教育的结合鼓励人们把问题看作可以通过非正式的或正式的调解手段来解决。① 到目前为止，中国社会已经有相当多的文献提到调解的重要作用。最极端的立场认为，我们在谈到中国"法律"时其实是错误的，对"刑法典"之类内容和民事冲突的解决办法的更好理解源于"惩戒实践"的观点〔Stephens（1992）〕。这个画面引人入胜而且发人深省，但是惩戒模式作为整体解释最终是失败的，因为它忽略了下级状告上级的规范的存在，这些规范的运作与法律规范非常类似。② 惩戒模式能否提供一个框架让人理解当代儒家应该接受的调解的重要性？对此，我们也不是很清楚。

思考调解的替代方式是西方法律学者对"纠纷解决替代方案"越来越浓厚的兴趣。按照这种观点，调解在某些情况下能够产生比诉讼

---

① 不在诉讼和调解之间划出明确的界限可能是聪明的做法，事实上，它们往往在其他方式上混合在一起。而且，求助于正式的诉讼一定不能被妖魔化，变成"最后一招"而已。
② 伍德〔Wood（1995）〕强调了中国皇权时代后期社会存在的下属状告上司的规范。

第十一章 圣人与政治：前进之路

更好的结果，虽然分析家认为，调解必须认真组织以便弱小一方的利益得到保护。陈弘毅注意到纠纷解决替代方案的价值和传统中国调解方法的盛行，指出当代中国法学家应该学习儒家传统，虽然传统已经进行了"创造性的改造"以推动调解在当代中国司法文化中发挥作用［Chen（2003）］。但是，陈弘毅认为调解不应该是"主导模式或官方喜欢的纠纷解决模式"，与传统的儒家理想（即诉讼将消失的情况）相反，在现代国家，诉讼必须占有优越于调解的地位（Ibid.，282）。虽然这么说，陈弘毅得出的结论是调解在当今中国社会被普遍使用，"每年通过调解而结案的案子持续超过用诉讼方式解决的案子"（Ibid.，287）。

除了调解和诉讼的相对优先性问题之外还有一个重要议题，即调解与道德的关系，这让我们回到本节的核心问题。一方面，调解的目标可以被视为用充满想象力的办法解决分歧，它能够适当地尊重争议各方提出的各种价值和承诺。在此情况下，一个能干的调解员可以被看作帮助争议者以当代儒家肯定赞许的方式寻找和谐的人。① 另一方面，看看陈弘毅引用的传统君子的著名调解案例就可显示，充满想象力的解决办法不是唯一使用的技巧。故事往往描述官员使用儒家道德价值启发争议各方，在很多情况下令当事人"感动"或"哭泣"（Ibid.，263-66）。换句话说，他们变了，不再想继续打官司了。陈弘毅评论说：

> 传统调解的创造性改造意味着调解者放弃家长角色和传统中过分明显的道德说教因素。现代调解者不再直接引用儒家的克己和修身规范敦促各方放弃他们的权利和利益，但是，调解过程中的个人改造和道德成长仍然是可能的，至少在某些案件中可以作

---

① 考虑到我在第六章中强调圣人对复杂情景做出和谐反应中悲伤的作用，令人印象深刻的是陈弘毅引用的一些历史人物，法官的悲伤显然产生更多的和谐，否则是不可能有这种效果的［Chen（2003）］。这里还有一个相关的内容是王阳明自己对法官应该如何断案的讨论"既有以辨其情之不得已，而辞之直者，复有以察其处之或未当。使受罪者得以伸其情，而获伸者，亦有所不得辞其责，则有以尽夫事理之公"［《王阳明全集》静心录之四外集三（上）答徐成之］［Wang（1972，70）］。请参阅 Wang（1985，juan21，5）。

为高尚的理想。通过对话和反思，人们可以学会成为更好更聪明的人（Ibid., 285）。

在这里，陈弘毅竭力要保持平衡，既避免把调解视为假定的充满道德优越感的家长式教导，同时又承认调解能够提供道德成长的强力背景。这是当代儒家竭力要达到的平衡，虽然儒家支持的温和完美主义令他或她发现这种平衡和陈弘毅（公开承认的自由派）的平衡不完全一样。前面讨论过，国家机构（调解员的培训和认证）可以在两个方面把具体的价值观纳入进来：拥抱一系列最基本的核心价值观，公开宣扬继续追求修身进步的目标。

我已经把调解的讨论放在把法律作为第二位支持系统的观点框架内。法律不应该成为我们的第一选择：诉讼往往把利益极端化，既不利于和谐，也不利于道德成长。"法律主义"国家是道德发育不良者居住的贫困国家。另外，当代儒家必须认识到有必要避免把法律看作最后一招，我的意思是施加强大压力来避免诉讼的模式。在这种社会，人们常常无法保护自己的权益不受强者侵犯。其中的压力或许存在于司法体系的结构（如高昂的诉讼成本和漫长的等待）或来自对"下层"人打官司的严厉社会门槛。无论哪种情况，对社会和个人的代价都过于高昂。最适合我现在讨论的是，把法律作为最后一招的社会将无法为当代儒家必须要求的那种政治参与提供充足保护。

因此，"作为第二位支持系统的法律"是个鼓励我们在道德成长和客观保护之间寻求平衡的口号，它是牟宗三的道德和政治成长存在着辩证关系观点的表现，它呼吁认真设计司法体系以便得到被广泛使用但不是被滥用。它呼吁广泛教导和赞赏调解的技能和价值，呼吁多样性的冲突解决模式。这个框架提出的机构设计存在数不清的细节问题，我在此无法一一讨论，但我希望当代"圣人政治"的总体纲要已经基本清楚了。

结论　当代儒家的未来

儒家活着还是死了？支持它的很多机构已经消失。千百年来激励学生学习儒家经典的科举考试体制在 1905 年已经终结，儒家寺庙和其他礼仪纪念场所现在不过是旅游景点而已。被一学者称为"经典儒家"的东西已经死去，再也回不来了。① 家庭是儒家机构的最基本单位而在过去一个世纪已经发生了重大转变，但许多家庭仍然是儒家价值和实践的核心，无论这些是否被明确认定为儒家。在家庭之外，社会科学家和记者已经发现儒家观点、语言、价值观等似乎仍然在拥有儒家传统的社会中发挥作用的众多方法。虽然在这些背景下什么应该被确认为"儒家"的问题常常令人苦恼，但我们应该得出结论，在某种程度上，某些儒家影响仍然存在于人们的生活中。还有学术界，从学者、学术会议和出版物的数量来看，儒家的历史研究在东亚仍然非常活跃。

但是，儒家"哲学"应该怎么说就不那么清楚了。如果我们用这个词指拥有儒家传统的有根的全球哲学（正如哲学这个词在绪论中的定义），它被实践的机会相对来说很少。即使 20 世纪的新儒家也更多地被当作历史研究的对象而不是因为其模式而激发创造性的哲学思考的灵感来源，虽然我称赞他们是杰出的有根的全球哲学家。当前的建设性儒家哲学研究的沉寂有很多理由［Makeham（2008）］，但我也认识到这种沉寂或许在减弱。我期待在未来十年，儒家哲学传统和众多

---

① 请参阅 Elvin（1990）。一些知识分子已经呼吁复兴或重建公共的儒家机构，这种主张许多人认为是唐·吉诃德式的幻想。

其他哲学传统的结合不仅在大中国而且在北美、欧洲和其他地区将迅速增加。

　　本书的核心目标是建议一种促使这种接触出现的方法。与我对话的合作者一方面是宋明理学两大家（朱熹和王阳明），另一方面是当代英美哲学家尤其是关心德性伦理学的哲学家。这些选择是基于我自己的学术背景、我对伦理学和政治思想的兴趣以及我的意识——这些哲学家相互之间有话要说。我认为，12世纪到16世纪的宋明理学与21世纪的德性伦理学有太多重叠之处，因而可以让对话富有成效。对谴责这种说法牵强附会的观点，我可以做出两点答复。第一，这些当代西方哲学家中的许多已经与古代希腊和罗马思想家对话，更不要提与中世纪的基督教哲学家对话了，为了特别有成效，我们不应该低估亚里士多德或阿奎那的世界与当今世界在语言和文化上的差异。第二，我希望前面十一章已经显示这两个传统的相互传播能够产生一些成果。

　　我的核心主张是严肃地看待圣境宋明理学，这反过来涉及学习寻求和谐的承诺。本书的大部分篇幅都在努力阐释这个词语，涉及形形色色的话题，譬如怎样平衡对亲人和陌生人的关怀，敬应该发挥什么作用，如何对伦理困境做出回应，我们应该逐渐明确地认识道德情景的意识，宋明理学"精神修炼"的当代意义，如何想象不仅尊重立志成圣的愿望而且符合当今对法律权利和政治参与的投入的政治哲学。在所有这些议题上我敢肯定还有很多话可讲。

　　在本书的结论中，我的目标不是进一步发展本书的主题而是把该工程放在更大的背景下。本书既野心勃勃又十分谦虚。说它野心勃勃是因为它关心的问题的范围很广并以扩展东西方哲学对话为目标。说它谦虚是因为我没有宣称提出了当今儒家唯一可能的意义。我对宋明理学的某些解释或许引起争议，但是我心中的谦虚比承认其他学者可能有理由挑战这些解释更深入。我求助的宋明理学派别是重要的、见解深刻的，但并没有穷尽理学的其他视角，更不要说那些更愿意把当代儒家哲学的构建建立在经典儒学而非宋明理学基础上的人了。所以"当代儒家哲学"真的应该被理解为包含众多可能视角，等待与其他哲学传统的批判性对话的哲学，而且随着所挑选的非中国合作者的不同，对话的结果或许不一样。康德和黑格尔是20世纪新儒家选择的主要对话者，当代英美伦理学家则是我的主要对话者；当今有些哲学家对儒家和现象学和阐释学传统的共鸣感兴趣。请让我再次强调一下，"儒家学说"一直不仅仅是哲学传统，未来或许继续如此。它与中国的（广泛的东亚）文化身份和政治、宗教和精神实践有着十分复杂的关系。这些在当今都是有高度争议性的问题，不大可能有简单的解决办法。哲学家认识到这种复杂性非常重要，绝非仅仅通过阅读书本或提出观点就可以宣称解决与"当代儒学"地位有关的每个问题。

谈到这些形形色色的挑战，如果我们逐渐认识到建立在宋明理学基础上的当代儒家哲学的价值，就可以在更广泛的辩论中取得一些进步，这正是宋明理学哲学的当代意义之所在。我希望，还有另外一批读者会发现本书观点的意义，对我来说，这在很多方面都是更大的挑战。我已经指出对理与和的敬是宋明理学的核心。在许多读者看来，这些承诺似乎像浪漫的空想，与一直被称为"占有性的个人主义者"的世界观格格不入 ［Macpherson（1962）］。其他人持有悲观的人生看法，即根本没有和也没有理：世界就是一堆无意义的、不可调和的要求和欲望，我们能做的最好之事就是高贵地承认我们的困境并勉力坚持。这些观点或许与下面的观点一致，即对生活在中国之外的人来说，对理与和的讨论不是有生命力的或现实的选择。那么，对这些读者而言，本书能说些什么呢？

我们先看这最后一个挑战。大中国之外的人有两种宏观方法来思考宋明理学的和与理的观点的意义。第一，和与理可以用有根的全球哲学框架来认识。在一个人的本地框架内——自由主义、德性伦理学或者其他——他可以对与宋明理学对比后凸显的挑战做出回应。比如在第五章第一节中，我指出迈克尔·斯洛特不仅仅需要理论来解释我们是如何被激发起来要在关心亲人和关心陌生人之间做出平衡，或者第十一章第二节中提出的类似议题，我们对民主之类政治理想和普遍的"resolute progress"（绝对进步）等承诺背后的动机是什么。我认为宋明理学对天理的敬似乎可以在修改后回答这个挑战。有根的全球哲学的逻辑认为，像斯洛特这样的西方思想家需要认真考虑这些论证，即使他不愿意赞同理学的所有细节。他或许发展出一种和的观点，更舒服地吻合他的感伤主义者的德性伦理学词汇。他现在还不是儒家，但他也没有立即拒绝和的相关性。

东亚之外的人认真看待和与理的另一个方法是公开拥抱当代儒学。不久以后，儒学只对大中国的人有相关性的观点很可能像宣称亚里士多德只与拥有古希腊祖先的人相关一样荒谬。这是否成为现实不仅取决于哲学论证，而且重要的经济、政治、文化趋势都已经指向这个方向。不管是概念化为"文化中国"[Tu（1991）]还是"波士顿儒学"[Neville（2000）]或其他，作为活生生的哲学选择的儒学很可能在将来发挥真正的作用。

那些除了悲剧什么都看不见的虚无主义者该如何呢？显然，无论儒家还是虚无主义者都没有简单地指着世界说"看到了吗？和谐"或"看到了吗？悲剧"。特别是儒家并不认为当今世界的任何构造都体现了天理。实际上，我在第二章已经指出，我们不应该把理具体化为一个具体结局。相反，它提供了一种让我们思考相互依赖性，思考我们在更广泛的世界走向共同繁荣的方法。在能力进一步成熟时，我们已经不得不寻找和，找到和推广大理的方法。儒家具有深刻的历史意识，他们绝不会认定通向和的道路是简单的或直线型的。我在第六章已经指出，圣人从来不觉得冲突情景是真正的悲剧，我们都能尽可能地以圣人的方式处理冲突。即使最终都失败了，至少在某个时候，儒家希望每个人都能对实现和的可能性印象深刻，看到对和的积极反应的方法深深扎根于我们心中。毕竟，他们指出，和与理的观念本身就是由相互之间和对更大环境做出的反应而构成的。

占有性的个人主义可能被认为是对个人权利的良性强调或更邪恶的形式，在这种观点看来，我们生活在相互争夺稀缺资源的世界，一个人的成功总是意味着其他人要付出代价。儒家在12世纪初（如果不是更早的话）就一直在与这些观点做斗争。我相信当代儒家应该采取梁漱溟（1893—1988）在1921年就提出的著名二元论的更新版。一方面，他承认个人权利机构的重要性，但指出"中国文化"找到了从整体上接受这些权利的方法。另一方面，虽然承认"西方文化"的强大力量，但他认为西方本身已经开始看到原子化个人主义带来的

结论 当代儒家的未来

深刻问题，因此敦促中国找到维持其"文化"的方法，虽然这个文化已经发生了重大变化［Alitto（1979）；Liang（2002）］。即使梁漱溟的分类和论证都存在问题，但我在第十章第三节讨论过，他的基本路径被牟宗三接受了。面对占有性的个人主义者，当今儒家应该说当前的全球危机只是说明占有性的个人主义最终是自暴自弃的最新证据。

梁漱溟认为，像占有性的个人主义之类东西之所以在西方文化中无处不在就部分归咎于文化的单一性观念，我并没有这种假设。本书不是全球"文明"之间战争的炮火。当我们认识到世界的哲学和精神传统是多么多样化时，我们看到宋明理学的哲学不可能只有一种当代意义。其意义在于理学大师和当今人们之间持续不断接触的结果，无论其居住地或哲学起点是什么。本书表达了宋明理学当代意义的一种观点，如果它鼓励其他人自己去发现意义，本书就算取得了成功。

参考书目

Adler, Joseph A. (1990). Review of Images of Human Nature: A Sung Portrait. *Harvard Journal of Asiatic Studies*, 50 (2), 707 – 17.

——. (2008). Zhu Xi's Spiritual Practice as the Basis of His Central Philosophical Concepts. *Dao: A Journal of Comparative Philosophy*, 7 (1), 57 – 79.

Alitto, Guy S. (1979). *The Last Confucian: Liang Shu-ming and the Chinese Dilemma of Modernitiy*. Berkeley: University of California Press.

Ames, Roger T. (1988). Rites as Rights: The Confucian Alternative. In Rouner, Leroy S. (Ed.), *Human Rights and the World's Religions*. Notre Dame: University of Notre Dame Press, 199 – 216.

Ames, Roger T., and Hall, David L. (2001). *Focusing the Familiar: A Translation and Philosophical Interpretation of the Zhongyong*. Honolulu: University of Hawaii Press.

——. (2003). *Dao De Jing: A Philosophical Translation*. New York: Ballantine Books.

Ames, Roger T., and Rosemont, Henry (2009). *The Classic of Family Reverence*. Honolulu: University of Hawaii Press.

Angle, Stephen C. (1998). The Possibility of Sagehood: Reverential Concentration and Ethical Perfection in Zhu Xi's Thought. *Journal of Chinese Philosophy*, 25 (3), 281 – 303.

——. (2002a). *Human Rights and Chinese Thought: A Crosss-Cultural Inquiry*. New York: Cambridge University Press.

——. (2002b). Pluralism in Practice: Incommensurability and Constraints on Change in Ethical Discourses. In Barnhart, Michael (Ed.), *Varieties of Ethical Reflection: New Directions for Ethics in a Global Context*. Lanham, Maryland: Lexington Books, 119 – 37.

——. (2005a). Decent Democratic Centralism. *Political Theory*, 33 (4), 518 – 46.

——. (2005b). Must We Choose Our Leaders? Human Rights and Political Participation in China. *Journal of Global Ethics*, 1 (2), 177 – 96.

——. (2005c). Ritual and Reverence in Ancient China and Today: Feature Review of Paul Woodruff. Reverence: Renewing a Forgotten Virtue. *Philosophy East & West*, 55 (3), 471 – 79.

——. (2005d). Sagely Ease and Moral Perception. *Dao: A Journal of Comparative Philosophy*, 5 (1), 31 – 55.

——. 安靖如 (2006) 挑战和谐: 儒家和谐观的辩证与诠释 [*Challenging Harmony: An Interpretation and Defense of Confucianism's View of Harmony*]. 中国儒学 1, 49 – 89.

——. (2008). Human Rights and Harmony. *Human Rights Quarterly*, 30 (1), 76 – 94.

——. (forthcoming b). Zhu Xi's Virtue Ethics and the Grotian Challenge," in David Jones, ed., *Zhu Xi Now: Contemporary Encounters with the Great Ultimate* Albany: SUNY Press.

——. (2012). A Productive Dialogue: Contemporary Moral Education and Neo-Confucian Virtue Ethics. *Journal of Chinese Philosophy* (Supplement to Vol. 38), 191 – 211.

Antonaccio, Maria. (1998). Contemporary Forms of Askesis and the Return of Spiritual Exercizes. *Annual of the Society of Christian Ethics*, 18 (1), 69 – 92.

——. (2000). *Picturing the Human: The Moral Thought of Iris Murdoch*. Oxford: Oxford University Press.

Aristotle. (1987). (Ackrill, J. L., ed.) *A New Aristotle Reader*. Princeton: Princeton University Press.

Bateson, Mary Catherine. (1989). *Composing a Life*. New York: Grove Press.

Bell, Daniel A. (2000). *East Meet West: Human Rights and Democracy in East Asia*. Princeton, N. J.: Princeton University Press.

——. (2008). *China's New Confucianism: Politics and Everyday Life in a Changing Society*. Princeton, N. J.: Princeton University Press.

Berkowitz, Bill. (1987). *Local Heroes: The Rebirth of Heroism in America*. Lexington, Mass.: Lexington Books.

Berkson, Mark. (1995). Review of Two Chinese Philosophers. *Philosophy East & West*, 45 (2), 292-97.

Berthrong, John. (2007). Is Daoxue Process Philosophy? (unpublished).

Blackburn, Simon. (1996). Dilemmas: Dithering, Plumping, and Grief. In Mason, H. E. (Ed.), *Moral Dilemmas and Moral Theory*. New York: Oxford University Press.

Bloom, Irene. (1985). On the Matter of the Mind: The Metaphysical Basis of the Expanded Self. In Munro, Donald (Ed.), *Individualism and Holism: Studies in Confucian and Chinese Values*. Ann Arbor: Center for Chinese Studies, University of Michigan, 293-330.

Blum, Lawrence A. (1988). Moral Examplars: Reflections on Schindler, the Trocmes, and Others. *Midwest Studies in Philosophy*, XIII, 196-221.

——. (1991). Moral Perception and Particularity. *Ethics*, 101, 701-25.

Bresciani, Umberto. (2001). *Reinventing Confucianism: The New Confucian Movement*. Taipei: Ricci Institute for Chinese Studies.

Brooks, E. Bruce. (2003). Slingerland 2d (LY 7: 19). *WSW E-mail Distribution*.

Brooks, E. Bruce, and Brooks, A. Taeko. (1998). *The Original Analects: Sayings of Confucius and His Successors*. New York: Columbia University Press.

Brown, Miranda, and Bergeton, Uffe. (2008). "Seeing" like a Sage: Three Takes on Identity and Perception in Early China. *Journal of Chinese*

Philosophy, 35: 4, 641 – 62.

Bruce, J. Percy. (1923). *Chu Hsi and His Masters*. London: Probsthain & Co.

Burnyeat, M. F. (1980). Aristotle on Learning to be Good. In Rorty, Amelie Oksenberg (Ed.), *Essays on Aristotle's Ethics*. Berkeley, Calif.: University of California Press, 69 – 92.

Burtt, E. A. (1948). How Can the Philosophies of East and West Meet? *The Philosophical Review*, 57 (6), 590 – 604.

Chan, Joseph. (2000). Legitimacy, Unanimity, and Perfectionism. *Philosophy and Public Affairs*, 29 (1), 5 – 42.

——. (2008). Territorial Boundaries and Confucianism. In Bell, Daniel A. (Ed.), *Confucian Political Ethics*. Princeton: Princeton University Press, 61 – 84.

Chan, Sin yee. (1993) *An Ethic of Loving: Ethical Particularism and the Engaged Perspective in Confucian Role-Ethics*. Ann Arbor: University of Michigan (unpublished).

Chan, Wing-tsit. (1963). *A Sourcebook in Chinese Philosophy*. Princeton: Princeton University Press.

Chang, Hao 张灏 (2000). 幽暗意识与民主传统 [*Dark Consciousness and the Democratic Tradition*]. Taipei: Lianjing Press.

Chang, Carsun. (1962). A Manifesto for a Re-appraisal of Sinology and Reconstruction of Chinese Culture. In *The Development of Neo-Confucian Thought*. New York: Bookman Associates, 455 – 83.

Chao, Fulin. (2006). (Lei, Yongqiang, Tr.) On the Origin and Development of the Idea of "de" in Pre-Qin Times. *Frontiers of Philosophy in China*, 2, 161 – 84.

Chen, Albert H. Y. (2003). Mediation, Litigation, and Justice: Confucian Reflections on a Modern Liberal Society. In Bell, Daniel A. and Hahm, Chaibong (Eds.), *Confucianism for the Modern World*. Cambridge: Cambridge University Press, 257 – 87.

Chen, Chun. (1986). (Chan, Wing-tsit, Tr.) *Neo-Confucian Terms*

Explained (*The Pei-his tzu-i*). New York: Columbia University Press.

Chen, Lai 陈来. (1987). 朱熹哲学研究 [*Research into Zhu Xi's Philosophy*]. Beijing: Chinese Social Science Press.

——. (2002). 古代德行伦理与早期儒家伦理学的特点 [Ancient Virtue Ethics and the Special Characteristics of Early Confucian Ethical Learning]. 河北学刊 [*Hebei Academic Journal*], 22 (6), 31 – 9.

——. (2007). "After-Sage" Life Pursuits: The Ethical Meaning of Feng Youlan's Xin Shixun. *Frontiers of Philosophy in China*, 2 (3), 363 – 78.

Chen, Ning. (2000). The Etymology of Sheng (Sage) and Its Confucian Conception in Early China. *Journal of Chinese Philosophy*, 27 (4), 409 – 27.

Cheng, Chung-ying. (1991). *New Dimensions of Confucian and Neo-Confucian Philosophy*. Albany: SUNY Press.

Cheng, Chung-ying and Bunnin, Nicholas. (Eds.) (2002). *Contemporary Chinese Philosophy*. Oxford: Blackwell Publishing.

Cheng, Hao 程颢, and Cheng Yi 程颐. (1981). 二程集 [*Collected Works of the Cheng Brothers*]. Beijing: Zhonghua Shuju.

Ching, Julia. (1997). *Mysticism and Kingship in China*. New York: Cambridge University Press.

Choi, Suk. (2005). Chu Hsi on Ching (Reverence 敬): Virtue or Not? (unpublished).

Chow, Kai-wing. (1994). *The Rise of Confucial Ritualism in Late Imperial China: Ethics, Classics, and Lineage Discourse*. Stanford: Stanford University Press.

Chu, Ron Guey. (1998). Rites and Rights in Ming China. In Debary, Wm. Theodore, and Wei-ming, Tu (Eds.), *Confucianism and Human Rights*. New York: Columbia University Press, 169 – 78.

Ci, Jiwei. (1999). The Right, the Good, and the Place of Rights in Confucianims. *International Confucian Research*, 6, 175 – 204.

Clarke, B. (2003) *The Lens of Character: Aristotle, Murdoch and the Idea of Moral Perception. University of Pittsburgh (unpublished dissertation).

Colby, Anne, and Damon, William. (1992). *Some Do Care: Contemporary Lives of Moral Commitment.* New York: The Free Press.

Confucius. (1938). (Waley, Arthur, Tr.) *The Analects of Confucius.* New York: Macmillan Publishing Co.

——. (1979). (Lau, D. C., Tr.) *Analects.* London: Penguin.

Cook, Francis H. (1977). *Hua-yen Buddhism: The Jewel Net of Indra.* University Park, Pa.: Pennsylvania State University Press.

Cook, S. B. (1995) *Unity and Diversity in the Musical Thought of Warring States China.* Ann Arbor: University of Michigan Press (unpublished dissertation).

Copp, David, and Sobel, David. (2004). Morality and Virtue: An Assessment of Some Recent Work in Virtue Ethics. *Ethics*, 114, 514–54.

Crisp, Roger and Slote, Michael (Eds.) (1997). *Virtue Ethics.* New York: Oxford University Press.

Csikszentmihalyi, Mark. (2004). *Material Virtue: Ethics and the Body in Early China.* Leiden: Brill.

Cua, A. S. (1982). *The Unity of Knowledge and Action: A Study in Wang Yang-ming's Moral Psychology.* Honolulu: University of Hawaii Press.

——. (1998). *Moral Vision and Tradition: Essays in Chinese Ethics.* Washington: Catholic University of America Press.

Dai, Zhen. (1990). (Ewell, John Woodruff, Jr., Tr.) *Evidential Commentary on the Meaning of Terms in Mencius.* Ann Arbor: University of Microfilm, Inc.

Dai, Zhen 戴震. (1995). 孟子字义疏证 [Evidential Commentary on the Meaning of Terms in Mencius]. In Zhang, Dainian 张岱年 (Ed.), 戴震全集 [*Complete Works of Dai Zhen*]. Hefei: Huangshan Shushe.

Damon, William (Ed.). (2002). *Bringing in a New Era in Character Education.* Stanford, Calif.: Hoover Institute Press.

Dardess, John W. (1983). *Confucianism and Autocracy: Professional*

Elites in the Founding of the Ming Dynasty. Berkeley: University of California Press.

Debary, William Theodore. (1970). Individualism and Humanitarianism in Late Ming Thought. In Debary, William Theodore, (Ed.), *Self and Society in Ming Thought*. New York: Columbia University Press.

——. (1979). Sagehood as a Secular and Spiritual Ideal in Tokugawa Neo-Confucianism. In Debary, William Theodore, and Bloom, Irene (Eds.), *Principle and Practicality*. New York: Columbia University Press.

——. (1981). *Neo-Confucian Orthodoxy and the Learning of the Mind-and-Heart*. New York: Columbia University Press.

——. (1991). *The Trouble with Confucianism*. Cambridge: Harvard University Press.

Debary, William Theodore, Hao, Chang, Wakeman, Frederic, Ying-shih, Yu, and Yu, Anthony C. (1994). Roundtable Discussion of the Trouble with Confucianism. *China Review International*, 1 (1), 9 – 47.

Dehart, Scott M. (1995). The Convergence of Praxis and Theoria in Aristotle. *Journal of the History of Philosophy*, 33 (1), 7 – 27.

Dewoskin, Kenneth J. (1982). *A Song for One or Two: Music and the Concept of Art in Early China*. Ann Arbor, Mich.: Center for Chinese Studies.

Doan, Tran Van, Shen, Vincent, and Mclean, George F. (1991). *Chinese Foundations for Moral Education and Character Development*. Washington, D. C.: Council for Research in Values and Philosophy.

Duff, R. A. (2006). The Virtue and Vices of Virtue Jurisprudence, In Chappell, Timonty (Eds.), *Values and Virtues: Aristotelianism in Contemporary Ethics*. New York: Oxford University Press, 90 – 104.

Elvin, Mark. (1996). The Collapse of Scriptual Confucianism. In*Another History: Essays on China from a European Perspective*. Canberra: Wild Peony, 352 – 89.

Fay, Brian. (1996). *Contemporary Philosophy of Social Science: A Multicultural Approach*. Oxford: Blackwell.

Flanagan, Owen. (1991). *Varieties of Moral Personality: Ethics and Psychological Realism.* Cambridge: Harvard University Press.

Flescher, Andrew M. (2003). *Heroes, Saints, & Ordinary Morality.* Washington, D. C.: Georgetown University Press.

Frisina, Warren G. (2002). *The Unity of Knowledge and Action: Toward a Nonrepresentational Theory of Knowledge.* Albany: SUNY Press.

Fuller, Lon L. (1969). *The Morality of Law.* New Haven: Yale University Press.

Furth, Charlotte. (1976). The Sage as Rebel: The Inner World of Chang Ping-lin. In Furth, Charlotte (Ed.), *The Limits of Change.* Cambridge: Harvard University Press, 113 – 50.

Gardner, Daniel K. (2004). Attentiveness and Meditative Reading in Cheng-Zhu Neo-Confucianism. In Tu, Wei-ming, and Tucker, Mary Evelyn (Eds.), *Confucian Spirituality, Volume Two.* New York: Crossroad Publishing Co., 99 – 119.

——. (2007). *The Four Books: The Basic Teachings of the Later Confucian Tradition.* Indianapolis: Hackett.

Gilligan, Carol. (1993). *In a Different Voice.* Cambridge: Harvard University Press.

Gordon, David J. (1995). *Iris Murdoch's Fables of Unselfing.* Columbia: University of Missouri Press.

Graham, A. C. (1986). What was New in the Ch'eng-Chu Theory of Human Nature? In*Studies in Chinese Philosophy and Philosophical Literature.* Singapore: Institute of East Asian Philosophies, 412 – 35.

——. (1992). *Two Chinese Philosophers.* La Salle: Open Court.

Gu, Hongliang 顾红亮. (2005). 现代中国平民化人格话语 [*The Trend Toward Modeling Personality on Ordinary Citizens in Modern China*]. Shanghai: Huadong Shifan Daxue Chubanshe.

Gu, Su. (2003). Progress and Problems with the Rule of Law in China. *Contemporary Chinese Thought*, 34 (3), 55 – 67.

Guo, Qi 郭齐. (2000). 中国历史上哲学范畴"和"的形成 [The Formation of the Philosophical Category of "Harmony" in Chinese History] 中国文哲研究季刊 [*Research in Chinese Humanities*], 16, 451-64.

Guo, Shuxin 郭淑新. (2003). 朱子、阳明圣人观比较 [A Comparison of Zhu Xi's and Wang Yangming's View of Sagehood] 安徽师范大学学报 [*Anhui Teacher's College Journal*], 31 (1), 56-61.

Gutmann, Amy. (1993). The Disharmony of Democracy. In Chapman, John A. and Shapiro, Ian (Eds.). *Nomos XXXV (Democratic Community)*. New York: NYU Press.

Hadot, Pierre. (1995). *Philosophy as a Way of Life: Spiritual Exercises from Socrates to Foucault.* Cambridge, USA: Blackwell.

Hall, David L., and Ames, Roger T. (1987). *Thinking Through Confucius.* Albany: SUNY Press.

——. (1995). *Anticipating China: Thinking Through the Narratives of Chinese and Western Culture.* Albany: SUNY Press.

——. (2003). *Dao De Jing: A Philosophical Translation.* New York: Ballantine Books.

Hallie, Philip. (1979). *Lest Innocent Blood Be Shed: The Story of the Village of Le Chambon and How Goodness Happened There.* New York: Harper and Row.

Hare, R. M. (1981). *Moral Thinking: Its Levels, Method, and Point.* Oxford: Oxford University Press.

Heyd, David. (1982). *Supererogation: Its Status in Ethical Theory.* Cambridge: Cambridge University Press.

Hoffman, Martin L. (2000). *Empathy and Moral Development: Implications for Caring and Justice.* Cambridge: Cambridge University Press.

Hsiao, Kung-chuan. (1979). (Mote, F. W., Tr.) *A History of Chinese Political Thought.* Princeton: Princeton University Press.

Huang, Chin-shing. (1995). *Philosophy, Philology, and Politics in Eighteenth Century China.* New York: Cambridge University Press.

Huang, Ray. (1981). *1587: A Year of No Significance.* New Haven: Yale

University Press.

Huang, Weiyuan 黄维元, and Wei, Hao 尉浩. (2007). 王阳明"德"范畴论析 [Analysis of Wang Yangming's Category of "Virtue"]. 理论学刊 [*Theory Journal*], 5, 101 – 3.

Huang Yong. (2003). Cheng Brothers's Neo-Confucian Virtue Ethics: The Identity of Virtue and Nature. *Journal of Chinese Philosophy*, 30 (3&4), 451 – 67.

——. (2007). The Cheng Brothers' Onto-theological Articulation of Confucian Values. *Asian Philosophy* 17: 3, 187 – 211.

Huang, Zongxi. (1993). (DeBary, William Theodore, Tr.) *Waiting for the Dawn*. New York: Columbia University Press.

Huang, Zongxi 黄宗羲. (1985). 明夷待访录 [Waiting for the Dawn]. In 黄宗羲全集 [*Complete Works of Huang Zongxi*]. Hangzhou: Zhejiang Ancient Text Press.

Hursthouse, Rosalind. (1999). *On Virtue Ethics*. Oxford: Oxford University Press.

Hutcheson, Francis. (2006). Selections from An Inquiry into the Original of Our Ideas of Beauty and Virtue. In Jennifer Welchman (Ed.), *The Practice of Virtue: Classic and Contemporary Readings in Virtue Ethics*. Indianapolis: Hackett.

Hutton, Eric L. (2001). *Virtue and Reason in the Xunzi*. Stanford University (unpublished dissertation).

——. (2002). Moral Connoisseurship in Mengzi. In Liu Xiusheng, and Ivanhoe, P. J. (Eds.), *Essays on the Moral Philosophy of Mengzi*. Indianapolis: Hackett, 163 – 86.

Ivanhoe, Philip J. (1988). A Question on Faith: A New Interpretation of Mencius 2B: 13. *Early China*, 13, 153 – 65.

——. (1990). *Ethics in the Confucian Tradition: The Thought of Mencius and Wang Yangming*. Atalanta: Scholar's Press.

——. (2000). *Confucian Moral Self Cultivation*. Indianapolis: Hackett.

——. (2002). *Ethics in the Confucian Tradition: The Thought of Mencius* and *Wang Yangming*. Indianapolis: Hackett.

Jiang, Guanghui 姜广辉. (1994) 理学圣人观漫仪 [Notes on the Neo-Confucian View of Sages]. 理学与中国文化 [*Neo-Confucianism and Chinese Culture*]. Shanghai: Shanghai Renmin Chubanshe, 277 – 97.

Jiang, Qing 蒋庆. (2003). 政治儒学：当代儒学的转向、特质与发展 [*Political Confucianism: The Changing Direction, Particularities, and Development of Contemporary Confucianism*]. Beijing: Sanlian Shudian (Harvard-Yenching Academic Series).

Kang, Xiaoguang 康晓光. (2005) 仁政：中国政治发展的第三条道路 [*Humane Government: A Third Road for the Development of Chinese Politics*]. Singapore: Global Publishing Co.

Kalton, Michael (Ed.) (1994). *The Four-Seven Debate: An Annotated Translation of the Most Famous Controversey in Korean Neo-Confucian Thought.* Albany: SUNY Press.

Kasoff, Ira E. (1984). *The Thought of Chang Tsai.* Cambridge: Cambridge University Press.

Keith, Ronald C. (1992). Mao Zedong and His Political Thought. In Parel, Anthony J. and Keith, Ronald C. (Eds.), *Comparative Political Philosophy: Studies Under the Upas Tree.* Lexington, Mass.: Lexington Books, 87 – 113.

Kidder, Tracy. (2003). *Mountains Beyond Mountains: The Quest of Dr. Paul Farmer, A Man Who Would Cure the World.* New York: Random House.

Kim, Yung Sik. (2000). *The Natural Philosophy of Chu Hsi (1130 – 1200).* Philadelphia: American Philosophical Society.

Kline, T. C. (2007). Review of Aaron Stalnaker, Overcoming Our Evil. *Notre Dame Philosophical Reviews.* http://ndpr.nd.edu/review.cfm? id = 9084. Accessed 6/5/2008.

Kupperman, Joel J. (1999). Tradition and Community in the Formation of Self. In *Learning From Asian Philosophy.* New York: Cambridge University Press, 36 – 51.

Lam, Willy. (2004). Socialism with a Harmonious Face: Hu Jintao's Plan for Reform. *China Brief*, 4 (20). http://www.jamestown.org/single/?no_cache=1&tx_ttnews%5Btt_news%5D=3683. Accessed 8/23/2006.

Lao, Siguang 劳思光. (1980). 新编中国哲学史 [*New History of Chinese Philosophy*]. Taipei: Sanmin Shuju.

Legge, James. (1967). *Li Chi: Book of Rites*. New York: University Books.

Levey, M. (1991) *Chu Hsi as a "Neo-Confucian": Chu Hsi's Critique of Heterodoxy, Heresy, and the "Confucian" Tradition*. Chicago, Ill.: University of Chicago. (unpublished).

Li, Chenyang. (2004). Zhongyong as Grand Harmony — An Alternative Reading to Ames and Hall's Focusing the Familiar. *Dao: A Journal of Comparative Philosophy*, 3 (2), 173–88.

——. (2006). The Confucian Ideal of Harmony. *Philosophy East & West*, 56 (4), 583–603.

——. (2008). The Ideal of Harmony in Ancient Chinese and Greek Philosophy. *Dao: A Journal of Comparative Philosophy*, 7 (1), 81–98.

Li, Minghui. (2005). Can "li" Move? [*Contemporary Philosophy*], 2, 41–48.

Liang, Shuming. (2002). Eastern and Western Cultures and Their Philosophies [excerpts]. In Angle, Stephen C. and Svensson, Marina, (Eds.), *The Chinese Human Rights Reader*. Armonk, N.Y.: M. E. Sharpe, 101–14.

Liu, Qingping. (2007). Confucianism and Corruption: An Analysis of Shun's Two Actions Described by Mencius. *Dao: A Journal of Comparative Philosophy*, 6 (1), 1–19.

Liu, Shu-hsien. (1988). On Chu Hsi's Search for Equilibrium and Harmony. In Liu, Shu-hsien, and Allinson, Henry (Eds.), *Harmony and Strife: Contemporary Perspectives, East and West*. Hong Kong: Chinese University of Hong Kong Press, 249–70.

Liu, Ts'un-yan. (1986). Chu Xi's Influence in Yuan Times. In Chan, Wing-tsit (Ed.), *Chu Hsi and Neo-Confucianism*. Honolulu: University of Hawaii Press, 521–50.

Liu, Yuli. (2004). *The Unity of Rule and Virtue: A Critique of a Supposed Parallel Between Confucian Ethics and Virtue Ethics*. Singapore: Eastern Universities Press.

Luo, Qinshun. (1987). (Bloom, Irene, Tr.) *Knowledge Painfully Acquired*. New York: Columbia University Press.

Luo, Qinshun. 罗钦顺 (1990). 困知记 [*Knowledge Painfully Acquired*]. Beijing: Zhonghua Shuju.

MacIntyre, Alasdiar. (1988). *Whose Justice? Which Rationality?* Notre Dame: University of Notre Dame Press.

Macpherson, C. B. (1962). *The Political Theory of Possessive Individualism: Hobbes to Locke*. London, Oxford, New York: Oxford University Press.

Makeham, John (Ed.). (2003). *New Confucianism: A Critical Examination*. New York: Palgrave.

——. (2008). *Lost Soul: "Confucianism" in Contemporary Chinese Academic Discourse*. Cambridge: Harvard University Asia Center.

Marchal, Kai 马恺之. (2007). 道德实践、政治目的对现代性的挑战 [The Challenge to Modernity of Moral Practice and Political Goals] (unpublished).

Matson, William. (1976). *Sentience*. Berkeley: University of California Press.

McDowell, John. (1979). Virtue and Reason. *The Monist*, 62, 331–50.

Melden, A. I. (1984). Saints and Supererogation. In Dilman, Ilham (Ed.), *Philosophy and Life: Essays on John Wisdom*. The Hague: Martinus Nijhoff, 61–81.

Mencius. (1970). (Lau, D. C., Tr.) *Mencius*. London: Penguin.

Metzger, Thomas A. (1977). *Escape From Predicament: Neo-Confucianism and China's Evolving Political Culture*. New York: Columbia University Press.

——. (2005). *A Cloud Across the Pacific: Essays on the Clash Between Chinese and Western Political Theories Today*. Hong Kong: Chinese University of Hong Kong Press.

Meyers, Diana. (1997). Emotion and Heterodox Moral Perception. In Meyers, Diana (Ed.), *Feminists Rethink the Self*. Boulder, Colo.: Westview, 197–218.

Mou, Zongsan, Zhang, Junmai, Xu, Fuguan, and Tang, Junyi. (1989). 为中国文化敬告世界人士宣言 [A Manifesto to the World's People's On Behalf of Chinese Culture]. In Feng, Zusheng 封祖盛 (Ed.) 当代新儒家 [*Contemporary New Confucianism*]. Beijing: Sanlian Shudian, 1–52.

Mou, Zongsan 牟宗三. (1991). 政道与治道 [*The Way of Politics and the Way of Administration*]. Taipei: Xuesheng Shuju.

Munro, Donald. (1969). *The Concept of Man In Ancient China*. Stanford: Stanford University Press.

——. (1988). *Images of Human Nature: A Sung Portrait*. Princeton: Princeton University Press.

——. (1985). Introduction. In Munro, Donald (Ed.), Individualism and Holism: Studies in Confucian and Chinese Values. Ann Arbor: Center for Chinese Studies, University of Michigan, 1–45.

Murdoch, Iris. (1970a). The Idea of Perfection. *In The Sovereignty of the Good*. New York: Routledge, 1–45.

——. (1970b). On "God" and "Good". In *The Sovereignty of the Good*. New York: Routledge, 46–76.

——. (1970c). The Sovereignty of the Good over Other Concepts. In *The Sovereignty of the Good*. New York: Routledge, 77–104.

——. (1992). *Metaphysics as a Guide to Morals*. New York: Penguin.

Nathan, Andrew J. (1997). The Democratic Vision. In *China's Transition*. New York: Columbia University Press, 77–89.

Neville, Robert Cummings. (2000). *Boston Confucianism: Portable Tradition in the Late-Modern World*. Albany: SUNY Press.

Nivision, David S. (1996a). "Virtue" in Bone and Bronze. In Van Norden, Bryan (Ed.), *The Ways of Confucianism: Investigations in Chinese Philosophy*. La Salle: Open Court, 17–30.

——. (1996b). The Paradox of "Virtue". In Van Norden, Bryan (Ed.), *The Ways of Confucianism: Investigations in Chinese Philosophy*. La Salle: Open Court, 31–43.

——. (1996c). Moral Decision in Wang Yang-ming: The Problem of Chinese "Existentialism". In Van Norden, Bryan (Ed.), *The Ways of Confucianism: Investigations in Chinese Philosophy*. La Salle: Open Court, 233–47.

Noddings, Nel. (2002). *Educating Moral People: A Caring Alternative to Character Education*. New York: Teacher's College Press.

Nussbaum, Martha. (1990a). The Discernment of Perception: An Aristotelian Conception of Private and Public Rationality. In *Love's Knowledge: Essays on Philosophy and Literature*. Oxford: Oxford University Press, 54–105.

——. (1990b). Perception and Revolution: The Princess Casamaaima and the Political Imagination. In *Love's Knowledge: Essays on Philosophy and Literature*. Oxford: Oxford University Press, 195–219.

——. (1990c). Aristotelian Social Democracy. In Douglas, R. Bruce, Mara, Gerald R., and Richardson, Henry S. (Eds.), *Liberalism and the Good*. New York: Routledge, 203–52.

Parker, Ian. (2004). The Gift. *The New Yorker*, August 2, 54–63.

Parks Daloz, Laurent A., Keen, Cheryl H., Keen, James P., and Daloz Parks, Sharon. (1996). *Common Fire: Leading Lives of Commitment in a Complex World*. Boston: Beacon Press.

Peerenboom, Randall. (2002). *China's Long March toward Rule of Law*. Cambridge: Cambridge University Press.

Peng, Guoxiang 彭国翔. (2007). 身心修炼 [The Cultivation of Body and Mind]. In 儒家传统：宗教与人文主义之间 [*The Confucian Tradition: Between Religion and Humanism*]. Beijing: Beijing University

Press, 51 – 105.

Peterson, Willard J. (1986). Another Look at Li. *Bulletin of Sung and Yuan Studies*, 18, 13 – 31.

——. (1990). Review of Images of Human Nature: A Sung Portrait. *Journal of Asian Studies*, 49 (3), 639 – 41.

Pieterse, Jan Nederveen. (1994). Globalization as Hybridization. *International Sociology*, 9 (2), 161 – 84.

Qian, Mu 钱穆. (1989). 朱子新学案 [*Master Zhu: New Studies*]. Taipei: Sanmin Shuju.

Rawls, John. (1999). *The Law of Peoples*. Cambridge, MA: Harvard University Press.

Rorty, Amelie Oksenberg. (1980). *The Place of Contemplation in Aristotle's Ethics*. Berkeley, CA: University of California Press, 377 – 94.

——. (2004). The Improvisatory Dramas of Deliberation. In *Setting the Moral Compass: Essays by Women Philosophers*. Oxford: Oxford University Press, 275 – 87.

Rorty, Richard. (1993). Human Rights, Rationality, and Sentimentality. In Shute, Stephen and Hurley, Susan (Eds.), *On Human Rights: The Oxford Amnesty Lectures*, 1993. New York: Basic Books.

Salmenkari, Taru. (2006). *Democracy, Participation, and Deliberation in China: The Discussion in the Official Chinese Press, 1978 – 181*. Helsinki: Finnish Oriental Society.

Sanderovitch, Sharon. (2007). Is There a Bug in the Confucian Program of Harmony? (unpublished).

Sarkissian, Hagop. (2007). Rituals, Intuitions and Social Magic: Emotions and Automaticity in the *Analects* (unpublished).

Schneewind, Jerome. (1990). The Misfortunes of Virtue. *Ethics*, 101 (1), 42 – 63.

Sher, George. (1997). *Beyond Neutrality: Perfectionism and Politics*. Cambridge: Cambridge University Press.

Sherman, Nancy. (1989). *The Fabric of Character: Aristotle's Theory of*

Virtue. Oxford: Oxford University Press.
Shi, Tianjian. (1997). *Political Participation in Beijing*. Cambridge, Mass.: Harvard University Press.
Shue, Henry. (1996). *Basic Rights*. Princeton: Princeton University Press.
Shun, Kwong-loi. (1986) *Virtue, Mind, and Morality: A Study of Mencian Ethics*. Stanford University (unpublished dissertation)
——. (1997). *Mencius and Early Chinese Thought*. Stanford: Stanford University Press.
Sim, May. (2007). *Remastering Morals with Aristotle and Confucius*. New York: Cambridge University Press.
Simpson, Peter. (1997). Contemporary Virtue Ethics and Aritotle. In Statman, Daniel (Ed.), *Virtue Ethics: A Critical Reader*. Washington, D. C.: Georgetown University Press, 245 – 59.
Slingerland, Edward. (2003). *Effortless Action: Wu-wei as Conceptual Metaphor and Spiritual Ideal in Early China*. Oxford: Oxford University Press.
Slote, Michael. (1992). *From Morality to Virtue*. Oxford: Oxford University Press.
——. (2001). *Morals from Motives*. Oxford: Oxford University Press.
——. (2007). *The Ethics of Care and Empathy*. New York: Routledge.
——. (2009). The Mandate of Empathy. *Dao: A Journal of Comparative Philosophy* (forthcoming).
Solomon, Robert C. (2001). "What is Philosophy?" the Status of World Philosophy in the Profession. *Philosophy East & West*, 51 (1), 100 – 103.
Solum, L. (2003). Virtue Jurisprudence: A Virtue-Centered Theory of Judging. *Metaphilosophy*, 34, 187 – 213.
Stalnaker, Aaron. (2006). *Overcoming Our Evil: Human Nature and Spiritual Exercises in Xunzi and Augustine*. Washington, D. C.: Georgetown University Press.

Stephens, Thomas B. (1992). *Order and Discipline in China: The Shanghai Mixed Court* 1911 – 27. Seatle: University of Washington Press.

Stohr, Karen E. (2003). Moral Cacophony: When Continence is a Virtue. *The Journal of Ethics*, 7, 339 – 63.

Swanton, Christine. (2003). *Virtue Ethics: A Pluralistic View.* Oxford: Oxford University Press.

Swedene, Jason K. (2003). Feeling Better about Moral Dilemmas. *Journal of Moral Education*, 43 (1), 43 – 55.

Tan, Sor-hoon. (2004). *Confucian Democracy: A Deweyan Reconstruction.* Albany: SUNY Press.

Tao, Julia. (2000). Two Perspectives of Care: Confucian Ren and Feminist Care. *Journal of Chinese Philosophy*, 27 (2), 215 – 40.

Taylor, Rodney L. (1988). *The Confucian Way of Contemplation.* Columbia, SC: University of South Carolina Press.

——. (1990). *The Religious Dimensions of Confucianism.* Albany: SUNY Press.

Tessman, Lisa. (2005). *Burdened Virtues: Virtue Ethics for Liberatory Struggles.* Oxford: Oxford University Press.

Thaler, Richard H., and Sunstein, Cass R. (2008). *Nudge: Improving Decisions and Health, Wealth, and Happiness.* New Haven: Yale University Press.

Tillman, Hoyt Cleveland. (1982). *Utilitarian Confucianism.* Cambridge, Mass.: Council on East Asian Studies.

——. (1992). *Confucian Discourse and Chu Hsi's Ascendency.* Honolulu: University of Hawaii Press.

Tiwald, J. (2006). *Acquiring "Feelings that Do Not Err": Moral Deliberation and the Sympathetic Point of View in the Ethics of Dai Zhen.* Chicago: University of Chicago (unpublished dissertation).

——. (2008). A Right of Rebellion in the Mengzi? *Dao: A Journal of Comparative Philosophy*, 7 (3), 269 – 82.

Tu, Wei-ming. (1989). *Centrality and Commonality: An Essay on Confu-*

cian Religiousness. Albany：SUNY Press.

——. (1991). Cultural China：The Periphery as Center. *Daedalus*, 120 (2), 1 - 32.

——. (1996). *A Confucian Perspective On Human Rights：The Inaugural Wu Teh Yao Memorial Lecture.* Singapore.

Urmson, J. O. (1958). Saints and Heroes. In Melden, A. I. (Ed.) *Essays in Moral Philosophy*. Seatle：University of Washington Press, 198 - 216.

Vankeerberghen, Griet. (2006). Choosing Balance：Weighing (Quan 权) as a Metaphor for Action in Early Chinese Texts. *Early China*, 30, 47 - 89.

Van Norden, Bryan W. (1997). Mencius on Courage. In French, Peter A., Uehling Jr., Theodore E., and Wettstein, Howard (Eds.), *Midwest Studies in Philosophy, Volume XXI：Philosophy of Religion.* Notre Dame：University of Notre Dame, 237 - 56.

——. (1992). Mengzi and Xunzi：Two Views of Human Agency. *International Philosophical Quarterly*, 32 (2), 161 - 84.

——. (2003). Virtue Ethics and Confucianism. In Mou, Bo (Ed.), *Comparative Approaches to Chinese Philosophy*. Aldershot, U. K.：Ashgate, 99 - 121.

——. (2004). What is Living and What is Dead in the Confucianism of Zhu Xi. In Wang, Robin R. (Ed.) *Chinese Philosophy in an Era of Globalization*. Albany：SUNY Press, 99 - 120.

——. (2007). *Virtue Ethics and Consequentialism in Early Chinese Philosophy*. New York：Cambridge University Press.

Waley, Arthur. (Tr.) (1960). *The Book of Songs：The Ancient Chinese Classic of Poetry.* New York：Grove Press.

Wang, Meng'ou 王梦鸥. (1980). 礼记今注今译 [*Book of Rites*]. Taipei：Shangwu Press.

Wang, Wenliang 王文亮. (1993). 中国圣人论 [*On Chinese Sages*]. Beijing：Zhongguo Shehui Kexue Chubanshe.

Wang, Xiangwei. (2006). Hu's Bland Preaching Will Fail to Revive Time-honored Social Traits. Editor's Briefing, *South China Morning Post*,

(Monday, March 20, 2006).

Wang, Yangming. (1963). (Chan, Wing-tsit, Tr.) *Instructions for Practical Living*. New York: Columbia University Press.

——. (1972). (Ching, Julia, Tr.) *The Philosophical Letters of Wang Yang-ming*. Canberra: Australia National University Press.

Wang, Yangming 王阳明. (1983). 传习录祥注集评 [*Record of Practice with Detailed Annotations and Collected Commentary*]. Taipei: Xuesheng Shuju.

——. (1985). 阳明全书 [*Complete Works of Wang Yangming*]. Taipei: Chung Hwa Book Commany.

——. (1992). 王阳明全集 [*Complete Works of Wang Yangming*]. Shanghai: Shanghai Guji Chubanshe.

Wang, Zhongjiang 王中江. (1999). 儒家"圣人"观念的早期形态及其变异 [*Confucianism's Early Conception of "Sage" and its Variations*]. 中国哲学史 [*History of Chinese Philosophy*], 4, 27–34.

Wei, Zhengtong. (1986). Chu Hsi on the Standard and the Expedient. *Chu Hsi and Neo-Confucianism*.

Welchman, Jennifer (Ed.). (2006). *The Practice of Virtue: Classic and Contemporary Readings in Virtue Ethics*. Indianapolis: Hackett.

Wiggins, David. (1980). Deliberation and Practical Reason. In Rorty, Amelie Oksenberg (Ed.), *Essays on Aristotle's Ethics*. Berkeley: University of California Press, 221–40.

Williams, Bernard. (1985). *Ethics and the Limits of Philosophy*. Cambridge: Harvard University Press.

Wilson, Thomas A. (1995). *Genealogy of the Way: The Construction and Uses of the Confucian Tradition in Late Imperial China*. Stanford: Stanford University Press.

Winston, Kenneth. (2005). The Internal Morality of Chinese Legalism. *Singapore Journal of Legal Studies*, 313–47.

Wolf, Susan. (1982). Moral Saints. *Journal of Philosophy*, 79 (8), 419–39.

Wong, Wai-ying. (2001). Confucian Ethics and Virtue Ethics. *Journal of*

Chinese Philosophy, 28 (3), 285 – 300.

Wong, Wai-ying. 黄惠英（2005）. 儒家伦理：体与用 [*Confucian Ethics: Substance and Function*]. Shanghai: Shanghai Sanlian Shudian.

Wood, Alan T. (1995). *Limits to Autocracy: From Sung Neo-Confucianism to a Doctrine of Political Rights*. Honolulu: University of Hawaii Press.

Woodruff, Paul. (2001). *Reverence: Renewing a Forgotten Virtue*. Oxford: Oxford University Press.

Wu, Pei-yi. (1990). *The Confucian's Progress: Autobiographical Writings in Traditional China*. Princeton, N. J.: Princeton University Press.

Xu, Fuguan. 徐复观（1980）. 学术与政治之间 [*Between Scholarship and Politics*]. Taipei: Xuesheng Shuju.

Xu, Shen. 许慎（1981）. 说文解字注 [*Annotated Explanations of Words and Phrases*]. Shanghai: Shanghai Guji Chubanshe.

Xunzi. (1988 – 94). (Knoblock, John, Tr.) *Xunzi: A Translation and Study of the Complete Works*. 3 vols. Stanford: Stanford University Press.

Yang, Bojun. (1984). *Lunyu Yizhu*. Hong Kong: China Press, Hong Kong Branch.

Yearly, Lee H. (1983). The Perfected Person in the Radical Chuang-tzu. In Mair, Victor H. (Ed.), *Experimental Essays on Chuang-tzu*. Honolulu: University of Hawaii Press, 125 – 39.

Yu, Jiyuan. (2001). The Moral Self and the Perfect Self In Aristotle and Mencius. *Journal pf Chinese Philosophy*, 28 (3), 235 – 56.

——. (2007). *The Ethics of Confucius and Aristotle: Mirrors of Virtue*. New York: Routledge.

Yu, Kam-por. (2010). The Handling of Multiple Ethical Values in Confucianism. In Yu, Kam-por, Ivanhoe, P. J., and Tao, Julia (Eds.) *Taking Confucian Ethics Seriously: Contemporary Theories and Applications*. Albany: SUNY Press.

——. (2009). The Confucian Conception of Harmony. In Tao, Julia, Cheung, Anthony, Painter, Martin, and Li, Chenyang (Eds.), *Governance for Harmony in Asia and Beyond*. New York: Routledge.

Yu, Ying-shih. (1986). Morality and Knowledge in Chu Hsi's Philosophical System. In Chan, Wing-tsit (Ed.), *Chu Hsi and Neo-Confucianism*. Honolulu: University of Hawaii Press, 228–54.

——余英时. (2004a). 现代儒学的回顾与展望 [Review of and Prospects for Contemporary Confucianism]. In 现代儒学的回顾与展望 [*Review of and Prospects for Contemporary Confucianism*]. Beijing: Sanlian Shudian, 132–86.

——. (2004b). 朱熹的历史世界 [*The Historical World of Zhu Xi*]. Beijing: Sanlian Shudian.

Zhang, Jiacai 张加才. (2004). 诠释与建构: 陈淳与朱子学 [*Interpretation and Construction: Chen Chun and the Study of Master Zhu*]. Beijing: Zhongguo Zhexue qingnian xueshu wenku.

Zhang, Jijun 张继军. (2006). 周初"德"字及其观念的产生 [The Early Zhou Word "De" and the Production of Its Concept]. 学术交流 [*Academic Exchange*], 152, 34–37.

Zhao, Weidong 赵卫东. (2001). 德性主义的重建——王阳明之良知对朱熹天理的扬弃 [Reconstruction of Moralism—On the Sublation of Zhu Xi's Universal Coherence by Wang Yangming's Innate Knowing] 山东师大学报 [*Journal of Shandong Normal University*], 175, 56–9.

Zheng, Jiadong. (2005). Mou Zongsan and the Contemporary Circumstances of the Rujia. *Comtemporary Chinese Thought*, 36 (2), 67–88.

Zheng, Jiadong 郑家栋. (2001). 断裂中的传统: 信念与理性之间 [*Fractured Tradition: Between Belief and Reason*]. Beijing: Zhongguo Shehui Kexue Chubanshe.

Zhou, Dunyi 周敦颐. (1990). 周敦颐集 [*Collected Works of Zhou Dunyi*]. Beijing: Zhonghua Shuju.

Zhu, Xi 朱熹. (1974). 续近思录 [*Further Reflection on Things at Hand*]. Beijing: Shijie Shuju.

——. (1987). 四书章句集注 [*Collected Commentaries on the Four Books*]. Shanghai: Shanghai Shudian.

——. (1997). 朱子语类 [*Classified Conversations of Master Zhu*]. Changsha:

Yuelu Shushe.

Zhu, Xi, and Lu, Zuqian. (1967). (Chan, Wing-tsit, Tr.) *Reflections on Things at Hand*. New York: Colubia University Press.

Zhu, Xi 朱熹, and Lu, Zuqian 吕祖谦. (1983). 近思录集解 [*Collected Analyses on Reflections on Things at Hand*]. Taipei: Shijie Shuju.

Zhu, Yilu. (1991). *Rujia lixiang yu zhongguo wenhua* [*The Confucial Idea and Chinese Culture*]. Shenyang: Liaoning Jiaoyu Chubanshe.

Zhuangzi. (1994). (Mair, Victor H., Tr.) *Wandering on the Way: Early Taoist Tales and Parables of Chuang Tzu*. Honolulu: University of Hawaii Press.

Ziporyn, Brook. (forthcoming). *Ironies of Coherence in Chinese Thought: Sameness, Difference, Omnipresence and Li Before Neo-Confucianism*. Albany: SUNY Press.

索　引

2000 U. S. presidential election, 204

Above form（形而上）, 38, 43, 56, 236n27

action(s), 16, 25 – 26, 53, 86, 94 – 95, 97, 106, 110 – 111, 118 – 121, 124, 125 – 130, 139, 142, 152, 176, 201, 208, 242n5, 246n21

"resolute", 202

"right" actions, 51, 58 – 59, 84, 95, 2401n21

"true", 250n24

As feeling necessary, 29, 124

Political, 182 – 183, 210

Unity of knowledge and action, 知行合一 118 – 121, 125 – 130

See also practice; effort; reaction

Actualized（已发）56, 152 – 153, 252n10

Agape, 27

Agency, moral, 125, 129 – 130

Agent-based ethics, 78, 84 – 85, 243n16

Agent-relative, 69

Ai 哀 see grief

Alienation, 189

Alternative dispute resolution, 219

Ames, Roger, 34, 64, 66, 219, 235n14, 240n22, 260n11

An 安 See inner serenity; contentment

Analects, 3, 5, 14, 230n3

As offering a new picture of ethics, 54

As text for learners, 147

On 志（commitment）, 114 – 115

Xu Fuguan on 徐复观 191

Yu Ying-shih on, 余英时 190

Anger 怒, 96, 107 – 111, 248n36, 248n41

And tragedy, 105

As one of the basic emotions, 65, 127

Chronic anger, 108 – 111

Compatible with harmony, 67

Animals, 180

Having social reactions, 40

Limited ability to purify qi, 40, 46

Mencius on butchering, 98

Our reactions to their suffering, 70, 97 – 98, 102

Wang Yangming on "bearing" their

· 313 ·

sacrifice, 102 – 103

Anthropocentrism, 68, 92

 In meaning of li (coherence), 理34 – 38, See also ecological metaphors

Antonaccio, Maria, 145, 251n40, 253n15, 253n17

Anxiety (vexation, worry), 焦虑 25, 27 – 28, 108, 141, 247n31

Apprehending coherence in things (格物), 45, 143, 156 – 158, 170, 252n12

Appropriateness (义), 69, 99 – 101, 238n9, 239n16

Aquinas, Thomas, 68, 185, 224, 244n1

Aristotle, 5, 23, 52, 53 – 54, 55, 59, 85, 121, 208, 209, 224, 233n42, 233n44, 238n4, 243n15, 251n30, 259n29, 261n30

 On moral development, 137 – 138

Art, 89, 124, 168, 171 – 172, 199, 205, 240n5

Six arts, 六艺 136

See also poets; music < because the author has only 'poets,' I am changing 'poetry' to 'poets' here >

Articulate (versus create), 65, 70, 117, 139, 242n28

Askesis. See spiritual exercises < to match actual entry >

Attain (得), 53, 55

Attention, 45, 73, 79 – 80, 122, 150 – 166, 167 – 170, 244n24

 Murdoch's "loving attention", 126, 168

Reverence as, 150 – 160

Swanton's account of, 168

Audiences (of this book), 8, 224 – 227

Augustine, 52, 145, 247n23, 253n16, 257n30

Autonomy, 205 – 206, 214

Awe (畏), 155, 168

 And reverence, 85, 102, 200 – 201

Balance, 28, 65, 68, 71, 90 – 91, 99, 107, 127, 165 – 167, 231n24, 235n18, 235n19, 240n5, 255n10

Balance of power or authority, 203, 207, 215 – 216

Balanced caring, 79 – 84, 242n5, 243n11, 243n12

Checks-and-balance, 184

In mediation, 220

Versus harmony, 86

See also balanced (平), balanced (中), harmony

balanced (平), 62 – 64

See also balanced (中), caring, balanced

balanced (中), 37

Bangladesh, 81, 83

Bateson, Mary Catherine, 162, 164, 165, 166, 169, 170

Bear (忍), 96 – 97, 102 – 103

Beautiful colors, 119 – 120

Bell, Daniel, 203, 215 – 216, 246n22, 258n16, 260n15

Benti (本体), see original substance

Berlin, Isaiah, 259n2

Biao ji, 191 – 193

· 314 ·

索 引

Bias, 154, 160
  Contrast with unbiased
  Narrow-minded, 126 – 127
  See also prejudiced
Biran, 必然 see necessity
Blind Man (Shun's father), 盲人 (舜的父亲) 100 – 101, 247n24
Blum, Lawrence, 24, 125, 129, 233n48, 251n30
Bo Yi, 伯夷 15, 19
Boat
  Coherence of, 35, 43, 48 – 49, 57
  "not rocking the boat", 111, 179
Bodhicitta, see thought of awakening
Body (and embodied), 18, 35, 56, 139, 152, 165 "embodiment" stage of reading, 149, 156 see also embodied comprehension (体认), form one body with all things
Bol, Peter K., 229n2, 230n7
Book learning, see reading
Book of Changes (易经), 57
Borders, 163, 261n28
Brewer, Ben, 247n24
Bridge concept, 52, 57 – 58, 237n1
Buddhism, 3 – 4, 6, 8, 16, 141, 236n34
  And Neo-Confucian idea of coherence, 46 – 48
  Contrasted with Neo-Confucianism, 38, 48, 141
Capacities (native), 55, 73 – 74, 88, 115, 143 160 see also endowment
Caring, 39 – 40, 49, 91

Balanced, 79 – 84, 242n5, 243n11, 243n12
  Compared with ren, 44, 78 – 79
  Particularist versus aggregative, 79 – 81
  See also compassion
Ceremony, see ritual
Chan, Joseph, 陈祖为 205 – 207, 261n28
Chan, Sin-yee, 陈倩仪 243n9
Chang, see constant
Chang, Hao, 180, 257n2, 257n3
Change
  And music, 64
  Changing rituals, 260nn11 – 12
  Characteristic of qi, 38
  Institutional or political, 188
  Openness to, 164 – 165, 200
  To live philosophical traditions, 7
  Universal, 36, 38, 43, 49, 92, 236n35
  See also transformation
Character Counts, 254n1
Character, 24, 51 – 52, 57 – 59, 84, 91, 146, 254n7, 242n5
  And emotional attitudes, 248n34
  And politics, 191, 193, 194, 215
  And reverence, 152
  And situationism, 253n19, 260n16
  Of the sage, 15, 26, 68, 73, 182, 233n44
Chen Chun, 237n38
Chen Lai, 陈来, 47, 54, 232n34
Chen Liang, 258n20
Chen, Albert, 219 – 220

· 315 ·

Cheng Hao, 程颢 17, 19, 43, 187, 231n21, 252n5
    On humanness, 78
Cheng Yi, 程颐 34–36, 39, 43, 68–69, 105–106, 142, 149, 183, 184–185, 186, 187, 249n11
Cheng, 成 see completion; see also perfection
Cheng 诚, see integrity, sincerity
Cheng-Zhu school versus Lu-Wang school, 4, 149
Cheng, Chung-ying, 254n31, 254n33
Chijing, see holding on to reverence
Childhood, 49, 90–91, 110, 136–140, 163, 173
Chinese Communist Party, 180, 192
Choi, Suk, 152–153, 254n30
Civic virtue, 190–193
    See also perfectionism
Civil rights, 212, 215–216
    See also human rights
Civility, 259n26
Clarke, Bridget, 248n39
Classic (经) texts, 84, 147–150
Classic of Odes (诗经), 61–62
Classical Confucianism
    And human malleability, 98
    And politics, 191, 211
    And reverence, 85
    Idea of de 德 (virtue), 54
    Idea of sage, 21
Coercion, 189, 198, 205–206, 210, 259n30
Coherence is one and distinguished into many (理一分殊), 44, 68
Coherence
    And Buddhism, 45–48
    And harmony, 67–69
    And nature, 34–36
    And normativity, 49–50
    And qi, 38–44
    As translation of 理, 31–33
    Causal role, 41–44
    Compared with dao, 42–3
    Objective/unchanging dimension of, 36–38
    Ontological status, 39–41
    Perception of, 32, 34–36, 58, 84–85, 121–123, 128–131, 235n10
    Simultaneous unity and multiplicity, 44–48
    Subjective dimension of, 34–36
    See also coherence is one and distinguished into many, coherent nature, settled coherence, universal coherence
Coherent nature (理性), 211
Colby, Anne, 162–164, 166, 173, 176–177, 234n58, 255n5
Coleman, Jack, 163
Collaboration, 172–176
Commentaries, 3–4, 17, 147, 149–150, 169
Commitment (志), 55, 103, 106, 114–118, 121–125, 130–131, 162–165, 169, 176–177, 200, 249n8, 251n34, 252n5
    And faithfulness (信), 57–58
    And politics, 189, 193, 207, 209,

213, 217
　Beginnings of, 136, 139, 140 – 142
　In Analects, 114
　Maturing, 114 – 118, 142 – 144, 150, 157
　Of Neo-Confucians, toward sagehood, 18, 22
　Of other examplars, 24, 27, 90
　Throughout life, 142 – 144, 148
　Versus faith, 176 – 7, 200 – 201
　See also resolute effort
Commonly applied (庸), 235n19
Compassion, 56 – 57, 78, 86, 97 – 99, 101 – 103, 107, 122
　See also care
Complementary differences, 27, 61 – 63, 68
Completion (成), 62, 63
　See also perfection
Complexity of contemporary life, 169, 171, 173
Concentration, 148, 153, 254n31
　See also attention, contrast with distraction
Conflicts, 65 – 66, 94 – 106, 123 – 124, 199, 202, 209, 214,
　And mediation, 218 – 220
Confucian Teaching (儒教), 206
Confucianism, see Classical Confucianism, Neo-Confucianism, New Confucianism
Confucius, 3, 174 – 175, 230n2
　As Sage, 16, 17, 19, 66, 113, 232n27, 232n30
　Personality of, 15, 186
　See also Analects
Conscientiousness, see self-control
Consequentialism, see utilitarianism
Consolation, 87 – 89, 127, 171 – 172, 244n19
Constant (常), 36, 39
Constitutionalism, 185 – 186, 194 – 196, 212
Constructive engagement, 6 – 8, 111, 229n7
Consultation, 175
Contemplation (theoria), 22 – 23
Contentment, 74
　See also inner serenity
Context-dependence
　And "creativity", 64
　Of 理, 33, 48 – 49, 57, 65, 69, 130 – 131, 154
Continence, see self-control
Continuity challenge (between average people and sages), 26 – 27, 159 – 160, 166
Controller or controlling (主宰), 41 – 42
Conversion, 177, 257n30
Cook, Scott, 63 – 64, 240n3, 240n10
Corruption, 171
Cosmology, 57, 66
Courage, 54, 87, 115, 186, 204, 238n11
Creation or creativity, 14, 63 – 65, 97, 123 – 125, 211, 230n6, 260n11
Criticism, 201, 248n32, 248n40
　And live philosophical traditions, 6 – 7

Of Song-Ming Neo-Confucianism, by Dai Zhen and other Qing thinkers, 4, 20, 41–42, 158
  Political, 184, 201
  Self-criticism, 126
Cua, A. S., 121–124, 229n5
Cultivation, 135–160, 177, 180, 190–93, 236, 232n30, 249n14
  And external manifestation, 180–183
  In Wang Yangming, 115–119
Culture, 6, 62, 123, 170
  Chinese, 8, 195, 226–227, 232n34, 256n15
Cunjing 存敬, see preserving reverence
Dai Zhen, 20, 41–42, 44, 236n27, 236n28, 236n29, 236n34
Damon, William, 162–164, 166, 173, 176–177, 234n58, 255n5
Dao De Jing, 241n20
Dao Learning, 4, 229n2
Dao wen xue, 道文学 see honor the moral nature versus follow the path of inquiry and study
Dao, 道 see way
Daoism, 4, 8, 236n23, 256n15
  See also Dao De Jing, Zhuangzi
Dardess, John, 189
Dark consciousness (幽暗意识), 180–181, 257n2
  Chang's understanding versus Metzger's understanding, 181
Day, Dorothy, 25
De, see attain
De

And sage, 15
As "virtue", 51–53
Early uses, 53–55
In Neo-Confucianism, 55–57
See also virtue
deBary, Wm. Theodore, 21, 81, 189–190, 260n15
decree (命), 106, 118
  see also universal mandate
deliberative democracy, see democracy
democracy, 213, 257n5
  as an ideal, 201–202, 204
  barriers to democracy, 74, 181
  deliberative, 213–214
  democratic centralism, 213
  liberal, 196, 199
  see also participation
desires
  and commitment, 141–142, 259n2
  Buddhism and, 48
  Confucius following his heart's desires, 15, 113–115, 128, 214
  Human desires and purposes constitutive of 理, 34–37
  Of people, 206
  Selfish desires, 19, 36–37, 70, 99, 117–119, 127–128, 167–168, 191, 232, 241
Despotism, 180
Devotion (忠), 56
Dewey, John, 198, 201, 210
Dewoskin, Kenneth, 64, 240n5
Dexing 德性, see virtue
Dexing, 德行, see virtuous conduct

Dialectical relation, 194 – 196, 207 – 208

Dialogue, 74, 172 – 176, 220, 224 – 225, 256n16, 256n17, 261n26

　In constructive engagement, 7 – 8

　See also bridge concept

Dichotomous choice, 95 – 98, 170

Difficult situation（难处）, 97, 103

　See also conflicts, dilemmas

Dilemma, 104 – 106, 256n18

　Resolvable and irresolvable, 104

　Tragic and non-tragic, 104, 226 – 227

Ding, 定 see settled, see rigid, see also settled coherence

Dingli, 定理 see settled coherence

Direct understanding（直理会）, 136 – 137

Discourse

　Thomas Metzger on, 181

Discovery, 80, 115 – 117, 192, 249n14

Discretion（权）, 37, 124, 235n18, 240n23

Disharmony, 72, 213 – 214, 248 – n38

　See also dissonance, deliberative democracy

Disposition, 17, 20, 34, 52 – 58, 78, 113 – 115, 117, 130, 136 – 138, 142 – 143, 193

　See also qixiang 气象

Dissonance, 181, 199, 230

Distinctiveness

　And reverence, 151, 166

　As individual, 131

Distraction and interruption

Freedom from, 152 – 153, 256n12

　Problems with, 156, 167

　Value of, 169 – 170

Divine, 22 – 23, 26, 233n44, 233n50

Doctrine of the Mean, see Zhongyong

Doubts, 148, 256n19

　Confucius gets beyond doubts, 15

Duty, 23 – 24, 106, 169, 185, 189

Ease（of sagely action）, 15 – 16, 27, 36, 53, 57, 73, 88, 106, 113 – 131, 148, 150 – 153, 156, 158, 245n7, 249n1, 252n44

Ecological metaphors, 68, 111, 169

　See also organism / organic

Education, 45 – 46, 73, 98, 110 – 111, 219, 247n26, 253n25, 255n3, 256n19, 260n13

　Motivation for, 86 – 88, 140 – 142, 160

　Zhu Xi versus Wang Yangming on, 36, 150

Effort（功夫）; also 力行, 20, 28, 69 – 70, 141 – 142, 146, 148, 150, 156, 158, 255n8

Egalitarianism, 195, 215

Elitism, 181, 190 – 191, 211

　See also meritocracy, hierarchy

Embodied comprehension（体认）, 238n14

　See also body

Emotional attitudes, 106 – 108, 248n34

Emotions, 55, 65 – 66, 70, 84, 106 – 111, 138 – 139, 247n26, 248n34

　And perception, 118 – 121

· 319 ·

Emotional complexity, 103
Strong, 105
   See also sorrow, joy, anxiety, anger, grief, regret
Empathy, 48, 78–79, 90, 110, 137–139, 163, 173, 241n25, 242n4, 243n14, 244n25, 259n30
   Slote's "fully-developed empathy", 243n14
Endowment, 34, 46, 144, 231n21
   See also capacities
Enlightenment experiences, 143–144, 148, 178
   For Buddhists, 48, 142
   For Plato, 87
Environmental ethics, 35, 66, 78, 92, 122, 242n28
   See also anthropocentrism, ecological metaphors, organism
Epistemological optimism (and epistemological pessimism), 199, 202, 260n13
Equality, 195, 215
Establish commitment (立志), 18, 114–117, 140–142
Ethical education, see education
Ethics of care, 78, 244n24
Ethics
   And politics, 179–184, 190–196
   Justification of, 49–50, 85–89, 242n28
   Motivation for, 85–89, 242n28
   Scope of, 24, 78–79, 89–92
   Versus moral, 89–92

   See also ethics of care, virtue ethics, moral education, 22, 52
Event (事), 38
Examinations, 4, 136, 147, 223, 252n2
Excess versus extremity, 69–70, 98–100, 127
   "excessive morality" of saints, 24–25, 27, 233n49
Exemplary individuals, 23–25, 28–29, 162–178
   See also sage
Exhaustively seeking coherence (穷理), 45, 151, 157
   See also probing coherence
Extending knowledge (致知), 151, 156
Extensional, 207, 211, 261n23
   See also intensional versus extensional
Fa (standard, institution, law) 法, 186–188, 191–192, 217, 261n32
   Huang Zongxi's list of, 188
   Xunzi on, 187
   See also governance by men versus governance by fa
Faith, 27, 86–89, 160, 176–178, 199–202, 257n30
Faithfulness (信), 54, 57, 58, 192–193
Fallibilism, 148, 198–200
Family, 73, 205, 223, 261n30
   And one's education, 78, 112
   Caring more for, 48, 69
   Tension with (or lack of concern for), 23, 90, 169, 204, 251n39
   See also filial piety

Fantasy, 88 – 89, 127, 170 – 172
Farmer, Paul, 72, 90 – 91, 242n30
Fear, 23, 108
　　And reverence (敬), 152 – 155
Federalist Papers, 181
Feminist ethics, 106, 244n24
Feng Youlan, 20, 232n34
Fenzhi, 忿懥 see wrath
Field (s), 34, 36
Filial piety, 37, 49, 68, 113, 118 – 121, 124 – 125, 157, 241n23
　　As governing, 184
Five relationships, 215
Flanagan, Owen, 26, 233n48
Flaws, 17, 29, 85, 181, 184, 199, 208, 249n6
　　In the world, 104, 165, 204
　　See also imperfection, fallibilism
Flescher, Andrew, 24 – 27, 233n45, 233n49, 234n58, 257n30
Focus, 45, 66, 92, 110, 118, 130, 146 – 166, 169 – 170, 174, 210 – 211
　　See also concentration, reverence, focus single-mindedly
Foreign policy, 210
　　See also international relations
Form one body with all things, 69 – 71, 78, 83, 84 – 85, 98, 102 – 3, 110 – 11, 122 – 3, 245n10
Form, see within form, above form
Four Books, 65
Four-seven debate in Korea, 237n38, 252n4, 256n20
Fragmentation, 158, 230n11

Freedom, 195
　　Negative versus positive, 198 – 199, 259n2
Friendship, 22, 137, 192, 215, 246n13
Fuller, Lon, 217, 262n33
Funerals, 38, 101 – 102, 203, 240n5, 246n14
Gan 感 (move, be moved), 64
Gao Panlong, 144, 253n14
Gao Yao, 100 – 101
Gardner, Daniel, 149, 156, 167, 241n15, 252n5, 254n32, 255n9
Geisz, Steven, 260n19
Gender, 36 – 7, 63, 165, 215
Gentleman (君子), 21 – 22, 23, 54, 232n35
Gewu 格物, see apprehending coherence in things
Gilligan, Carol, 244n24, 255n2
　　And faith, 177
　　See also divine
Golden Bowl, 94
Gold
　　As metaphor for sage, 19, 116
　　Golden lion, 46 – 47
Gong, see impartiality
Gongfu, see effort
Good, 86 – 91, 176, 205 – 206
　　Conflict of goods, 94, 214
　　External goods, 94, 214
　　Good person versus right action, 51 – 53, 55
　　Human nature as, 34 – 36, 74, 137
　　Objective or aggregative goodness, 81

· 321 ·

See also 良知 (innate good knowing)

Governance by men versus governance by fa, 187 – 188, 216

Governing the people (治人) versus cultivating oneself (修己), 191

Government, 73, 128, 179 – 190, 195 – 196, 204 – 216, 260n17

See also ministers

Graham, A. C., 35, 42, 43, 234n6, 235n12

Great Learning (大学), 36, 45, 102, 108, 119, 156, 182 – 183, 250n23, 252n12, 254n34

Greater learning, 136 – 137, 140 – 141, 146 – 147, 159 – 160, 163

Grief (哀), 70, 98, 101, 102 – 104, 105, 121, 169, 203, 246n14, 246n17, 247n24, 247n26, 252n44, 262n39

Gu Yanwu, 258n20

Guoyu, 238n10, 240n4

Gutmann, Amy, 213 – 214

Habbits of mind, 172 – 173, 256n17

Hadot, Pierre, 145, 161, 232n40, 233n41, 253n15, 253n18

Hall, David, 64, 66, 235n14, 260n11

Hallie, Philip, 29, 255n4

Han-Tang Dynasties, 3, 16, 231n13

Harmony, 61 – 74, 78 – 86, 93 – 106, 108 – 111, 117 – 118, 122 – 131, 140, 155 – 156, 175, 214

And balance, 78 – 86 (esp. 86)

And coherence, 67 – 9

And music, 16, 62, 63 – 64

And politics, 179 – 181, 200, 202, 209, 212, 214, 218, 220, 248n40, 262n39

Criticism of harmony, 93 – 95, 108, 213 – 214, 225 – 227

In early texts, 61 – 65, 241n20, 242n31, 245n11, 246n21

In Neo-Confucianism, 67 – 9

In Zhongyong, 65 – 67, 257n27

Looking actively for, 117 – 118, 122 – 131, 214

Versus uniformity (同), 62 – 63

Versus unity, 88

See also balance, complementary differences

He, 和 see harmony

Heaven (天), 68, 105, 155, 192, 261n24

And coherence, 35, 44

And de, 53, 57

And harmony, 65 – 66

And sagehood, 14, 28, 231n13, 232n37

Hegel, G. W. F., 5, 194, 225, 259n27

Hierarchy, 180, 215

Historical interpretation, 5 – 6, 41 – 42

Hoffman, Martin, 138 – 139, 241n25, 242n4, 255n2

See also empathy and induction

Holding on to reverence (持敬), 152

Honor the virtuous nature (尊德性), versus follow the path of inquiry and study (道文学), 18

Horse and rider metaphor, 43

索 引

Huang Zongxi, 188, 207, 258n35
Human rights, 180, 219, 248n40, 262n35
　See also civil rights
Humaneness（仁）, 44, 53 – 54, 56 – 57, 70 – 71, 78 – 79, 99 – 101, 103, 122 – 123, 238n15, 241n23, 255n7
　And empathy, 78 – 79
Humanitarianism, 81 – 82
Hume, David, 52, 138, 184, 254n4, 242n4
Humility, 85, 175, 232n30, 246n22
Humor (and lack thereof), 24, 28, 186, 258n16
Hursthouse, Rosalind, 55, 104 – 105, 240n23, 247n27
Hutcheson, Francis, 58 – 59
Hutton, Eric, 238n4, 238n5, 250n26
Imagination, 65, 95 – 8, 170 – 172, 211, 234n58
Impartial love (Mohist doctrine), 44, 69
Impartiality（公）, 109, 262
Imperfection, 85, 200
Incommensurable values, 93, 214
Induction (psychological practice), 138 – 139
Inequality, 72, 215
Ingenious（巧）, 97
Innate good knowing, see 良知
Inner mental attentiveness, 254n32
　See also reverence
Inner sageliness-outer kingliness（内圣外王）, 15, 182 – 4
Inner serenity（安）, 36

Institution（制度）and institutionalization, 74, 98, 118, 171, 186 – 188, 189, 193 – 196, 203 – 204, 204 – 209, 209 – 221
　See also middle-level institutions
Integrity（诚）, 19, 70, 143
　See also sincerity
Intensional versus extensional meaning, 207, 261n23
Intention（意）, 37, 139 – 140, 142, 154, 183, 231n20
　Of the sages, 149
　Problems of intentional or forced learning, 142, 163, 252n9
Interconnectedness, 68 – 69, 154 – 155, 169, 226, 254n31
　Martin Luther King, Jr.'s sense of, 27
　Paul Farmer's sense of, 91
International relations, 213
　See also foreign policy
Interruption, see distraction and interruption
Introspection, 143, 149, 152 – 153, 157 – 159
Invention, 36 – 37, 39, 172, 242n28
Inverse-care law, 243n12
Investigation of things, 156
　See also apprehending coherence in things（格物）
Inward turn of Neo-Confucianism, 187
Ivanhoe, P. J., 236n26, 238n5, 238n8, 247n25, 247n31
　On Classical versus Neo-Confucianism, 6, 46, 241n22

· 323 ·

On 理, 46
　On Wang Yangming, 115 – 117, 229n5, 249n14
Jade, 34
James, Henry, 94, 110, 198 – 199, 209, 259n1
Ji, 机 see liminal moment
Jiaohua, 教化 see moral edification
Jin, 尽 see perfection
Jingzuo, 静坐 see quiet sitting
Jing, 敬 see reverence
Jing, 经 see classic (text), see standard
Jing, 静 see quiescence
Jing, 静 see peace of mind
Joy, 65, 91, 127, 241n21, 247n31
Junzi, 君子 see gentleman
Justice, 正义 79, 96, 106 – 107, 126 – 127, 129, 213, 216 – 217
Kang Xiaoguang, 260n14
Kangxi Emperor, 258n22
Kant and Kantianism, 5, 24, 51, 225, 234n8
Keji, 克己 see restraining the self
King Jr. Martin Luther, 25, 27, 204
Kline, T. C., 253n15
Knight (士), 21 – 22
Knight errant, 164
Knowledge (知), 118 – 121, 137, 156, 181, 202, 215, 251n29
　And apprehending coherence in things, 45, 156, 252n12
　And perfection, 128, 130
　Of sage, 19 – 20
　See also true knowledge, 良知

Kohlberg, Lawrence, 255n2
Korean Neo – Confucianism, 237n38, 252n4, 256n20
Kravinsky, Zell, 90 – 91, 244n27
Law, 100, 186 – 8, 194 – 195, 201, 203 – 204, 206 – 209, 216 – 221
　And 理, 32 – 3, 42, 237n36
　And morality, 217 – 218
　As a disciplinary system, 219
　As a last resort, 216, 262n37
　Legalism, 220
　Rule by 216 – 217, 261n31
　Rule of, 180, 216 – 221, 261n32, 262n35
　U. S. civil law, 218
　See also 法, virtue jurisprudence
Learning, 135 – 160
　Attaining sagehood through, 17 – 18, 232n30
　Gradual progress, 72, 87, 102, 117, 126, 135, 137, 142 – 144, 158, 165 – 167, 232n30, 250n19, 253n13
　See also lesser learning, greater learning, education, reading, ritual
Legal code (律), 187, 258n18
Legalism, 220
Lesser learning, 135 – 142, 146, 149, 152, 159 – 160, 163
Li Tong, 143, 252n11
Li xing, 力行 see effort
Li yi fen shu, 理一分殊 see coherence is one and distinguished into many
Li zhi, 立志 see establish commitment
Li, 理 see coherence

Li, 礼 see propriety, see ritual

Liang Shuming, 梁漱溟 28–29, 242–243, 234n55

Liangzhi 良知 (innate good knowing, pure knowing), 115, 117, 137–139, 147, 150, 156, 234n8

    Versus intentions or thoughts, 158

Liberalism, 180, 196, 199, 205, 213

Life (valuing life), 32, 38, 39, 43–44, 48, 49–50

    Being "marred", 105, 247n29

    See also shengsheng 生生 (unceasing life-giving activity)

Liminal moment (机), 158

Lippmann, Walter, 201

Liu Shu-hsien, 144, 254n29

Liu Xiahui, 15

Liu Zongzhou, 257n2

Lixing, see also coherent nature

Lorde, Audre, 107–108, 111

Love, 43, 68, 69, 78–79, 79–82, 96, 99, 102–103, 126, 163, 169, 242n5

    "love withdrawal", 139

    "loving saint", 24

    Agapic, 43, 243n16

    And coherence, 56–57

    Civic love, 107

    Loving beauty, 119–121, 250n23

        Relationship love versus general love, 243n9

    See also impartial love; self-love, attention

Loyalty, 184–185

See also devotion

Lu Xiangshan, 147, 149, 249n11

Lv, see legal code

Luo Qingshun, 41, 187, 236n29, 237n43

MacIntyre, Alasdair, 6, 229n6, 229n8, 237n1

Madison, James, 181

Making reverence the master (主敬), 143, 150

Making single-mindedness the master (主一), 150, 152, 153

Manifestations (用), 57

    Contrast with substance (体)

Manifesto for a Reappraisal of Sinology and Reconstruction of Chinese Culture, 195

Martin Luther King Day, 204

Marx, Karl, 202

Masses, see people

Matson, William, 122, 251n31

Mature or maturation (熟), 55–57, 114–115, 117, 130, 139, 142–144, 150, 157, 162–163, 166, 211, 244n24, 250n17

Maximization, 98–100

Mediation, 143, 158–160

Melden, A. I., 23–26, 233n47

Memorial Day, 204

Mencius, 6, 21, 13, 98, 101, 116, 193, 232n37, 241n22, 241n23, 245n8, 247n31, 250n26, 261n24

    See also the Index Locorum

Meritocracy, 195, 215–216

Metaethics, 71, 242n28

Metzger, Thomas, 181, 199, 202, 214, 229n6, 232n34, 252n10, 257n4, 257n5, 259n26

Meyer, Diana, 106 – 111, 248n34

Middle – level institutions, 187, 189

Min 民, see people

Mind (心), also, mind-heart, 122 – 3, 143, 148, 150, 152 – 8

And anger, 108 – 110

And bodies, 139 – 140

And coherence, 19, 36 – 37, 42

And commitment, 114 – 115, 117, 119

And virtue (德), 56

Human mind versus dao mind, 109, 248n37

See also original substance, habits of mind

Mind is coherence (心即理), 37, 235n21

Mind that (recognizes things as) outside itself (有外之心), 154

Ming Dynasty, 4, 19, 41, 144, 158, 187 – 90

Ming Taizu, 188 – 190, 259n30

Ming, see decree

Ministers, 62 – 65, 68, 73 – 74, 100 – 101, 127, 183 – 186, 189

Mirror metaphor, 116, 119

Moderate perfectionism, see perfectionism

Mohism, see impartial love

Moon reflecting in water metaphor, 45

Moral edification (教化), 193 – 194, 206

See also perfectionism

Moral education, see education

Moral hero, 23 – 5, 68, 233n47

Moral luck, 106, 246n22

Moral saint, 23 – 25, 26 – 28, 90, 186, 233n44, 233n46

Moral, see ethical

Versus ethical, 89 – 92

Versus nonmoral, 108, 238n7, see also ethics, scope of

See also prudence

Moralism, 186, 220

Morality of excess, 25

Motivation, 18, 24, 27, 55 – 56, 84 – 86, 139 – 140, 142, 155 – 160, 176 – 178, 201 – 202, 218, 246n21

See also ethics, motivation for

Motive (s), 53, 79, 84, 225, 251n39

Mou Zongsan, 20, 193 – 196, 203, 206 – 207, 211 – 212, 216, 217, 226, 234n8, 248n41, 253n14, 258n20, 259n26, 259n30, 260n13

Mozi, 44, 69

Muniment, Paul, 198

Munro, Donald, ix, 254n30

Murdoch, Iris, 9, 77 – 78, 87 – 90, 125 – 130, 151, 168 – 169, 171 – 172, 176 – 177, 233n48, 234n58, 244n19, 248n39, 251n30, 251n39

M and D example, 125 – 126, 168, 251n39, 253n15

Music, 61 – 66, 146, 256n5

Mystery, 233n50

And reverence, 86, 87 – 89, 200

And sagehood, 14, 16, 26 – 27

Mysticism, 88, 176

Nanchu, 难处 see difficult situation

Nature is coherence (性即理), 35

Nature, 27, 34 – 35, 43, 46, 55, 57, 64, 74, 98, 137 – 138, 156, 210, 211, 239n19

Necessity (必然) (Dai Zhen's term), 236n27

Neibuhr, Reinhold, 201

Neo – Confucian Terms Explained, 67

Neo – Confucianism, 3 – 5

And "sage" concept, 16 – 21

And Buddhism, 38, 48, 141

And harmony, 67 – 71

And other meanings of "Confucian", 224

And politics, 182 – 190

As an agent-based ethics, 84

As including Qing dynasty critics of Song Ming thinkers, 4

On de 德, 55 – 57

On ritual, 146 – 147

Neutrality of state, 205 – 6

New Confucianism, 4 – 5, 9, 20, 181, 190 – 196, 223, 229n4, 248n41

See also Mou Zongsan, Xu Fuguan

Nietzsche, Friedrich, 29, 52, 88

Nivison, David, 86, 105, 238n6, 238n7

Noddings, Nell, 255n2

Nu 怒, see anger

Nudge, 262n36

Nussbaum, Martha, 93 – 95, 99 – 100, 104, 107, 110 – 111, 121, 198 – 199, 208 – 209, 244n1, 251n30, 251n34, 253n15, 253n17, 259n1, 261n28

Objective and objectivity, 34 – 38, 39, 65, 84 – 85, 127, 168, 235n14, 236n24, 242n28, 255n10

And political values or institutions, 193 – 196, 207 – 209, 211 – 212

Obtaining for oneself (自得), 55, 238n14

See also attain

One and many, 44 – 49

Oppression, 106 – 108, 110, 206, 248n39

Order, logical versus aesthetic, 64

Organism and organic, 67 – 68, 78, 102, 122 – 123, 125

Original sin, 74, 180

Original substance (本体), 37, 69 – 70, 102, 109, 241n21, 257n22

Otherness, 170 – 171

Paideia, see moral edification

Parents, 68, 91, 102 – 103, 123 – 124, 139, 141, 163

Love and filial devotion for, 37, 43, 49, 102 – 103, 118, 244n18, 247n24

Public parent, 163

Participation, 32, 66, 163

Definition of participatory politics, 209, 260n17

Political, 179, 182 – 184, 203, 209 – 2016, 261n26

Particularism and particularity, 199 –

200, 207–209
  See also rule, principle
Paternalism
  Libertarian, 262n36
  See also perfectionism
Pattern, 63–65, 66, 74, 84
  And li 理, 32–33, 35, 40, 42–43, 124, 157, 235n11
  And perception, 15, 32, 35, 248n39
  Patterning (文), 101
Pausing, 97, 250n27
Peace of mind (静), 36, 159
  See also quiescence
Peerenboom, Randall, 216, 261n31, 261n32, 262n33, 262n35
Peng Guoxiang, 253n23
People
  Common or average people, and sages, 19, 21, 26, 159, 166, 195, 232n26
Masses (民), 78, 96, 180–181, 186, 193, 203, 206, 261n24
Perception (moral or ethical), 32, 52, 106–108, 110–111, 113–131, 167–168, 208, 242n5
  And li 理, 32, 34–36, 58, 84–85, 121–123, 128–131, 235n10
  Of patterns, 15, 32, 35, 248n39
  Of sages, 14–15
  See also sensitivity
Perfection (including culmination 至 and exhaust 尽), 15, 21–24, 62–64, 85, 166, 192, 198–200, 230n12, 233n51, 253n17
  Challenges to the possibility of, 26, 180–181, 198–199
Perfectionism, 204–209, 210, 212
  As a virtue, 29, 167, 231n22, 255n8
  As problematic, 167, 181, 198–199, 235n55, 234n59
  Extreme, 205
  Individual versus state, 204–5
  Moderate, 205–207, 210, 218–221, 262n36
Personal realization, 148, 158, 232n29
  Eating bitter melon, 20
Perspectives, 16, 42, 163, 170, 173, 175, 199–200, 208, 212, 256n17, 256n18
Philosophical creativity (or construction), 5–6, 111, 195, 214–215
Philosophy, 5–8, 136
  Anglo-American, 6, 224–5
  As a "way of life", 145
  Professionalized, 161
  See also rooted global philosophy
Phronimos, 22–23, 52
Piety, 218, 260n8
  See also filial piety
Ping, 平 see balanced
Plato, 40, 52, 84, 90, 233n42
  And Murdoch, 84, 87, 90, 168–169
Plumping, 247n28
Poets
  Audre Lord, 107–111
  Neo-Confucians as, 172
  See also Classic of Odes
Political authority, 100, 184–186, 193–195, 211–212, 261n23

Sages and, 14 – 15
Politics, 73 – 74, 179 – 221
　And ritual, 200 – 204
　As independent from morality, 193 – 195, 211 – 212
　See also constitutionalism, democracy, government
Posture, 151, 202
Practical wisdom (phronesis), 23, 55, 208
Practice (行), 120 – 121, 125, 136 – 137, 142, 145 – 146, 223
Practices of self-improvement, 144 – 160
　See also ritual, reading, attention
Prejudice, 109, 126 – 128
　See also bias
Preserving reverence (存敬), 150
Princess Casamassima, 198, 209
Principle (s), 54, 194, 206 – 207, 211
　And li 理, 32 – 33, 35, 41, 46, 49, 68, 84
　Resistance to explicit principles, 80, 82, 96, 145, 241n16
Priority (先后), 40 – 41
　Conceptual versus temporal, 40
　Of mediation versus litigation, 219
Probing coherence, 136, 156 – 157
　See also exhaustively seeking coherence
Procedure or procedural, 216 – 217
Progress
　Political, 180 – 181
　Toward sagehood, 17 – 18, 28, 54, 130, 141, 144, 148, 150, 162

Projection (of values), 71
Propriety (礼), 57, 84, 101, 184 – 186, 192 – 193
　See also ritual
Prudence, 91 – 92, 185
Psychological realism, 26
Psychology, 65, 69, 78 – 81, 103, 138 – 139, 241n25
　See also mind
Psychopath, 23
Public versus private, 163, 171, 183, 190 – 191, 194, 213
Purity, 19, 24, 116 – 117
　Of qi 气, 139
Putixin, 菩提心 see also thought of awakening
Qi 气 (matter-energy), 122, 139
　And anger, 109
　And li, 理 38 – 44
　Condensing and dispersing, 40
Qian Mu, 152, 249n11
Qiao, 巧 see ingenious
Qing Dynasty, 清朝 4, 20, 158, 188, 189, 190, 236n27
　See also Dai Zhen 戴震
Qiongli, 穷理 see exhaustively seeking coherence
Qixiang, 气象 17, 20
　See also disposition
Quan, 权 see discretion
Quest, 17, 162, 164
Questioning, 174 – 175
　In reading, 148
Quiescence (静), 143, 167

See also peace of mind
Quiet sitting（静坐），143，158-9
Rancorous emotional attitudes; see emotional attitudes
Reactions，32，86-87，88，110，137-139，153，175，238n4，245n7
　A sage's reactions，16，97，103-104，105-6
　And li，35-6，39-40，42-44，84-85
　And virtue，56-58
　As automatic，29，155
　Graham on our "profoundest reactions"，35，42，43
Reading，136，147-150
　Lu Xiangsan on，147
　Wang Yangming on，149-150
　Zhang Zai on，147
　Zhu Xi on，147-149
Real（实），39，47，87-89，128，172
Realism versus antirealism，39，235n14
Reconstruction of a tradition，230n12
　Of Confucianism，195，214-215
Reflection，7，36，122
　As part of reading，55，148-149
　Prior to acting，176
Regret，71-72，101，102-104，105，122，243n9，246n22，247n31，255n5
　See also remorse
Religion，87-88，164，176
　See also faith
Remorse，95，100
Ren, see humaneness
Ren, see bear

Reparative efforts，95，100
Residue，97-98，100-102，105
Resolute effort，88，141，181，199，202
Respect，68-9，100，102，120，168，174-175，184，207，217，259n30
　And/versus reverence，85，151-152，200-201，204
Responding to circumstances, see reaction(s)
Restraining the self（克己），151，153，158
Reverence（敬），83-9，139-140，143，150-158，168，214，243n17，254n30，254n32，256n11，258n16
　And coherence，156-158
　And interruption，169-170
　And ritual，200-204
　Object of，85，165
　Versus faith，176-178
　Woodruff on，85-86
　See also humor
Right actions，51，58-59 84，95，240n21
Rights, see civil rights, human rights
Rigid（定），157
　See also settled
Ritual（礼），62，97-98，136-140，146-147，152，174，200-204，223，240n23，247n28，260n11
　And funerals，101-102，105
　And the state，185-186，202-204
　And tradition，171
　In the life of a ruler，185-186，258n14

Zhu Xi's attitude toward, 146 – 147, 253n22
See also propriety
Robinson, Hyacinth, 198, 209
Roles, 73 – 74, 81, 101, 111, 212, 215
Roofs and roof titles, 71 – 72, 79, 83, 126
Rooted cosmopolitanism, 213
Rooted global philosophy, 6 – 8, 29, 111, 223, 225
Rorty, Amelie, 23, 233n43, 245n6
Rorty, Richard, 202, 253n25
Rujiao, see Confucian Teaching
Rule by law, see law
Rule by men, 180 – 181, 187 – 188
Contrast with rule by law, rule of law: see law
Rule of law, see law
Ruler, 63 – 4, 127 – 128, 175, 180, 193, 188 – 190, 195 – 196
And de, 德 53
And law, 216, 217
As father and mother of the people, 81, 211
Limits on, 184 – 188, 258n13
Sages as, 15, 195, 230n7
Contrast with ministers, see also sage king
Rules, 36 – 37, 52 – 53, 54 – 55, 58 – 59, 84, 124, 137, 192 – 193, 208, 240n23, 251n35, 254n30
Of successful thinking, 229n6
Sage-king, 17, 73, 175, 179, 182 – 184

Sage, 13 – 29
As limited by politics, 194 – 5
As ruler, 15, 195, 230n7
As skilled, 14, 20
Character of, 15, 26, 68, 73, 182, 233n44
Compared with junzi, 21 – 22
Sagehood
Accessibility of, 16, 17 – 18, 165 – 167, 231n13
And tian, 14, 28, 231n13, 232n37
As continuous with common people, 26 – 27, 159 – 160, 166
As endless process, 27, 191, 193
As mysterious, 14, 16, 26 – 7
As normative standard, 15 – 16
Attained through learning, 17 – 18, 232n30
Desirability of, 28 – 29
From birth, 16, 17, 232n30
Realism of, 25 – 27
See also inner sageliness – outer kingliness
Saint, 22 – 25, 26 – 27, 28, 90, 92, 233n44, 233n46, 233n48

Salmenkari, Taru, 261n27
Sarkissian, Hagop, 249n2
Schindler, Oskar, 24
scholarship (xueshu 学术), 191 – 192
schools, 161, 186, 188, 206
of lesser learning, 136
see also education
Scriptural Confucianism, 223

see also the Index Locorum
seesaw effect, 181
self-control, 28, 52-53, 58
self-examination, 25, 174
self-interest, 89
self-love, 29, 89-91
self-negation (ziwo kanxian 自我坎陷), 194
self-sufficient (zi zu 自足), 257n24
self, 25, 73, 78, 103, 144, 154-155, 198, 232n37, 233n44, 244n24
see also unselfing, self love
selfishness, 68, 90, 101, 127-128, 142, 171-172
selflessness, 23, 89-91, 168
sensitivity, 15, 24-25, 107, 110, 119, 233n49, 250n26
see also perception
sentimentalism, 52, 58, 79, 225-226
seriousness, 254n32
see also reverence
settled (ding 定), 37-37, 43, 78, 130, 235n19
see also rigid
settled coherence (dingli 定理), 36-38, 157
shame, 73, 102, 114, 191-193
and reverence, 85, 200
shendu 慎独,
see solitary cautiousness
sheng sheng 生生 (unceasing life-giving activity), 43, 237n40
see also life
sheng 圣, see sage

Sher, George, 205-206
Shi Bo, 63-64
shi 事, see event
shi 士, see knight
shi 实, see real
Shi, Tianjian, 260n17
shu 熟, see mature
Shue, Henry, 261n25
Shun (legendary sage), 19, 27, 66, 97, 175, 247n24, 252n43, 257n26
and his brother Xiang, 95-96, 98-99, 248n40
and his father, the Blind Man, 100-101, 102-103
and marriage without asking for permission, 123-125
sincerity (cheng 诚), see integrity
Singer, Peter, 243n10
single-mindedness; see focus single-mindedly
singleness of purpose (zhuan yi 专一), 116
situationism, 253n19, 260n16
situations, 36, 42, 57, 71, 97, 125
see also difficult situations, particularism, reactions
Slote, Michael, viii, 9, 77-86, 90-91, 92, 145, 176, 225, 230n9, 241n25, 242n4, 242n5, 243n7, 243n10, 243n11, 243n12, 243n14, 243n15, 243n16, 244n25, 248n23, 255n2, 259n30
solemnity, 152-153
solitary cautiousness (shendu 慎独),

150

Solomon, Robert, 6
Song Dynasty, 4, 16, 65, 184, 187
sophos, 22 – 23, 26
Sorenson, Kelly, 247n29
sorrow, 65, 69 – 70, 102, 118, 262n39
soup metaphor, 62, 99,
sovereignty, 208, 211
spiritual autobiography, 17 – 18
spiritual exercises, 22, 144 – 146, 162, 253n15, 253n18
spirituality, 86 – 89, 176 – 178, 202 – 3
spontaneity, 15 – 16, 27, 36 – 37, 43, 53, 56, 71, 126 – 127, 245n7, 250n26
see also ease
Spring and Autumn Era, 54, 238n10, 240n7
Springer, Elise, 247n23, 248n32
St. Francis, 24
stages (of development), 21, 26, 135 – 144
establishing a commitment, 140 – 142
in Plato, 87
lesser learning, 136 – 140
matur(ing) commitment, 142 – 144
of reading, 147 – 149
see also continuity challenge
Stalnaker, Aaron, 52, 145 – 146, 147, 166, 230n12, 233n51, 237n1, 249n1, 249n10, 253n15, 253n16, 253n18, 257n30
standard (jing 经), 36 – 37, 240n23
see also fa 法

state ideology, 3, 8, 190, 260n13
Stephens, Thomas, 219
Stohr, Karen, 94 – 95, 100, 104, 106, 111, 245n8, 246n21
Stoicism, 52, 253n17
strangers, 81, 91, 164
care for, 34, 48, 81, 83, 102 – 103
responsibilities to, 69, 243n7
strength (of sages, saints, and ordinary people), 16, 18, 25, 29, 200, 231n22
students, 18, 56, 136, 140 – 142, 152, 174
subjective and subjectivity, 34 – 38, 193 – 194, 207, 255n10
dangers of, 158, 172
feeling of subjective rightness, 70, 74
contrast with objective
substance (ti 体), 47, 57, 101, 127
see also original substance
sudden versus gradual, 18, 143 – 144, 253n13
see also progress
suffering, 25, 27, 70 – 71, 72, 82, 102 – 104, 106, 233n49, 237n50, 253n25
Sunstein, Cass, 262n36
supererogation, 29
supreme polarity (taiji 太极), 42, 44, 237n41, 237n45
Swanton, Christine, 58, 168, 176, 234n54, 238n3, 240n21, 245n6, 250n27, 255n8, 255n10, 256n16, 256n18, 261n26, 261n29

on perfectionism, and not being "virtuous beyond our strength", 29, 167, 231n22,

taiji 太极, see supreme polarity

Tan, Sor-hoon, 198–204, 209, 210–211, 258n8, 259n2, 260n18, 261n24

Tao, Julia, 243n9, 244n24

Taylor, Rodney, 252n11, 253n13, 253n14

Tessman, Lisa, 106, 233n49, 244n26, 259n29

Thaler, Richard, 262n36

thing (wu 物), 38, 49, 155
 Wang Yangming's definition, 37, 157, 244n18
 li 理 as a, 41

thought of awakening or bodhicitta (putixin 菩提心), 141

ti 体, see substance

tian 天, see heaven

tianli 天理, see universal coherence

tianming 天命, see universal mandate

tiger parable, 251n29

tiles, see roof

tiren 体认, see embodies comprehension

tolerance, 98
 see also bear

tong 同, see uniformity

totalitarianism, 180, 189

tradition, see philosophical tradition

traditionalism (static), 171

tragedy, 104–106, 199, 226
 see also dilemma

transcendence, 38, 78, 85–86, 143, 168–169, 176, 201, 233n50, 243n17

transformation
 of a tradition, 219–220
 of people, 179, 193, 210
 of self, 26, 42, 94, 145, 149, 164, 220, 253n19

tree metaphors, 114, 116–117

Trocmé, André, 29

true action, 119, 250n24

true knowledge, 119, 251n29

truth, 6, 85, 147, 192

Tu Wei-ming, 196

unactualized (weifa 未发), 143, 152–153

unbiased, 148, 153–154, 167

uniformity (tong 同), 62–63, 66, 111
 contrast harmony

unity, 87–8, 93–95, 122–123, 144
 of li, 44–9, 67–68, 158
 of virtues, 56–57, 58, 87–88
 of knowledge and action, 118–121
 see also complementary differences, harmony

universal coherence (tianli 天理), 85, 92, 117, 155
 see also coherence

universal mandate (tianming 天命), 55, 185
 see also decree

unselfing, 89, 128, 168–169

Urmson, J. O., 23, 25, 29, 233n45, 233n47

utilitarianism, 24, 51, 58, 81, 90,

索 引

239n19
utopianism, 122, 180, 199, 202
vanilla (as emotional attitude), 107-8, 110, 209
Verver, Maggie, 94
vindallo (as emotional attitude), 107, 209
virtue ethics, 52-53, 57-9, 77-85, 94-95, 145, 161-162, 238n5, 239n19, 240n23
   Aristotle on, 23, 52, 121
   Slote on, 79-85
   Swanton on, 52-53, 168, 231n22, 256n16, 256n18
   diversity of approaches to, 52, 238n4
virtue jurisprudence, 262n36
virtue, 51-9, 94-95, 106,
   and sagehood, 14-15, 18, 20
   material virtue, 230n12, 245n2
   unified versus specific, 56-7, 58, 87-8
   as a bridge concept, 51-53, 57-99
   and politics, 73, 190-193, 194, 205, 261n26, 261n30
   moral versus non-moral, 91-92
   see also de 德, humaneness, virtue ethics,
virtuous conduct (dexing 德行), 53-54
   versus virtue (dexing 德性), 54
voting, 203-4, 210
Wang Anshi, 187
Wang Tingxiang, 232n31, 258n20
Wang Wenliang, 16, 18, 20, 21, 26, 231n13, 232n36

Wang Yangming, 4, 5-6, 69-71, 86, 102-3, 105, 114-125, 127-131, 236n24, 244n18
   and Zhu Xi, 20, 37, 88, 135, 143, 147, 149-50, 152, 155, 156, 157, 159, 165, 166-7, 169, 234n8, 235n10, 249n14, 257n22
   on anger, 108-10
   on commitment, 114, 115-118, 141
   on de 德, 55
   on sages, 19-20
   on the unity of knowledge and action, 118-121, 125-130
Warring States Era, 3, 53, 54, 147, 230n2
   see also Classical Confucianism
way (dao 道), 35, 42-43, 56
wei 畏, see awe
weifa 未发, see unactualized
Weil, Simone, 126
Wen (ancient king), 19, 28, 66
wen 文, see pattern
Western Inscription, 68, 241n18
will, 52, 114, 116-117, 125, 131, 166, 235n23, 249n8, 252n5
Williams, Bernard, 234n54, 243n10
wisdom, 14, 16, 22-23, 57, 168, 175, 191, 215
within form (xing er xia 形而下), 38
Wittenborn, Allan, 252n10
Wolf, Susan, 23-24, 28, 90, 92, 233n46
wonder, see mystery
Wood, Alan, 184-185, 237n36,

· 335 ·

258n7, 258n13, 262n38
Woodruff, Paul
on irreverence, 258n16
on reverence, 85 – 86, 200, 203, 246n18, 260n8
worthy (as opposed to sage: xian 贤), 21
wrath (fenzhi 忿懥), 108 – 111, 248n36
contrast with anger
wu 物, see thing
xian 贤, see worthy
Xiang (Shun's brother), 95 – 96, 98 – 99, 248n40
xianhou 先后, see priority
xin ji li 心即理, see mind is coherence
xin 信, see faithfulness
xin 心, see mind
xing er shang 形而上, see above form
xing er xia 形而下, see within form
xing ji li 性即理, see nature is coherence
xing 行, see practice
xiu ji 修己, see governing the people versus cultivating oneself
Xu Fuguan, 181, 190 – 193, 195, 206
Xuan (King of Qi), 96 – 97, 241n23
Xueji, 256n19
xueshu 学术, see scholarship
Xunzi, 3, 14 – 15, 21, 98, 146, 147, 166, 187, 230n6, 233n51, 247n23, 249n1, 249n10, 253n16, 253n19, 257n30, 260n9
Yan Hui (Confucius' disciple, also known as Yan Yuan), 17, 108, 110, 142, 231n20

Yan Yuan (Qing dynasty thinker), 20
Yan Zi (from Zuo Commentary), 62, 66
Yao (legendary sage), 17, 19, 66, 123, 141
Ye Shi, 258n20
Yi Yin, 15, 19
Yi Zhou Shu, 238n10, 245n11
yi 意, see intention
yi 义, see appropriateness
yifa 已发, see actualized
yin and yang, 40, 44, 68, 122, 236n35
yong 庸, see commonly applied
yong 用, see manifestations
you wai zhi xin 有外之心, see mind that (recognizes things as) outside itself
you'an yishi 幽暗意识, see dark consciousness
Yu Jiyuan, 54, 232n37, 233n34, 238n5
Yu Kam Por, 100, 245n11, 246n12, 256n19, 257n27, 257n29
Yu, Yingshi, ix, 190 – 191, 231n24
Yulgok (or Yi I), 237n38
Zhang Zai, 17 – 18, 34, 146, 147, 154, 231n21
and li 理, 44, 237n43
and the "Western Inscription", 68
Zhedong Confucians, 189
Zheng Jiadong, 7
zhi lihui 直理会, see direct understanding
zhi ren 治人, see governing the people
zhi zhi 致知, see extending knowledge
zhi 志, see commitment
zhi 知, see knowledge

zhi 至, see perfection

zhidu 制度, see institution

zhong 中, see balanced as "in-between", 245n11

zhong 忠, see devotion

Zhongyong (Doctrine of the Mean), 65-7, 86, 108, 118, 142, 232n28, 249n1257n6

Zhou Dunyi, 17, 236n35, 242n27

Zhu Xi, 4, 67, 229n2, 236n35, 249n14

and Wang Yangming, 20, 37, 88, 135, 143, 147, 149-150, 152, 155, 156, 157, 159, 165, 166-167, 169, 234n8, 235n10, 249n14, 257n22

on anger, 108-10

on commitment, 140-141, 249n11

on de 德, 55-57

on dialogue, 174

on enlightenment and quiet sitting, 143, 152-153, 159

on institutions, 187

on lesser learning, 136-137

on li 理, 32, 35-38, 39-44, 44-49

on putative conflicts, 97-100, 104-105

on reading, 147-149, 253n23

on reverence, 153-155

on ritual, 146-147

on sages, 18-19

zhuan yi 专一, see singleness of purpose

Zhuangzi, 49, 101-102, 182, 230n7, 246n13

zhuanyi 专一, see focus single-mindedly

zhujing 主敬, see making reverence the master

zhuyi 主一, see making single-mindedness the master

zhuzai 主宰, see controller

zi zu 自足, see self-sufficient

zide 自得, see obtaining for oneself

Ziporyn, Brook, 33, 34, 38, 42, 47, 234n3, 235n10, 235n13, 235n14, 235n23

ziwo kanxian 自我坎陷, see self-negation

zun de xing 尊德性, see honoring virtuous nature

Zuo Commentary, 62-63, 238n7, 238n10, 240n7, 240n8

出处索引

这里提供的是本书引用最多的作者和书目的索引,至于其他内容,请参阅前面的普通索引。朱熹的著作很多,再加上版本众多,这使得制作索引非常复杂,笔者在这里只选择本书参考的《朱子语类》和《四书章句集注》。前面是篇章编号或页码,后面对应它们在本书中的页码。

《论语》
1：12　62
2：3　15, 193
2：4　113, 114, 115, 118, 141, 165, 214
2：21 184
3：4　62, 101
3：15　174
3：18　186, 204
9：6　14n3, 18n23
4：4　114
4：9　114
4：10　217
5：26　115n9
6：2　108
6：18　99n11
6：30　14n4
7：6　54, 56n15
7：26　14n4

7：30　166n7
9：3　204n11
12：2　54, 146
13：18　100
13：23　63
14：38　201
15：24　54
16：8　135n33

《孟子》
1A：7　70, 96-8
2A：6　48n52, 70, 103, 116, 137
2A：7　98n8
2B：13　91n28, 106n31
3A：5　82
4A：17　36-7
4A：18　98
4A：2　15
4B：19　180

4B：28　14n5, 27
5A：1　104n24, 113
5A：2　113, 124n33
5A：3　95-6, 98-9, 104n24, 113
5B：1　15-16
6A：19　115n12
6A：7　14
7A：1　146n21
7A：35　100-101, 104n24
7A：45　70n23
7B：15　15n7
7B：25　117n18
7B：31　103

朱熹
《朱子语类》［Zhu（1997）］
2　38, 41, 44
3　40, 42
56　35
78　57
90　42-3, 48
101　56
104　57n18
113-221　see below, Zhu 1990
134-144　114n2
135　156-7
183　167n9
188　155
211　120n27
245　36
247　36
357　44-5
366　48
413　56

414　57n16
418　57n16
560　174, 175n24
778　55-6, 117n17
779　55
864　56
866　56n15
870　56n15
1022　154
1092　97
1213　99
1324　37
1733　44
1768　49n48
1955-2098　146
2135　43
2197　110
2269-70　69n18

丹加登纳（Gardner）译《学习成圣》（Learning to Be a Sage）［Zhu（1990）；对应《朱子语类》Zhu（1997, 113-221）］
88-90　136
90　140
93　137, 139, 140
104-5　18, 140-1, 167n9
100　167n8
103　55n14
103　136
106　142
119-20　153n30
128　149
132-5　148

圣境：宋明理学的当代意义

134	55n14, 149	§15	155n31
145-6	148	§18	117
141	55n14	§30	116
147	149	§37	117-18
151	148	§44	69-70, 101-2, 118
152	149	§52	157
157	149	§53	114
171-2	152	§58	127
172	151	§63	155n31
174	153, 156	§70	127
176	159	§93	44
179	159	§93	99n10
191	136, 136n2	§99	19-20

《四书章句集注》［Zhu（1987）］（左边一栏指的是卷/页码）

		§115	116, 150
		§117	37n21, 157
1/6	143n12	§125	20
2/8	20n28, 86	§127	118
3/8	20n30	§135	37, 157
3/14	101	§139	124
3/17	174n23	§140	37
3/20	101n14	§142	73
3/35	108	§146	20n29
3/40	99n11	§195	140
3/98	100	§§196-9	140, 152
4/1	56	§218	109
4/9	97n4	§222	37n21
4/58	106n31	§227	20n27, 174n22
4/137	18	§235	109
4/190	97, 101	§254	103n20
		§257	4

王阳明的《传习录》［Wang（1985）/ Wang（1963）］

§276	98n9, 102-3
§292	70n21
§296	111n40, 131n43

§2	37
§5	118-20
§6	37, 86n18, 157

Ching, trans. *Philosophical Letters*［Wang

出处索引

（1972）]（左边一栏是页码）
6 141 – 2n8
20 144
43 149
49 20n27
63 115n12
70 220n39
71 149
75 149
76 20n27
119 – 20 150n24
102 142
114 158
122 70

专有名称汉英对照表

一 人名译名对照表

阿拉斯代尔·麦金太尔 Alasdair MacIntyre
阿兰·伍德 Wood, Alan T.
阿瑟·威利 Waley, Arthur
爱德华·斯林格伦德（森舸澜）Slingerland, Edward
爱莲心 Robert E. Allinson
艾恺 Guy S. Alitto
艾瑞斯·梅铎女爵士 Dame Iris Murdoch
艾琳·布鲁姆 Irene Bloom
埃里克·胡顿 Hutton, Eric L.
埃里斯·斯普林格 Elise Springer
埃米·古特曼 Gutmann, Amy
艾米丽·奥克森堡·罗蒂 Rorty, Amelie Oksenberg
菲利浦·艾文贺 Philip Ivanhoe
安德烈·特罗克梅 Andre Trocme
安德鲁·弗莱彻 Flescher, Andrew M.
安东尼·帕瑞尔 Parel, Anthony J.
安乐哲 Roger T. Ames
安尼·柯比 Colby, Anne
安靖如 Stephen C. Angle
奥德·罗德 Audre Lorde

奥斯卡·辛德勒 Oskar Shindler

白安理 Umberto Bresciani
白牧之 Brooks, E. Bruce
白妙子 Brooks, A. Taeko
白斯朗 John Berthrong
保罗·法默 Paul Farmer
保罗·缪尼门特 Paul Muniment
保罗·伍德拉夫 Woodruff, Paul
贝淡宁 Daniel A. Bell
贝蒂 Betty
边沁 Bentham
彼得·弗朗奇 French, Peter A
彼得·欧林 Peter Ohlin
彼得·辛普森 Simpson, Peter
比尔·伯科威茨 Bill Berkowitz
卜道成 Bruce, J. Percy
布鲁斯·道格拉斯 Douglas, R. Bruce
波恩伊特 Burnyeat, M. F.
伯纳德·威廉斯 Williams, Bernard
布尔特 Burtt, E. A.
布莱恩·菲 Fay, Brian

陈淳 Chen, Chun
陈来 Chen, Lai
陈弘毅 Chen, Albert H. Y.
陈宁 Chen, Ning
陈倩仪 Chan Sin Yee
陈荣捷 Chan, Wing-tsit
陈素芬 Tan, Sor-hoon.
陈祖为 Chan, Joseph

陈文团 Doan, Tran Van
陈熙远 Chen Xiyuan
程颢 Cheng, Hao
程颐 Cheng Yi
成中英 Cheng, Chung-ying
慈继伟 Ci, Jiwei
崔硕 Choi, Suk
崔西·基德 Kidder, Tracy

黛安娜·迈尔斯 Meyers, Diana
戴维·戈登 Gordon, David J.
戴维·海德 Heyd, David.
戴维·迈尔斯 David Myers
戴维·库普 Copp, David
戴维·索贝尔 Sobel, David
戴维·威金斯 Wiggins, David.
丹尼尔·加登纳 Gardner, Daniel K.
丹尼尔·斯特曼 Statman, Daniel
戴震 Dai, Zhen
德比 Debbie
德兰修女 Mother Theresa
德沃金 Dewoskin
狄百瑞 Debary, William Theodore
杜夫 Duff, R. A.
杜维明 Tu, Wei-ming
杜志豪 Dewoskin, Kenneth J.
多萝西·戴伊 Dorothy Day

厄姆森 Urmson, J. O.

方丽特 Vankeerbeghen, Griet

菲利浦·海里 Hallie, Philip
封祖盛 Feng, Zusheng
弗朗西斯·哈奇森 Hutcheson, Francis
弗朗西斯·库克 Cook, Francis H.
傅乐诗 Furth, Charlotte
冯友兰 Feng Youlan

高攀龙 Gao Panlong
葛艾儒 Kasoff, Ira E.
葛瑞汉 Graham, A. C.
顾红亮 Gu, Hongliang
顾史考 Scott Cook
顾肃 Gu, Su.
郭齐 Guo, Qi
郭淑新 Guo, Shuxin

哈高普·萨基辛 Sarkissian, Hagop
海阿辛斯·罗宾逊 Hyacinth Robinson
郝大维 Hall, David L.
黑尔 Hare, R. M.
亨利·艾利森 Allinson, Henry
亨利·理查德森 Richardson, Henry S.
亨利·舒 Shue, Henry
亨利·詹姆斯 Henry James
胡锦涛 Hu Jintao
黄进兴 Huang, Chin-shing
黄惠英 Wong, Wai-ying
黄仁宇 Huang, Ray
黄维元 Huang, Weiyuan
黄勇 Huang Yong
黄宗羲 Huang, Zongxi

胡果·格劳秀斯 Hugo Grotius
霍华德·韦特施泰因 Wettstein, Howard
霍华德·库兹 Howard Curzer

贾谊 Jia Yi
贾斯汀·提沃德 Justin Tiwald
姜广辉 Jiang, Guanghui
蒋庆 Jiang, Qing
杰克·科尔曼 Jack Coleman
杰拉尔德·马拉 Mara, Gerald R.
杰瑞米·斯尼温 Schneewind, Jerome
杰森·斯维顿 Swedene, Jason K.
金永植 Kim, Yung Sik

卡琳·斯道尔 Karen E. Stohr
卡罗尔·吉利根 Gilligan, Carol
凯利·索仁森 Kelly Sorenson
凯斯·桑斯坦 Sunstein, Cass R.
康晓光 Kang, Xiaoguang
科尔伯格 Kohlberg
克拉克 Clarke, Bridget
克拉文斯基 Zell Kravinsky
克莱因 Kline, T. C.
克里斯·安德森 Chris Anderson
克里斯蒂·斯旺敦 Christine Swanton
柯普和索贝尔 Copp and Sobel
柯雄文 Cua, A. S.
柯让 Keith, Ronald C.
肯尼斯·温斯顿 Winston, Kenneth
孔子 Confucius
库克 Cook, S. B.

莱茵霍尔德·尼布尔 Reinhold Neibuhr
蓝悟非 Bergeton, Uffe
朗·富勒 Fuller, Lon L.
劳伦斯·布鲁姆 Lawrence Blum
劳伦斯·索勒姆 Solum, L.
劳伦特·帕克斯·达洛兹 Laurent A. Parks Daloz
劳思光 Lao, Siguang
雷永强 Lei, Yongqiang
黎安友 Nathan, Andrew J.
理查德德·罗蒂 Rorty, Richard
理查德德·泰勒 Thaler, Richard H.
李晨阳 Li, Chenyang
李蕾 Leigh Jenco
李明辉 Li, Minghui
丽萨·金 Lisa King
丽萨·泰斯曼 Tessman, Lisa
理雅各布 Legge, James
李耶利 Yealy, Lee H.
李约瑟 Joseph Needham
梁漱溟 Liang Shu-ming
林达·多纳利 Linda Donnelly
林和立 Lam, Willy
列维 Levey, M.
柳存仁 Liu, Ts'un-yan
刘殿爵 Lau, D. C
刘清平 Liu, Qingping
刘述先 Liu, Shu-hsien
刘秀生 Liu Xiusheng
刘余莉 Liu, Yuli
罗伯特·所罗门 Solomon, Robert C.

罗杰·克里斯 Roger Crisp
罗尼·泰勒 Taylor, Rodney L.
罗钦顺 Luo, Qinshun
罗莎琳德·赫斯特豪斯 Hursthouse, Rosalind
罗思文 Henry Rosemont, Jr.
吕祖谦 Lu, Zuqian

玛丽·凯瑟琳·贝特森 Mary Catherine Bateson
玛丽安·斯文森 Svensson, Marina
玛利亚·安托纳西奥 Maria Antonaccio
马丁·霍夫曼 Hoffman, Martin L.
马丁·潘特 Martin Painter
马恺之 Marchal, Kai
马克·伯克森 Berkson, Mark
玛丽·艾丽斯·哈达德 Mary Alice Haddad
玛丽·塔克 Tucker, Mary Evelyn
马莎·诺斯鲍姆 Martha Nussbaum
麦金太尔 MacIntyre, Alasdiar
迈克尔·凯尔顿 Kalton, Michael
迈克尔·斯洛特 Michael Slote
麦琪·佛沃 Maggie Verver
麦克弗森 Macpherson, C. B.
迈尔斯 Myers
麦尔斯·布伊特 Miles Burnyeat
曼尤·意牟 Manyul Im
毛泽东 Mao Zedong
梅尔登 Melden, A. I.
梅维恒 Mair, Victor H.
梅·西姆 Sim, May
梅约翰 Makeham, John
孟旦 Munro, Donald

米兰达·布朗 Brown, Miranda
莫利·瓦格纳 Molly Wagener
墨子刻 Metzger, Thomas A.
牟博 Mou, Bo
牟宗三 Mou, Zongsan

奈尔·诺丁斯 Noddings, Nel
南乐山 Neville, Robert Cummings
南希·谢尔曼 Sherman, Nancy
倪德卫 Nivision, David S.
尼古拉斯·布宁 Bunnin, Nicholas

欧文·弗拉纳根 Flanagan, Owen.

裴德生 Peterson, Willard J.
裴文睿 Peerenboom, Randall
彭国翔 Peng, Guoxiang
皮埃尔·阿多 Hadot, Pierre
皮埃特斯 Pieterse, Jan Nederveen

奇高峰 Yulgok
齐思敏 Csikszentmihalyi, Mark
钱穆 Qian, Mu
切瑞尔·基恩 Cheryl H., Keen
乔尔·考普曼 Kupperman, Joel J.
乔·豪罗夫 Joe Horroff
乔治·麦克林 Mclean, George F.
乔治·谢尔 Sher, George
秦家懿 Ching, Julia

任博克 Brook Ziporyn

圣境：宋明理学的当代意义

瑞切尔 Rachel

莎伦·达洛兹·帕克斯 Sharon Daloz Parks
萨曼莎 Samantha
桑斯坦 Sunstein
桑雅如 Sanderovitch, Sharon
沈清松 Shen, Vincent
史大海 Stalnaker, Aaron
石达如 Salmenkari, Taru
史天健 Shi, Tianjian
圣方济各 St. Francis
舒衡哲 Vera Schwarcz
司各特·德哈特 Dehart, Scott M.
斯蒂芬·舒特 Shute, Stephen
斯蒂文·基兹 Steven Geisz
苏珊·赫尔利 Hurley, Susan
苏珊·伍尔夫 Wolf, Susan

唐君毅 Tang, Junyi
唐纳德·门罗 Donald Munro
陶黎宝华 Tao, Julia
特雷西·基德尔 Tracy Kidder
提摩西·恰普尔 Chappell, Timonty
提姆 Tim
提沃德 Tiwald, J.
田浩 Tillman, Hoyt Cleveland
托马斯·阿奎那 Thomas Aquinas
托马斯·斯蒂芬 Stephens, Thomas B.
托马斯·威尔逊 Wilson, Thomas A.

万白安 Van Norden, Bryan

王梦鸥 Wang, Meng'ou
王蓉蓉 Wang, Robin R.
王廷相 Wang Tingxiang
王文亮 Wang, Wenliang
王祥伟 Wang, Xiangwei
王阳明 Wang, Yangming
王中江 Wang, Zhongjiang
尉浩 Wei, Hao
威廉·戴蒙 Damon, William
威廉·马特森 Matson, William
魏斐德 Frederic Wakeman
韦政通 Wei, Zhengtong
沃尔特·李普曼 Walter Lippmann
沃伦·弗里西纳 Frisina, Warren G.
吴德耀 Wu Teh Yao
吴佩怡 Wu, Pei-yi

西蒙·布莱克本 Simon Blackburn
西蒙娜·韦伊 Simone Weil
夏勇 Xia Yong
萧公权 Hsiao, Kung-chuan
萧阳 Xiao Yang
小西奥多·乌尔林 Uehling Jr., Theodore E.
小约翰·伍德鲁夫 Ewell, John Woodruff, Jr.
信广来 Shun, Kwong-loi
徐复观 Xu, Fuguan
许慎 Xu, Shen
荀子 Xun Zi

亚里士多德 Aristotle
颜元 Yan Yuan

杨伯峻 Yang, Bojun
伊恩·帕克 Parker, Ian
伊尔汉姆·蒂尔曼 Dilman, Ilham
伊莱娜·布鲁姆 Bloom, Irene
伊懋可 Elvin, Mark
以赛亚·柏林 Isaiah Berlin
尤尔·伍德鲁夫 Ewell, Woodruff
余国藩 Yu, Anthony C
余纪元 Yu, Jiyuan
余锦波 Yu, Kam-por
余英时 Yu, Ying-shih
约翰·伯克 John Burke
约翰·达德斯 Dardess, John W.
约翰·罗尔斯 John Rawls
约翰·麦克道尔 McDowell, John
约翰·诺布洛克 Knoblock, John
约翰·威斯顿姆 John Wisdom
约瑟夫·阿德尔 Adler, Joseph A
约瑟夫·阿尔伯特·安德烈 Joseph Albert Andre
约瑟夫·罗斯 Joseph Rouse

张炳良 Cheung, Anthony
章炳麟 Chang Ping-lin
张岱年 Zhang, Dainian
张灏 Chang, Hao
张加才 Zhang, Jiacai
张继军 Zhang, Jijun
张君劢 Zhang, Junmai / Chang, Carsun
晁福林 Chao, Fulin
詹姆斯 James
詹姆斯·基恩 James P. Keen

詹妮弗·韦尔奇曼 Jennifer Welchman
赵卫东 Zhao, Weidong
郑家栋 Zheng, Jiadong
周敦颐 Zhou, Dunyi
周佳荣 Chow, Kai-wing
朱继荣 Charles Chu
朱荣贵 Chu, Ron Guey
朱义禄 Zhu, Yilu
朱熹 Zhu, Xi / Chu Hsi

二 地名译名对照表

阿尔巴尼 Albany
艾迪索特 Aldershot, U. K.
阿蒙克 Armonk, N. Y.
安娜堡 Ann Arbor, Mich.
北京 Beijing
波尔得 Boulder, Colo.
伯克利 Berkeley
波士顿 Boston
长沙 Changsha
大学城 University Park, Pa.
费城 Philadelphia
哥伦比亚 Columbia, SC
海牙 The Hague
杭州 Hangzhou
赫尔辛基 Helsinki
合肥 Hefei
华盛顿 Washington
华盛顿特区 Washington, D. C.
火奴鲁鲁 Honolulu
剑桥 Cambridge

坎布里奇 Cambridge
堪培拉 Canberra
康格 Cange
拉萨尔 La Salle
兰哈姆 Lanham, Maryland
莱顿 Leiden
列克星顿 Lexington, Mass.
伦敦 London
米尔巴莱 Mirebalais
纽黑文 New Haven
纽约 New York
牛津 Oxford
普林斯顿 Princeton, N. J.
上海 Shanghai
沈阳 Shenyang
圣母市 Notre Dame
斯坦福 Stanford
台北 Taipei
西雅图 Seattle
香港 Hong Kong
亚特兰大 Atalanta
印第安纳波利斯 Indianapolis
芝加哥 Chicago

三 文献名译名对照表（文献指正文中以汉语译名出现的书籍、论文、刊物、报纸等）

"阿龙·史大海评论，消除我们的罪恶" Review of Aaron Stalnaker, Overcoming Our Evil

《爱的道德：儒家家庭伦理中的道德特殊主义和参与视角》 *An Ethic of Loving: Ethical Particularism and the Engaged Perspective in Confucian Role-Ethics*

专有名称汉英对照表

《爱的知识：哲学与文学论文集》 Love's Knowledge: Essays on Philosophy and Literature

《艾瑞斯·梅铎的无私寓言》 Iris Murdoch's Fables of Unselfing

《安徽师范大学学报》 Anhui Teacher's College Journal

《摆脱困境：宋明理学与中国政治文化的演进》 Escape From Predicament: Neo-Confucianism and China's Evolving Political Culture

《北京的政治参与》 Political Participation in Beijing

《悲剧缪斯神》 Princess Casamassima

《北溪字义》 Neo-Confucian Terms Explained

《比较政治哲学：毒树下的研究》 Comparative Political Philosophy: Studies Under the Upas Tree

《变化的局限性》 The Limits of Change

《波士顿儒家——现代晚期的可行传统》 Boston Confucianism: Portable Tradition in the Late-Modern World

《不同的声音》 In a Different Voice

《超道德行为（份外功行）在伦理学理论中的地位》 Supererogation: Its Status in Ethical Theory

《超越中立性：完美主义与政治》 Beyond Neutrality: Perfectionism and Politics

《沉思在亚里士多德伦理学中的地位》 The Place of Contemplation in Aristotle's Ethics

"程朱理学的专注和默读" Attentiveness and Meditative Reading in Cheng-Zhu Neo-Confucianism

"程朱人性论的新意在哪里？" What was New in the Ch'eng-Chu Theory of Human Nature?

《传习录》 Instructions for Practical Living

《传习录详注集评》 Record of Practice with Detailed Annotations and Collected Commentary

《从道德到美德》 From Morality to Virtue

"从正当与善的区分看权利在现代西方和儒家思想中的差异" The Right, the Good, and the Place of Rights in Confucianims

· 355 ·

《代达罗斯》 Daedalus

"戴着和谐面孔的社会主义：胡锦涛的改革计划" Socialism with a Harmonious Face: Hu Jintao's Plan for Reform

《戴震全集》 Complete Works of Dai Zhen

"当代德性伦理学与亚里士多德" Contemporary Virtue Ethics and Aritotle

《当代社会科学哲学：多元文化途径》 Contemporary Philosophy of Social Science: A Multicultural Approach

《当代新儒家》 Contemporary New Confucianism

《当代哲学》 Contemporary Philosophy

《当代中国思想》 Comtemporary Chinese Thought

《当代中国哲学》 Contemporary Chinese Philosophy

"当代形式的自律和精神训练的回归" Contemporary Forms of Askesis and the Return of Spiritual Exercizes

《道：比较哲学杂志》 Dao: A Journal of Comparative Philosophy

《道德教育与个性发展的中文基础》 Chinese Foundations for Moral Education and Character Development

《道德教育杂志》 Journal of Moral Education

《道德境界与传统：中国伦理学论文集》 Moral Vision and Tradition: Essays in Chinese Ethics

《道德经：哲学翻译》 Dao De Jing: A Philosophical Translation

"道德伦理与儒家" Virtue Ethics and Confucianism

"道德圣徒" Moral Saints

《道德实践、政治目的对于现代性的挑战》 The Challenge to Modernity of Moral Practice and Political Goals

《道德思考的水平、方法和意义》 Moral Thinking: Its Levels, Method, and Point

《道的系谱：中国皇权时代末期儒家传统的建设及应用》 Genealogy of the Way: The Construction and Uses of the Confucian Tradition in Late Imperial China.

"道德性与美德：对德性伦理学一些新着的评价" Morality and

Virtue: An Assessment of Some Recent Work in Virtue Ethics

"道德杂音：当克制是一种美德" Moral Cacophony: When Continence is a Virtue

《道德哲学论文集》 Essays in Moral Philosophy

《道学与心学》 Neo-Confucian Orthodoxy and the Learning of the Mind-and-Heart

《德性伦理学：批评性读本》 Virtue Ethics: A Critical Reader

"德性主义的重建——王阳明之良知对朱熹天理的扬弃" Reconstruction of Moralism—On the Sublation of Zhu Xi's Universal Coherence by Wang Yangming's Innate Knowing

《德性之镜：孔子与亚里士多德的伦理学》 The Ethics of Confucius and Aristotle: Mirrors of Virtue.

《德、心、道德性：孟子伦理学研究》 Virtue, Mind, and Morality: A Study of Mencian Ethics

《第35法则：民主社区》 Nomos XXXV (Democratic Community)

《东方与西方相会：东亚的人权与民主》 East Meet West: Human Rights and Democracy in East Asia

《东西方哲学》 Philosophy East & West

"东西方哲学如何相遇？" How Can the Philosophies of East and West Meet?

"东西文化及其哲学" Eastern and Western Cultures and Their Philosophies

《断裂中的传统：信念与理性之间》 Fractured Tradition: Between Belief and Reason

《多样的道德人格：伦理学和心理现实主义》 Varieties of Moral Personality: Ethics and Psychological Realism

《多样的道德完美：全球背景下的伦理学新方向》 Varieties of Ethical Reflection: New Directions for Ethics in a Global Context.

《多元视角中的德性伦理学》 Virtue Ethics: A Pluralistic View

"二程的德性伦理学：'德''性'合一" Cheng Brothers's Neo-Confucian Virtue Ethics: The Identity of Virtue and Nature

"二程对儒家价值的本体—神学阐明" The Cheng Brothers' Onto-theological Articulation of Confucian Values

《二程集》Collected Works of the Cheng Brothers

《法律的道德性》The Morality of Law

《复兴儒家：新儒家运动》Reinventing Confucianism: The New Confucian Movement

"改善对道德两难困境的感受" Feeling Better about Moral Dilemmas

《感觉能力》Sentience

"感情和非正统道德认识" Emotion and Heterodox Moral Perception

《歌谣：中国古代的音乐和艺术概念》A Song for One or Two: Music and the Concept of Art in Early China

《功利主义儒家：陈亮对朱熹的挑战》Utilitarian Confucianism

《共同的怒火：复杂社会中的著名献身者》Common Fire: Leading Lives of Commitment in a Complex World

"古代德行伦理与早期儒家伦理学的特点" Ancient Virtue Ethics and the Special Characteristics of Early Confucian Ethical Learning

《古代中国》Early China

"古代中国和希腊的和谐理想" The Ideal of Harmony in Ancient Chinese and Greek Philosophy

"关怀的两个角度：儒家的仁和女性主义关怀" Two Perspectives of Care: Confucian Ren and Feminist Care

《关怀和通感伦理学》The Ethics of Care and Empathy

"观念与革命：卡萨玛西玛公主与政治想象力" Perception and Revolution: The Princess Casamaaima and the Political Imagination

"关于甘地的一些断想" Reflections on Gandhi

《国际儒学研究》International Confucian Research

《国际社会学》International Sociology

《国际哲学季刊》International Philosophical Quarterly

《哈佛东亚研究杂志》Harvard Journal of Asiatic Studies

《华严佛教：因陀罗网》Hua-yen Buddhism: The Jewel Net of Indra

《获得"不出错感觉"：戴震道德哲学中的道德协商和同情观》

Acquiring "Feelings that Do Not Err": Moral Deliberation and the Sympathetic Point of View in the Ethics of Dai Zhen.

《河北学刊》 Hebei Academic Journal

《和谐与冲突：东西方的当代视角》 Harmony and Strife: Contemporary Perspectives, East and West

"合宜的民主集中制" Decent Democratic Centralism

《黄宗羲全集》 Complete Works of Huang Zongxi

《基本权利》 Basic Rights

《基督教伦理社会年鉴》 Annual of the Society of Christian Ethics

"激进的庄子眼中的完美之人" The Perfected Person in the Radical Chuang-tzu

《价值与美德：当代伦理学中的亚里士多德主义》 Values and Virtues: Aristotelianism in Contemporary Ethics

"建设性对话：当代道德教育和宋明理学德性伦理学" A Productive Dialogue: Contemporary Moral Education and Neo-Confucian Virtue Ethics

《近思录集解》 Collected Analyses on Reflections on Things at Hand

《金碗》 Golden Bowl

"经典儒家的崩溃" The Collapse of Scriptual Confucianism

《敬畏：革新被遗忘的美德》 Reverence: Renewing a Forgotten Virtue

《开创素质教育的新时代》 Bringing in a New Era in Character Education

"看起来像圣人：早期中国关于身份认同和感知能力的三个观点" "Seeing" like a Sage: Three Takes on Identity and Perception in Early China

《克服人性"恶"：论荀子与奥古斯丁的人性与修为》 Overcoming Our Evil: Human Nature and Spiritual Exercises in Xunzi and Augustine.

《刻画人性：艾瑞斯·梅铎的道德思想》 Picturing the Human: The Moral Thought of Iris Murdoch

《困知记》 Knowledge Painfully Acquired

《来自动机的道德》 Morals from Motives

《礼记》 *Li Chi*：*Book of Rites*

《礼记今注今译》 *Book of Rites*

《理论学刊》 *Theory Journal*

"'理'能动吗？" Can "li" Move?

"礼物" The Gift

"礼、性、社会魔力：《论语》中的感情及自动性" Rituals, Intuitions and Social Magic：Emotions and Automaticity in the *Analects*

"理学圣人观漫仪" Notes on the Neo-Confucian View of Sages

《理学术语解释》（北溪字义） Neo-Confucian Terms Explained (*The Pei-his tzu-i*)

《理学与中国文化》 *Neo-Confucianism and Chinese Culture*

"领土边界与儒学" Territorial Boundaries and Confucianism

《另一种历史：欧洲视角下的中国》 *Another History*：*Essays on China from a European Perspective*

"论'德'的矛盾" The Paradox of "Virtue"

《论德性伦理学》 *On Virtue Ethics*

《论孟子的道德哲学》 *Essays on the Moral Philosophy of Mengzi*

《伦理学与哲学的局限》 *Ethics and the Limits of Philosophy*

《论人权：牛津特赦讲座》 *On Human Rights*：*The Oxford Amnesty Lectures*

《论儒学的宗教性：对〈中庸〉的现代诠释》 *Centrality and Commonality*：*An Essay on Confucian Religiousness*

《伦理学杂志》 *The Journal of Ethics*

"论'神'与'善'" On "God" and "Good"

《论语》 *Analects*

《论语》 *The Analects of Confucius*

《论语》森舸澜译，第 2 版   Slingerland 2d（LY 7：19）

《论语译注》 *Lunyu Yizhu*

"论朱熹的'中和'探索" On Chu Hsi's Search for Equilibrium and Harmony

"毛泽东和他的政治思想" Mao Zedong and His Political Thought

"美德的不幸" The Misfortunes of Virtue

"美德法理学的美德和恶习" The Virtue and Vices of Virtue Jurisprudence

"美德法理学：以美德为中心的判断理论" Virtue Jurisprudence: A Virtue-Centered Theory of Judging

《美德实践：德性伦理学古今读本》 The Practice of Virtue: Classic and Contemporary Readings in Virtue Ethics

《美德与规则的统一：兼评儒家伦理是美德伦理的观点》 The Unity of Rule and Virtue: A Critique of a Supposed Parallel Between Confucian Ethics and Virtue Ethics

"美德与理性" Virtue and Reason

"《美与德行的观念根源的探究》选段" Selections from An Inquiry into the Original of Our Ideas of Beauty and Virtue

《孟子》 Mencius

《孟子道德哲学论文集》 Essays on the Moral Philosophy of Mengzi

"孟子的道德鉴赏" Moral Connoisseurship in Mengzi

"孟子的反叛权？" A Right of Rebellion in the Mengzi?

"孟子和荀子：两种人性论" Mengzi and Xunzi: Two Views of Human Agency

《孟子及中国早期思想》 Mencius and Early Chinese Thought

"孟子论勇敢" Mencius on Courage

"孟子字义疏证" Evidential Commentary on the Meaning of Terms in Mencius

《迷失的灵魂：当代中国学术话语中的儒学》 Lost Soul: "Confucianism" in Contemporary Chinese Academic Discourse

《免得无辜之人流血：法国利尼翁河畔勒尚邦村拯救犹太人的故事》 Lest Innocent Blood Be Shed: The Story of the Village of Le Chambon and How Goodness Happened There.

《明夷待访录》 Waiting for the Dawn

"牟宗三与儒家现状" Mou Zongsan and the Contemporary Circumstances of the Rujia

"民主的失衡" The Disharmony of Democracy

"民主前景" The Democratic Vision

《明代思想中的个人与社会》 Self and Society in Ming Thought

"明代中国的礼与权利" Rites and Rights in Ming China

《南华早报》 South China Morning Post

《恼人的美德：解放斗争中的美德伦理学》 Burdened Virtues: Virtue Ethics for Liberatory Struggles

《尼各马科伦理学》 Nichomachean Ethics

《纽约客》 The New Yorker

《女性主义者重新思考自我》 Feminists Rethink the Self

《培养有道德的人：以关怀伦理替代品格教育》 Educating Moral People: A Caring Alternative to Character Education.

《品质的结构：亚里士多德的德性理论》 The Fabric of Character: Aristotle's Theory of Virtue

《谱写人生》 Composing a Life

《期待中国：探求中国和西方的文化叙述》 Anticipating China: Thinking Through the Narratives of Chinese and Western Culture

"青铜器甲骨文时代的'德'" "Virtue" in Bone and Bronze

《全球化时代的中国哲学》 Chinese Philosophy in an Era of Globalization

《全球伦理学杂志》 Journal of Global Ethics

《诠释与建构：陈淳与朱子学》 Interpretation and Construction: Chen Chun and the Study of Master Zhu

《确定道德指南：女哲学家文集》 Setting the Moral Compass: Essays by Women Philosophers

"日本德川时期新儒家的圣境——世俗理想和精神理想的结合" Sagehood as a Secular and Spiritual Ideal in Tokugawa Neo-Confucianism

《人权季刊》 Human Rights Quarterly

"人权、理性与情感" Human Rights, Rationality, and Sentimentality

"人权与和谐" Human Rights and Harmony

《人权与世界宗教》 Human Rights and the World's Religions

《人权与中国思想：跨文化考察》 Human Rights and Chinese Thought：A Crosss-Cultural Inquiry

"人性形象述评：宋朝形象" Review of Images of Human Nature：A Sung Portrait

《仁政：中国政治发展的第三条道路》 Humane Government：A Third Road for the Development of Chinese Politics

《儒家传统中的伦理学：孟子及王阳明的思想》 Ethics in the Confucian Tradition：The Thought of Mencius and Wang Yangming

《儒家传统：宗教与人文主义之间》 The Confucian Tradition：Between Religion and Humanism

"儒家的和谐理想" The Confucian Ideal of Harmony

《儒家的静修》 The Confucian Way of Contemplation

《儒家的困境》 The Trouble with Confucianism

《儒家的人权观：吴德耀纪念馆演讲集》 A Confucian Perspective On Human Rights：The Inaugural Wu Teh Yao Memorial Lecture

《儒家的自我道德修养》 Confucian Moral Self Cultivation

《儒家的宗教维度》 The Religious Dimensions of Confucianism

"儒家和谐论中有病毒吗？" Is There a Bug in the Confucian Program of Harmony？

《儒家与新儒家的哲学之新视野》 New Dimensions of Confucian and Neo-Confucian Philosophy.

《儒学话语与朱子说的主流化》 Confucian Discourse and Chu Hsi's Ascendency

《儒家精神》第2卷 Confucian Spirituality，Volume Two

《儒家伦理：体与用》 Confucian Ethics：Substance and Function

《儒家理想人格与中国文化》 The Confucian Idea and Chinese Culture

《儒家民主：杜威式重建》 Confucian Democracy：A Deweyan Reconstruction

"儒家仁爱与全球伦理——程氏兄弟如何回应基督责难" Cheng

Brothers' Neo-Confucian Virtue Ethics: The Identity of Virtue and Nature

"儒家'圣人'观念的早期形态及其变异" Confucianism's Early Conception of "Sage" and its Variations

"儒家学说中多元道德价值的处理" The Handling of Multiple Ethical Values in Confucianism

《儒家之道：中国哲学研究》 The Ways of Confucianism: Investigations in Chinese Philosophy

"儒家与腐败：对孟子描述的舜的两个行为的分析" Confucianism and Corruption: An Analysis of Shun's Two Actions Described by Mencius

《儒家与人权》 Confucianism and Human Rights

《儒学与专制制度：明朝建立过程中的职业精英》 Confucianism and Autocracy: Professional Elites in the Founding of the Ming Dynasty

《儒家政治伦理》 Confucian Political Ethics

《儒者的历程：中国古代的自传写作》 The Confucian's Progress: Autobiographical Writings in Traditional China

"善的概念至上" The Sovereignty of the Good over Other Concepts

《善的概念至上》 The Sovereignty of the Good

《山东师范大学学报》 Journal of Shandong Normal University

《山外有山》 Mountains Beyond Mountains: The Quest of Dr. Paul Farmer, A Man Who Would Cure the World.

"身心修炼" The Cultivation of Body and Mind

"圣境的可能性：朱熹思想中的正心修身" The Possibility of Sagehood: Reverential Concentration and Ethical Perfection in Zhu Xi's Thought

《圣母大学哲学评论》 Notre Dame Philosophical Reviews

"圣人般的怡然自得与道德感知" Sagely Ease and Moral Perception

"圣人与英雄" Saints and Heroes

"圣人与分外功行" Saints and Supererogation

"圣人之后的人生追寻——冯友兰《新世训》的伦理学意义与功能" "After-Sage" Life Pursuits: The Ethical Meaning of Feng Youlan's Xin Shixun

《18世纪中国的哲学、考据学和政治：李绂和清代陆王学派》

Philosophy, Philology, and Politics in Eighteenth Century China.

"实践的多元主义：伦理学话语中的不可通约性以及变化限制" Pluralism in Practice: Incommensurability and Constraints on Change in Ethical Discourses

《诗经：中国古典诗歌》 The Book of Songs: The Ancient Chinese Classic of Poetry

《时习之：中庸翻译与哲学诠释》 Focusing the Familiar: A Translation and Philosophical Interpretation of the Zhongyong

《谁之正义，何种理性？》 Whose Justice? Which Rationality?

《说文解字注》 Annotated Explanations of Words and Phrases

《四七之辩》 The Four-Seven Debate: An Annotated Translation of the Most Famous Controversey in Korean Neo-Confucian Thought.

《四书：后期儒家传统的基本教导》 The Four Books: The Basic Teachings of the Later Confucian Tradition

《四书章句集注》 Collected Commentaries on the Four Book

"调解、诉讼、公正：对现代自由社会中儒家思想的思考" Mediation, Litigation, and Justice: Confucian Reflections on a Modern Liberal Society

"挑战和谐：儒家和谐观的辩证与诠释" Challenging Harmony: An Interpretation and Defense of Confucianism's View of Harmony

《宋元研究通报》 Bulletin of Sung and Yuan Studies

《太平洋风云：评当代中西政治理论之争》 A Cloud Across the Pacific: Essays on the Clash Between Chinese and Western Political Theories Today

《通过孔子而思》 Thinking Through Confucius

《万历十五年》 1587: A Year of No Significance

"完美主义" The Idea of Perfection

《万民法》 The Law of Peoples

"晚明之个人主义与人道主义" Individualism and Humanitarianism in Late Ming Thought

《万物有德：古代中国的伦理和身体》 Material Virtue: Ethics and

the Body in Early China

"王阳明的道德决策：中国'存在主义'的问题" Moral Decision in Wang Yang-ming: The Problem of Chinese "Existentialism"

"王阳明'德'范畴论析" Analysis of Wang Yangming's Category of "Virtue"

《王阳明全集》*Complete Works of Wang Yangming*

《王阳明哲学书信》*The Philosophical Letters of Wang Yang-ming*

《王者与天人合一》*Mysticism and Kingship in China*

"为中国文化敬告世界人士宣言" A Manifesto to the World's People's On Behalf of Chinese Culture/ A Manifesto for a Re-appraisal of Sinology and Reconstruction of Chinese Culture

"文化中国：作为核心的边缘" Cultural China: The Periphery as Center

"我们必须选择领导人吗？中国的人权与政治参与" Must We Choose Our Leaders? Human Rights and Political Participation in China

《无为：早期中国的精神理念》*Effortless Action: Wu-wei as Conceptual Metaphor and Spiritual Ideal in Early China*

《孝经》*The Classic of Family Reverence*

《逍遥游：道家故事和庄子寓言》*Wandering on the Way: Early Taoist Tales and Parables of Chuang Tzu*

"现代儒学的回顾与展望" Review of and Prospects for Contemporary Confucianism

《现代儒学的回顾与展望》*Review of and Prospects for Contemporary Confucianism*

《现代世界的儒家》*Confucianism for the Modern World*

《现代中国平民化人格话语》*The Trend Toward Modeling Personality on Ordinary Citizens in Modern China*

《朱熹此刻：当代人遭遇太极》*Zhu Xi Now: Contemporary Encounters with the Great Ultimate*

"先秦时期'德'观念的起源及其发展" On the Origin and Development of the Idea of "de" in Pre-Qin Times

《向亚洲哲学学习》 Learning From Asian Philosophy
"协商的即兴表演" The Improvisatory Dramas of Deliberation
"协商与实践理性" Deliberation and Practical Reason
《新编中国哲学史》 New History of Chinese Philosophy
《新加坡法学研究杂志》 Singapore Journal of Legal Studies
《新儒家：批评性考察》 New Confucianism: A Critical Examination
《新世训》 Xin Shixun
"信仰问题：孟子新解释" A Question on Faith: A New Interpretation of Mencius
《性格透镜：亚里士多德、默多克和道德感知观》 The Lens of Character: Aristotle, Murdoch and the Idea of Moral Perception
《续近思录》 Further Reflection on Things at Hand
"选择平衡：权作为中国古代文献中行动的隐喻" Choosing Balance: Weighing (Quan 权) as a Metaphor for Action in Early Chinese Texts
《学术交流》 Academic Exchange
《学术与政治之间》 Between Scholarship and Politics
《荀子的德性与理性》 Virtue and Reason in the Xunzi
《荀子全译和研究》 Xunzi: A Translation and Study of the Complete Works
"亚里士多德的社会民主" Aristotelian Social Democracy
"亚里士多德和孟子中的道德自我与完美自我" The Moral Self and the Perfect Self In Aristotle and Mencius
《亚里士多德伦理学文集》 Essays on Aristotle's Ethics
"亚里士多德论行善" Aristotle on Learning to be Good
《亚里士多德新读本》 A New Aristotle Reader
"亚里士多德中的理论与实践的融合" The Convergence of Praxis and Theoria in Aristotle
《亚洲及其他地方的和谐之治》 Governance for Harmony in Asia and Beyond
《亚洲研究杂志》 Journal of Asian Studies
《亚洲哲学》 Asian Philosophy

《严肃对待儒家伦理：当代理论及应用》 Taking Confucian Ethics Seriously: Contemporary Theories and Applications

《阳明全书》 Complete Works of Wang Yangming

《乐经》 The Book of Music

《易经》 the Classic of Change

"移情的托管" the Mandate of Empathy

《移情与道德发展：关爱和公正的内涵》 Empathy and Moral Development: Implications for Caring and Justice

《以亚里士多德和儒家来翻新道德模式》 Remastering Morals with Aristotle and Confucius

《一元论者》 The Monist

《英雄、圣徒、和普通道德》 Heroes, Saints, & Ordinary Morality

《幽暗意识与民主传统》 Dark Consciousness and the Democratic Tradition

《有些人真的在乎：为道德奉献的当代人物》 Some Do Care: Contemporary Lives of Moral Commitment

《元哲学》 Metaphilosophy

《原则性与实用性：宋明理学论文集》 Principle and Practicality

《源自动机的道德》 Moral from Motives

"再论'理'" Another Look at Li

"在雪山上" In the White Mountains

"早期中国'圣'的语源及'圣'的儒家理念" The Etymology of Sheng (Sage) and Its Confucian Conception in Early China

《早期中国哲学中的德行伦理学与结果论》 Virtue Ethics and Consequentialism in Early Chinese Philosophy

《战国时期音乐思想的统一性和多样性》 Unity and Diversity in the Musical Thought of Warring States China

《占有性个人主义的政治理论：从霍布斯到洛克》 The Political Theory of Possessive Individualism: Hobbes to Locke

《张载的思想》 The Thought of Chang Zsai

《哲学评论》 The Philosophical Review

"'哲学是什么？'专业领域中世界哲学的地位" "What is Philosophy?" the Status of World Philosophy in the Profession

《哲学与人生：约翰·威斯顿姆文集》 *Philosophy and Life: Essays on John Wisdom*

《哲学史杂志》 *Journal of the History of Philosophy*

《哲学与公共生活》 *Philosophy and Public Affairs*

《哲学杂志》 *Journal of Philosophy*

《政道与治道》 *The Way of Politics and the Way of Administration*

"正当性、一致性、和完美主义" Legitimacy, Unanimity, and Perfectionism

《正蒙》 *Correcting the Unenlightened*

《正午》 *High Noon*

《政治理论》 *Political Theory*

《政治儒学：当代儒学的转向、特质与发展》 *Political Confucianism: The Changing Direction, Particularities, and Development of Contemporary Confucianism*

"知觉的识别能力：亚里士多德的公共和私人理性概念" The Discernment of Perception: An Aristotelian Conception of Private and Public Rationality

《知行合一：朝向抽象的知识理论》 *The Unity of Knowledge and Action: Toward a Nonrepresentational Theory of Knowledge*

《知行合一：王阳明道德心理状态之研究》 *The Unity of Knowledge and Action: A Study in Wang Yang-ming's Moral Psychology*

《指引道德的形而上学》 *Metaphysics as a Guide to Morals*

《中国的两位哲学家二程兄弟的新儒学》 *Two Chinese Philosophers*

《中国的民主、参与和协商：1978—1981年中国官方媒体的讨论》 *Democracy, Participation, and Deliberation in China: The Discussion in the Official Chinese Press, 1978 – 1981*

《中国的秩序与纪律：1911—1927年的上海租界会审公廨》 *Order and Discipline in China: The Shanghai Mixed Court 1911 – 1927*

《中国的转型》 *China's Transition*

"中国法家的内在道德" The Internal Morality of Chinese Legalism

"中国法治的进步与问题" Progress and Problems with the Rule of Law in China

"中国古代和当代的礼与敬：保罗·伍德拉夫着'尊崇：一种被遗忘的美德'简评" Ritual and Reverence in Ancient China and Today: Feature Review of Paul Woodruff. Reverence: Renewing a Forgotten Virtue

《中国皇权时代后期儒家礼教主义的兴起：伦理学、经典和谱系话语》 The Rise of Confucial Ritualism in Late Imperial China: Ethics, Classics, and Lineage Discourse

《中国简报》 China Brief

"中国历史上哲学范畴'和'的形成" The Formation of the Philosophical Category of "Harmony" in Chinese History

《中国人权读本》 The Chinese Human Rights Reader

《中国儒学》 Chinese Confucianism

《中国思想连贯性的反讽：宋明理学之前的同、异、神、礼》 Ironies of Coherence in Chinese Thought: Sameness, Difference, Omnipresence and Li Before Neo-Confucianism

《中国圣人论》 On Chinese Sages

《中国通向法治的漫长之路》 China's Long March toward Rule of Law

《中国文哲研究季刊》 Research in Chinese Humanities

《中国新儒家：变革社会中的政治和日常生活》 China's New Confucianism: Politics and Everyday Life in a Changing Society

《中国研究书评》 China Review International

《中国哲学的比较途径》 Comparative Approaches to Chinese Philosophy

《中国哲学和哲理文学研究》 Studies in Chinese Philosophy and Philosophical Literature

《中国哲学前沿》 Frontiers of Philosophy in China

《中国哲学史》 History of Chinese Philosophy

《中国哲学文献选编》 A Sourcebook in Chinese Philosophy

《中国哲学杂志》Journal pf Chinese Philosophy
《中国政治思想史》A History of Chinese Political Thought
《中西部哲学研究第 21 卷〈宗教哲学〉》Midwest Studies in Philosophy, Volume XXI: Philosophy of Religion
"周初'德'字及其观念的产生"The Early Zhou Word "De" and the Production of Its Concept
《周敦颐集》Collected Works of Zhou Dunyi
《助推：如何帮助人们自由地做出最佳选择》Nudge: Improving Decisions and Health, Wealth, and Happiness
"朱熹的德性伦理学和格劳秀斯挑战"Zhu Xi's Virtue Ethics and the Grotian Challenge
《朱熹的历史世界》The Historical World of Zhu Xi
"朱熹的修行观是其哲学核心概念的基础"Zhu Xi's Spiritual Practice as the Basis of His Central Philosophical Concepts
《朱熹的自然科学》The Natural Philosophy of Chu Hsi (1130 – 1200)
《朱熹及其前辈们：朱熹与宋代新儒学导论》/《朱熹及其著述：中国理学入门》Chu Hsi and His Masters
"朱熹理学中的生与死"What is Living and What is Dead in the Confucianism of Zhu Xi
"朱熹论'经'、'权'"Chu Hsi on the Standard and the Expedient
"朱熹论'敬'：是美德吗？"Chu Hsi on Ching (Reverence 敬): Virtue or Not?
《朱熹与宋明理学》Chu Hsi and Neo-Confucianism
"朱熹哲学体系的道德与知识"Morality and Knowledge in Chu Hsi's Philosophical System
《朱熹哲学研究》Research into Zhu Xi's Philosophy
《朱子新学案》Master Zhu: New Studies
"朱子、阳明圣人观比较"A Comparison of Zhu Xi's and Wang Yangming's View of Sagehood
《朱子语类》Classified Conversations of Master Zhu

《专制的局限：从宋朝理学到争取政治权利》Limits to Autocracy: From Sung Neo-Confucianism to a Doctrine of Political Rights

《庄子研究论文集》Experimental Essays on Chuang-tzu

"自我形成中的传统和社区" Tradition and Community in the Formation of Self

《自由主义与善》Liberalism and the Good

《最初的论语：孔子及其弟子的语录》The Original Analects: Sayings of Confucius and His Successors

《最后的儒家：梁漱溟和中国现代化的两难》The Last Confucian: Liang Shu-ming and the Chinese Dilemma of Modernitiy

《尊崇：一种被遗忘的美德》Reverence: Renewing a Forgotten Virtue

"作为广和的中庸——对安乐哲和郝大维专注熟悉内容的另类解读" Zhongyong as Grand Harmony—An Alternative Reading to Ames and Hall's Focusing the Familiar

《作为理学家的朱熹：朱熹对非正统、异端和"儒家"传统的批判》Chu Hsi as a "Neo-Confucian": Chu Hsi's Critique of Heterodoxy, Heresy, and the "Confucian" Tradition.

"作为反叛者的圣人：章炳麟的内心世界" The Sage as Rebel: The Inner World of Chang Ping-lin

"作为权利的礼仪：儒家的另一个选择" Rites as Rights: The Confucian Alternative

《作为一种生活方式的哲学：从苏格拉底到福柯的灵修》Philosophy as a Way of Life: Spiritual Exercises from Socrates to Foucault. Cambridge

"作为杂合的全球化" Globalization as Hybridization

四 机构名称译名对照表

阿什盖特出版公司 Ashgate

澳大利亚国立大学出版社 Australia National University Press

巴德学院 Bard College

巴兰坦图书出版集团 Ballantine Books

专有名称汉英对照表

北京大学出版社 Beijing University Press
宾夕法尼亚州立大学出版社 Pennsylvania State University Press
布莱根妇女医院 Brigham and Women's Hospital
布莱克威尔出版公司 Blackwell Publishing
布莱克威尔出版社 Blackwell
布雷尔出版社 Brill
大学书社 University Books
大学缩微胶片公司 University of Microfilm, Inc.
东亚研究协会 Council on East Asian Studies
东亚哲学研究所 Institute of East Asian Philosophies
芬兰东方学协会 Finnish Oriental Society
富布莱特研究基金 Fulbright Research Fellowship
灯塔出版社 Beacon Press
东方大学出版社 Eastern Universities Press
东吴大学 Soochow University
读书人协会出版社 Bookman Associates
格拉夫出版社 Grove Press
哥伦比亚大学出版社 Colubia University Press
哈佛大学出版社 Harvard University Press
哈佛大学亚洲中心 Harvard University Asia Center
哈弗福德大学 Haverford University
哈克特出版社 Hackett
哈帕和罗出版社 Harper and Row
胡佛研究所出版社 Hoover Institute Press
华东师范大学出版社 Huadong Shifan Daxue Chubanshe
华梵大学 Huafan University
华盛顿大学出版社 University of Washington Press
黄山书社 Huangshan Shushe
基础书社 Basic Books
价值与哲学研究协会 Council for Research in Values and Philosophy
加州大学出版社 University of California Press

· 373 ·

剑桥大学出版社 Cambridge University Press
开庭书局 Open Court
兰登书屋 Random House
利氏学社汉学研究中心 Ricci Institute for Chinese Studies
联经出版事业公司 Lianjing Press
辽宁教育出版社 Liaoning Jiaoyu Chubanshe
列克星顿书社 Lexington Books
罗德里奇出版社 Routledge
罗根国际机场 Logan International Airport
罗杰斯大学 Rutgers University
马蒂努斯·尼约夫出版社 Martinus Nijhoff
麦克米伦出版公司 Macmillan Publishing Co.
美国天主教大学出版社 Catholic University of America Press
美国哲学协会 American Philosophical Society
梅隆基金会 the Mellon Foundation
米利森特·麦肯托什奖学金 Millicent C. McIntosh Fellowship
密苏里大学出版社 University of Missouri Press
密歇根大学出版社 University of Michigan Press
南卡罗来纳大学出版社 University of South Carolina Press
牛津大学出版社 Oxford University Press
纽约大学出版社 NYU Press
纽约州立大学出版社 SUNY Press
欧林图书馆 Olin Library
帕尔格雷夫出版社 Palgrave
匹兹堡大学 University of Pittsburgh
普林斯顿大学出版社 Princeton University Press
普罗赛因出版公司 Probsthain & Co.
企鹅出版社 Penguin
乔治敦大学出版社 Georgetown University Press
全球出版公司 Global Publishing Co.

三联书店 Sanlian Shudian

三民书局 Sanmin Shuju

上海古籍出版社 Shanghai Guji Chubanshe

上海人民出版社 Shanghai Renmin Chubanshe

上海书店 Shanghai Shudian

商务印书馆（中国台北） Shangwu Press

师范学院出版社 Teacher's College Press

世界书局 Shijie Shuju

十字路口出版公司 Crossroad Publishing Co.

圣母大学出版社 University of Notre Dame

施普林格出版公司 Springer Publishers

斯坦福大学出版社 Stanford University Press

威斯理安大学 Wesleyan

伍德罗·威尔逊全国联谊基金会 the Woodrow Wilson National Fellowship Foundation

西部视野出版社 Westview

夏普出版社 M. E. Sharpe

夏威夷大学出版社 University of Hawaii Press

香港中文大学出版社 Chinese University of Hong Kong Press

学生书局 Xuesheng Shuju

学者出版社 Scholar's Press

耶鲁大学出版社 Yale University Press

野牡丹出版社 Wild Peony

犹他大学 University of Utah

岳麓书社 Yuelu Shushe

浙江古籍出版社 Zhejiang Ancient Text Press

芝加哥大学 University of Chicago

中国社会科学出版社 Chinese Social Science Press / Zhongguo Shehui Kexue Chubanshe

香港中华书局 China Press，Hong Kong Branch

圣境：宋明理学的当代意义

中国研究中心 Center for Chinese Studies
中华书局 Zhonghua Shuju
自由出版社 The Free Press

译后记

2016年6月，译者意外地接到本书原作者安靖如教授的电邮，询问是否有兴趣翻译他的新著《圣境：宋明理学的当代意义》一书。我首先想到这可能是贝淡宁教授推荐的结果，因为前一天晚上我在修改《中国新儒家》译稿时还校正了书中安靖如教授的译名错误。在初步阅读了第一章书稿之后，译者就被本书的精彩内容所吸引，当即愉快地答应接受这项任务。

宋明理学是儒学在公元1000年左右面对佛教和道教的挑战做出的回应，是对隋唐以来逐渐走向没落的儒学强有力的复兴。就主导思潮而言，理学代表人物可概括为"程朱陆王"。它反映了中国古代社会后期有思想有见识的中国人在思考和解决现实社会问题与文化问题中所产生的哲学智慧，后来逐渐成为很多世纪以来中国人的主流思想，不仅深深影响了中国的社会发展和文明走势，而且现代中国人仍然不得不去面对它所造成的社会及文化后果。如果我们把宋明理学及其成圣的核心理想作为当今哲学来严肃对待会看到什么呢？

圣境代表着最高的人类美德，是儒家"止于至善"的人格追求。"圣人"指知行完备、至善之人，是有限世界中的无限存在。"所谓圣人，必须达到自身的品德与宇宙的法则融为一体，智慧变通而没有固定的方式。对宇宙万物的起源和终结已经彻底参透。与天下的一切生灵，世间万象融洽无间，自然相处，把天道拓展入自己的性情，内心光明如日月，却如神明般在冥冥之中化育众生，凡夫俗子永远不能明白他的品德有多么崇高伟大，即使了解一点，也无法真正明白他精神的边际到底在哪里。达到这种境界的人才是圣人。"(《孔子家语·五仪》)圣境可能吗?我们该如何达到圣人的境界?

按照宋明理学的说法,我们每个人都应该立志成圣,无论最终是否能够实现。严肃对待理学就意味着探索它在心理学、伦理学、教育学、政治学等方面的观点,并将它们与当代哲学家的观点结合起来。安靖如教授的这本书就是他研究宋明理学的成果,是他让朱熹和王阳明与当代西方著名思想家尤其是德性伦理学家进行了深入和持久的对话。因此,本书的意义在于两个方面:一是推动当代儒家哲学进入新的发展阶段。二是向西方哲学家证明与宋明理想传统对话的价值所在。

译者在翻译本书的过程中,遇到的一个突出问题是还原翻译的困难。首先,该书讨论宋明理学的当代意义,大量引用朱熹、王阳明等理学家的著作,要把中国典籍如"四书五经"《近思录》《传习录》《朱子语类》的英文翻译还原为中文。如果看不到原文,实在难以做到翻译出来的中文与原文一模一样。作者的注释非常详尽,为译者查找原文提供了方便,但是因为版本不同,页码完全对不上,常常因为某一句话,译者需要把整个章节甚至一本书从头至尾读一遍。个中甘苦,点滴在心头。出于种种原因,虽然译者尽了最大努力,仍然有个别引语的出处没有完全对上原文。因担心自己的理解有误,同时也为了方便现代读者理解古文,译者在本书中专门附上了所引用的典籍的古汉语原文,以便有兴趣的读者对照阅读。其次,书中引用了中国学者用中文写的文章,如新儒家徐复观、牟宗三的著作,或当代学者郑家栋、陈来、彭国翔等的文章,译者均尽最大努力找原文核对。此外,像人名、地名、书名等专有名词也存在还原翻译的困难。我们只看汉语拼音并不能确定确切的汉字,因为同音字很多。而外国一些汉学家往往起有中文名字,真正翻译到位确实需要仔细研究和查证。地名和书名有约定俗成问题,不可以随意处理。译者尽了自己的努力,但不敢保证没有差错,因而在文后制作了专有名称英汉对照表,既可以方便读者查找,也可以方便读者监督译者的处理是否符合规范。译者真诚地希望读者不吝指教。

译后记

在译本出版之际，译者要感谢作者安靖如教授的厚爱和信任，感谢他在翻译过程中对译者的耐心帮助，不辞劳苦地逐个核对语录原文，同时也要感谢中国社会科学出版社的信任和支持，感谢先后为本书付出辛勤劳动的编辑徐申老师、凌金良老师、徐平老师和徐沐熙老师。译者还要特别感谢新加坡国立大学陈素芬教授的推荐和帮助。

译者在翻译过程中，参阅了朱熹、吕祖谦撰辑、于民雄译注的《近思录全译》（贵阳：贵州出版集团2009年版）；王阳明著、于民雄注、顾久译的《传习录全译》（贵阳：贵州出版集团2009年版）；陈蒲清注译《四书》（广州：花城出版社1998年版）；王森译注《荀子白话今译》（北京：中国书店出版社1992年版）；Arthur Waley译《论语》（北京：外语教学与研究出版社1998年版）等书。译者在此向这些译者表示感谢。

译　者
2011年